西方马克思主义
现代性理论研究丛书

当代西方马克思主义现代性批判理论研究论集

韩秋红◎主编

A Collection of
Contemporary Western Marxist Modernity
Critical Theory

人民出版社

总　序

陈学明　韩秋红

有人这样描述历史:16 世纪是意大利人的世界,是因为意大利人兴起了文艺复兴和宗教改革运动,更是因为这样的运动发现了人、自然;17 世纪是英国人的世界,是因为英国人发明了蒸汽机,更是因为这样的发明代表着人类工业文明的出现;18 世纪是法国人的世界,是因为法国人掀起了巴士底狱革命,更是因为这样的革命送给人类百科全书;19 世纪是德国人的世界,是因为德国人在欧洲的上空演奏了第一把小提琴,更是因为"第一把小提琴家"是马克思。如果说这样的描述有一定道理的话,那么这一道理在 20 世纪再一次得到证明——马克思是 20 世纪当之无愧的伟人。20 世纪无论是马克思、还是以马克思命名的马克思主义、还是借助马克思之名标榜自己的西方马克思主义,都成为 20 世纪人类历史上斑斓驳杂的重要章节。因为 20 世纪的人类社会经历了前所未有的进步与巨变,发生在思想领域的一系列事件无疑是这一状况的重要组成部分。新的冲突与融合,新的分化与对峙,新的竞争与较量都在世纪的舞台上一幕幕上演,在这样的时代中或明或暗地蔓延。在这股思想大潮中,诞生于 20 世纪的西方马克思主义渐渐发出了较强的声音,体现了当代思想文化的分化和多样化的格局。它不仅源流学派异彩纷呈,而且伴随着自身理论的深层转变而日益呈现出综合发展的趋势;同时这一令人捉摸难定的趋势,又隐约显示出深远的历史渊源、文化背景以及学理的传承相继。

西方马克思主义作为西方哲学进入 20 世纪后别样的一支发展分流,既保留与继承了西方传统哲学的思想特质和价值关怀,又生发出西方马克思主义作为 20 世纪所具有的现代性批判的时代特征和现实品格。如同恩格斯所指出的那样,古代哲学(古希腊)是以后各种哲学的发源地,其他现代西方哲学都生发于西方传统哲学的基础之上,绽放于源自古希腊哲学思想之树的枝头,那么西方传统哲学与西方马克思主义之间也拥有着"欲说还休、欲语未流"的"未解情缘"。不能否认，西方传统哲学作为西方马克思主义诞生、发展的母体，为西方马克思主义提供了历史背景、传统内涵、思想质地、问题渊源、理论风格和民族情怀，成为西方马克思主义可以独自散发出自身的理论芬芳，也没有忘怀久远和厚重的西方传统哲学所无私提供的思想资源和精神养料。我们正是在西方传统哲学宏大的思想背景下研究西方马克思主义、在西方传统哲学向现代西方哲学转向的意义上，挖掘西方马克思主义理论中深蕴的传统情怀、当代话语和未来之意。

西方马克思主义是一派个性独特的理论学说，他们不强调在近代知识论的意义上构建体系，不追求自身学派内部的概念明晰。众所周知，"西方马克思主义"只是一个总体上的称谓，仅仅因为都注重与马克思主义联系而同属一门，表征着这样一个既具有某种共同理论基调，又色彩斑斓、内容庞杂的理论运动；与其说西方马克思主义是一种知识体系，不如说他们是一种叙事范式；与其说西方马克思主义是一个学术流派，不如说西方马克思主义是一场社会运动或社会思潮；与其说其是在西方传统哲学的基础上生发的西方现代哲学流派，不如说是西方哲学的现代转向——现代性批判的理论转向。事实也如此，西方马克思主义往往将自身的发展寄予其他理论学派的身上，演发出"弗洛伊德主义的马克思主义"、"存在主义的马克思主义"、"结构主义的马克思主义"等等，从另一个侧面表征了西方马克思主义与众多其他现代西方哲学流派之间千丝万缕的联系与"纠缠"。西方马克思主义与其他现代西方哲学流派一样，共同延续着西方传统哲学的思想传统，共同捕捉着西方传统哲学的思想传统、共同捕捉着现代西方哲学的时代脉搏，两者共处在同样的时代，相遇在共同的地域，面对着同样的困惑，思考着人类的命运。以共同的话题，不同的话语方式，使自己的现代性理论的独特话语具有一定的话语权；使现代西方哲学流派成为西方马克思主义的理论资源和现实语境；使西方马克思主义成为马克思主义所谓的"一奶同胞"的"兄弟姐妹"；使西方马克思主义力求成为马克思主义队伍中的一分子时，也使人们不得不对西方马克思主义刮目相看。所以，探究西方马克思主义与现代西方哲学各流派之间的区别与联系，探讨西方马克思主义与马克思主义之间的同与异，成为研究西方马克思主义理论本身的内在需求。

西方马克思主义是一场命运多舛的社会运动，浮浮沉沉，立场波动。但是如前所述，其唯一变动不居的立场就是强调与马克思主义之间的关联。西方马克思主义眼中的马克思主义,已经超越政治意义而具有更为广泛和深刻的思想内涵。他们反对诠释马克思主义学说中的意识形态化倾向和官方哲学的教条化倾向,开创了对马克思主义教条化的传统教科书(苏联意义上)的批评,并以此标榜自我是真正的马克思主义。西方马克思主义冲破传统马克思主义哲学的樊篱,在一定意义上去拓展和发展马克思主义哲学,既是与传统马克思主义的断裂,又继承马克思主义思想本身的否定性思维、辩证性方法和发展性观点,在马克思主义发展史中起到了断裂传承、起承转合、继往开来的作用。马克思主义无疑成为西方马克思主义的又一重要的、不可或缺的理论背景和思想资源。在理论研究中自觉深入西方马克思主义与马克思主义之间的对话和交流,在比较中彰显各自理论的特质和立意,在互动中促进双方理论的融合和再生,在对话中澄明西方马克思主义不是马克思主义。

　　西方马克思主义是一支深具历史使命感的批判思潮,是西方哲学从古至今逻辑发展的当代传人。西方马克思主义观照现代西方社会的社会现实,关注现代西方人的生活状态,关怀现代西方人的精神出路。与众多其他现代西方哲学流派一同担负起实现西方哲学现代转向的历史重任。现代西方哲学流派不约而同地将哲学的视角从理性的天国转移到社会生活的现实,从关注思想的客观性、追求真理的普世性转移到关注现实人的生存困境、追求现代人的生存意义。意义问题成为当今时代最具亲和力和感染力的词汇,成为当今时代新的主题与价值内核。西方马克思主义以自己独特的社会批判理论为特色,批判物化问题、日常生活异化问题、人性异化问题、女性问题、生态问题等等,旨在说明现代西方社会是一个"不健全的社会"、"单面性的社会"、"病态的社会"、"总体异化的社会"、"患了社会健忘症的社会"等。从一定意义上看,西方马克思主义的思想家努力想当个好的"医者",试图通过对现代西方社会的全方位诊疗,指出现代西方社会的不合理性及其带给人类的异化状态,用尽智慧、挖空心思地为其开出各种药方,为人类社会更好的发展努力指路。只是这些药方充其量是纸上谈兵,而无现实疗效,更是殷切强调药方与马克思的不同,而无真正疗效。故此,我们愿意说西方马克思主义与众多现代西方哲学流派所作的努力异曲同工——共同实现西方哲学的现代转向——现代性批判的理论转向。

　　然而,西方马克思主义与众多其他现代西方哲学流派相比,又是另辟蹊径、别有风格的。虽然他们"同心协力",共同实现了西方哲学的现代转向,但是各自理论的出发点与矛盾争锋的焦点以及理论的最终旨趣却不尽相同。现代西方哲学家们分别从不同的角度透视西方社会的生活现实,提出不同的拯救方案,表现为不同的哲学转向。针对生活世界的合理性危机,现代西方哲学的非理性主义者们将批判的矛头直接对准近代的理性主义,认为理性并非人类的全部,"客观"的面孔、"理性"的外衣、"真理"的话语遮蔽了人的肉欲和激情,扭曲了人的生命本性,非理性才是人的生存根基。无论是他们提出的"权力意志"、"生命冲动",还是"潜意识说"等,都表现出对非理性的崇拜、对理性的反抗和对自由的追求。近代理性主义的大厦轰然坍塌,"非理性"从地基中生长出来,接受阳光雨露和人类的审视;生存论哲学家们试图为现代西方人普遍存在的道德失落感和精神虚无感重新构建根基。他们重新梳理了哲学史,区分"存在"与"在者",指出"存在的遗忘"是哲学之所以无力和衰亡的主要原因。他们从"此在"出发重新构建本体论,以生存论代替实在论,赋予生活世界以新的意义,生存论哲学家倾向于为存在的意义——"此在"摇旗呐喊,为生活世界增添价值维度,为人的真实生活增光添彩,使生活回归"事情本身";语言学哲学家们认为哲学之所以不能为社会提供精神慰藉,在于传统哲学对语言的"误用",因此一方面要对哲学语言进行"净化和澄明";另一方面也要从对语言意义的审查而探究思想客观性的认识论立场转变为重视对语言意义的分析和理解。他们强调对语言意义的重视背后实质上是对人生存意义的关怀。语言学哲学家从认识的中介——语言入手,重新构造世界的本体,重新阐释人与语言的关系——人因语言而存在,语言是存在的家,对传统哲学语言观实现了翻转;后现代主义哲学家将现代西方社会的病态发展归结为现代性的后果,因而反对一切现代性特征,如主体、真理、解放等等,以一种极端毁灭的方式"解构"一切"元叙事",对启蒙以来的现代性精神持抛弃的态度。后现代主义试图通过对启蒙以来以理性为特征的现代性的批判,重新寻求人类的"自由"之路;西方马克思主义在某些方面与后现代主义相似,也将理论的出发点定位在对现代性的批判上,试图通过现代性理论穿越近代哲学的禁锢,实现人类精神的当代发展。只不过西方马克思主义对现代性的理解与后现代主义不同,对现代性的批判路径也迥异于后现代主义。

后现代主义所理解的现代性是源自启蒙运动的现代性,这种现代性以理性能力的自觉为思想前提,以挺立个体的主体形象为理论旨趣,以实现"自我感受的自我价值"为实践理想,以追求个性自由与精神释放为目的。理论上以勒内·笛卡尔"我思故我在"为起点、以格奥尔格·威廉·弗里德里希·黑格尔"真理大全"为收场,实践中以法国革命为标志,以各种追求自由与解放的民主解放运动为推动,带有鲜明的近代哲学特征。但是这种现代性的后果是人的理性无限扩张、主体形象无边膨胀、实践活动无度僭越,理性封闭在自己的手下无法超越自身。工具理性片面滋长,价值理性被蒙蔽,普遍的人类历史观演变为资本主义输出价值观和文化扩张的幌子,片面追求知识论意义上的真理无法解救人类精神生活的困惑,科技的发展与社会的进步没有给人类带来更多幸福的体验,"人类中心主义"不断遭到质疑。后现代主义正是要批判这种近代形而上学以理性主义为根本特征的现代性,认为现代性的严重后果源自现代性观念本身的错误,现代性在其根本上就是一种错误的"设计","元叙事"只是人类前进道路上一次错误选择。后现代主义将批判的矛头直接对准现代性本身,以一种极端的方式批判现代性,"颠覆"一切现代性特征,"解构"一切元叙事表现,试图以一种彻底的不留余地的态度将现代性"全面封杀"。同时,由于后现代主义将现代性只是看做以启蒙为时间点的、断代意义上的一场遗憾的人类选择活动,没有看到现代性本身的历史沿革性。所以,当后现代主义消解现代性的同时,却没有挖掘出现代性中蕴含的历史价值性,割裂了传统与现代的传承,以知性思维破解知性思维而走入尴尬境地。抛弃传统的给养,人类丢失生存的精神家园,走入精神的荒芜之地。后现代主义在消解现代性的过程中也消解了自身,并不能为人类指明一条行之有效的出路。这样后现代主义批判的现代性是一种时间意义上的、以理性为内核的现代性,后现代主义的现代性理论是一种解构式的具有毁灭性倾向的思想理论。

西方马克思主义也将思想锋芒对准现代性,将探寻现代性的问题作为自身的理论立场和思想内容,将重新破解现代性的"密码"作为时代交予自我的历史任务,将探究现代西方人的生存困境、寻找现代西方人的发展趋势作为理论的价值旨趣,将现实批判作为理论的风格,在这些方面,西方马克思主义与后现代主义似乎并无二致。但是,西方马克思主义与后现代主义在对现代性的理解、突破和继承发展的态度上却大相径庭,呈现出不同的理论特征和命运走向。西方马克思主义不排斥现代性观念,并不否认现代性观念本身的进步意义和人文价值,特别是在当代西方工业文明社会的现实发展中进一步理解现代性。无论是对物化的批判、对日常生活异化的揭示、对人性异化的展现、对女性问题的表白、对生态问题的澄明等,都紧紧抓住当代西方工业文明社会这个叙事框架和问题域。正因为如此,西方马克思主义的批判哲学才不只是停留在认识论内部的概念辨析,而具有了更多的实践性色彩和实证性特征。这种对当代西方工业文明社会的现实批判,深蕴着丰富的价值关怀——拯救真正的现代性精神。所以说,西方马克思主义的现代性理论是站在现代性内部对现代性实现途径的一次修正,是对真正的现代性精神的再次弘扬。西方马克思主义的现代性理论既批判现代性,又不背离现代性;既源于传统,又基于现代;既把现代性看作是人类精神内在否定发展的外化过程,又理解为具有永恒的自我更新的精神旨向。是人类不断自我否定、自我更新、自我超越的精神力量的表达。它不是一种不可逆的线性的时间意识,而是一种螺旋上升、"新旧交替的成果"。① 它的根本特征就是"重生"、"更新"、"革命"。也就是说,它是一个过程,且是一个永远无法完成、永无止境的运动过程;同时是一个不断以否定自身取得进步经验和动力的、自己反对自己的运动过程;它不是凝固不变的模型,也不是业已完善的圆满的普遍规律,而是以自由贯穿始终,以科学和理性为前提,具有开放性、个性的自我超越的过程。在西方马克思主义的理论建构中,现代性是一个人类生存发展的形而上问题,与人类自觉的否定性的历史文化内涵相通,是一种无法超越的历史姿态。现代性与人性具有某种无法拆解的"情愫"。因此,现代性观念本身并没有错误,反而是人类坚忍不拔的自我批判、自我否定精神的显现,错误的只是现代性精神实现过程中西方工业文明社会的现实途径。所以,格奥尔格·卢卡奇等人才在批判西方工业文明社会的"物化"现象之后,重新建构"社会存在本体论",指出现代性并不是排斥本体论,而是应该建构与现代精神相一致的具有生成性和开放性特征的新的本体论;卡尔·柯尔施等人才在批判近代理性形而上学一元论和二元对立思维方式的基础上,提出"总体性"方法,试图继承现代性精神中内在否定的辩证精神;法兰克福学派等才将社会批判理论作为自身学派的主要特征,试图表征自觉地对当下进行"批判与质疑"的现代性要求;西方马克思主义等才渴望重建"乌托邦",追寻人类形而上精神向前发展的灯塔。一定意义上可以说,西方马克思主义并不排斥后现代主义所极力鞭笞的现代性"元叙事",主体、本体、解放、实践、历史、自由等仍然是西方马克思主义理论中非常重要的概

---

① 汪民安、陈永国、张云鹏:《现代性基本读本》,河南大学出版社 2005 年版,第 108 页。

念，它只是要为这些概念注入更多符合现代性精神内核、更具人文色彩和历史感的思想价值，使这些构筑现代性精神大厦的元素都重新回归现代性诞生之初的美好情境，并带领人类共同走入未来的自由王国。由于西方马克思主义所理解的现代性是一种螺旋上升、"新旧交替的成果"，①是一种置身于时间洪流之中永不停息地追求现代之义的永恒冲动，是一个转瞬即逝永不停止的漫漫征程，是人不断超越自身不断创造未来的历史足迹，所以西方马克思主义也没有选择如后现代主义一般极端毁灭式的批判路径——只是为人类的精神徒增了一些"虚妄乏力"，丝毫没有增添任何前行的力量，在解构对方的过程中也肢解了自我——而是在承认生成性、差异性和开放性的前提下思考未来哲学的建设性，建构未来哲学的理想性，推进未来哲学的成长性。西方马克思主义以其自身的理论研究表征着现代性的历史传承性，也以其自身的学术态度展示着现代性的思想文化价值和现实实践价值。

西方马克思主义现代性理论具有鲜明的辩证性、现实性、开放性的特征。西方马克思主义对待现代性理念，采取的是辩证的态度；对待在现代性理念下生发的现代化运动对社会现实造成的负面效应，采取的是现实性的批判理路；对解救现代性危机的"治疗方案"，采取的是真切而坚定地开出将现代化运动与社会主义制度相结合的"药方"。此外，西方马克思主义能够背靠西方哲学广博的理论资源与问题导向，并在解救现代性困境时，充分挖掘马克思主义理论的"真精神"，将西方哲学与马克思主义理论以独特的方式融涵取并，从而实现对马克思主义非僵化的开放性解读，为社会现实问题寻求理论出路。西方马克思主义现代性理论的特点与旨向，对当代中国道路有着不可忽视的借鉴意义与启示作用。

首先，对现代性采取辩证态度的西方马克思主义现代性理论，为当代中国道路提供合法性合理性确证的理论资源。当今，随着改革开放进入深水区，中国特色社会主义道路也进入新的"历史拐点"，而在这个新的"历史拐点"上，中国所要探讨的问题实际上就是在现代化负面效应日趋显明的当代，如何进一步确证中国特色社会主义道路的合法性合理性的问题，如何对待"现代性"、如何面对"现代化"的问题。面对这样的问题，以往的经验似乎只给我们提供了以下两种选择：其一，由于现代性给我们带来了磨难，所以干脆放弃对现代性的追求。有

---

① 汪民安、陈永国、张云鹏：《现代性基本读本》，河南大学出版社 2005 年版，第 108 页。

些人开始主张中国停止始于 20 世纪 70 年代末的西方化、现代化的历程。其二，现代性是人类的必由之路。我们只能置现代化所带来的种种负面效应于不顾，让中国彻底经历一次西方式的现代性"洗礼"。只有等到中国的现代化过程基本完成了，才有可能解决这些负面问题。显然，上述两种观点都带有鲜明的极端化特征，都是"死路"，极不可取。前者要中国重新走回头路，后者则迟早会使负面代价葬送中国。我们希望和需要走的，是一条既能充分享受现代文明成果，又能使现代化过程中所出现的那种负面效应降到最低限度的道路，这条道路在现实中的表现形态就是中国特色社会主义道路。而西方马克思主义现代性理论则为这条道路寻找到了实现可能性，并为确证它的合法性合理性提供了有效的理论资源。

西方马克思主义的现代性理论的特点在于，它在激烈而愤怒地揭露现代性的负面效应时，并不将其完全归结于现代性本身逻辑发展的必然结果，并不希望现代人放弃对现代性目标的追求，而是要人们对现代性加以"治疗"。它努力地把物对人的统治追溯到人对人的统治，而不是把人对人的统治掩饰为物对人的统治。它深信，只要换一种社会制度，换一种社会组织方式，换一种价值观念，现代性理念以及作为这一理念具体实施的现代化运动完全有可能避免目前所出现的各种弊端。它对现代性以及现代化运动的负面效应的揭露和批判最终演化为对社会主义理想追求的必然性的论证。这充分说明走向现代化的中国式道路是可能实现的。联系"西方马克思主义"的现代性理论来反思我们中国的现代化运动，我们会得出这样的结论：首先，我们绝不能放弃对现代性的追求，因为现代性对人类有积极意义，即使在追求现代性的过程中出现了这样那样的问题，那也不是现代性本身造成的。其次，我们也绝不能放弃对追求现代性过程中所出现的种种负面效应的关注与消除。既然在追求现代性过程中所出现的负面效应不是根源于现代性本身，那么我们应当积极地寻找出现这些负面效应的真实原因，并且想方设法消除这些原因，使负面效应降到最低限度。在这里，我们能深切地认识到，正是中国特色社会主义道路符合上述结论，才能达到既充分享受现代文明成果，又避免现代性的各种负面效应的目的。西方马克思主义的现代性理论坚持认为，人类走向现代文明是必然的，未来的共产主义社会就是高度文明的社会。在现代性理论方面，西方马克思主义是深得马克思如何为现代性祛除病症，为现代文明确立合理合法根基，为现代化振拔于世的精髓要领的，因此，它才能为中国道路提供积极借鉴。

其次,西方马克思主义现代性理论的现实性批判旨向,为破解中国现代化道路中所遇到的问题提供理论借鉴。中国特色社会主义道路已经取得了巨大的成就,但与此同时,也面临着一些难题和矛盾,大体可以归为人与自然的矛盾、人与人之间的矛盾和人与自身的矛盾三类。西方马克思主义的现代性理论包含着经济理性批判、大众文化批判、心理机制批判、技术理性批判、消费主义批判、生态危机批判等多重角度,在发现现代化问题方面具有现实性意义,在着眼解决现代化负面效应时,也抱有对理论产生实效性的期待,一些西方马克思主义者在对发达工业社会的现代性批判后,将解救现代性危机的任务交由社会主义制度调节,虽然他们最终不免步入乌托邦的困境,但是其现实性的特点仍然不可为我们所忽视。并且,正是这一现实性的特点,有助于我们进行理论借鉴与问题启示,从而补充发展中国特色社会主义道路。

其一,生态马克思主义理论为我们如何解决人与自然之间的矛盾(生态危机的日益加剧)提供启示。生态马克思主义为我们揭示了生态危机与资本逻辑的对立,从而指出了在资本主义生产方式下人与自然关系的异化根源。马尔库塞敏锐地指出:生态危机的实质是资本主义的政治危机、制度危机,它是资本主义一切危机的集中表现。在这种制度下,自然完全屈从于"一种适应于资本主义要求的、工具主义的合理性",正因为如此,围绕生态问题的斗争实际上"是一种政治斗争"。① 生态马克思主义者认为,资本的效用属性和增殖属性决定了资本本质上是反生态的,资本主义生产是"以无限价值扩张为目的的,它丝毫不考虑这种扩张所带来的政治的、经济的、地理的或生态的后果"②。因此,他们最终诉求社会主义制度来节制资本对自然的无限利用,解决经济合理性与生态合理性之间的矛盾,进而达到人与自然的和谐关系——"我们是自然界的一部分,而不是在自然界之上;我们赖以进行交流的一切群众性机构以及生命本身,都取决于我们和生物圈之间的明智的、毕恭毕敬的相互作用。"③生态马克思主义的现代性批判是沿着马克思主义的思路前行的,为我国解决生态问题提供了重要启

---

① 王振亚:《生态社会主义价值观的多维透视》,《马克思主义研究》2003年第1期。

② 俞可平:《全球化时代的"社会主义"》,中央编译出版社1998年版,第231页。

③ [美]弗·卡普拉、查·斯普雷纳克:《绿色政治——全球的希望》,石音译,东方出版社1988年版,第57页。

示。按照马克思的生态理论,显然在当今中国消除对自然环境日益严重破坏的关键就在于限制无节制地追求利润的资本逻辑。

其二,西方马克思主义的市场社会主义理论,为我们如何解决人与人之间的矛盾(两极分化的日益加剧)提供启示。西方马克思主义的市场社会主义理论为我们正确地梳理马克思的市场理论积累了许多思想资料。一些市场社会主义理论家所做的主要工作是改变马克思把市场与资本主义联系在一起,并进而认为社会主义无市场的观点。戴维·施韦卡特指出:"传统社会主义观点认为市场效率低是因为它无计划,社会主义有效率是因为它有计划。实践证明这种观点是错误的",①他极力倡导并努力从多方面论证市场社会主义的合理性。詹姆斯·劳勒则在题为《作为市场社会主义者的马克思》的文章中明确提出"马克思是市场社会主义者"。② 当然,还有一些英美马克思主义者认为市场社会主义概念本身就是荒谬的,以截然对立的基点分析市场只属于资本主义的经济关系,社会主义不存在市场。但是,正是在这种冲突论证和比较研究中,才有助于我们厘清市场与社会主义的关系,佐证社会主义道路的合理性。借助西方马克思主义的市场社会主义理论,比较中国社会主义市场经济道路,使我们明确了只有切实贯彻社会主义市场经济理论,把市场这种配置资源的方式与社会主义的生产关系、价值目标联系在一起,才能真正消除目前两极分化日益加剧的现象。从而以此使我们更加深刻地认识到社会主义市场经济是马克思主义中国化的当代重要理论成果,日益坚定了走社会主义市场经济道路的信心,而且日益丰富和完善了具体实施社会主义市场经济的思路。

其三,西方马克思主义关于人的存在方式的理论,能为我们如何解决人的身心矛盾、人的单向度的日益加剧提供启示。西方马克思主义者坚持认可主体性原则的积极效用,他们批判工具理性的同时,希望通过对人道主义的弘扬可以解决现代性的危机和理性滥觞带来的负面影响。由卢卡奇所开创的西方马克思主义的主流,始终坚持把马克思主义归结为是一种人道主义,而且围绕着人的本质、人的需要、人的交往、人的自由、人的价值、人的异化等进行系统的研究。他们的哲学具有一种实在性的主体倾向。葛兰西把人的问题放在自己整个研究的

---

① 引自毕金华、周仲秋:《市场社会主义的反思》,《吉首大学学报》2001 年第 9 期。
② 引自李春放:《马克思是市场社会主义者吗——当前西方学术界关于市场社会主义的辩论中的一个问题》,《马克思主义与现实》2000 年第 8 期。

中心地位,而且竭力论证世界统一于人,统一于人的实践。他认为所谓"客观"就是"从人的角度客观",是"历史地主观"。①生态马克思主义则要建立一种以"人为尺度"分析人与自然关系的现代自然观。佩珀曾明确指出:"生态学的马克思主义就是人类中心主义和人道主义。"②西方马克思主义理论家对人的研究是以对马克思主义的人道主义思想进行阐述的,他们一是揭示了马克思对人的本质规定的全面性;二是揭示了马克思总是全面地、整体地论述人的异化;三是揭示了马克思所说的人的发展是使人的各个方面、各个层次兼容并包地、相互协调地全面发展。西方马克思主义在人的存在问题上对马克思思想的挖掘与传承,有助于中国特色社会主义道路在现代化背景下探索一种使人身心协调的新存在状态,解决人的存在方式的矛盾,开拓一条人类追求文明进步的新路。

最后,西方马克思主义在分析和施救于现代性危机时,所采用的对马克思主义的开放性解读方式,有助于我们坚定马克思主义信念,并推动马克思主义进一步中国化、当代化。当面对空前深重的现代性危机时,西方马克思主义者并未决绝否定,也未逃避隐遁,而是积极在马克思思想中挖掘思想精华,并以一种开放的态度为马克思主义寻求新向度,也为现代性危机寻找可行的出路。一方面表现在对日益僵化庸俗的马克思主义理论潮流的转轨纠错;另一方面体现为根据现实问题借助马克思主义理论解救困境。西方马克思主义创建伊始,就带有鲜明的反对将马克思主义庸俗化、教条化的立场,无论在马克思主义理论的发展陷入静止甚至退步时期,还是在以马克思主义为指导的革命运动屡遭挫败的艰难时期,甚或是在苏东剧变的重大困难时期,西方马克思主义者由始至终强调马克思主义在解释与解决现实问题上的精华与宝贵之处,并且努力吸收马克思主义哲学的精髓要素,与西方广博的哲学思潮进行融合,因此才出现诸如"存在主义的马克思主义"、"结构主义的马克思主义"、"弗洛伊德主义的马克思主义"、"新实证主义的马克思主义"、"分析学派的马克思主义"等等,充分体现了西方马克思主义发展的开放历程。同时,西方马克思主义者并非为了拼凑而拼凑,而是在进行现代性批判、解救现代性危机时,立足于所发现的问题,尝试以新的理

①　Antonio Gramsci, *Selections from the Prison Notebooks*, London: Lawrence & Wishart, 1971, pp.445-446.

②　David Pepper, *Eco-Socialism: From Deep Ecology to Social Jutice*, London: Routledge, 1993, p. 232.

论形式为现实提供出路。卢卡奇期待无产阶级意识觉醒来变革资本逻辑带来的物化问题;葛兰西通过对马克思主义哲学的重拾与挖掘,期待实践哲学的实效性得以彰显;法兰克福学派不断关注着发达工业社会中人的存在方式错位的问题,希望以社会主义制度取代资本主义的方式来缓解主客体间的紧张关系,真正释放理性的积极力量;生态马克思主义更是从生态危机的角度提倡用社会主义制度来调和人与自然的紧张关系,实现人与自然的和谐共存。总之,西方马克思主义者不断尝试把一些现代西方哲学思想"补充"到马克思主义哲学中去,这种对马克思主义的开放性解读、多元化发展,彰显了马克思主义的顽强生命力,反映了马克思主义所具备的因地制宜的属性,推倒了原有的一系列对马克思主义的错误理解,佐证了马克思主义理论的科学性与革命性,是面向现实、面向未来不断进行自我发展的具有世界意义的理论。这就有助于我们更加坚定马克思主义基本原理同中国实际情况相结合的理论可能性与有效性的信心,更加有利于在方法、结构、经验上从西方马克思主义中汲取优秀的成果与养分,以为我所用,推进马克思主义的当代化、中国化,坚信中国特色社会主义道路的美好前景。

目　录

下编:现代性理论研究的中国意义与当代价值

目　录

上编:现代性批判的基础理论研究

对马克思主义哲学的三个追问*

——兼论西方马克思主义、马克思主义 哲学与现代西方哲学之关系

围绕马克思主义哲学这一关键词,对三个核心问题——马克思主义是否为哲学,马克思主义哲学属于西方近代哲学还是西方现代哲学范畴,马克思主义哲学在超越西方近代哲学时能否进一步超越西方现代哲学——的应对与解答反映出几个代表性理论流派的理论立场和思想差异。第二国际的传统理论家只从经济学理论和社会学理论方面认识马克思主义的全部内涵,不承认马克思主义的哲学特质;第三国际的传统理论家则从知识体系化的角度将马克思主义哲学僵化地规范为一套包含辩证唯物主义和历史唯物主义的真理系统;后现代主义虽然认为马克思主义哲学超越了西方近代哲学,却将马克思主义哲学融入西方现代哲学的一般立场之中,与其自身混为一谈;西方马克思主义积极为马克思主义哲学正身,认为马克思主义本身就是哲学革命,马克思主义哲学是主客体统一的辩证法,虽然与现当代哲学具有同质性,但却存在着本质的区别,不仅超越了西方近代哲学,更在现当代哲学领域中大放异彩,不可同日而语。

一、解答:关于马克思主义哲学的追问

第一个追问:马克思主义是否为哲学。人们经常从马克思所表达的一些话

* [基金项目]国家社会科学基金重大招标项目(16ZDA099)。《新华文摘》2018 年第 9 期全文转载。

语的表面含义上理解马克思对哲学的态度,认为马克思主义是非哲学的。比如,人们视马克思的经典论断"哲学家们只是用不同的方式解释世界,而问题在于改变世界"①,为对"作为哲学的哲学"的清算;在解读《神圣家族》和《德意志意识形态》等经典著作时,更是认为马克思主义经典作家完全否定哲学的存在意义,甚至把哲学称为"关于意识的神话",强调"必须'把哲学搁置在一边',必须跳出哲学的领域"②。对此,西方马克思主义者采取了不同的态度,尤其是柯尔施,他认为马克思要"终结"和"消灭"的是资产阶级哲学,是传统的西方近代哲学,而不是全盘否定所有哲学。他指出,马克思坚定地"终结"与"消灭"资产阶级哲学,从而为构建无产阶级革命运动的思想体系这一理论武器提供最坚实的新思维方式根据;马克思哲学对资产阶级哲学的否定与批判似乎会构成某种错觉,"好像在超越资产阶级立场的局限这一行动中,马克思主义自身作为一个哲学的对象就立即要被废弃和消灭③。但我们始终要明确和坚定这样一个立场:马克思和恩格斯只是运用强有力的修辞手法、话语表达和逻辑论证严厉地批判资产阶级哲学,而在哲学的一般意义上建立起符合时代要求的自己的新哲学。作为辩证法家的马克思和恩格斯通过"实现哲学"来达到"消灭哲学",为了最终消灭哲学建立起了自己的哲学,即马克思主义哲学,而且这种哲学构成了整个马克思主义的核心,"哲学的消灭对他们来说并不意味着简单地抛弃哲学"④,同时,马克思主义与哲学的关系问题同"哲学是如何关联于无产阶级的社会革命"这一问题紧密相联。马克思主义哲学是无产阶级革命实践的最根本的理论依据,对其完全无视或者错误解读最终必然导致无根无源的革命运动的失败。第二国际的理论家就犯了这样的错误,他们从庸俗唯物主义的角度去理解马克思主义哲学,仅仅从经济理论和社会学说方面肤浅地认识马克思主义,掩盖了马克思主义哲学的要义所在,他们研究马克思主义习惯于对之进行所谓非哲学的纯"客观"的科学研究,将其分割成一个个独立的学科加以学术考察,把其禁锢在书斋里,仅仅作为某种学问去"啃"。与之截然相反的是,西方马克思主义者(如卢森堡等)始终将马克思主义哲学特性作为无产阶级革命实践的关键所在,秉

---

① 《马克思恩格斯全集》第1卷,人民出版社1956年版,第61页。
② Marx,Karlund Engels,*Friedrich Werke*,Berlin:Dietz Verlag,1958,p.210.
③ [美]柯尔施:《马克思主义和哲学》,每月评论出版社1970年版,第50页。
④ [美]柯尔施:《马克思主义和哲学》,每月评论出版社1970年版,第76页。

持马克思主义的哲学特性同其革命性内在紧密关联的立场。因此，每当革命处于低潮，无产阶级革命家力图重新激发人们的革命激情、再度掀起革命热潮时，他们总能够找到问题的关键，从重建和恢复马克思主义哲学特征入手，彰显马克思主义理论的真理性力量，以鼓舞人心、重振幡旗，引导无产阶级向旧世界发起新冲击。马克思主义哲学具有着鲜明的革命性和深刻的科学性，这取决于其总体性原则和理论与实践相统一的理论内涵和特征。此外，马克思和恩格斯所进行的政治经济学批判，也是一种哲学批判，而且是在"更深刻、更彻底的方向上发展了"的哲学批判。

第二个追问：马克思主义哲学属于西方近代哲学还是西方现代哲学范畴。从笛卡尔始，到黑格尔止，西方哲学经历了近代"体系哲学"的宏伟"叙事"。他们在思辨的沃野上天马行空，在人与自然对立的主客二分思维方式下，突出主体性的至上地位。他们以基础主义和本质主义为核心，打着理性主义的旗号，满足于在抽象化的自然界或绝对化的观念世界中兜圈子。虽然西方近代哲学也曾在时代的变迁中扮演着历史推动者和进步者的角色，为解放人们的思想、促进科学的发展做出了卓越贡献。但真正的哲学毕竟是"时代精神的精华"，随着时代历史条件的不断改变，哲学也必须紧随时代的步伐才能绽放真理的光芒。因此，西方近代哲学在时代的催促下被西方现当代哲学所否定，完成了西方哲学的现代转向。这种转向是时代浪潮的结果，更是哲学自身自我否定自我批评自我发展的自觉意识的历史选择。为时代所呼唤的现当代西方哲学不再受思辨形而上学的体系束缚，在回归现实世界的过程中回馈时代的现实问题，为哲学探索新的性质与功能定位，并追求哲学新的历史意义。首先也是最紧要的是关于二元分立思维方式的彻底批判，西方现当代哲学认为心与物、主体与客体是统一不可分的过程，马克思的"哲学革命"实质上也是对这一近代认识论的根基做根本性的批判、突破和超越。马克思和恩格斯率先批判西方近代哲学，特别是在其早期著作中，他们所要"消灭"、"终结"的哲学正是西方近代哲学。马克思主义哲学和西方现当代哲学同属黑格尔之后的新哲学，在时间上具有同期性，这也使得两者在理论倾向与价值指向上具有一定程度的同质性。由此可见，马克思主义哲学属于西方现当代哲学范畴。首先，两者在对待西方近代哲学的态度上具有"同仇敌忾"的一致性。他们都力图通过对以往哲学的批判达到对新哲学思维方式的创建。因此，必须认识并把握马克思主义哲学同西方现当代哲学的内在联系，否则就无法正确理解和准确定位马克思主义哲学的重要批判性特质与超越性价值所在。这也正是我们要谈到的第二点：西方现当代哲学流派在打破西方近代哲学思维方式时，以树立一面"拒斥形而上学"的旗帜的方式，宣告着旧哲学体系退出历史舞台，标榜新哲学转型的完成与重建。在建构新世界观的道路选择上，马克思则另辟蹊径，通过哲学革命，不仅批判以往一切思辨哲学，而且真正建立起一个关注现实、立足实践的终结旧哲学的全新的哲学思维方式。可以说，西方现当代哲学对西方近代哲学思维方式转轨的"破冰"之举大体也可归属于马克思主义哲学对一切形而上学的超越之列。只不过比起马克思主义哲学在阶级基础和理论立场等方面的宏博壮阔与铿锵有力上，西方现当代哲学只能"望洋兴叹"，完全无法望其项背，在原则性上有着不可调和的根本区别。但是，从理论形态、思想内容和基本特征而言，两者在反形而上学、反体系化、促使哲学转向现实社会生活中的人及其所在的世界、主客、心物统一等方面有着诸多同质性。

第三个追问：马克思主义哲学在超越西方近代哲学时能否进一步超越西方现当代哲学。在此要做的探讨是马克思主义哲学与西方现当代哲学之间所具有的差异性，以说明马克思主义哲学在何种意义上能够完成对西方现当代哲学的逻辑超越，尤其当两者具有互为其里的内在一致性关联时。众所周知，马克思主义哲学绝不是西方现当代哲学各流派当中的普通一支，原因在于，它不同于西方现当代哲学以全盘否定的方式对西方近代哲学的片面"消解"与"终结"，它并不满足于仅仅在理论、言辞或体系上对西方近代形而上学世界观和思维方式进行驳斥与否定，而是具有更为坚定彻底的立场，选取哲学革命的道路，在思维方式变革的意义上完成对西方近代哲学的完全批判和超越。因此，马克思主义哲学在历史现实和理论逻辑上完成对西方近代哲学的超越的同时，也在思维方式革新、新世界观开拓的逻辑理路上完成了对西方现当代哲学的超越。两者的超越性意义显然不可相提并论。首先，在哲学研究对象上，西方现当代哲学流派主动、精准把脉了西方近代哲学的"病症"——从抽象物质或抽象意识出发构建世界图景的哲学取向。他们提出哲学向现实生活回归的聚焦点的转移，不再把存在当作实体而是当作活动来理解。毫无疑问，这种哲学转向是顺应时代要求的积极响应，但这也正是其与马克思主义哲学产生差异的一个重要方面。西方现当代哲学所提倡的现实社会生活是表象化、肤浅的、抽象的被动存在方式，而马克思则要求聚焦现实的、活生生的社会实践,和作为一切实践基础的生产生活劳动。他强调,劳动使人成为人,创造人与人之间的社会关系,实现人的价值意义,证明人的活生生的存在现实。因此,马克思主义哲学不但实现新哲学的转向——生产生活的实践转向,要求研究必须面向现实生活,而且揭示出人的现实生活世界、人的感性劳动、人的实践是人的真正的存在,也是世界的真正的存在。其次,在对待哲学本体论的态度上,西方现当代哲学流派大都做出从根本上拒斥一切形而上学、消解本体论、取消哲学的选择。后现代主义哲学就是其中的典型代表。实际上,西方现当代哲学犯了这样一个错误,即把不断探求世界终极存在、追索人类生存终极价值的具有真理性、理想性本质特征的哲学等同于思辨化、刻板化、绝对化、体系化追求的西方近代哲学。马克思主义哲学则与之不同,他所倡议的"消灭哲学"关键指涉西方近代哲学或资产阶级哲学,而并非否定哲学本身。再者,在处理"理性"这一近代认识论中心议题时,以后现代主义为代表的西方现当代哲学采取一种"简单粗暴"的方式直接用"非理性主义"替换"理性主义"的认识论基础。虽然他们揭露了理性主义的宰制是造成人与自然、人与社会间病态关系生成的根源,但是他们所采取的反叛方式和解决方案却丝毫没有跳出本质主义、基础主义的窠臼,造成"换汤不换药"的结果。马克思主义哲学则充分认可理性的积极效用,在新世界观的构建中,将理性主义与唯物史观进行了有机调和,给予理性以恰当的位置,实现对理性人与感性人统一于社会历史性存在的确认。最后,许多现当代哲学流派从注重发挥人的能动性和创造性出发,致力于揭露主客、心物等二元分立的种种弊端,尤其对使人物化和异化等问题作出了深刻批判。但由于他们把主客关系仅仅考虑为单一的统一关系,容易滑向主观主义、个人主义、相对主义。马克思作为无产阶级的革命家,通过对社会实践作用的强调使相互分立的主客、心物关系真正获得统一,把哲学上的主客关系问题与无产阶级的革命斗争实践结合在一起,为正确解决主客关系问题开辟了理论与实践之路,马克思主义哲学的实践哲学的辩证法之特性使之从现当代西方哲学中脱颖而出。所以,必须清楚地认识到,马克思主义哲学不仅实现了对西方近代哲学的超越,也实现了理论逻辑上对西方现当代哲学的超越。这种超越是全方位、整体性的哲学观上的超越,不是个别的、特殊的、点位式的差异。马克思主义哲学实现了真正意义上的新世界观、新思维方式的根本转向。

二、划界:关于马克思主义哲学的解读

在以上三个追问的解答基础上,我们希望通过厘清对马克思主义三种错误理解与前者的关系中,进一步划清界限。首先,第一个追问是与第二国际对马克思主义哲学的理解划清界限。这一争论主要在第二国际传统的马克思主义理论家与"西方马克思主义"理论家之间展开。前者坚持认为马克思主义不存在哲学内核,它的核心和全部都是一种经济学理论和社会学研究。他们紧紧抓住马克思在1843年以后关于"终结哲学"、"消灭哲学"的论述,指出马克思思想体系是建立在其对哲学的彻底瓦解的基础之上的,要从科学社会主义的理论关涉点和落脚点理解马克思主义,注重将马克思主义科学主义化、实证主义化,而非形而上学化。西方马克思主义理论则站在其对立面上,努力回复马克思主义的哲学本质。他们认为造成无产阶级革命运动接连失败的主要原因是理论思想出现重大误判,即对马克思主义哲学维度的严重忽视,使指导"武器的批判"的"批判的武器"丧失了本源和真理性力量。必须纠正对马克思主义片面地科学化、实证化理解的理论倾向,重建马克思主义哲学,才能重新激发革命实践运动的活力与激情。西方马克思主义理论家(主要是柯尔施)对此的解释是:其一,马克思所要消灭的是西方近代资产阶级哲学;其二,马克思对待消灭哲学这一过程的理论态度是辩证的。围绕着马克思所明确指出的"不在现实中实现哲学就不能最后消灭哲学"等关于哲学本身及如何对待哲学的一些经典论述,西方马克思主义理论家深入挖掘马克思主义经典文本背后的理论内涵和思想本质。马克思以理论批判和逻辑辩论的方式要求以往徘徊在"天国之思"的哲学幻想向现实人类世界的回归,在发现和解答时代人类社会现实问题之中发挥新哲学的新功能。并且,他们认为马克思主义的真理性力量主要来源于其哲学实质与魅力。一旦抹杀马克思主义的哲学功能,就会导致在对主体实践能动能力的忽视和轻蔑中,将无产阶级革命推向失败的终局。第二国际的马克思主义理论家犯的正是这个错误。

其次,第二个追问是与第三国际对马克思主义哲学的理解划清界限。这一争论主要在第三国际传统的马克思主义理论家与"西方马克思主义"理论家之间展开。两者都承认马克思主义的哲学本质,但是在对马克思主义哲学的具体把握上则出现根本分歧。前者沿着恩格斯关于"思维与存在的关系问题"的定位,对马克思主义哲学的本质特征与基本内容进行分析:基本问题是"思维与存在的关系问题",知识体系包含辩证唯物主义和历史唯物主义,基本内容是物质本体论、唯物主义反映论和在自然史的意义上理解人类历史的历史观。第三国际理论家将恩格斯在《反杜林论》中开创的马克思主义解释方法与原则系统化,到列宁、斯大林那里这种解释路向进一步得以成熟。概括地说,这种解释路向通常有三个方面:第一,马克思主义有三个组成部分——马克思主义哲学、马克思主义政治经济学、科学社会主义。第二,马克思主义哲学等同于辩证唯物主义和历史唯物主义的集合,并且后者是前者在社会历史领域中的推广与应用。第三,马克思主义哲学的基本要点有二,一是认定人类社会是"第二自然",在人类社会中也存在不以人的意志为转移的客观规律,即所谓"人类社会是一个自然历史过程";二是坚持反映论,认为认识就是人对客观现实的反映。总之,第三国际理论家基本沿用这个思路来评判一种理论是不是马克思主义。如:列宁认为,只要不符合一般唯物主义原则,即物质第一性、意识第二性原理,只要不承认阶级斗争,就是唯心主义,就是非马克思主义。西方马克思主义理论家对此展开了激烈的批判。他们认为第三国际理论家是在将西方近代哲学的模式套用在马克思主义哲学之上。这种对具有超越性意义的马克思主义哲学来说,无疑是更具潜在的威胁性和颠覆性的理论倾向。因此,他们反对第三国际比反对第二国际的激烈程度更甚。可以说,西方马克思主义较为准确地把准了马克思主义哲学的内在本质和超越性价值所在。作为现当代哲学范畴,"思维与存在的关系问题"不再成为解释马克思主义哲学基本问题的全部与核心所在。马克思主义哲学实现的是对主客二分的认识论基础的旧形而上学思维方式的全面超越,它实现了对思维与存在在人的实践活动中完成统一的理论任务和思维方式革新。西方马克思主义理论家认为,像俄罗斯马克思主义理论家那样按照传统的"二元论的形而上学"方式解释马克思主义哲学,和把坚持总体性原则以及理论与实践相一致视为马克思主义哲学的内涵和主要特征,实际上构成了对马克思主义哲学的两种差异理解。前一种对马克思主义哲学的误读和误解与马克思主义哲学的本真之意相差甚远,会诱导人们将哲学从马克思主义中剥离出来,从而威胁马克思主义的革命性和真理性。因此,比起对公开否认马克思主义哲学本质的声音的反对,西方马克思主义理论家们对第三国际传统理论家的思路进行更加针锋相对地批判,毫不留情地与这种歪曲马克思主义哲学的倾向展开必要而紧张斗争。

最后,第三个追问是与后现代主义对马克思主义哲学的理解划清界限。现当代哲学在达成对近代哲学的超越过程中,实现了两股理论分流,即马克思主义哲学的支流和现当代西方哲学的支流。在二者关系上,很容易陷入将前者纳入后者的错误判断中,甚至主张用后现代主义这一现当代哲学的新近典型对马克思主义哲学进行理解。因此,这一部分对两者关系的厘清是特别值得注意的重点。我们首先来明确后现代主义思想的基本内容与特征。它在很大程度上代表着对西方现代性的反叛,西方现代性在通常意义上可以理解为是发轫于启蒙主义、以理性主义为核心、以主体性为原则的一种对时代特征的表述。后现代主义作为现代性的反叛者,毫不掩饰地批驳理性主义传统,并主张通过消解主体性、消解本质主义、消解历史进步主义等方式回应时代问题,解救现代性危机。这种对近代西方哲学的主导性理念的批判立场,和后现代主义对现代性问题的某些揭示,似乎与马克思主义存在着某些相似性。因为,后者是在真切体验和反思现代资本主义社会发展的诸多负面效应的基础上,展开对现代性问题的深刻理论探查的。并且在哲学指导思想上批判资产阶级哲学的抽象性、思辨性、形而上学性,自觉建立立足人的现实生活、重识人的本质与价值的新世界观。后现代主义的理路具体有以下几大表征:第一,对启蒙和理性持根本否定的决绝态度。他们驳斥理性作为人的本质的观点,否定基础主义、普遍主义的理论范式,认为对历史及其规律性的理性认识是不可能的,体现出鲜明的虚无主义、相对主义和主观主义的倾向。第二,对"现代性"的全盘否定。后现代主义并不赞同资本主义工业文明为人类带来了进步成果的观点,认为一切的现代性问题都是工业文明造成的恶果,要想摆脱现代性危机,只有在反经济增长、反科学技术、反物质生产中退回到"前技术社会"中去才能实现。第三,解救陷入现代性困境的人时表现出的无能为力。由于后现代主义哲学缺乏对主体能动性的认知与认可,所以他们在试图解放现代性牢笼中的人时,尽管声嘶力竭地呼喊人的自由,但是在效果上要么陷入一种空想的个体"诗意栖居",要么为悲观主义所充斥着听天由命的末世沉沦地被动接受。又由于他们缺乏对革命实践各要素的科学识鉴,即便谋求着通过社会运动的方式更迭资本主义社会形态,但是最终也只能以改良主义或者相对主义的无疾而终收场。甚或倒退到前现代主义的乌托邦幻想,自我塑就一个自娱自乐式的玩笑。

这种以"西学"解马的方式,无视马克思主义哲学对西方现当代哲学的超越,将二者混为一谈。相反,西方马克思主义现代性批判是在继承传统哲学的优良因素的基础上对现代性进行建构。他们认为,只有其对现代性的理解才符合马克思主义的原意。马克思主义哲学不仅超越了西方现代哲学,更超越了后现代主义哲学。

三、正解:关于西方马克思主义的回答

可见,对上述三个追问和三个划界做出合逻辑回答的,在一定程度上是西方马克思主义理论家。他们对第一个追问所做出的回答是:马克思主义属于哲学,而不是实证科学;对第二个追问的回答:马克思主义哲学属于西方现当代哲学而不是近代哲学;对第三个追问在解答中所体现的复杂情形可从两个方面加以理解。

一方面表现在本体论问题上,第二国际理论家认为马克思主义不是哲学,马克思主义没有本体论;第三国际传统马克思主义理论家认为马克思主义是一种物质本体论;西方现当代哲学,尤其是最有代表性的后现代主义哲学,或者把马克思主义本体论虚无化,或者认为马克思主义本体论是一种人的情感或感觉经验的本体论。与以上三个理论流派有着显著的差异,西方马克思主义实际上在关于马克思主义哲学的本体论问题上有两个基本判断:其一,马克思主义是哲学,是本体论;其二,马克思主义的本体论是实践本体论。而且要求必须将两个判断关联起来对马克思主义哲学加以认识才是正确的理解方式。

基于此,西方马克思主义主张第三种本体论,即"社会历史本体论"或"实践本体论"。从本质上讲,本体论是与经验世界相分离或先于经验而独立存在的原理系统;从方法上讲,本体论采用的是逻辑的方法;从形式上讲,本体论是关于"是"的学说,"是"是经过哲学家改造以后而成为的一个具有最高、最普遍特征的逻辑规定性的概念,不是从恩格斯《路德维希·费尔巴哈和德国古典哲学的终结》一书对哲学基本问题的表述出发的对本体论的理解,而是基于"本体论"

这个词新的、经过了完全改造的第三种意义,超越了传统的物质精神式的本原探求,坚决反对西方现代哲学流派,特别是作为西方现代哲学延伸的后现代主义哲学将本体论虚无主义化,凸显人、人的实践这种基本存在的地位,从而强调马克思主义是本体论、是实践本体论。从西方马克思主义研究者的角度看,第三种理解实际上是西方马克思主义的基本看法,乃是由于西方马克思主义的理论阐发,使得"本体论"概念变得更加宽泛。但是,西方马克思主义的判断和结论,已经在国内学界广泛流传。问题在于,西方马克思主义对马克思主义本体论的这一理解是否符合马克思主义的本真原意。

另一方面,就现代性问题的角度,西方马克思主义现代性理论的要点首先是辩证地对待现代性。西方马克思主义理论家中直接强调这种观点的人物是哈贝马斯。他从社会发展现实的层面批判资本主义现代化运动、现代工业文明社会,但从不认为出现诸多负面状况的现代性过程和现代社会就此无以为继、无可救药。在对待现代性的态度问题上,他曾强调:"务必小心翼翼,切莫将婴儿和洗澡水一起倒掉,然后再翱翔于非理性的天空。"①并向世人公开宣布自己"不放弃现代性计划","不屈尊于后现代主义和反现代主义"②。也就是说,当人们普遍怀疑并指责现代性自身的悖论并要求彻底抛弃它的一切,企图擦净污浊的白板重新来过时,哈贝马斯为现代性做出必要的回护与救助。并且他从哲学转向的角度提出了拯救现代性问题的唯一出路——主体哲学转向语言哲学,工具理性批判转向交往理性范畴。交往理性和交往行为概念正是由哈贝马斯正式提出并做出系统论证的,是理解现代性的普遍范畴。他认为,这一范式的提出有助于人们重新认识现代性危机的根由,即资本主义生产关系在社会运行中导致工具理性与交往理性之间关系失衡,而非现代性本身的错误。故此,发展交往理性是摆脱现代性危机的可操作之路。哈贝马斯看到了现代性"外衣"对其理性潜能的捆缚作用。于此,哈贝马斯引出变革资本主义社会结构的必要性思想。对现代性问题的这种辩证态度,被作为西方马克思主义最新形态的"生态学马克思主义"有效继承并发扬光大。他们严厉批判现代工业生产对生态环境的严重破

---

① [德]哈贝马斯:《哈贝马斯访谈录》,李安东、段怀清译,上海人民出版社 1997 年版,第 37 页。

② [德]哈贝马斯:《哈贝马斯访谈录》,李安东、段怀清译,上海人民出版社 1997 年版,第 56 页。

坏,分析现代性内生作用的现代化进程所造成的一系列负面效应的根源所在,首先,指明现代化的社会负面效应与现代性本身是不同的问题域,其次,强调通过社会运行方式的革新与社会结构的变迁为现代性寻找新的出路,走向"更现代主义的新的发展观、世界观"。虽然他们在研究整个工业文明社会的发展观和价值观时,同样如后现代主义那样主张反增长、反技术、反生产,但是在根本抉择中强烈要求对濒临崩溃的现代性施以必要而有效的拯救措施,将其从资本主义的裹挟中解脱出来,真正正确地发挥其积极潜在理性能力。高兹(最负盛名的生态学马克思主义者)曾在《经济理性批判》中明确表明对待现代性问题的辩证态度,他说:"我们当今所经历的并不是现代性的危机。我们当今所面临的是需要对现代化的前提加以现代化","当前的危机并不意味着现代化的过程已经走到了尽头,而我们必须走回头路。倒不如说具有这样一层含义:需要对现代性本身加以现代化"①。不难看出,他要求对现代化加以界限,就现代化发展时期和进度而言,现代化并未表现出一种终结和完结的究极形态,甚至它正在不断地自我突破的过程中。而现代性问题的层出不穷更不意味着现代性本身是个全盘错误的"元叙事",反而向现代化提出了将现代性本身加以现代化的要求。高兹认为,所谓的现代性危机指的是其准宗教的非理性内容,而非它本身。我们不能沉沦于对过去的感伤之中而失却扭转当下信仰崩溃时局的机遇,而应在辩证认识现代性危机的基础上,革新对现代化的观念,突破旧有的将现代化和现代性视为无界限、漫无边际地扩散的误解。"现代化具有本体论的和存在论的界限,证明这些界限只有伪合理化、非理性的手段才能加以突破。"②西方马克思主义者在一些场合直接对现代性展开批判,但在更多场合是通过批判当代资本主义社会中某一社会现象间接地对现代性展开批判,如对物化、异化、启蒙精神、大众文化、工具理性、日常生活、消费主义、生态危机、科学主义等的批判,都可以视为从不同角度对现代性的辩证批判。

对推进现代化过程中出现的现代性问题加以"治疗"。西方马克思主义的现代性理论的特点在于,在对当代社会的现代性负面效应进行激烈而愤怒的抨击与批判时,并不如后现代主义那样在解构一切逻各斯中心主义、普遍主义中解

① [法]高兹:《经济理性批判》,沃索出版社1989年版,第1页。
② [法]高兹:《经济理性批判》,沃索出版社1989年版,第2页。

构哲学的一般意义,解构理性主体性的多元效度,打碎一切本质性存在,消解形而上价值追求对人的积极意义,把一切现代性矛盾的问题呈现都归为现代性本身逻辑开显的必然结果。希望人们能够正确认识现代性内涵,正确对待现代性现实效用,以正确的方式持存对现代性的目标追求。他们把物对人的统治追溯到人对人的统治,深信只要对社会制度进行有效改革与更变,纠正扶正现代人的价值观念,现代性事业就完全有可能避免目前所出现的弊端。这里,西方马克思主义者提出了现代化运动的载体问题、现代性问题的承载形式问题、现代性问题的治疗方案问题,并直接把对现代性以及现代化运动的负面效应的揭露和批判,转变为对社会主义理想追求的必然性与合理性的论证上来。全部问题的关键在于不能把现代化过程中出现的问题简单归结为现代性理念本身,而是要追溯承受现代化运动的资本逻辑,围绕资本逻辑把脉、开药方,才能为西方工业文明社会的进一步发展开拓出良好的发展空间,也为我国的社会主义现代化建设获取有益的启示。

如何看待理性主义、人道主义这些现代性中不可或缺的要素。现代性的出现离不开现代科学技术的发展,现代性的核心要素中就必然包含理性主义、人道主义、科学主义等方面。西方马克思主义对现代科学技术、理性主义、人道主义的态度与对现代性的态度是一致的。法兰克福学派的代表人物霍克海默曾强调科学技术对社会现实的正面效应和负面效应与具体应用环境、社会客观条件有着密切联系,两者间的不协调或后者提供的内容要求有失妥当,就会造成科学技术的滥用导致"副作用"的产生。马尔库塞更为鲜明地指出现代科学技术的问题所在,即作为手段的科技被制度"挟持"执行意识形态功能,因此,在新的历史条件下呼唤正确使用科学技术和正确挖掘科学技术的价值的新制度,可以促使科学技术成为一种解放的手段,而非支配的工具。马尔库塞的"新科技观"清楚地表明,他并不认为科学技术产生的消极的社会作用是科学技术本身固有的属性。除此以外,西方马克思主义对启蒙理性的批判也并非彻底否定启蒙精神本身,而实际上是批判启蒙理性向工具理性、科技理性的蜕变。西方马克思主义的人文主义倾向使其思想理论始终关注着价值理性的弘扬,并通过对工具理性的批判反衬价值理性的重要性。同时,在针对主客二分的形而上思维方式上,西方马克思主义早期代表人物从未消解主体,而要求秉持一种总体性原则去认识人及其活动的价值与意义。比如卢卡奇的主客体统一辩证法、葛兰西的"实践哲学"等等,都在尝试重建一种主客统一的新的主体性。这种对主体性的立场坚持,后被法兰克福学派所承继,也被生态学马克思主义所发展。佩珀说道:"人并不是一种污染源,人并不是生来就是傲慢、贪婪、好斗、富有侵略性,也不是生来就具有其他的种种野蛮性。假如人沾染上这些的话,那也并不是不可改变的遗传因素造成的,也不是原罪所致,而是流行的社会经济制度使然。"①可见,生态学马克思主义致力于建立以人类中心主义为宗旨的生态政治;致力于建立一种以"人为尺度"的分析人与自然关系的现代自然观;致力于对自然非专制式、科学化控制的统治方式;等等。以此,西方马克思主义对现代性的态度与后现代主义及现代西方哲学有着明显的区别。

（本文作者：陈学明）

---

① ［英］戴维·佩珀:《生态社会主义:从深生态学到社会正义》,刘颖译,山东大学出版社1993年版,第232—233页。

从批判理论到后批判理论(上)*

——对批判理论三期发展的批判性反思

众所周知,法兰克福学派以批判理论闻名于世。所谓"批判理论",从广义来讲,是指人们对文明历史、社会现实进行批判性反思而形成的理论学说,不仅包括康德传统的纯粹理性批判,更包括马克思传统的政治经济学批判;从狭义来讲,是指法兰克福学派"以辩证哲学与政治经济学批判为基础的"社会哲学理论。在几十年的历史演变过程中,法兰克福学派批判理论经历了三期发展,即从古典理性主义到感性浪漫主义再到理性现实主义;从激进乐观主义到激进悲观主义再到保守乐观主义;从欣赏、信奉到怀疑、批判再到超越、重建马克思主义;从文化主体哲学到语言交往哲学再到政治道德哲学("政治伦理学")。简言之,从"早期批判理论"到"新批判理论"再到"后批判理论"。

一、批判理论第一期发展:"早期批判理论"

从 20 世纪 30 年代初到 60 年代末,以霍克海默、阿多尔诺、马尔库塞等人为代表的第一代批判理论家致力于批判理论构建与工业文明批判,这可以视为批判理论第一期发展("早期批判理论"),主要体现在以下三个方面:

---

* 本文系国家社会科学基金项目"20 世纪 90 年代以来的德国马克思主义发展趋向"[项目编号:08BKS045]、教育部人文社会科学重点研究基地重大项目[项目编号:08JJD710024]和复旦大学"985 工程"三期整体推进人文学科研究重大项目[项目编号:2011RWXK2D011]的阶段性成果。

第一,确立社会哲学研究方向,确定批判理论基本纲领

格律恩堡(Carl Grünberg)领导的法兰克福社会研究所致力于社会主义史与工人运动史研究,对批判理论构建并没有实质性贡献,但他为社会研究所规定的超党派学术立场、跨学科研究方法,成为社会研究所的一笔宝贵精神财富,并为法兰克福学派批判理论的真正奠基人霍克海默以及所有批判理论家所继承。然而,早在1931年《社会哲学的现状与社会研究所的任务》①就职演说中,霍克海默就力图改变格律恩堡"重史轻论"的学术路向,并将社会哲学确立为社会研究所的研究方向。他认为,"社会哲学"(Soziale Philosophie)既不是一种阐释具体社会生活意义的价值哲学,又不是各种实证社会科学成果的综合,而是关于个体与社会关系、文化的意义、共同体形成的基础、社会生活的整体结构的思想。"社会哲学的最终目标是,对并非仅仅是作为个体的,而是作为共同体成员的人的命运进行哲学阐释。因此,社会哲学主要关心那些只有处于人类社会生活关系中才能够理解的现象,即国家、法律、经济、宗教,简言之,社会哲学从根本上关心人类的全部物质文化和精神文化。"②在《社会研究杂志》创刊号前言中,霍克海默强调社会哲学研究要与具体科学研究、一般哲学研究、纯粹经验描述、当代形而上学主流精神、世界观和政治考虑区分开来,但要与社会学研究叠合在一起,通过对历史、现实和未来进行跨学科研究,揭示整个社会、个人心理与文化变化之间的关系,从而从总体上把握整个人类文明。

霍克海默不仅为社会研究所确立了社会哲学研究方向,而且还与马尔库塞一起确定了批判理论基本纲领。他们认为,"批判理论"(Kritische Theorie)不是在唯心主义的纯粹理性批判意义上使用的,而是在政治经济学的辩证批判意义上使用的。这意味着,法兰克福学派批判理论不是康德意义上的批判理论,而是青年马克思意义上的批判理论,因而又称为"批判的社会理论"、"批判的马克思主义"。例如,在《传统理论与批判理论》中,霍克海默从各个方面阐述了批判理论与传统理论之间的对立:首先,从理论基础看,传统理论以笛卡尔的《方法谈》奠立的科学方法论为基础,只研究命题之间以及命题与事实之间的相互关系,从

---

① [德]霍克海默:《社会哲学的现状与社会研究所的任务》,《马克思主义与现实》2011年第5期。

② Max Horkheimer, *Gesammelte Schriften*, Bd3, Hg. vonAlfredSchmidt, Frankfurt/M., Fischer, 1988, S.20.

而把理论视为外在于社会历史的;而批判理论则以马克思的政治经济学批判为基础,它关注包括人在内的社会整体,并对之进行具体的历史的分析。其次,从理论性质看,传统理论是超然物外的知识论,是缺乏批判维度和超越维度的顺从主义;而批判理论则是批判社会的激进思想,是具有批判维度和超越维度的批判主义。最后,从理论目标看,传统理论仅仅是在认同、顺从、肯定社会现实中追求知识的增长;而批判理论则在批判、反叛、否定社会现实中追求社会的公正合理,以求得人的解放和人的幸福。①

第二,系统阐发否定辩证法,试图为早期批判理论奠定哲学基础

早期批判理论到底有没有哲学基础? 如果有,它是什么? 如果没有,又意味着什么? 这个问题历来是有争议的,不过有一点倒是很明确:尽管社会研究所早期核心成员②的观点有所不同,但却有一个共同点,那就是他们都赞同否定辩证法。从这个角度看,是否可以将否定辩证法视为早期批判理论的哲学基础? 为了回答这个问题,首先需要弄清"否定辩证法"是什么?

传统辩证法(不论柏拉图、黑格尔,还是马克思)都认为矛盾双方存在着对立统一关系,认为否定是包含着肯定因素的辩证的否定,否定之否定就是肯定。但在阿多尔诺看来,矛盾就意味着非同一;否定辩证法是一以贯之的非同一性意识。因而,"否定辩证法"(Negative Dialektik)摈斥"否定之否定"这个传统辩证法图式,它应该摆脱同一性的还原主义传统,用非同一性原则代替同一性。"改变概念性的方向,使之转向非同一物,这是否定辩证法的关键。"③他认为,任何概念都不能与自身对象完全同一,因为概念本身已经包含了非概念的东西,即否定自身的非同一的东西。因而,否定辩证法必须努力"通过概念而摆脱概念"④,从根本上清除对概念的崇拜。这样,否定辩证法真正感兴趣的东西,就是黑格尔与传统相一致地宣布他们不感兴趣的东西,即无概念的东西、个别的东西、特殊

---

① Vgl. Max Horkheimer, *Traditionelleund Kritische Theorie*, Frank-furt/M., Suhrkamp, 2005, S.205 – 259.

② 从与批判理论关系角度看,笔者将霍克海默、阿多尔诺、马尔库塞、洛文塔尔、波洛克等人视为社会研究所早期核心成员,而将本雅明、弗洛姆、诺伊曼、基希海默等人视为社会研究所早期外围人员。

③ Theodor Wiesengrund Adorno, *Negative Dialektik*, Frankfurt/M., Suhrkamp, 1975, S.24.

④ Theodor Wiesengrund Adorno, *Negative Dialektik*, Frankfurt/M., Suhrkamp, 1975, S.27.

的东西。阿多尔诺从这种否定辩证法出发，对一切体系哲学、二元论哲学、本体论哲学在内的传统同一性哲学，尤其是对黑格尔的辩证法和海德格尔的"基础本体论"（Fundamentalontologie）进行了内在批判；对基础主义和形式主义、相对主义和绝对主义、主体主义和客观主义进行了严厉批判。当然，"对本体论的批判，并不想走向另一种本体论，即使非本体论的本体论"①。因而，否定辩证法既不是一种方法又不是一种现实，而是意味着一种"反体系"。②

那么，这样一种否定辩证法能否成为早期批判理论的哲学基础呢？笔者认为，否定辩证法作为法兰克福学派的共同思想，最早肇始于《哲学的现实性》，经过《理性与革命》、《启蒙辩证法》，最终完成于《否定辩证法》。因而，否定辩证法是阿多尔诺对批判理论的最大贡献。自《理性之蚀》、《启蒙辩证法》以来，早期批判理论家就将"理性"局限于"工具理性"，并对工具理性进行了严厉批判并事实上放弃了将理性作为批判理论规范基础的可能。不过，《否定辩证法》使之极端化而已。就是说，否定辩证法以非同一性为理论基础，以反概念、反体系、反传统为基本特征，以"被规定的否定"为核心，最终陷入了"瓦解的逻辑"③。从这个意义上说，否定辩证法不仅不是，反而解构了早期批判理论的规范基础，并由此成为后现代主义的理论渊源之一。④ 这样看来，哈贝马斯、霍耐特、本哈比等人的看法就是有根据的。他们认为，早期批判理论缺陷之一就是规范基础缺乏理论论证，或者说根本缺乏规范基础。于是，批判理论规范基础问题，就成为阿多尔诺之后批判理论家急于解决的问题，哈贝马斯如此，维尔默也不例外。

第三，全方位批判现代工业文明，使批判理论系统化并加以运用

我们知道，《启蒙辩证法》的核心问题就是试图阐释，为什么在科学技术进步、工业文明发展似乎可以给人们带来幸福的时候，在理性之光普照世界大地的时候，"人们没有进入真正的人性完善状态，而是深深地陷入了野蛮状态"⑤？在

---

① Theodor Wiesengrund Adorno, *Negative Dialektik*, Frankfurt/M., Suhrkamp, 1975, S.140.
② Theodor Wiesengrund Adorno, *Negative Dialektik*, Frankfurt/M., Suhrkamp, 1975, S.10.
③ Theodor Wiesengrund Adorno, *Negative Dialektik*, Frankfurt/M., Suhrkamp, 1975, S.148.
④ 参见王凤才：《阿多尔诺：后现代主义的思想先驱》，《山东大学学报》2002年第5期。
⑤ Max Horkheimerund Theodor Wiesengrund Adorno, *Dialektikder Aufklärung*, Frankfurt/M., Fischer, 1988, S.1.

《启蒙辩证法》中,霍克海默、阿多尔诺以人与自然关系为主线,以神话与启蒙关系为核心,对启蒙理性进行了批判。他们不仅揭示了"神话已经是启蒙,启蒙倒退为神话"的过程,而且阐明了启蒙精神的实现过程,就是进步与倒退相交织、文明与野蛮相伴生的过程。因而断定,启蒙精神最终走向了自我毁灭。

那么,"启蒙理性批判"究竟是一种什么性质的批判?哈贝马斯说,《启蒙辩证法》"没有充分注意到文化现代性的本质特征……根本没有告诉我们如何才能摆脱目的理性的神话暴力"[1]。所以,"启蒙理性批判"是一种带有悲观主义色彩的文化批判。但霍耐特指出,在《启蒙辩证法》中,霍克海默、阿多尔诺从自然史而非社会史出发重构欧洲文明过程。[2] 因而"启蒙理性批判"并不是一种纯粹的文化批判,而是一种自然支配模型批判,一种开放的社会批判,其中贯穿着病理学诊断。维尔默认为,《启蒙辩证法》的不寻常之处,在于它试图把两个互不相容的传统,即启蒙理性批判传统与资本主义批判传统融合在一起。[3]

在笔者看来,所谓启蒙理性,就是一种以征服、支配自然为出发点,以科学知识万能、技术理性至上为特征,以人类中心主义为核心,以历史进步为目标的文明乐观主义。简言之,启蒙理性的核心价值就是技术理性主义、个体中心主义、文明进步主义。因而,对"启蒙理性批判"需要从三个方面加以分析:一是这个批判直接针对启蒙理性,但实际指向工业文明,甚至整个人类文明史。不过,需要纠正一个流传甚广的误读,即法兰克福学派否定科学技术、否定理性,甚至否定文明本身。事实上,他们只是想矫正科学技术滥用,工具理性膨胀带来的工业文明弊端。当然,在这个过程中,确实存在着情绪化和片面化倾向。二是需要纠正一个较为普遍的看法,即法兰克福学派只致力于文化和意识形态批判,不太注重经济分析。事实上,尽管法兰克福学派早期批判理论以文化和意识形态批判为核心,但并没有忽视,反而比较重视经济学分析。按霍耐特理解,在早期批判理论的历史哲学框架中,经济学解释模型、社会心理学解释模型、文化理论解释模型相互补充。[4] 三是

---

① [德]哈贝马斯:《现代性的哲学话语》,译林出版社2004年版,第131页。

② Axel Honneth, *Kritikder Macht. ReflexionsstufeneinerkritischenGesellschaftstheorie*, Frankfurt/M., Suhrkamp, 1989, S.49.

③ Albrecht Wellmer, *ZurDialektikvonModerneundPostmoderne. VernunftkritiknachAdorno*, Frankfurt/M., Suhrkamp, 1985, S.10.

④ Axel Honneth, *Diezerrissene Weltdes Sozialen. Sozialphilosophische Aufstze*, Frankfurt/M., Suhrkamp, 1999, S.32-36.

这个批判核心在于对技术理性主义、人类中心主义、文明进步主义的批判。尽管它是带有浓厚浪漫主义色彩的悲观主义文化批判,但这种批判性反思是发人深省的,实际上是对工具理性霸权、价值理性被贬抑的强烈抗议。这种批判立场,上承卢梭等人的浪漫主义、尼采等人的非理性主义、卢卡奇等人的早期西方马克思主义,下续福柯等人的后现代主义。因而可以说,无论在西方马克思主义发展史上,还是在现当代西方哲学史上,它都占有十分重要的地位。

尽管早期批判理论家对大众文化的态度有所不同,但否定性批判占支配地位,这在阿多尔诺那里表现得尤为突出:他指出,一切文化工业都是相似的,无论从微观角度还是宏观角度看,文化工业都表现出齐一性,从而使个性成为虚假的;文化工业产品作为一种特殊商品,只注重经济效益,并导致人格异化;文化工业通过广告诱导消费者,并通过娱乐活动或不断地向消费者许诺公开欺骗消费者。总之,"整个世界都经过了文化工业的过滤"①。虽然在《再论文化工业》②中,阿多尔诺有限度地承认文化工业的作用,但仍然像在《文化工业:作为大众欺骗的启蒙》中一样,强调必须用"文化工业"(Kulturindustrie)代替"大众文化"(Massenkultur)概念,仍然认为大众文化,即文化工业并不是从大众自身中自发成长起来的,服务于大众的通俗文化,也不是大众艺术的当代形态;而是为大众消费量身定制的,并在很大程度上规定着消费本身的文化工业产品,是技术化、标准化、商品化的娱乐工业体系,具有重复性、齐一性、欺骗性、辩护性、强制性特征。它本质上是为了经济利益(即利润)人为制造出来的。因而,它试图通过人为刺激的虚假消费满足给人们带来虚假幸福,最终成为一种消除人的反叛意识、维护现存社会秩序的意识形态,从而阻碍了个性形成发展和人的解放。由此可见,阿多尔诺对大众文化的态度总体上是否定的,但文化工业批判理论无疑是他对批判理论的重要贡献之一。这不仅是对西方文化价值危机振聋发聩的反思,而且对当代文化研究产生了重要影响。

像霍克海默、阿多尔诺一样,马尔库塞也对工业文明进行了批判性反思。他认为,文明产生于"基本压抑"(basicrepression),即为了维持文明延续而不得不对性本能进行的必要压抑;工业文明产生于"额外压抑"(surplusrepression),即为了

---

① Max Horkheimerund, The odor Wiesengrund Adorno, *Dialektikder Aufklärung*, Frankfurt/M., Fischer,1988,S.134.

② [德]阿多尔诺:《再论文化工业》,《云南大学学报》2012 年第 4 期。

使文明永续而对性本能进行的附加压抑。这样,工业文明就是一种压抑性文明,而发达工业文明则是压抑性文明的顶峰。他指出,随着科学技术进步,文明不断发展;但文明发展伴随着沉重的代价。就是说,文明发展并没有给人们带来自由和幸福,而是带来了全面压抑和精神痛苦。可悲的是,人们在物质享受的虚假满足中,丧失了痛苦意识而充满了幸福意识,心甘情愿地成为发达工业文明的奴隶。然而,尽管"发达工业文明的奴隶是升华了的奴隶,但他们仍然是奴隶"①。

与霍克海默、阿多尔诺的悲观态度有所不同,马尔库塞试图在改造弗洛伊德压抑性文明论基础上重建非压抑性文明。他认为,为了重建非压抑性文明,必须重建新文明观念,确立新文明目标。为此目的:一是要超越现实原则,重建现实原则与快乐原则的关系,协调感性力量与理性力量的关系;二是将工作转变为游戏,消除一切异化劳动和异化现象;三是将性欲转变为爱欲,重建爱欲与文明的关系,通过性文化革命改变现存社会秩序,重建人与自然的和谐、人与人的和谐,实现非压抑性升华。当然,重建非压抑性文明并不意味着回归原始自然状态,而是寄希望于文明的进一步发展。可见,马尔库塞对待未来文明的态度是相对乐观的,但最终没有摆脱悲观主义结局:"批判的社会理论并不拥有能够消除当代与未来之间鸿沟的概念;它不承诺任何东西,不显示任何效果,它保留的只是否定。因而,它想忠诚于那些自身生活毫无希望,正在和将要献身于大拒绝的人们。"②

尽管马尔库塞对发达工业文明的批判有过激之嫌,但他不仅揭示了发达工业社会的某些新特点,而且提出了某些令人深思的问题与合理的见解。正如李小兵所说,作为反潮流的思想家,马尔库塞的思想是偏激的,其思想中的空想成分俯拾皆是;但他捍卫知识价值、艺术价值、精神价值、人的价值。"马尔库塞的思想,表现出他作为当代思想家的独创个性:不是社会现实的建设者和辩护者,也不是人类原初精神家园的追忆者和眷恋者(像他的先师海德格尔那样)。毋宁说,马尔库塞是一位面向未来的预言家。"③从根本上说,马尔库塞的非压抑性文明论是一种爱欲解放论。尽管他极力反对将它理解为性解放论,但它对性解放确实起到了推波助澜作用;况且,他试图通过性文化革命来反叛社会秩序也具有空想性。不过,它

---

① Herbert Marcuse, *Dereindimensionale Mensch*, München, Deutsc-her Taschenbuch Verlag GmbH&Co.KG,1998,S.53.

② Ibid.,S.268.

③ 参见[美]马尔库塞:《审美之维》,广西师范大学出版社 2001 年版,"译序"第 20 页。

以西方发达工业文明压抑性批判为核心,以重建非压抑性文明、实现人的爱欲解放为目标,尤其是重建感性与理性关系、爱欲与文明关系、人与自然关系、人与人关系的构想,对于克服工业文明弊端,实现科学精神与人文精神融合具有重要启发意义。

二、批判理论第二期发展:"新批判理论"

从 20 世纪 60 年代末到 80 年代中期,以前期哈贝马斯①为代表的第二批理论家致力于批判理论重建与现代性批判,这可以视为批判理论第二期发展("新批判理论"),主要体现在以下四个方面:

第一,历史唯物主义重构,早期批判理论反思

按哈贝马斯理解,历史唯物主义至少存在三个方面问题:一是"非反思的历史客观主义"在马克思著作中已经出现,到第二国际的进化论和后来的辩证唯物主义体系中表现得更加明显。二是马克思的社会理论缺乏明确的规范基础。他说,当马克思立足于存在与意识关系批判现代自然法和政治经济学时,同时也否定了资产阶级理论的内在规范价值。三是马克思只注重生产力而忽视道德规范在社会进化中的作用。哈贝马斯断言,由于科学技术发展,后期资本主义社会经济结构、政治结构、文化结构都发生了巨大变化,马克思根据自由资本主义社会创立的历史唯物主义的重要基础消失了,从而历史唯物主义的许多基本原理也就过时了。因而,要想使历史唯物主义成为具有普遍生命力的社会进化论,就必须对之进行重构,即"把一种理论拆开,用新的形式重新加以组合,以便更好地达到这种理论所确立的目标"②。然而,经过哈贝马斯的重构,历史唯物主义变得面目全非:生产力与生产关系范畴应该用劳动与互动范畴代替;经济基础与上层建筑的区分只是相

---

① 关于哈贝马斯思想发展,学界已有不同分期法,这是由于研究角度不同导致的。笔者将之分为前期和后期:从 20 世纪 60 年代初到 80 年代中期,称为前期哈贝马斯,致力于批判理论重建和现代性批判;20 世纪 80 年代中期至今,称为后期哈贝马斯,开启了批判理论的"政治伦理转向"。参见王凤才:《蔑视与反抗——霍耐特承认理论与法兰克福学派批判理论的"政治伦理转向"》,重庆出版社 2008 年版,第 21 页。

② [德]哈贝马斯:《重建历史唯物主义》,社会科学文献出版社 2000 年版,第 3 页。

对的;社会组织原则代替生产方式作为划分社会形态的标准和社会进化的动力;阶级斗争、意识形态学说再也不能到处运用;劳动价值论、剩余价值学说已经过时。当然,这是哈贝马斯 20 世纪 60—70 年代对待马克思主义的态度。苏东剧变后,哈贝马斯与许多左翼思想家一样,又宣称"马克思主义没有过时"。

对早期批判理论进行批判性反思,这是阿多尔诺之后的批判理论家首先要做的事情。哈贝马斯可谓开风气之先。在 80 年代初的一次学术访谈中,当霍耐特等人问到"早期批判理论的不足之处在哪里?"时,哈贝马斯回答说,早期批判理论的缺陷主要体现在:一是局限于工具理性批判,而没有对复杂的社会现实进行经验分析,由此陷入了抽象的文化哲学批判中,从而使批判理论缺乏规范基础。二是未能扬弃黑格尔的理性概念,不能真正把握理性的含义。三是未能认真对待资产阶级民主,不能客观地评价后期资本主义社会福利政策所取得的成就。总之,早期批判理论仍然以马克思的历史哲学为根据,始终未跳出主体哲学窠臼。然而,运用主体哲学范式反思现代文明问题已经进入了死胡同。所以,需要转变哲学范式:从侧重主体与客体关系、崇尚主体性的"主体哲学",转向侧重语言与世界关系、崇尚主体间性的"语言哲学",从传统批判理论转向交往行为理论。

第二,创立交往行为理论,重建批判理论规范基础

早期批判理论家试图修正马克思的某些预测,但并没有打算彻底告别马克思。当然,流亡经历肯定影响了他们的历史唯物主义立场。就像杜比尔①所说,20世纪 30 年代,他们还从历史哲学角度对理性抱有部分信任,但到《启蒙辩证法》时,这种信任就消失殆尽:他们反对将理性作为意识形态批判的有效基础,认为意识形态批判应该让位于总体批判。哈贝马斯断定,《启蒙辩证法》更多地应归功于尼采。因为在阿多尔诺的《美学理论》之前,尼采是第一个使审美现代性概念化,并将意识形态批判转向谱系学批判。因而可以说,"尼采的知识批判与道德批判也预设了霍克海默、阿多尔诺用工具理性批判形式所阐述的思想"②。在启蒙传统中,启蒙理性总是被理解为神话的对立面,但他们强调启蒙与神话的共谋关系,并告诫人们不要对启蒙的拯救力量抱有任何希望。这样,"他们就从早先对实证主

---

① 杜比尔(Helmut Dubiel,1946—),德国政治哲学家,法兰克福学派第三代代表人物之一。
② [德]哈贝马斯:《现代性的哲学话语》,曹卫东译,译林出版社 2011 年版,第 141 页。

义科学观的批判,转变为对被工具理性同化的整个科学的不满;并从元伦理道德阐释的批判,转向对道德怀疑主义的赞同"①。

事实上,从韦伯、卢卡奇一直到早期批判理论,现代性概念的立足点就是"被总体管理的社会"(totaleverwaltete Sozial)与"被伤害的个体主体"(verletzteindividuelle Subjekt)之间的对立;但霍克海默、阿多尔诺把韦伯的"铁的牢笼"主题重新解释为黑格尔主义的马克思主义的历史哲学语言,并将现代性批判还原为工具理性批判。哈贝马斯认为,他们只是对工具理性进行了内在批判,但没有说明这种内在批判的根据何在,从而没有为批判理论奠定坚实的规范基础。为了重建批判理论规范基础,从20世纪60年代开始酝酿交往行为理论,至80年代初得以完成,从而实现了批判理论的"语言哲学转向"。在哈贝马斯那里,所谓"交往行为"(kommunikatives Han-deln),是指至少两个具有语言能力和行为能力的主体通过语言或其他媒介所达到的相互理解和协调一致行为,实质上是主体之间以语言或其他符号为媒介,通过没有任何强制的诚实对话而达到共识、和谐的行为。交往行为的有效性要求:真实性、正当性、真诚性,是交往合理性得以重建的前提条件。因为交往行为理论作为哈贝马斯论的核心,主要是探讨交往合理性问题。因而从一定意义上说,交往行为理论就是交往合理性理论。在哈贝马斯看来,交往合理性理论可以摆脱主体哲学前提,对黑格尔的"伦理"(Sittlichkeit)进行重建;并可以从中归纳出一种新古典主义的现代性概念,即交往合理性概念,以便作为批判理论的规范基础。

第三,现代性话语的批判与重建

与某些后现代理论家"告别现代性"不同,哈贝马斯把现代性看作是一项未完成的规划,认为现代性还要继续发展,但必须用政治意志和政治意识加以引导。因而需要对现代性话语进行批判与重建。在《现代性的哲学话语》中,哈贝马斯将笛卡尔确立的主体性原则视为现代性的基本原则,但断定这个原则使现代世界进步与异化并存。所以,关于现代性的最初探讨就包含着对现代性批判。在这个意义上可以说,席勒的《审美教育书简》是现代性审美批判的第一部纲领性文献。因为在那里,席勒批判了异化劳动、官僚政治,以及远离日常生活问题的知性科学,强调

---

① [德]哈贝马斯:《现代性的哲学话语》,曹卫东译,译林出版社2011年版,第128—129页。

艺术是通过教化使人达到真正政治自由的中介。18世纪末,黑格尔首先提出了现代性的自我批判与自我确证问题,创立了启蒙辩证法原则。而一旦有了这个原则,现代性自我确证问题就能做到万变不离其宗。所以说,尽管黑格尔不是第一位现代哲学家,但"却是第一个意识到现代性问题,并清楚阐释现代性概念的哲学家"①。黑格尔之后,现代性话语出现了二个视角,即黑格尔左翼、黑格尔右翼和尼采。

然而,无论是黑格尔还是嫡传左翼或右翼,都未曾想对现代性成就提出质疑。只有尼采试图打破西方理性主义框架,认定人们对现代性已经无可奈何,因而放弃了对主体理性的再修正,并放弃了启蒙辩证法原则。换言之,尼采依靠超越理性视域的激进的理性批判,最终建立起权力理论的现代性概念。哈贝马斯指出,随着尼采进入现代性话语,整个讨论局面发生了翻天覆地的变化。从此以后,现代性话语不再坚持解放内涵,并在两个方向上被发扬光大:一是从海德格尔到德里达;二是从巴塔耶到福柯。"如果说尼采打开了后现代的大门;那么海德格尔与巴塔耶则在尼采基础上开辟了两条通往后现代的路径。"②

在"尼采讲座"中,海德格尔继承了黑格尔以来构成现代性话语的主题动机,但却独创性地将现代主体统治落实到形而上学历史中,贯穿于现代时间意识中。如果说尼采曾经希望通过瓦格纳歌剧回到古希腊悲剧中的"未来的过去";那么海德格尔也希望从尼采权力意志形而上学回到前苏格拉底。然而,海德格尔在拒绝主体哲学本体化的过程中,仍然拘泥于主体哲学的提问方式,因而,除了抽象否定之外,海德格尔也没有给出打破主体哲学牢笼的途径,最终还在否定意义上坚持了主体哲学的基础主义。譬如,《存在与时间》就流露出空洞抉择的决定论倾向。哈贝马斯指出,在《存在与时间》中,尽管海德格尔通过对"此在"(Dasein)的生存论分析为走出主体哲学框架做出了许多努力,但没有从交往行为理论角度回答"此在为谁"的问题;尽管他已经意识到自己走出主体哲学的努力失败了,但没有意识到这是追寻存在意义问题的必然结果。在后期海德格尔那里,出现了从基础本体论到"思"(Denken)的转向,这体现在三个方面:放弃了形而上学提出的自我确证要求;拒绝了存在本体论的自由概念;否定了还原到第一原则的基础主义思想。哈

---

① [德]哈贝马斯:《现代性的哲学话语》,曹卫东译,译林出版社2011年版,第51页。

② [德]哈贝马斯:《现代性的哲学话语》,曹卫东译,译林出版社2011年版,第121页。

贝马斯说,这本来可以作为走出主体哲学死胡同的出路,但海德格尔断然拒绝这种做法。当然,后期海德格尔用"事件"(Ereignis)取代"此在"(Dasein),"超越了尼采的形而上学分析,而且事实上也脱离了现代性话语"①。

德里达遵循着海德格尔的思路,试图与胡塞尔的"在场形而上学"划清界限。在《声音与现象》中,德里达反对胡塞尔的意义理论,并揭露现象学的形而上学特征。他说,胡塞尔放任自己被西方形而上学基本观念所蒙蔽,即理想的自我认同的意义只能由活生生的在场加以保证。在《论文字学》中,德里达把"文字学"称为形而上学批判的科学导言,因为它深入到了模仿声音的文字根源中。哈贝马斯指出,尽管可以将德里达的解构主义与阿多尔诺的否定辩证法视为对同一问题的不同回答,但阿多尔诺的否定辩证法与海德格尔的形而上学批判一样都不能令人满意;而德里达试图颠覆逻辑学优于修辞学的传统,让修辞学成为逻辑学的基础,并解构哲学与文学、文学与文学批评的差异,这固然受到了罗蒂的追捧,但却是一种错误的探求。哈贝马斯说,尽管德里达摆脱了后期海德格尔的隐喻学,并超越了海德格尔试图颠覆的基础主义,他的语音中心论批判可以被视为超越始源哲学过程的关键一环,但他最终未能摆脱海德格尔的束缚,因而也未能走出主体哲学窠臼。

哈贝马斯认为,巴塔耶与海德格尔一样都致力于打破现代性牢笼,并试图打开西方理性的封闭空间,但与后者有着不同的人生取向和政治选择,这主要基于两种不同体验:超现实主义审美体验和左翼激进主义政治体验。"他们之所以有如此巨大的差异,原因在于巴塔耶在攻击理性时并没有触及到认知合理性的基础,即科学技术客观化的本体论前提,而是关注伦理合理性的基础。虽然巴塔耶给现代性的哲学话语指出的方向与海德格尔的方向相似,但他选择了另外一种完全不同的途径来告别现代性。"②就是说,巴塔耶继承了萨德的黑色写作风格,并试图继承尼采作为意识形态批判家留下的遗产,从而表现出与尼采的亲缘性,主要表现在对审美自由概念,以及超人自我的捍卫。因而,哈贝马斯断言,尽管巴塔耶与青年卢卡奇、早期批判理论有相似之处,但他所思考的问题根本不是物化理论,而是一种关于排挤的历史哲学,一种关于不断剥夺神圣的治外法权的历史哲学,最终给人们提供的是一种表现为用人类学扬弃经济学的消极的形而上学世界观。

---

① [德]哈贝马斯:《现代性的哲学话语》,曹卫东译,译林出版社2011年版,第186页。
② [德]哈贝马斯:《现代性的哲学话语》,曹卫东译,译林出版社2011年版,第248页。

　　诚然,作为"纯粹历史学家"、哲学家的福柯与作为人种学家、社会学家的巴塔耶根本不属于同一传统中成长起来的人,但巴塔耶反对启蒙的性话语非自然化,并试图恢复性放纵、宗教放纵的色情意义,这深深地吸引了福柯。所以说,尼采的理性批判主题是经过巴塔耶而非海德格尔传给了福柯。福柯在《词与物》中指出,现代性的特征在于主体具有自相矛盾的、人类中心的知识型。从 20 世纪 60 年代末开始,在尼采的影响下,福柯就力图将历史学与人文科学对立起来。哈贝马斯说:"海德格尔和德里达想沿着解构形而上学的思路把尼采的理性批判纲领推向前进,福柯则想通过解构历史学实现这一目的。海德格尔和德里达用超越哲学的思想来超越哲学,福柯则用以反科学形式出现的历史学来超越人文科学。"①不过,福柯一直没有弄清楚话语与实践的关系。直到 20 世纪 70 年代初,他才力图将知识考古学与权力谱系学区分开来,在方法论上告别解释学,并试图抛弃现代性的在场时间意识,从而把普遍历史推向了终结。这样,福柯就遇到了三个难题:一是没有认识到人文科学考古学与海德格尔的形而上学批判之间的亲缘性;二是他与结构主义之间的亲缘性是有问题的;三是仅用知识考古学手段研究人文科学的发生,最终陷入了尴尬境地。总之,福柯无法用从主体哲学中获得的权力概念,消除他所批判的主体哲学的种种困境。

　　综上所述,从黑格尔到马克思,经过尼采到海德格尔和德里达,或巴塔耶和福柯,他们对现代性的批判最终没有摆脱主体哲学窠臼,没有走出主体理性批判模式。然而,主体理性以及自我意识结构只是理性的一个侧面,而非全部理性。

第四,揭露现代文明危机根源,寻找通往未来文明之路

　　首先,哈贝马斯将后期资本主义危机划分为四种类型:(1)经济危机,即以利润率下降为特征的经济系统的持续性危机;(2)合理性危机,即由合理性欠缺导致的政治系统的产出危机,它是一种被转嫁的系统危机;(3)合法化危机,即由合法性欠缺导致的政治系统的投入危机,它是一种直接认同危机;(4)动机危机,即由合作动机欠缺导致的文化系统的产出危机。② 其次,哈贝马斯揭露了现代文明危机的根源。他指出,19 世纪最后 25 年以来,后期资本主义社会出现了两个巨大变

---

① ［德］哈贝马斯:《现代性的哲学话语》,曹卫东译,译林出版社 2011 年版,第 300 页。
② Jürgen Habermas, *Legitimation sprobleme im Sptkapitalismus*, Frankfurt / M., Suhrkamp, 1973, S. 73-128.

化,一是国家强化了对经济生活的干预,二是科学技术成为第一生产力并成为意识形态。这两个变化使得交往合理性与工具理性的关系发生紊乱,从而导致了"生活世界殖民化"(Koloniali sierung der Lebenswelt),即作为现代文明系统的市场经济系统和官僚政治系统,借助货币和权力媒介侵蚀原本属于非市场和非商品化的私人领域及公共领域,从而导致生活世界意义和价值丧失;同时,由于现代技术进步服务于生产力发展,放逐了早期市民社会的自由、平等、正义这些价值观念,从而使文化世界荒芜,最终导致了文明危机。最后,哈贝马斯试图寻找摆脱文明危机的途径、走向未来文明的出路。他认为,既然后期资本主义文明危机根源于生活世界殖民化,那么摆脱后期资本主义文明危机的途径,当然在于生活世界殖民化的克服。为此目的,必须重新协调系统与生活世界的关系,平衡工具理性与交往合理性的关系,重建交往合理性。所谓"交往合理性"就是交往主体以语言或其他符号为媒介,通过没有任何强制性的诚实对话,达到相互理解、获得共识为目的的理性。因此,交往合理性本质上是对话性的。哈贝马斯认为,只有重建交往合理性,才能实现社会合理化。所谓"社会合理化"(soziale Rationalisierung),就是借助普通语用学改变社会舆论结构,创造理想言谈情境,使所有对某一情境不满的人,自由地进入讨论该问题的话语结构中,经过协商达成共识;在普遍共识基础上,通过规范调节实现个人与社会的协调一致。

由此可见,哈贝马斯像早期批判理论家一样,也对现代工业文明进行了批判,不仅区分了文明危机类型,而且揭露了文明危机根源。但在摆脱文明危机的途径、走向未来文明的出路问题上,他与早期批判理论家是不同的。霍克海默、阿多尔诺对工业文明只是激进地批判,没有找到摆脱文明危机的途径,也没有指出通往未来文明之路:要么在早期资本主义文明的认同中自我安慰(霍克海默),要么在现代资本主义文明的否定中自我折磨(阿多尔诺);而马尔库塞则在非压抑性文明的憧憬中自我陶醉。但哈贝马斯对现代工业文明则表现出辩护倾向,并试图在现代工业文明校正中重建后期资本主义文明。他主张用理解、宽容、和解的态度处理不同信仰、不同价值观、不同生活方式、不同文化传统、人际关系和国际关系,因为只有话语民主才是社会交往、文化交流的行为准则,是建立理想、公正、稳定社会秩序的前提条件,是社会文明合理性的基础,是社会合理化的根本标志,是未来文明发展方向。

(本文作者:王凤才)

从批判理论到后批判理论(下)*

——对批判理论三期发展的批判性反思

三、批判理论第三期发展:"后批判理论"

20世纪80年代中期以来,以后期哈贝马斯、维尔默、奥菲、霍耐特等人为代表,构成了批判理论的第三期发展,实现了批判理论的"政治伦理转向"。这里的"转向"是对研究领域和侧重点而言的。因而,这一"转向"就意味着,在此之前,政治伦理向度在批判理论中至多处于边缘地位;在此之后,政治伦理向度在批判理论中处于核心地位。从这个角度看,早期批判理论中确实存在着政治伦理向度,但它只处于边缘地位而非核心地位。这有两层意思:一是该向度为社会研究所外围人员所拥有;二是该向度在社会研究所核心成员那里只处于边缘地位。

诚然,20世纪60年代初,哈贝马斯就讨论了"资产阶级公共领域"(diebürgerliche Öffentlichkeit)的产生、结构、功能、转型等问题,将它置于古典政治哲学视野中进行跨学科研究①;并分析了古典政治哲学与现代社会哲学、自然法与政治革命的关系,以及黑格尔的政治哲学等问题。到70年代,哈贝马斯又讨论了道德发展与自我认同问题,尤其是考察了后期资本主义合法化危机问题。然而,所有这些,在前期哈贝马斯视域中都处于边缘地位。实际上,从20世纪

---

* 本文系国家社会科学基金项目"20世纪90年代以来的德国马克思主义发展趋向"[项目编号:08BKS045]、教育部人文社会科学重点研究基地重大项目[项目编号:08JJD710024]和复旦大学"985工程"三期整体推进人文学科研究重大项目[项目编号:2011RWXK2D011]的阶段性成果。

① Jürgen Habermas, *Strukturwandelder Offentlichkeit*, (Frankfurt/M.:Suhrkamp,1990),S.51.

60 年代到 80 年代初,创立交往行为理论,试图为批判理论奠定规范基础,才是哈贝马斯的工作重心所在。应该说,批判理论的"政治伦理转向"始于后期哈贝马斯;维尔默、奥菲进一步推进了这个转向;霍耐特最终完成了这个转向。

第一,后期哈贝马斯的话语伦理学与协商政治理论,开启了批判理论的"政治伦理转向"。交往行为理论,即交往合理性理论是话语伦理学的理论基础,话语伦理学是交往行为理论在伦理学领域的拓展。因而,理解交往行为就成为理解话语伦理学的前提。所谓"交往行为"(Kommunika tives Handeln),就是指两个或两个以上的具有语言能力和行为能力的主体,以语言或其他符号为媒介,通过非强制的诚实对话而达到的相互理解的共识、和谐行为。在哈贝马斯那里,交往行为的三个有效性要求,即断言的真实性、规范的正当性、表达的真诚性,是重建交往合理性的前提。他认为,交往合理性与工具合理性本质上是不同的,它不仅注重交往行为的有效性要求,而且遵守道德规范要求。这样,交往合理性就不仅是交往行为理论的核心概念之一,而且是话语伦理学的核心概念之一。

如果说,交往合理性理论是话语伦理学的基础;那么,U 原则与 D 原则就是话语伦理学的基本原则。早在《后期资本主义的合法性问题》中,哈贝马斯在讨论"实践问题的真诚性"时就指出:"规范有效性要求的基础,不是缔约双方的非理性意志行为,而是由合理性动机诱发的对规范的承认。所以,规范的认知要素并不局限于规范行为期待的命题内涵;毋宁说,规范有效性要求本身在假定意义上是认知的,这种规范有效性要求是通过话语来兑现的,即存在于参与者通过论证获得的共识中。"[①]就是说,由于所有参与者原则上都有机会参与实际协商,因而这种话语意志形成的理性就在于,被提高为规范的相互行为期待,在没有欺骗情况下使被确定下来的共同利益具有正当性。到《道德意识与交往行为》、《话语伦理学解说》等著作中,哈贝马斯又对 U 原则和 D 原则进行了详细阐发。所谓 U 原则,即"普遍化原则"(Universalisierungsprinzip),它是指,"每个有效规范都必须满足这些条件,即对该规范的普遍遵守所产生的预期效果与附带效果,对每个具体的人的利益满足来说,能够为所有参与者非强制地接受"[②]。所谓 D 原

---

① Jürgen Habermas, *Legitimationsproblemeim Spatkapitalismus*, (Frankfurt/M.: Suhrkamp, 1973), S.144.

② Jürgen Habermas, *Moralbewu Btseinund Kommunikatives Handeln*, (Frankfurt/M.: Suhrkamp, 1983), S.131.

则,即"话语伦理原则"(Diskursethischer Grundsatz),它是指,"每个有效规范都将会得到所有参与者的赞同,只要他们能参与实践话语"①。

1903 年,摩尔提出"元伦理学"(metaethics)与"规范伦理学"(normativeethics)的划分,宣告了元伦理学时代的到来。从此以后,元伦理学就成为与规范伦理学相对立的当代西方最重要的伦理学说。在当代西方元伦理学中,尽管 R.M.黑尔(Richard Mervyn Hare)力图将普遍主义与规定主义结合起来,创立一种普遍的规定主义伦理学,使事实、逻辑、价值统一起来,从而使元伦理学从非认知主义、反规范主义转向认知主义、价值规范科学。但从总体上看,当代西方元伦理学,如摩尔(George Edward Moore)的价值论直觉主义、罗斯(Sir.William David Ross)的义务论直觉主义、斯蒂文逊(Charles Leslie Stevenson)的情感主义、图尔敏(Stephen Edelston Toulmin)的规定主义,或多或少都与道德怀疑主义有牵连,或者本身就是道德怀疑主义,或者最终滑向了道德怀疑主义。在这种背景下,哈贝马斯的话语伦理学强调实践话语普遍化、话语伦理普遍性、道德规范有效性,可以被视为继罗尔斯的《正义论》之后,道德普遍主义的又一次高扬。尽管西方学者将哈贝马斯的话语伦理学归结为政治伦理学未必完全正确,但无论如何,话语伦理学成为了后期哈贝马斯的政治哲学,即协商政治理论的一个基准点。

协商政治理论作为话语理论的拓展和运用,主要体现在《事实与价值》、《包容他者》、《后民族结构》等著作中。

《事实与价值:关于法权的和民主法治国家的话语理论》作为后期哈贝马斯最重要的法哲学著作,对批判理论的"政治伦理转向"贡献如下:(1)将交往行为理论当作法权话语理论的基础,揭示触及交往行为理论基础的事实与价值之间的张力,并试图澄清常常被人忽视的"交往行为理论的多元主义特质"②。在这里,哈贝马斯不仅讨论了作为事实与价值之社会媒介范畴的法权,而且讨论了社会学的法权构想与哲学的正义构想。他认为,法权话语理论就是要重构现代性道德实践的自我理解,以便保护自己的规范内核既能抵制科学主义的还原,又能

---

① Jürgen Habermas, *Moralbewu Btseinund Kommunikatives Handeln*,(Frankfurt/M.: Suhrkamp, 1983),S.132.

② Jürgen Habermas, *Faktizitatund Geltung.Beitragzur Diskurstheo-riedes Rechtsunddesdemokratischen Rechtsstaats*,(Frankfurt/M.:Suhrkamp,1992),S.9.

抵制审美主义的同化。(2)用话语伦理学阐发法权话语理论的内容,揭示法权本身蕴含着的事实与价值之间的张力,并重新阐释道德规范与法律规范的关系。在这里,哈贝马斯在法权话语理论框架中,不仅讨论了法权体系和法治国家原则,而且讨论了法权的不确定性与判决的合理性,以及宪法判决的作用与合法性问题,尤其是重新阐释了道德规范与法律规范的复杂关系,即道德规范与法律规范都是用来调节人际关系冲突的,它们都应该平等地保护所有参与者及其自主性,但两者的调节对象和外延是不同的:前者保护个体的人格完整,后者保护法权共同体成员的人格完整。不过,哈贝马斯认为,在后形而上学论证基础上,道德规范与法律规范应该协调一致。(3)在澄清"协商政治"(deliberative Politik)概念内涵的基础上,从社会学视角检视对复杂的社会权力循环过程进行法治国家调节的条件,并从合法性视角讨论话语民主理论,最后提出程序主义的法权模型。① 在这里,哈贝马斯不仅讨论了经验的民主模型、规范的民主模型,以及程序的民主概念,而且讨论了公民社会与政治公共领域的作用。他指出,在复杂的社会中,要在素不相识的人之间建立具有道德法则性质的相互尊重关系,法律仍然是唯一的媒介。当然,对于社会秩序建构这个"霍布斯难题",无法用个别行为者合理抉择的偶然聚合做出满意解释。在语言学转向之后,康德的道德义务论获得了话语理论理解。由此,契约模型就为话语模型所取代:法权共同体是通过协商达成的共识构成的而非通过社会契约构成的。这样,哈贝马斯就将话语伦理学的普遍化原则发展成为话语民主理论的协商原则。所谓"协商原则"就是指,"只有那些所有可能的相关者(作为合理协商参与者)都可能同意的行为规范才是有效的"②。在此基础上,哈贝马斯提出了超越自由主义与共和主义的程序主义法权模型。在这个模型中,富有生机的公民社会与健全的政治公共领域必须承担相当部分的规范期待。

作为后期哈贝马斯的道德哲学、政治哲学文集,《包容他者:政治理论研究》的核心问题是,在今天,共和主义的普遍内涵究竟带来了什么后果? 哈贝马斯试

---

① Jürgen Habermas, *Faktizitatund Geltung.Beitragzur Diskurstheo-riedes Rechtsunddesdemokratischen Rechtsstaats*, (Frankfurt/M.:Suhrkamp,1992),S.10.

② Jürgen Habermas, *Faktizitatund Geltung.Beitragzur Diskurstheo-riedes Rechtsunddesdemokratischen Rechtsstaats*, (Frankfurt/M.:Suhrkamp,1992),S.459.

图从多元主义社会、跨民族国家、世界公民社会三个方面加以论述。① 该文集对批判理论的"政治伦理转向"贡献如下:(1)进一步阐发了"对差异十分敏感的道德普遍主义",它要求"每个人相互之间都平等尊重,这种尊重就是对他者的包容,而且是对他者的他性的包容,在包容过程中既不同化他者,也不利用他者"②。就是说,"包容他者"意味着道德共同体对所有人开放,包括对那些陌生人或想保持陌生的人;它要求平等尊重每个人,包括尊重他者的人格或特殊性;它要求所有人都团结起来,共同为他者承担义务。(2)话语理论更适合把握道德直觉观念,这是哈贝马斯与罗尔斯论争中提出的一个重要观点。诚然,哈贝马斯高度评价罗尔斯正义论,认为《正义论》是当代实践哲学里程碑式著作,因为它恢复了长期以来备受压抑的道德问题作为哲学研究对象的地位,但他怀疑罗尔斯是否始终如一地以最有说服力的方式运用自己的直觉观念。因此,在肯定罗尔斯正义论的基础上,哈贝马斯批评罗尔斯的政治自由主义,并力图将它与自己的康德式的共和主义区分开来,强调话语理论更适合把握他们共同关注的道德直觉观念。(3)进一步拓展公民身份与民族认同观念,并探讨在全球范围内及一国范围内的人权承认问题。哈贝马斯指出,在整个世界已经成为"风险共同体"(Risikogemeinschaft)的背景下,公民身份与民族认同越来越迫切;国际人权承认问题日益凸显;主流政治文化压制少数民族文化倾向遭到抵制。因而,承认政治应当能够保障不同亚文化、不同生活方式在一个法治国家内平等共存,即使没有共同体的权利与生存保障,承认政治也应该能够贯彻下来。(4)在论述三种民主规范模式基础上,再次论述法治国家与民主的内在关联,进一步完善协商政治理论。哈贝马斯指出,自由主义与共和主义的主要分歧在于,对民主进程作用的理解不同,从而导致了关于公民地位、法律观念、政治意志形成过程的不同理解。在他看来,自由主义与共和主义各有优缺点,协商政治理论吸收了两者的优点,将民主程序与规范内涵融合起来。就是说,这种程序主义的民主理论在协商、自我理解话语与正义话语之间建立起了内在关联。这样,协商政治理论作为民主与法治国家的基本观念,就有助于揭示人民主权与人权同源同宗这一

① Vgl.Jürgen Habermas, *Die Einbezie hungdes Anderen*, (Frankfurt/M.; Suhrkamp, 1997) , "Vor-wort".

② [德]哈贝马斯:《包容他者》,曹卫东译,上海人民出版社 2002 年版,第 43 页。

事实。

《后民族结构:政治文集》作为后期哈贝马斯的政治哲学文集,围绕着"在超越民族界限的情况下,社会福利国家的民主如何能够持续和发展"这个核心问题,表达他对当前德国政治与国际政治等问题的看法。① 因而,该文集对批判理论的"政治伦理转向"贡献在于:(1)从不同视角讨论了民族结构,分析了从文化民族概念到民族国家概念的转变,认为"德国的政治统一可以被描述为长期以来形成的文化民族统一体的过时的完成……在民族国家中,语言共同体必须与法权共同体一致。因为,每个民族似乎从一开始就有政治独立权利"②。(2)探讨了民主合法性与社会正义的关系。"没有社会正义就没有民主合法性"——这是保守主义的基本原则之一。哈贝马斯既不认同保守主义,又对超越新自由主义和社会民主主义的"第三条道路"不抱任何希望,至少对"超越左和右"的乌托邦设计持怀疑态度。因为在他看来,革命派与保守派之间存在着角色互换的可能。(3)在欧盟实现联邦制基础上,在未来建立一种既能保持差异性,又能实现社会均衡的新世界秩序。"对每个社会的和文化的暴力驯化来说,欧洲既要保护自己不受后殖民主义侵蚀,又不退回到欧洲中心主义之中。"③就是说,即使对关于人权的文化间性话语,也能保持这种充分"解中心的"(dezentriente)视角。

第二,维尔默的政治伦理学与奥菲的福利国家危机理论,进一步促进了批判理论的"政治伦理转向"。毫无疑问,维尔默与第一代批判理论家,尤其是与第二代批判理论家有着直接的学术传承关系。尽管人们一般将维尔默划归为第三代批判理论家,但实际上,他是介于法兰克福学派第二代与第三代之间的过渡性人物,是批判理论第二期发展与第三期发展之间的中介人物,在批判理论发展史上具有承前启后的作用。因而可以说,维尔默的政治伦理学介于批判理论与后批判理论、现代主义与后现代主义、自由主义与社群主义、普遍主义与特殊主义之间,它对批判理论的"政治伦理转向"做出了重要贡献。

其一,批判理论规范基础重建:政治伦理学的理论背景。哈贝马斯、本哈比、

---

① Vgl.Jürgen Habermas, *Die Postnationale Konstellation*, (Frank-furt/M.:Suhrkamp,1998), "Vorwort".

② Ibid.,S.23.

③ Ibid.,S.9.

霍耐特等人认为，早期批判理论的缺陷之一，就是缺乏对规范基础的理论论证，或者说根本缺乏规范基础。那么，早期批判理论到底有没有规范基础？这历来是有争议的问题。实际上，从霍克海默等人的启蒙辩证法，到阿多尔诺的否定辩证法，再到哈贝马斯的交往合理性理论，都是构建批判理论规范基础的尝试。为了阐发政治伦理学，维尔默必须解决"规范基础"这个前提性问题。笔者认为，在批判理论规范基础重建问题上，维尔默与哈贝马斯有四个共同点：一是都认为早期批判理论陷入了悲观主义文化批判，从而缺乏规范基础。二是都认为早期批判理论仍然处在主体哲学框架中，沉溺于工具理性批判，从而不能正确对待现代性。三是都认为现代性哲学话语需要引入新的思维范式，用语言交往哲学代替主体哲学。四是都强调维特根斯坦语言哲学在重建现代性哲学话语中的作用。如果说有什么不同的话，那就是哈贝马斯用交往合理性理论重建批判理论规范基础，维尔默则用"多元的、公共的合理性"重建批判理论规范基础。不过，从总体上看，维尔默并没有跳出哈贝马斯的思维框架。

其二，后形而上学现代性理论：政治伦理学的理论视域。在现代性与后现代性关系问题上，哈贝马斯并非一味赞同现代性，而是对现代性进行批判性重建，他强调现代性是一项未完成的规划：现代性还要继续发展，只是需要用政治意志与政治意识加以引导。在这个问题上，维尔默一方面在后形而上学现代性语境中，划分了主体理性批判形式，论述了"理性的他者"；并断定现代性的政治道德基础被毁坏了，"以至于决胜局变成了玩火的游戏"①。这表明，他对现代性的不信任，以及对后现代性的同情。另一方面，他又反对理性批判夸大了的怀疑主义，并指出后现代性的局限性；并以詹克斯②的建筑美学为例，阐发了现代性与后现代性的辩证法。换言之，维尔默既同情后现代性，又指出了它缺乏社会理论视角的局限性。因为在他那里，"后现代性，正确地理解，或许是一个规划；而后现代主义，就它确实不仅仅是一个纯粹的模型、倒退的表达或新的意识形态而言，最好被理解为寻找记录变革痕迹并使这个规划的轮廓更加凸现出来的尝试"③。在维尔默看来，后现代主义不过是后形而上学现代主义，是主体理性批

---

① Albrecht Wellmer, *Revolutionund Interpretation*, (Van Gorcum,1998) ,S.10.

② 詹克斯（Charles Jencks, 1939—2019），美国后现代建筑理论家，后现代主义奠基人之一。

③ Albrecht Wellmer, *Zur Dialektikvon Moderneund Postmoderne*, (Frankfurt/M.：Suhrkamp,1985) , S.109.

判的最高形式，"后现代可以理解为对启蒙理性的极端批判,同时它也是对现代性批判的自我超越"①。然而,捍卫形而上学终结概念,并不意味着告别理性与现代性,而是理性批判与现代性批判的自我肯定。

在笔者看来,就后形而上学现代性理论而言,维尔默与哈贝马斯也有两个共同点:一是都对现代性哲学话语进行批判性反思;二是都看到了后现代主义的两面性。维尔默将现代主体理性批判模式划分为三种:一是以弗洛伊德为代表的总体化理性的心理学批判;二是以尼采、霍克海默、阿多尔诺、福柯为代表的工具理性的哲学—心理学—社会学批判;三是以后期维特根斯坦为代表的自明理性及其意义构成主体的语言哲学批判。他说,前两种批判形式尽管功不可没,但总体上没有摆脱主体哲学框架;只有第三种批判形式才真正突破了主体哲学限制,为重建后形而上学理性观和主体概念提供了出路。这样看来,维尔默与霍耐特有所不同。霍耐特将现代主体性批判分为心理学批判与语言哲学批判两条路径。尽管有这样或那样的差异,但这足以说明,第三代批判理论家都受到哈贝马斯的较大影响,就是试图用当代语言哲学的成就避免第一代批判理论家工具理性批判的片面性,重建现代性的哲学话语。当然,与哈贝马斯基本否定后现代性、试图拯救现代性不同,维尔默与霍耐特试图协调现代性与后现代性的关系。就是说,维尔默是介于现代性与后现代性之间的批判理论家。

其三,共同体主义政治哲学:政治伦理学的理论基础。这主要体现在两个方面。

（1）在讨论现代自由的两种模式,即（消极的）个体自由与（积极的）共同体自由基础上,阐发了自由平等与合理性原则、自由民主与政治合法性问题,并分析了自由主义与社群主义之争,以及自由与民主之间的相互交织。众所周知,在现代政治哲学中,自由主义（或个体主义）与社群主义（或共同体主义）对自由的理解构成了现代自由的两种模式,即消极的（个体自由）与积极的（共同体自由）。维尔默说,如果现代世界自由包括（消极的）个体自由与（积极的）共同体自由之间的二元论,那么普遍自由概念就内含着个体主义与共同体主义之间的张力。与自由主义者不同,维尔默不是强调个体自由,而是强调共同体自由;与

① ［德］维尔默:《论现代与后现代的辩证法》,商务印书馆 2003 年版,"中文版前言"第 1 页。

社群主义者也有所不同,他并不完全否定个体自由,而是主张对个体自由进行共同体主义阐释。正是在这个意义上,维尔默自称为"共同体主义者",或"自由的社群主义者"。

在维尔默视域里,尽管自由主义与社群主义存在着根本差异,即对待欧美自由民主社会的态度不同,但在很大程度上,它们是共同的价值取向内部的不一致,即它们强调同一传统内部的不同方面:自由主义强调自由的基本权利及其非欺骗性;社群主义更喜欢与美国早期"公民共和主义",即与共同体的民主自治传统联系在一起。这样,它们之间的不一致就可以这样来描述:自由主义的兴趣在于自由的基本权利。因而,对自由主义来说,个体的自由权利构成自由民主传统的规范内核;社群主义则试图证明,只有在共同体的生活方式中,自由的基本权利才能获得合法意义。因而,自由主义与社群主义之争仍然是自由民主社会内部之争,其根本差异仅在于善或正义优先性问题。然而,无论如何,自由与民主能够联结成自由民主的政治共同体。

(2)在阐发人权普遍主义与公民权特殊主义的基础上,讨论了人权与政治自由的关系,以及公民权、人民主权与民主合法性问题。维尔默指出,在人权与公民权之间,不仅存在着内在关联,而且存在着特有的张力关系。因而,人权不能化约为公民权,但人权可以作为公民权。这样,人权与公民权之间的张力关系,就作为公民权阐释与对这些阐释进行道德批判之间的张力关系而出现。换言之,自由民主主义者借助于普遍主义道德理解,将作为公民权的人权承认为道德的或以道德为基础的法律诉求。这样,在法律体系中发生的人权侵犯,同时就被描述为对公民权的侵犯,如果有关法律体系容许这样侵犯的话。正是在这种语境中,维尔默乐观地肯定,在非西方社会实现人权也是可能的,尽管很难给出正义与非正义的标准。不过,一方面,若将对文化认同、宗教认同和传统的破坏描述为伤害,也许是没有问题的;另一方面,如果完全没有这样的伤害,那就不可能在世界范围内形成广泛的自由民主共识。

在维尔默视域里,公民权与民主话语的双重关系不可避免地存在着"解释学循环",即人权承认不仅是政治自由、民主话语的前提,而且是政治自由、民主话语的结果。因而,通过公民权与民主话语的解释学循环,可以回到民主法律体系的内在关联中。这种内在关联,对民主法权共同体来说是结构性的。这样,在一定程度上,民主话语只能进行双重解码。就是说,民主合法性原则的两个层面能够相互阐发:一方面,民主合法性原则作为正义原则,要求所有参与者有可能实际参与民主话语;另一方面,民主合法性原则作为平等的参与权和交往权,包括参与民主话语要求。

其四,普遍主义伦理学重构:政治伦理学的理论前奏。这包括两个部分。

(1)在重构康德的形式主义伦理学基础上,论述从形式主义伦理学向话语伦理学过渡的必要性。他认为,对康德伦理学重构来说,大致有三种可能的方案:第一种方案承认,不同的"理性的存在"能够期待以完全不同的行为方式成为普遍的;第二种方案试图论证"最低限度伦理学";第三种方案是对康德道德原则话语伦理学的拓展。在维尔默看来,只有第三种方案才能被看作是为康德的实践理性恢复名誉的尝试,它既无条件地捍卫道德规范的可论证性,又无条件地捍卫道德"应当"的合理内涵。像哈贝马斯、阿佩尔一样,维尔默也看到了从形式主义伦理学向话语伦理学过渡与从主体哲学向语言哲学过渡的内在关联,但这个关联使得康德伦理学需要用对话式理解的普遍主义重新规定。为此目的,维尔默区分了"对话的伦理学"与"对话伦理学":在前者那里,对话原则代替道德原则;在后者那里,对话原则处于道德原则的核心位置。然而,话语伦理学既是康德的又不是康德的。可见,维尔默的基本立场是,倾向于康德伦理学而批评话语伦理学。

(2)在批评话语伦理学两个前提,即真理共识论和最终论证要求的基础上,对话语伦理学的基本原则,尤其是 U 原则进行重构。维尔默不是将 U 原则视为合法性原则,而是将其视为道德原则,并认为 U 原则是对绝对命令的话语伦理学重述。他说,如果将 U 原则理解为合法性原则,就会产生下述困难,即 U 原则没有解决这个问题:我"能够非强制地承认"普遍遵守一个规范,对每个具体的人来说意味着什么?因而也没有解决这个问题,即在这个意义上,所有人能够承认一个规范意味着什么?为了解决这个问题,维尔默对 U 原则进行了重新解读:(U1)一个规范,如果为所有利益相同的参与者普遍遵守,那这个规范就是有效的;(U2)一个规范,如果能够为所有利益相同的参与者非强制地承认,那这个规范就存在于所有参与者的共同利益中;(U3)在 Sh 情境中被做的(事情),(在道德上)是被正确地(禁止的),如果相应的行为方式被理解为普遍的,并考虑到每个具体的、利益相同的参与者能够非强制地承认其预期后果的话;(U4)在 Sh 情境中被做的(事情),(在道德上)是被正确地(禁止的),如果所有利益相同的参与者能够(非强制地)期待,相应的行为方式(考虑到它对每个具体的、利益相同的参与者来说的预期后果)成为普遍的。由此可见,在这个问题上,维尔默的阐释与哈贝马斯的阐释是相似的:通过有效性标准,道德规范有效性的意义被理解为以语言为中介的主体间性的普遍结构。因而,U 原则作为对绝对命令的话语伦理学重述,现在似乎可以被说成是,如果一个行为被理解成普遍的,对所有参与者来说是可承认的,那么它就是正确的。

其五,民主伦理学构想:政治伦理学的理论核心。这主要体现在三个方面。

(1)在讨论政治哲学与道德哲学的关系时,维尔默做出了三个区分。首先,"是"与"应当"的区分。他指出,尽管"是"与"应当"的区分以规则与规范存在为前提,但对规则与规范的承认内含着"是"与"应当"的区分。维尔默说,这个区分是伦理学的前提,"欧洲道德哲学,就是从个体伦理学和政治哲学两个维度对这两个问题的加工处理"①。黑格尔哲学则是为重新统一这两个相互分离领域所进行的最后的伟大尝试。然而,即使不是在马克思那里,但也许是在马克思主义传统中仍然重复着"将是还原为应当、将应当还原为是"的错误。其次,法律规范与道德规范的区分表明,法律规范与道德规范相对立,将成为有效的或失效的;法律规范与道德规范对立是结构性的;法律规范通常与外部认可的法律威胁联系在一起。不过,维尔默承认,他对法律规范与道德规范区分,并没有注意到传统社会的具体伦理,但在向后传统道德过渡中,道德的去习俗化意味着法律的习俗化,即在某种程度上,法律规范被自由支配,即使屈从于道德规范限制。最后,在谈到道德原则与民主合法性原则区分时,维尔默指出,道德成为凌驾于法律之上的审判机关;道德论证逻辑是通过普遍主义道德原则确定的;如果道德话语的不同维度能够获得共识,那么道德冲突一般都可以得到解决;道德规范论证问题具有应用问题的特征。

(2)在谈到法哲学与伦理学关系时,维尔默指出,"为了阐明道德原则与法律原则如何相关联,我想直接引用它们之间的一致与差异"②。他说,在将它们表述为规范的普遍化原则时,法权学说与伦理学说是一致的,其结构性一致就在

---

① Albrecht Wellmer, Endspiele, *Dieunver sohnliche Moderne*, (Frank-furt/M.: Suhrkamp, 1999), S.96.

② Albrecht Wellmer, Endspiele, *Dieunver sohnliche Moderne*, (Frank-furt/M.: Suhrkamp, 1999), S.107.

于,这两者固有的共识原则或对话原则最终都被压抑了。在这个意义上,康德的形式法概念就直接反映了绝对命令范畴的形式主义特征。在最坏意义上,法权学说与伦理学说之所以是"形式主义的",是因为康德使实践理性概念中固有的"程序形式主义",在关键点上停留在逻辑语义学的形式主义。因而,"通过对康德、黑格尔、马克思关于自然法的接受与批判的概述表明,关于自然法的合理内核问题,他们当中没有一个人能够找到令人满意的答案"①。

(3)与霍耐特借助于杜威的民主伦理学构建形式伦理学不同,维尔默的"民主伦理"(demokratische sittlichkeit)概念,是从黑格尔、托克维尔那里寻找思想资源的。维尔默指出,后期黑格尔试图为现代社会建构普遍的民主伦理概念,并将它建构为"伦理的立足点",但他并没有说明,民主伦理形式如何对待传统的、前现代社会的伦理实质? 就是说,黑格尔(包括马克思)并没有真正解决作为私人自主与公共自主中介的民主伦理问题;相反,托克维尔试图解决如何构建民主伦理问题。因而,维尔默将民主伦理构想追溯到托克维尔,并将民主伦理如何可能的问题视为政治伦理学的核心问题。"民主伦理概念并不规定美好生活的某些内容,而是规定相互修正的善的概念之平等的、交往的、多样的共生形式。"②然而,民主伦理概念的悖谬性似乎在于,它不是被"实体性地",而是被"形式性地"(即"程序性地")规定的。因而,根本不存在民主话语的伦理实体,因为民主话语条件规定着民主伦理内核。这样说来,在公民共和主义意义上,民主伦理与公民德性再次聚合为实体的整体是不可能的。当然,民主伦理学的目标是建立世界公民社会。按照维尔默的理解,世界公民社会标志着人权与公民权之间差异的扬弃,标志着现代世界和平的文化多元主义条件,标志着从人权的幻想概念向纯粹道德的或纯粹经济学的状态过渡,但并不意味着民主政治终结,而是作为新的情况下现代民主需要进一步发展的生存条件。由此可见,维尔默的民主伦理概念试图将托克维尔与黑格尔、个体主义与共同体主义整合在一起。

其六,艺术崇高与审美救赎:政治伦理学的理论向往。这体现在四个方面。(1)在继承与超越康德美学、阿多尔诺美学的基础上,围绕着"真实、表象、和解之间内在关联"这个核心问题,阐发了自然美与艺术美、艺术真实与审美体验、

---

① Albrecht Wellmer, Endspiele, *Dieunver sohnliche Moderne*, (Frank-furt/M.: Suhrkamp, 1999), S.152.

② Albrecht Wellmer, *Endspiele, Dieunversohnliche Moderne*, S.69.

艺术与崇高之间的关系,提出美是"和解"的乌托邦、美是神圣功能与世俗功能的统一、只有审美综合("真实Ⅰ")才是对现实("真实Ⅱ")的艺术认知、审美体验是某种精神可能性,并论述了审美表象辩证法,主张将崇高嫁接到艺术中,因而认为崇高是艺术的基本结构,断言艺术崇高是对"和解"的彻底否定、崇高意味着审美的强化等。(2)从现代艺术的二律背反出发,对现代—后现代艺术进行了批判性反思。维尔默认为,现代艺术的二律背反结构,一开始就存在于图像与符号、非概念综合与概念综合的分离中,即使在发达的工具理性条件下,它也与现代艺术一起成为自我意识。因而,尽管功能主义曾经起过一定历史作用,但缺陷在于,它是一种与技术理性至上精神一致的、形式化的、简化了的机械主义,它没有对功能与目的关系进行恰当反思;而只有从这个反思出发,人们才能够有效地进行生产和建造,而且只有这样,粗俗的功能主义才能够持续地服务于现代化进程。(3)在更广阔的视野中对现代—后现代美学进行了批判性反思。维尔默指出,尽管利奥塔的崇高美学与阿多尔诺的否定美学之间存在着某些不一致,但在他们那里,理性批判与语言批判深层逻辑的共同性,表现为同一性思维批判与表现符号批判之间的结构同质性。维尔默说,阿多尔诺关于"真实、表象、和解之间内在关联"的描述,即否定美学概念又出现在伯勒尔(Karl H. Bohrer)的突发性美学、姚斯(Hans R. Jauss)的接受美学中。与此同时,技术被区分为两类:以人的需要、人的自主性、交往合理性为取向的技术;着眼于资本利用的行政管理技术或政治操纵技术。因而,与20世纪初不同,这里出现了生产美学对实用美学的让位。实用美学关系到体现在日常生活世界中可理解的目的关系的审美质量。(4)大众艺术批判与审美乌托邦向往。维尔默既肯定阿多尔诺对文化工业批判的合法性,也指出他忽视了大众艺术隐藏着民主潜能与审美想象力;既肯定本雅明关于机械复制艺术暗示着现代大众艺术潜能的分析,也指出他对大众艺术评价不同于阿多尔诺的根本动机在于审美政治化。总之,维尔默对审美乌托邦怀着深深的向往,但对通俗艺术也并非完全否定,而是适度地肯定。

此外,奥菲作为法兰克福学派第三代主要代表人物之一,他的政治社会学思想,尤其是福利国家危机理论也推进了批判理论的"政治伦理转向"。奥菲的福利国家危机理论,既受奥康纳尔国家财政危机论的影响,更受哈贝马斯合法化危机论的影响;而哈贝马斯"系统—生活世界"理论,则受奥菲国家批判的系统分析理论的影响。在奥菲看来,福利国家必须在维持、促进资本积累的同时,保障民主合法性。只有这样才能保证整个资本主义系统,即经济系统、政治系统、社会文化系统的正常运转。然而,福利国家矛盾使得经济危机倾向可能在财政危机中达到顶峰,资本主义的根本危机在于国家中。

第三,霍耐特的承认理论、多元正义构想,以及民主伦理学,标志着批判理论的"政治伦理转向"的最终完成。霍耐特(Axel Honneth)作为法兰克福学派第三代核心人物、批判理论第三期发展的关键人物,他最终完成了批判理论的"政治伦理转向",主要体现在三个方面。

其一,对传统批判理论进行批判性反思,阐明批判理论的"承认理论转向"①的必要性。为了避免早期批判理论社会规范的缺失,又防止弗里德堡经验情结的误区,霍耐特从梳理社会哲学的两条路径(即历史哲学路径与人类学路径)出发,对从霍克海默到哈贝马斯的传统批判理论进行了批判性反思。(1)早期批判理论试图把哲学的时代诊断与经验的社会分析融合在一起,但从一开始就陷入了困境:从霍克海默批判理论的社会性缺失,到《启蒙辩证法》支配自然批判的历史哲学模型的局限性,直至后期阿多尔诺批判理论对社会性的最终排斥。(2)尽管自20世纪70年代以来,批判理论的两个最有影响的分支(即福柯的权力理论与哈贝马斯的交往行为理论)可以被视为早期批判理论历史哲学模型所导致困境的两种不同解决方式,但他们试图通过告别劳动范式来解决早期批判理论困境的努力并不成功,即使交往行为理论也没有为批判理论奠定规范基础。(3)批判理论的规范基础只能到人类学中去寻找。为此,必须走规范研究与经验研究相结合的道路。就是说,必须走出对交往范式的狭义理解,从语言理论转向承认理论。"交往范式不能理解为语言理论……而只能理解为承认理论。"②

其二,从社会冲突两种模式(即"为自我保护而斗争"与"为承认而斗争")出发,霍耐特借助于米德的社会心理学对青年黑格尔的承认学说进行重构,从而使黑格尔的承认观念实现了自然主义转化,以此阐明批判理论"承认理论转向"的可能性;并以承认与蔑视关系、蔑视与反抗关系为核心,建构了承认理论基本框架。在霍耐特视域中,(1)三种主体间性承认形式,即情感关怀或爱(Liebe)、

---

① Nancy Fraserund Axel Honneth, *Umverteilungoder Anerkennung? Einepolitisch—philosophische Kontroverse*, (Frankfurt/M.:Su-hrkamp), 2003, S.148.

② Axel Honneth, *Kritikder Macht. Reflexionsstufeneinerkritischen Gesellschaftstheorie*, (Frankfurt/M.: Suhrkamp,1989), S.230.

法律承认或法权（Recht）、社会尊重或团结（Solidarität），分别对应自信（Selbstver-trauen）、自尊（Selbstachtung）、自豪（Selbstschtzung）三种实践自我关系；（2）个体认同遭遇的三种蔑视形式，即强暴（Vergewalti-gung）、剥夺权利（Entrechtung）、侮辱（Entwürdigung），摧毁了个体基本自信、伤害了个体道德自尊、剥夺了个体自豪感；（3）蔑视体验（Erfahrungder Missachtung）是社会反抗的道德动机，因而必须在社会冲突中重建道德规范，并将人际关系道德重建视为承认理论目标。

其三，阐明承认与再分配、承认与正义、承认与道德的关系，提出一元道德为基础的多元正义构想，并试图建构以正义与关怀为核心的"政治伦理学"。（1）在进一步拓展承认理论的过程中，霍耐特将黑格尔法哲学重构为规范正义理论；通过分析再分配与承认关系，断定分配冲突是承认斗争的特殊形式，并考虑到文化承认作为第四种承认形式的可能性；针对弗雷泽的指责，霍耐特强调自己的承认理论并非"文化主义一元论"，而是"道德一元论"。[1]（2）在此基础上，他试图建构一元道德为基础的多元正义构想。简言之，霍耐特多元正义构想的三个核心命题在于：从多元的社会正义构想出发是正确的；社会承认关系质量应该成为社会正义构想的立足点；社会理论命题，而非道德心理学被描述为获得社会正义规定性的关键。（3）在与当代实践哲学对话中，霍耐特明确提出了"政治伦理学"（Politische Ethik）概念，并围绕着承认与正义关系、承认与道德关系，阐发了自由、民主、人权、共同体、正义、关怀等问题，而且试图建构以正义与关怀为核心的"政治伦理学"。在笔者看来，强调"后现代伦理学与话语伦理学基本一致"，是霍耐特政治伦理学的立足点；论证"平等对待与道德关怀存在相互包容关系"，是霍耐特的政治伦理学核心；断定"承认道德介于康德传统与亚里士多德传统之间"，是霍耐特的政治伦理学定位；断言"形式伦理是人格完整的主体间性条件"，是霍耐特的政治伦理学目标。

近年来，霍耐特又出版了一系列著作：不仅对批判理论做了进一步批判性反思，如《阿多尔诺：否定辩证法》（合著，2006）、《批判理论关键词》（合著，2006）、《理性的病理学：批判理论的历史与现状》（2007）、《批判的创新：与霍耐特谈

---

① Nancy Fraserund Axel Honneth，*UmverteilungoderAnerkennung? Einepolitisch—philosophische Kontroverse*，S.292.

话》(合著,2009);而且进一步发展了承认理论及其多元正义构想,如《正义与交往自由:对黑格尔结论的思考》(合著,2007)、《厌恶、傲慢、仇恨:敌对情绪现象学》(合著,2007)、《从个人到个人:人际关系的道德性》(2008)、《我们中的自我:承认理论研究》(2010);并试图构建民主伦理学,如《自由的权利:民主伦理大纲》(2011)。

《我们中的自我:承认理论研究》包括霍耐特近年来已发表和未发表的14篇论文或讲演稿,主要有四部分内容:(1)进一步拓展和重构了黑格尔的承认学说,强调《精神现象学》、《法哲学原理》对承认理论的重要性,这与在《为承认而斗争》中强调《伦理体系》、《耶拿实在哲学》明显不同;(2)进一步阐发了劳动与承认、承认与正义的关系,强调道德与权力的内在关联;(3)重新规定了社会化与个体化、社会再生产与个体认同形成之间的关系,强调社会哲学规范问题的解决必须包容经验追求;(4)从心理分析视角进一步拓展了承认理论,不仅讨论了心理分析的承认理论修正,而且分析了"我们中的自我:作为群体驱动力的承认"等问题。总之,该书是霍耐特对承认理论的进一步思考,不仅修正、深化了早年的某些观点,而且开辟了新的研究领域,并试图为正义理论提供一个新文本。

在《自由的权利:民主伦理大纲》中,霍耐特以黑格尔的《法哲学原理》为蓝本,在社会分析形式中阐发社会正义原则,并致力于阐发民主伦理学。一是关于"自由的权利"的历史回顾。在这里,霍耐特主要阐发了"消极的自由及其契约论结构"、"反思的自由及其正义构想"、"社会的自由及其伦理学说"。二是讨论"自由的可能性",从"此在基础"、"局限性"、"病理学"三个层面阐发了"法律的自由"与"道德的自由"。三是关于"自由的现实性",分别讨论了"个人关系中的'我们'"(友谊、私密关系、家庭);"市场经济行为中的'我们'"(市场与道德、消费领域、劳动市场);"民主意志形成中的'我们'"(民主公共领域、民主法权国家、政治文化展望)。① 由此可见,该书在霍耐特思想发展中占有非常重要的地位,其学术地位足以和《为承认而斗争》相媲美。如果说,《为承认而斗争》标志着霍耐特的承认理论框架基本形成;《正义的他者》、《再分配或承认?》等标志

① Axel Honneth, *Das Rechtder Freiheit. Grundrieinerdemokratis-chen Sittlichkeit*, (Frankfurt/M.: Suhrkamp,2011),SS.5-6.

着霍耐特的承认理论进一步完善与多元正义构想和政治伦理学初步建构；那么，《自由的权利》则意味着霍耐特的民主伦理学基本形成。到此为止，霍耐特的思想体系已臻完善，足以和哈贝马斯相比肩——在哈贝马斯那里，有交往行为理论、话语伦理学、协商政治理论；在霍耐特这里，有承认理论、多元正义构想、民主伦理学。

总之，霍耐特最终完成了批判理论的"政治伦理转向"，对批判理论第三期发展做出了决定性贡献；标志着批判理论最新发展阶段，即从"批判理论"走向了"后批判理论"；体现着批判理论最新发展趋向，即转向政治道德哲学（"政治伦理学"）；已经进入到与当代实践哲学主流话语对话语境之中，并成为当代最重要的实践哲学家之一。然而，尽管霍耐特徘徊于批判理论与后批判理论、现实主义与理想主义、一元主义与多元主义之间，但最终从批判理论走向了后批判理论、从现实主义走向了理想主义、从一元主义走向了多元主义。因此，与其将霍耐特称为批判理论家，倒不如称为后批判理论家。

这样说来，"批判理论三期发展"就意味着，从古典理性主义到感性浪漫主义再到理性现实主义；从激进乐观主义到激进悲观主义再到保守乐观主义；从欣赏、信奉到怀疑、批判再到超越、重建马克思主义；从文化主体哲学到语言交往哲学再到政治道德哲学（"政治伦理学"）；从"批判理论"到"新批判理论"再到"后批判理论"。

（本文作者：王凤才）

现代性批判理论转变的三重维度

西方马克思主义现代性批判理论直指启蒙时期用以书写自由、理性、解放和幸福的宏大理想规划，却并未兑现其承诺，反而使现代社会陷入被理想包裹的空洞现实境遇，反思这一状况并探索现代性发展的进路成为西方马克思主义现代性批判理论的思想逻辑。总体上看，其现代性批判理论的逻辑理路主要从以下三个维度展开，其特定走向也在它独特的思想逻辑中不断得以彰显。

理论目标维度的转变

现代性可被视为欧洲启蒙思想家为未来理想社会勾勒的蓝图，其精神内在孕育了以启蒙理性为指针，崇尚科学、自由、进步、合理性计算的新价值标准。这一标准抛弃了前现代社会一体化、群体性的生存状况，凸显了主体主义、理性主义、人道主义和个人主义的时代价值，使伴随人的解放而来的主体性肆意滋长，隐匿于启蒙现代性规划中的诸多负面因素日益暴露，现代工业文明逐渐沉沦为"荒芜不治的花园"，"理性的神话"被质疑为"进步的幻象"。

马克思作为对现代性反思的先驱者，立足于现代社会资本主义形态中物质生产实践的现实状况，离析出作为现代性矛盾运演根据的资本逻辑秘密，构成西方马克思主义现代性批判的理论根据和现实起点。卢卡奇以马克思"商品拜物教"思想为逻辑起点，在《历史与阶级意识》中指证"商品拜物教是我们这个时代，即现代资本主义的一个特有的问题"，以对商品形式的普遍性分析开启物化现象到物化意识的批判。其融合韦伯关于合理化和官僚化社会进程的描述，将其处于中立价值判断的合理化理论翻转为否定意义上的物化批判。本雅明则基于现代城市生活的生命体验诠释其现代性内涵的洞思,他理解现代性为非连续性的城市生活带给现代人应接不暇的"震惊体验"与快速反应机制,斥责这是一个机械复制技术发展褫夺艺术本真灵韵价值的时代,对审美现代性的揭批是本雅明面对"现代性堕落"的一条主要救赎路径。

可以说,当现代性弊端频繁显现、启蒙神话不断破灭,致使现代性的内在根基与启蒙理性本身行至需要审慎反思的时代问题面前,西方马克思主义对走出现代性困境进行积极探寻和努力发声,体现出西方马克思主义对全球化语境下现代性命运倾注的关切与思考。特别是将对现代性问题的研究定位在现代性的哲学理论基调上,而成为其现代性批判理论的思想特质。

批判主题维度的转变

西方马克思主义承接马克思对根植于市民社会经济异化中的现代性状况进行的批判与变革——通过资本逻辑批判,实现资本主义生产方式的批判性重构,进而实现对资本主义现代性启蒙思想观念及其话语体系的超越。他们所瞄准的问题是,以马克思现代性批判理论的解释框架审视西方社会的深刻变化,进而延展现代性批判的理论空间,将研究主题由马克思关注的资本主义经济基础大胆推延到资本主义社会现实条件下产生的种种新异化形式之上,开启对西方现代社会的总体批判,开辟现代性批判理论逻辑的新路向。

其一,不同于马克思从哲学转向经济学、政治学的思想轨迹,西方马克思主义探索了由政治经济学批判走向哲学文化批判的新路径。如安德森所言,西方马克思主义"越来越不把经济或政治结构作为其理论上关注的中心问题,他的整个中心从根本上转向了哲学"。其二,立足于生产世界之外的现实生活世界开辟了劳动理论的"交往理论的范式转向"。哈贝马斯高度肯定马克思对劳动概念的哲学阐释,却又将劳动置于被告席予以诘难与挞伐,视之为"把理性安置在了行为主体的目的合理性当中"的活动。换言之,哈贝马斯用抽象的精神交往及其语言、规范问题消解马克思历史唯物主义的基础,对马克思以实践为核心范畴的劳动观加以驳难,寄望于在多元文化游戏中通过商讨、调控并达成共识以摆脱当前的社会危机。其三,挖掘出日常生活领域中的隐蔽空间,经由景观社会理论向空洞符号王国的跃进。鲍德里亚依托后工业社会的历史语境，接续景观社会理论并进行符号学改写，而转向对消费社会及其消费主义文化所催生的消费异化和符号拜物教所潜藏危机的诘难与救赎。其目的在论证符号生产与抽象的差异性社会关系中，生成了区隔于马克思概念上物的使用价值的符号交换价值。这种纯粹的符号性象征劳动与差异性价值的批判逻辑，虽不足以穿透物质生产的社会历史根源，但也体现为对受符码控制的世界的祛魅以及对现代性的一种不满和拒斥。

价值取向维度的转变

不同于对现代性掀起的颠覆性浪潮而赋予现代性一种历史性原罪，西方马克思主义将批判锋芒直指启蒙现代性和现代化运动之负面效应，把西方社会现代化发展进程中的诸多问题与现代性本身加以区别，呼吁走向"更现代主义的世界观"。这一世界观具体表现出以下两个维度。

批判视角上，西方马克思主义不停留于思想逻辑上对"元叙事"的意识批判，而是以马克思主义"总体性辩证法"为哲学方法论基础，对现代性进行更为成熟的理性剖析。前者在于质疑理性、主体性和进步性，在"拒斥形而上学传统"旗号下，消解与颠覆基础主义、本质主义、普遍主义、逻各斯中心主义等现代性命题，否弃现代性价值。后者则更倾向于吁求及时扭转启蒙理性衍化为技术理性的逻辑错置，并使其回归真正的应然状态；强调挖掘现代性中尚未充分发挥的合理性内涵，诉诸不断纠正现代性的偏差来推进这一未完成的方案。

价值取向上，他们并没有直接放弃现代性，而是试图"重建乌托邦"。其做法是将"乌托邦"的内涵领会为与人类形而上精神相契合，这种契合是根植并不断超越当下社会现实的、追求未来美好社会愿景的精神，其实质是力求挽救现代性危机、重塑现代性精神、恢复现代性价值内核，为现代性之续写开辟道路。如当代"生态学马克思主义"对待现代性问题，全然不因为生态环境的恶化而抱持文化价值观上的反生态性态度。他们认为，"抽象的'控制自然'的观念以及以此为价值基础的科学技术本身都不是当代生态危机的根源，只有当'控制自然'的观念被纳入到资本主义现代性价值体系之后，才导致技术的非理性运用和生态危机"。他们指出问题关键在于,科学技术发展生发的"控制自然"的观念是如何成为资产阶级现代性价值体系内在组成部分,要将科学技术的工具性与价值性、本性与实践运用区分对待。例如哈维,当其与詹姆逊、斯蒂芬·贝特斯和凯尔纳一起视后现代对现代性的批判为激进,也承认其是资本主义的同谋时,哈维才雄心勃勃地要面对 21 世纪资本主义的最新发展,通过《资本社会的 17 个矛盾》解决马克思《资本论》中没有碰到的空间意义上的地理经济学、城市经济学等问题,进一步完成现代性的未竟事业,而进行着 21 世纪的资本论研究。

当然,西方马克思主义对现代性批判理论的建构及其思想特质,一方面体现出合理的有意义的方面,即以现实主义立场将现代性问题揭摆出来并加以理论批判与辩证研究;另一方面在建构其批判理论基调上,呈现的社会历史整体性与社会文化多样性的二元矛盾在其自身中无法克服;从而使"重建的历史唯物论"距马克思的思想理论渐行渐远,毕竟"批判的武器"不能代替"武器的批判"。

(本文作者:韩秋红)

现代性理论的逻辑理路与
西方马克思主义的独特运思

现代性是西方哲学关注的中心议题之一。现代性的产生和发展,源于作为时代精神精华的哲学内在逻辑推演的必然结果。在近代理性主义的推动下,以资本主义时代为背景的现代性得以获得理性内核的自我确证,但也相应地在社会现实中体现出其悖论性特征,即现代性危机的凸显。由此开启了各路哲学对现代性的批判与驳斥。西方马克思主义作为现代性批判大军中的一路人马,在对现代性的诠释批判中,在对西方工业文明社会的独特剖析中,在背靠宏博深厚的西方哲学的思想资源中,在继承和援借马克思主义关于现代性批判的现实性特征和方法论原则中,努力将西方哲学和马克思主义合流,一方面表征现代性深蕴的人类形而上精神,一方面彰显马克思主义现代性理论具有的辩证性、现实性、创造性的理论品质。当其无法超越马克思主义而表现出自身不可克服的局限时,辩证性、现实性、创造性何以成为其独特运思及思想局限,是十分重要的问题。

一、现代性:主体的觉解与理性的冒险

列奥·施特劳斯曾说:"如果现代性是通过与前现代的思想的一次决裂而出现的话,那么,完成那一决裂的伟大的心灵们,就必然对他们正在做的事情有所意识……没有什么比其(现代化)内部无限多样而经常的根本变革,更成其为

现代性之特征的了。"①依其说法,若在时间意识上视现代性为一次与传统的断裂,则相应于传统所具有的某种根本性的统一,现代性也应具备其自身独有的面貌。按照通常的观点,现代性所独有的特性集中体现在现代社会的世俗化过程和理性主体性原则的确立中,而这些都离不开启蒙运动。康德便认为,启蒙的目的就是使人摆脱其思想的"不成熟"(蒙昧)状态,而要进行启蒙,就"必须永远有公开运用自己理性的自由"。② 以赛亚·伯林也曾将关于启蒙运动的"核心观念"概括为:"宣扬理性的自律性和以观察为基础的自然科学方法是唯一可靠的求知方式,从而否定宗教启示的权威,否定神学经典及其公认的解释者,否定传统、各种清规戒律和一切来自非理性的、先验的知识形式的权威。"③福柯也赞美启蒙是"将真理的进步与自由的历史相连接的事业"。④ 可见,启蒙运动所形成的理性主义、科学主义、自由主义等新观念,在人的生存方式和思维方式上都对中世纪的"神学社会"形成了巨大冲击,使马克斯·韦伯所言的"祛魅"的现代化世俗社会在现代资本主义社会形态中得以自显。因此,"理性的运用是启蒙发生的前提,而启蒙则是现代性产生的先决条件。"⑤换言之,现代性是以启蒙为逻辑起点的,而它的价值之源则是理性。

启蒙破除了一切宗教的神话,颠覆了上帝这一权威和根据,使过去的神学世界转型为现代的世俗社会。世俗化过程就成为现代性的一个突出特点。格里芬就通过三种分离过程来把握现代性的世俗化特征——政治与宗教相分离使政治及相应的文化、教育摆脱宗教的控制,经济领域与政治领域相分离使经济获得自主权,经济与道德相分离使功利主义观念取代传统道德观。这三种分离过程也就是传统向现代性转化的过程。列奥·施特劳斯直接指出,"按照一种相当同行的说法,现代性是一种世俗化了的圣经信仰"。但现代的世俗社会依然需要重新找寻能够自我确证的认识原则、道德法则等,来为现代社会提供依据。当笛卡尔为知识的可靠性提供"我思"的理性根据时,"我"这一主体成为理性主义的重要基点和现代社会人存在的合理依托。康德通过其三大批判系统全面地分析

---

① [德]列奥·施特劳斯:《现代性的三次浪潮》,https://www.douban.com/note/202987646/,2012-03-01/2017-11-10。

② [德]康德:《历史理性批判文集》,何兆武译,商务印书馆1991年版,第24页。

③ [英]伯林:《反潮流:观念史论文集》,冯克利译,译林出版社2002年版,第1页。

④ 汪晖等主编:《文化与公共性》,生活·读书·新知三联书店1998年版,第434页。

⑤ 陈嘉明:《现代性与后现代性十五讲》,北京大学出版社2006年版,第30页。

了理性的功能,实现了对传统形而上学的哲学批判。"向来人们都认为,我们的一切只是都必须依照对象,但是在这个假定下,想要通过概念先天地构成有关这些对象的东西以扩展我们的知识的一切尝试,都失败了。因此,我们不妨试试,当我们假定对象必须依照我们的知识时,我们在形而上学的任务中是否会更好的进展。"①"理性为人类立法"、"人为自然立法",不仅是理性原则的再度伸张,更是对主体光辉形象的巩固加强。"没有人,整个创造都将只是一片荒漠,是白费的和没有终极目的的"。② 正如贝斯特和凯尔纳曾指出的那样:"从笛卡尔起,贯穿着整个启蒙运动及其后继者,所有关于现代性的理论话语都推崇理性,把它视为知识与社会进步的源泉,视为真理之所在和系统性知识之基础。人们深信理性有能力发现适当的理论与实践规范,依据这些规范,思想体系和行动体系就会建立,社会就会得以重建。"③关乎人的观念的现代性具备了理性内核。

以理性为内核的现代性并未一劳永逸地为人们带来它曾承诺的价值愿景,反而以一种始料未及的方式生发出多元的现代性危机——理性与现代科学的结合,导致了哲学对体系化、精确化的片面取索;理性与现代技术的结合,导致了工具理性的泛滥和价值理性的掩埋;理性与现代启蒙的结合,导致了"祛魅"的启蒙反噬自身而变成了神话;理性与现代资本主义社会的结合,更是导致了人与自然被资本逻辑的牢牢捆锁,失去多元性和多样性,造成人的单向度与生态的危机……本为内在逻辑的理性不断假借着合理化的现代外衣走向了权力的顶峰,对理性与主体的至上信任,遮蔽了人的自我价值追求本性,其造成的种种现代性问题逐渐而激烈地在现实中得以凸显。现代性的悖论就此显明,即一方面主体的理性反思将人们从传统宗教迷信中解救出来,实现了精神的祛魅,释放了主体的力量;另一方面,主体自我意识的膨胀导致人与自然、人与社会的二分对立,激发主客体间不可调和的矛盾,使主客体间和解的可能不复存在。黑格尔率先发现这一悖论,并以"绝对精神"的自我实现为现代性寻找出路。受斯宾诺莎"实体即主体"的启发,黑格尔将主体和客体统一于"绝对精神"的支配中,并明确提出"现代性世界是以主体性的自由为其原则的",④"我们时代的伟大之处在于

---

① [德]康德:《纯粹理性批判》,邓晓芒译,人民出版社2004年版,第16页。
② [德]康德:《判断力批判》,邓晓芒译,人民出版社2002年版,第299页。
③ [美]贝斯特、凯尔纳:《后现代理论》,张志斌译,中央编译出版社2004年版,第3页。
④ [德]黑格尔:《法哲学原理》,范扬、张企泰译,商务印书馆1996年版,第291页。

自由的承认,精神财富从本质上讲是自在的。现代性的原则就是主体性的自由,也就是说,精神总体性中关键的方方面面都应得到充分的发挥。"①黑格尔用理性主体性原则重建现代性的规范,以求实现"现代性的自我确证"。

现代性的发轫与现代性悖论的揭示,使现代性批判的自觉得以开启,这正是哲学内在逻辑的自证。现代性批判成为现时代哲学的焦点,现代西方哲学诸流派以知性思辨的特征对现代性进行批评与拒斥,马克思主义哲学开辟了一条现实性的解救之路,西方马克思主义这里,无论是哈贝马斯关于现代性的直接解读——"一项未完成的工程",还是法兰克福学派创始人对现代性的逻辑起点——"启蒙"——的批驳,抑或是西方马克思主义经典作家结合工业社会文明现实困境,而进行的对日常生活、生态环境、女性问题、技术理性、空间理论等方面的现代性批判,都体现了自身独特的理论向度,使其在现代性话语重构中,既体现为西方哲学的一路人马,又饱含着马克思主义哲学的现实批判维度,而成为西方马克思主义在现代性问题研究方面的独特运思。

二、现代性批判的拓荒者

现代性问题的凸显,使现代哲学家们沿着黑格尔的理性主义道路开辟多元化的非理性主义路径为现代性危机"切脉诊疗",而形成的非理性主义、生存论、语言学、后现代主义、西方马克思主义等哲学转向,继续表征哲学以自身逻辑在证实,西方哲学从传统向现代的逻辑发展是以现代性问题为核心思想的。如以现代性批判为视角,现代西方哲学首先将矛头直指现代性的理性主体性原则,激烈反对理性是人的本质的传统哲学观念,卡西尔一语道破:"对于理解人类文化生活形式的丰富性来说,理性是个很不充分的名称。"非理性主义最先切中现代性困境的根本症结,即理性主义。正是启蒙以来的理性至上、真理永恒、主体万能的认识原则,导致了主客体严重二分并最终带来人在现实生活中的精神空虚与价值虚无的"无家可归"状态。尼采极度否定人的理性本质,认为理性是"一

---

① [德]黑格尔:《法哲学原理》,范扬、张企泰译,商务印书馆 1996 年版,第 126—127 页。

种危险的、破坏生命基础的势力"，①理性主义哲学家都是一些"不自觉的骗子"，一定要"重估一切价值"，拯救人的"颓废"状态。弗洛伊德则通过证明"力比多"在心理活动中的基础性作用和对人的思想与行动产生的不可忽视的功能，体现本能自我的重要意义。柏格森的生命自我、胡塞尔的先验自我、萨特的自由自我等，都是非理性主义对理性主义的反叛体征，都是将理性作为知识论哲学的典型代表进行了彻底否定，忽略了理性形而上学的合理内核。这一特点在后现代主义的决绝批判中得以延续。如利奥塔"在《后现代状况》中我关心的'元叙事'，是现代性的标志，理性和自由的进一步解放，劳动力的进步性或灾难性的自由（资本主义中异化的价值来源），通过资本主义技术科学的进步整个人类的富有，甚至还有——如果我们把基督教包括在现代性（相对于古代的古典主义）之中的话——通过让灵魂皈依献身的爱的基督教叙事导致人们的得救。黑格尔的哲学把所有这些叙事一体化了，在这个意义上，它本身就是思辨的现代性的凝聚。"②后现代主义对现代性采取的决绝否定态度，集中体现在对主体性哲学的否定当中。福柯也说："主体是在被奴役和支配中建立起来的"，③而现代的主体更是被囚禁在无所不在的权力之网中，因此，他通过宣称"人死了"来彻底否定普遍性主体的可能性。即对现代性这一"元叙事"的历史选择是造成现代人面临价值困境的原因，现代性观念本身的错误造就了人类现代性的退步。利奥塔直言："我认为后现代就是不相信元叙事"，"后现代就是要展开解构元叙事、否定现代性、颠覆理性形而上价值的激进的现代性批判道路"。"可以有一种思考理性、思考人、思考哲学的思想，它不能还原为其所思者，即不能还原为理性、哲学、人本身，因此它也不是检举、批判或拒绝。"④德里达为解构进行辩白，将解构视为"一种肯定，一种投入，一种承诺"，试图用解构哲学来反抗"逻各斯中心主义"，否定以理性、真理、逻辑等自身存在为基础的存在论哲学，解除"存在的霸权"带来的现代性危机。后现代主义将其对启蒙"元叙事"的怀疑和其关于"永恒真理"与"人类解放"的启蒙神话的憎恶，直接化为彻底的、不留余地的批判，这种批判从深层意义上理解，就是谋求与西方知识论的思维方式，包括它

---

① 《尼采文集》，楚国南译，改革出版社 1995 年版，第 51 页。

② 包亚明主编：《后现代性与游戏》，上海人民出版社 1997 年版，第 167 页。

③ ［法］福柯：《福柯访谈录：权力的眼睛》，严锋译，上海人民出版社 1997 年版，第 19 页。

④ ［法］德里达：《书写与差异》，张宁译，生活·读书·新知三联书店 2001 年版，第 12 页。

的普遍性、总体性与本质主义观念的彻底决裂。生存论哲学则切换了视角,在区分"存在"与"在者"的基础上,以生存论代替实在论,重构本体论,拯救现代西方人的道德失落感和精神虚无感。海德格尔就以人的"此在"来为极易混淆的"存在"与"在者"提供一个特殊的区分标准,而"此在"的确证则要求"面向事物本身"。由此可推,关于人的"此在"必然要求人关注自身和与他人的共同存在,因此,海德格尔借鉴现象学的方法,在生存论意义上批判"作为技术世界"的现代,而提倡"共同世界"和"共同此在"。另外,语言学哲学家们则欲从语言入手,重新解释人与语言的关系,通过语言的"净化和澄明",来实质性地关怀人的生存实际,解救已经变得空洞抽象的传统哲学。

在人们面对诸多现代性危机的重要时刻,现代西方哲学却仅仅在抽象思辨的向度描述并分析理性或现代性的逻辑失误,或者试图用语言文字呼唤人的感性意志与自主自由,或者如尼采与海德格尔那样希求以酒神精神或艺术来取代宗教,仍然保留着某些启蒙思想的痕迹,试图寻找某种宗教的替代物⋯⋯他们并未真切的观照社会与人的现实状态与情况,事实上依旧用形式逻辑禁锢了思维本身。正如马尔库塞所批判的:"思想的运动被停止在表现为理性自身的界限的障碍面前⋯⋯正处于上升阶段的现代理性主义,以其既是思辨的又是经验主义的形式表现了如下鲜明对比:一方面用极端批判的激进主义对待科学和哲学方法,另一方面又用毫无批判性的无为主义态度对待既定的、正在发挥作用的社会制度。"①现代西方哲学对现代性毫无保留的彻底否定,使现代性成为了无任何用武之地的空白格,甚至失去了那能够微弱地反射"上帝之光"的瓷瓶碎片的价值,仅仅在元叙事的解构中成为了"一地鸡毛",使自身关于现代性重构的希望在知性思辨的徘徊辗转中落空。

如果说西方马克思主义在现代性批判方面既区别于现代西方哲学诸流派,又不同于马克思主义哲学,就在于其再度审视现代性意识的生发和现代性问题的觉解,再次认为理性是现代性的内核,再度审视理性自身所拥有的自反性与超越性,才认为以理性为内核的现代性同样蕴含着形而上精神和发展创造的气质。因此,哈贝马斯不仅指出现代性是"新旧交替的成果",还特别认识到现代性是一项"未竟的事业",即西方马克思主义以自身独特的视角和方法探讨与深化现

---

① [美]赫伯特·马尔库塞:《单向度的人》,刘继译,上海译文出版社 2014 年版,第 14 页。

代性问题的研究。

三、现代性现实危机的揭示者

现代性在新的时代条件和思想背景中延续着自我超越的逻辑路向。作为现代性批判大军中的重要一支,西方马克思主义依靠丰富的西方哲学思想资源和马克思主义哲学的新思维方式,并同二者一起,为现代性批判理路铺展新的谱系。他们总是从问题的角度切入,通过对现代资本主义社会现实存在的系列问题的发掘与追问来展开其独特的现代性批判路径,体现其独特的运思特质。

首先,西方马克思主义对现代性的概念理解有着全新的意识,彰显着辩证性的运思特质。哈贝马斯在关于现代性的理论著作中指出:"'现代'一词最早出现在公元 5 世纪,……在欧洲被反复使用,尽管内容总是有差异,但都是用来表达一种新的时间意识",[①]现代性"把自己理解为新旧交替的成果"。[②] 现代性的出现标志着传统与现代的断裂。但这一断裂并非瞬时意义的,而是具有其内生的传承与超越的统一性的。现代性的断裂不是与过去的诀别,而是在接续过去的某种精神气质内核的同时,结合时代而生发开启出新的内涵。正如波德莱尔所言:"现代性就是过渡、短暂、偶然,它是艺术的一半,艺术的另一半是永恒和不变的",[③]现代性是在一阶段中孕育永恒的时代精神。鲍曼指出:"现代性就是时间的历史;现代性是时间开始具有历史的时间。"[④]西方马克思主义者充分认识到现代性的时间意识,指明现代性在时间意识上是断裂与传承集于一身辩证统一的总体性历史概念。另一方面,现代性不仅仅蕴含着时间意识,它还涉及空间的意蕴。列菲伏尔、戴维·哈维等人从空间的视角对现代性问题展开辩证探讨,他们基于资本主义现代化发展模式的空间占有来分析现代性危机的产生条件,在揭示资本流动带来生产活力的正效应的同时,也批判资本对空间进行"创造性破坏"式占有导致的"时空压缩"所潜藏的社会危机。哈维指出:"空间上的

---

① 汪民安等主编:《现代性基本读本》,河南大学出版社 2005 年版,第 178 页。
② 汪民安等主编:《现代性基本读本》,河南大学出版社 2005 年版,第 108 页。
③ [法]波德莱尔:《波德莱尔美学论文选》,郭宏安译,人民文学出版社 1987 年版,第 484 页。
④ [英]鲍曼:《流动的现代性》,欧阳景根译,上海三联书店 2002 年版,第 173 页。

转移必需吸收地理上扩展的过量资本和劳动力……资本主义扩张到抢先占有的空间里去的方式以及在那些方面碰到的抵抗的程度,可能具有意义深远的后果……由于资本主义跨越地球表面的逐渐移植把空间延伸进了可能出现过度积累问题的地方,所以地理上的扩张充其量只可能是过度积累问题的一种短期解决办法。长期的后果始终肯定是加剧了的国际和地区间的竞争,以及最不发达国家和地区所遭受的最严重的后果。"①因此,西方马克思主义对现代性的理解绝不是狭隘地聚焦于某时某事,而具有宏观与微观相交融的广阔视野,其在时间和空间两个维度对现代性展开的重述充分体现了辩证性的特征——"西方马克思主义对现代性的批判是从两个维度展开的:其一是将现代性理解为一种以反思性、批判性和革命性表达一种不断的自我否定、内在超越的冲动,体现为时间维度的辩证发展过程;其二是将现代性内在所蕴含的自我否定、自我批判的内在力量与人类形而上精神相互结合,将其立体放大到人类整个的社会历史进程当中,体现为空间维度的辩证发展过程。这双重维度及其统一表征了现代性的批判精神与人类理性形而上精神的一致。"②可见,西方马克思主义完成了关于现代性认识的思维范式转轨,将现代性视为一个过程,一个永无止境的自由地运用理性进行自我发现、自我批判、自我超越、自我实现的向历史与未来无限开放的运动过程。正是这种对现代性的认识从僵化保守的概念式定义到总体性的辩证式的认识转轨,使西方马克思主义在批判现代性时也能够秉持辩证性的态度,既承认以理性为内核的现代性带来的进步发展,也严肃揭批现代性的种种负面效应。

其次,西方马克思主义现代性理论在揭示现代性问题时并未沉迷于纯粹的逻辑推演,而是能够充分立足于现代资本主义社会现实存在这一根基,从而彰显了其现实性的理路特质。对现代性的认识转轨,为西方马克思主义现代性理论的进一步开展做了思维与方法的铺垫,促使西方马克思主义现代性理论的理论旨趣的根本转向。如果说现代西方哲学仍然是在思维抽象与知识性话语权取代中,谋取人对于生存意义与生命价值的显现证明与直接地终极追索,那么,西方马克思主义则将这种对西方传统形而上精神的天国传承拉向了人间,不仅仅希

---

① [美]戴维·哈维:《后现代的状况》,阎嘉译,商务印书馆2013年版,第232页。
② 韩秋红、史巍:《西方马克思主义现代性批判的双重维度》,《江苏社会科学》2010年第1期。

冀人的终极价值能够在未来得以澄明,而且希求现代人能在现实世界中获得真正的解放与自由,以求取人性的现实绽放。也就是西方马克思主义现代性理论所具有的现实性主奏愿景。西方马克思主义对现代性的批判,所走的是现实的社会批判的路径,而非抽象思辨的评判。同马克思不谋而合,他们认为,现代性问题的突显,并非现代性本身出了差错,而是现代资本主义社会在科技的滥觞和资本逻辑的控制下,对现代性进行了多方位的错误利用,从而滋生了各类社会问题,并导致了人性的遮蔽甚至渐趋泯灭。因此,他们力图通过对资本主义现实社会中"异化"了的科学技术、日常生活、文化形式等的批判,来揭示现实社会问题。卢卡奇在对资本的逻辑进行批判时说:"时间就失去了它的质的、可变的、流动的性质:它凝固成了一个精确划定界限的、在量上可测定的、由在量上可测定的一些'物'充满的连续统一体。"[1]在他看来,现代性的逻辑就是资本的逻辑,资本主义正是通过"时间空间化"使工人阶级浸入"物化"当中而丧失阶级意识,从而使资本主义制度和资本主义社会成为一种"终结"的存在。要摆脱这种危机必须发起无产阶级意识革命并终结标榜着终结他者的资本主义社会制度。威廉·赖希曾针对"性压抑"提出质疑;葛兰西针对意识形态和文化上的"领导权"进行揭示;列斐伏尔针对异化的"日常生活"大胆抨击;法兰克福学派针对不健康的"社会文化现象"进行现代性否定……种种批判与问题揭示都深深立足于西方发达工业文明的现实环境,透视资本逻辑控制下现代资本主义社会人的生存困境与精神虚无。比起现代西方哲学诸思潮针对社会现实的现代性本身而提出的片面性否定、概念化游戏等方式方法,西方马克思主义更倾向于运用某种现实性的方法,并立足于社会实际来解决现代性内生悖论所产生的种种问题。

西方马克思主义现代性理论的第三个特质是创造性,这集中表现为一种功能性融涵的理论取向。功能性是指理论目的的预设有效性,体现在对现代西方哲学的多元向度和多样理论与马克思主义方法论原则的援引上,尝试解决现代性问题,拯救现代性困境。而融涵取向则是意指精神文化上的合并与嵌构,侧重于表明西方马克思主义对传统形而上精神的接承与马克思主义现实革命导向的援借之间的有机融并与整合。比如,卢卡奇的"物化理论"是在对韦伯的"合理化"思想和马克思关于阶级以及辩证法方法的借鉴与整合中建构起来的;弗洛

---

① 俞可平:《全球化时代的"社会主义"》,中央编译出版社 1998 年版,第 254 页。

姆与马尔库塞则在借承弗洛伊德有关"性压抑"心理机制的思想分析现代社会人同自身相异化的根源,并援以马克思有关资本主义背后资本逻辑运作的深度剖析为解放单向度的人寻找"新科技革命"的出路;齐泽克继承拉康传统,致力于沟通拉康精神分析理论与马克思主义哲学等,还有包括萨特代表的"存在主义马克思主义"、以阿尔都塞为代表的"结构主义马克思主义",还有"女性主义马克思主义"、"生态主义马克思主义",以戴维·哈维等为代表的后现代主义思路的马克思主义等。西方马克思主义现代性理论事实上在对现实社会切实的理论观照中,借鉴马克思对资本主义社会经济关系的批判分析的基础上,转向关于发达工业文明在政治意识形态和思想上层建筑的现实性批判中。他们通过不断努力,在一定程度上实现了将实践性特征明显的马克思主义嵌入思辨性特点鲜明的西方传统文化中的有机整合的尝试,从而既传承了西方哲学一以贯之的对人类形而上精神的终极价值、终极存在的追问追索的富含生命力的思想传统,又一定程度上承接了马克思新思维方式方法辐射与现实性理论旨趣的指引,而彰显其功能性融涵的理论特质。该特质较西方哲学思潮流派、人物思想等的西方哲学单一背景下的理论阐发而言具有相当明显的思想资源优势不说,仅就其勇于学习与借鉴马克思主义而言,更是其区别于现代西方哲学并敢于以马克思主义的名义命名自己的理论勇气所在。当然其所内涵的局限:无法超越马克思主义,也昭然若揭。

总之,在西方马克思主义的思维范式下,现代性不再只是静态的一种概念、一种意识,更多地呈现为一种运动着的发展着的精神气质、文化形式。循着西方马克思主义现代性理论的独特运思,可以对"现代性"进行这样的概括:现代性是在西方理性传统中孕育出来的一种特有的时代文化精神形式,是人所特有的长持的一种对于时间进取性的自觉把握,承载着人类自始至终不断的内在超越、自我否定、渴望自由的终极理想和形而上的本体追求。只是其学院派气息浓重,理论化色彩十足,现实批判性强烈的同时,成效性与实践性较差,理论到实践的可操作性几乎为零,使其只能是停留在理论层面的自拉自唱,而"躲进小楼成一统,管他春夏与秋冬"。这便背离了马克思主义辩证法最根本的方法——理论与实践相统一,批判的武器不能代替武器的批判。尽管西方马克思主义一再表达马克思主义的方法是其宝贵财富,但在继承发展中却背离了这一根本方法,成为其不可克服的局限。

四、现代性本质的真正探索者

马克思并没有沿着思辨哲学的老路按图索骥,而是开辟了一条全新的现代性批判路径。我们知道,马克思并没有直接定义"现代性",而是对现代社会特别是现代资本主义社会的描述。"大工业仍使竞争普遍化了,创造了交通工具和现代化的世界市场……它建立了现代化大工业城市来代替从前自然成长起来的城市"①"生产的不断变革,一切社会状况不停的动荡,永远的不安定和变动,这就是资产阶级时代不同于过去一切时代的地方。一切固定的僵化的关系以及与之相适应的素被尊崇的观念和见解都被消除了,一切新形成的关系等不到固定下来就陈旧了。一切等级的和固定的东西都烟消云散了,一切神圣的东西都被亵渎了"②"大体说来,亚细亚的、古代的、封建的和现代资产阶级的生产方式可以看作是经济的社会形态演进的几个时代。"③在马克思看来,现代等同于资本主义时代,而现代社会的特性毫无疑问就是资本主义运行方式,也就是"资本"逻辑在社会的具体运作对人的生存方式与思维方式的现代性转变,现代社会的困境则是资本主义内生逻辑悖论导致的"异化"。马克思深深扎根于资本主义社会现实,对资本主义内生逻辑悖论的无情揭露与严厉批判,构成对现代性问题的洞察与审视,是现代性的"病理学分析"。即马克思以政治经济学立足资本主义社会现实,通过剖析资本逻辑对主体本质外化的严重捆缚,揭示现代社会进步与毁灭共存的制度机理,构成现代性理论的建构基础;以哲学实现思维方式的全新变革和全面超越,其中所蕴含的辩证法精神为现代性悖谬探寻原理,揭示现代性理论的价值旨趣与逻辑路向;以唯物史观科学认识人类社会发展客观规律,提出政治革命实践解救主体异化危机的可行性方案,基于天才世界观形成的科学社会主义思想为现代性危机指明解放出路,在实现人的全面自由发展的终极价值追索中完成理论回路。由是,马克思对资本主义社会的批判和其"改变世界"的实践行动是合理解构与真切建构的有机统一,构成其现代性理论的整

---

① 《马克思恩格斯全集》第3卷,人民出版社1956年版,第27—28页。
② 《马克思恩格斯选集》第2卷,人民出版社1995年版,第275页。
③ 《马克思恩格斯选集》第2卷,人民出版社1995年版,第33页。

体逻辑,不断实现着对西方马克思主义现代性理论的批判超越,不断认识与实践着对资本主义现代性问题的理论批判和现实发展。

马克思针对资本主义社会现实问题,辩证地看待现代性困境。马克思认为,"现代性的悖论"并不意味着现代性所承诺的关于人和社会的价值理想已经失效,更不意味着现代性已全然失去进一步发展的潜力,而只是表明人们赖以实现这一价值理想的方式和途径出了问题,只要面对现实,重新设计通向未来理想社会的道路,现代性的潜力就一定会充分而健康地得以实现。① "一直统治着历史的客观的异己力量,现在处于人们自己的控制之下了。只有从这时起,人们才完全自觉地创造自己的历史,……这是人类从必然王国进入自由王国的飞跃",② 马克思赞扬现代性的进步意义,承认现代性的价值信念与终极理想。他看到了人们在理性现代性价值引导下,创造出之前所有时代相加都达不到的巨大生产力发展水平。但马克思也清醒认识到现代性内在的悖论和生发的问题:"在我们这个时代,每一种事物都包含有自己的反面。……机器具有减少人类劳动更具成效的神奇的力量,然而却引起了饥饿和过度的疲劳。新发现的财富的源泉,由于某种奇怪的、不可思议的魔力而变成了贫困的根源。技术的胜利,似乎是以首先的败坏为代价换来的。随着人类愈益控制自然,个人却似乎愈益成为别人的奴隶或自身的卑劣行为的奴隶。甚至科学的纯洁光辉仿佛也只能在愚昧无知的黑暗背景上闪耀。我们的一切发现和进步,似乎结果是使物质力量具有理智生命,而人的生命则化为愚钝的物质力量。"③马克思透视出现代社会问题的根本源头在资本主义的运营方式上,即资本主义内在运作机制与发展过程所出现的异化与现代性危机,只能依靠实践本质的革命性方法尝试重建现代性,以克服现代性危机,使现代性内蕴的积极合法的价值目标在现代化进程中不断实现"人类全面而自由的发展"。

马克思以"资本"这一范畴将现代概念化,将资本领会为现代的基本原则,将资本作为最基本的中介性范畴来分析现代社会历史。④ 在马克思那里,"资本"是现代的代名词,现代社会实质上就是资产阶级创造的社会,在形而上的意

---

① 贺来:《马克思哲学与"现代性"课题》,《吉林大学社会科学学报》2000 年第 3 期。
② 《马克思恩格斯选集》第 3 卷,人民出版社 1995 年版,第 41 页。
③ 《马克思恩格斯选集》第 2 卷,人民出版社 1995 年版,第 78—79 页。
④ 罗骞:《论马克思的现代性批判及其当代意义》,上海人民出版社 2007 年版,第 178 页。

义上,资本逻辑打造了现代性的悖论结构——创生巨大生产力为代表的进取性与"人的异化"为代表的自反性。所以,马克思充分立足于资本主义社会的现实问题,通过"异化劳动理论"、"剩余价值学说"深刻揭示资本主义合理外表下的不合理内设,即在大肆宣扬自由、平等、民主、法制的主流意识形态的同时,却在社会化大生产的具体过程中对劳动人民实施了"看不见"的极度剥削;通过唯物史观的思维方法深度剖析了资本主义运作特殊规律下的内在逻辑冲突——社会化大生产与资本主义私有制的根本矛盾,使"现代性"的缔造者——资产阶级同时成为自己的掘墓人,也是"现代性"的终结者。为了挽救现代性的积极价值信念和其内蕴的人类对终极理想的美好憧憬,马克思提出无产阶级革命的实践道路,合理提出通过革命实践,推翻资本主义及其私有制,建设共产主义社会,实现人的全面自由发展的现实有效的实践道路。马克思既挽救了现代性的积极意义,又批判了现代性生发的危机,在实践意义上使现代性的前进重燃希望和创造性发展。可以说,马克思主义对现代性问题的批判扬弃与对现代性危机的克服拯救,既是对现代西方哲学诸流派思想最具说服力的有力回应与驳斥,又是对西方马克思主义"躲进小楼成一统,管他春夏与秋冬"的行为与仅仅是书斋式冥想苦思而缺乏实践精神的深刻批判与超越,再次彰显马克思主义理论的实践品格和理论批判的时代性价值和思想性张力。

(本文作者:韩秋红 孙颖)

西方马克思主义现代性理论的思想特质 *

西方马克思主义萌生于20世纪,其出场语境是现代性这一宏大理论主题。西方马克思主义的现代性理论将现代性视作对时间进取性的领会,是一个历史的生成性过程,与西方理性形而上学传统相契合,穿越近代哲学而贯穿于整个人类思想史中。自现代性的启蒙理想规划诞生以来,现代性所诱导的合法性危机及现代化发展所衍生的种种负面效应便充斥于现代性的历史征程。面对现代性不绝如缕的揭批之声,西方马克思主义批判吸收近代西方哲学的思想财富,继承马克思主义对资本主义的批判立场,转换马克思现代性批判逻辑,深化重建现代性事业,对资本主义甚至整个西方文明给予了自己的思考和应答,开显了其独特的理论特质。

一、从"摆脱蒙昧状态"到"现代性的堕落":
哲学基调的历史性嬗变

现代性是17—18世纪欧洲启蒙运动时代的文化成就与精神产物。恰如尼格尔·多德所言:"现代性工程是社会理想化的结果,它试图在启蒙思想的基础上进行建构。"①在启蒙运动和法国大革命的历史变革进程中,现代性表现出一种要同过去拉开距离而面向未来的新时间意识。这一新时间意识实现了启蒙运

* [基金项目]国家社科基金重大招标项目(12&ZD121)。《新华文摘》2018年第12期全文转载。

① [英]尼格尔·多德:《社会理论与现代性》,陶传进译,社会科学文献出版社2002年版,第1页。

动在思想文化层面的自我确证,明确了启蒙运动的"宗旨是运用理性来破坏宗教迷信和盲从,用科学知识来消除神话和幻想,使人摆脱其蒙昧状态,达到一种思想与政治上的自主性。"①康德在答复何为启蒙时也对启蒙运动的思想信念进行了表述:"启蒙运动就是使人类脱离自己所加之于自己的不成熟状态"②,这种启蒙精神直接衍生出对"人性至善"、"理性至上"和"个性至尊"的崇奉。在启蒙精神的指引下,人们的世界观、思维方式、行为模式均冲破了传统宗教蒙昧的束缚,理性意识逐步觉醒,人们开始在人生信念和社会生活的方方面面谋求合理性的抉择,为现代社会注入了理性主义的思维方式和世俗幸福的生活方式的新时代内涵——在政治上,鼓吹自由、民主、平等、博爱、人权等政治理念与社会制度安排;在经济上,追求市场化、商品化和社会化大生产,形成世界市场体系,以获取资本的增值;在思想上,倡扬个人主义与自由主义价值信念,由近代笛卡尔的理性主义所奠基的现代主体哲学成为主流。总之,启蒙精神使现代社会从旧观念和旧制度中解放出来,同时代之以精心设计的官僚和权力机构为主要因子的现代社会组织形式,开启了以资本主义现代化为主导模式的宏大社会格局。无疑,相对于保守封闭的中世纪,现代性象征着理性自觉、自由至高而又充满进步希望的社会理想。

然而,现代性并不都意味着是凯歌高奏、突飞猛进。事实上,支撑现代性的主体主义、理性主义、人道主义和个人主义的理想内核一开始就暴露出许多互相牵连的问题与危机,使得一些高瞻远瞩的思想家发觉现代性似乎并没有构成启蒙的继续和发展,反而表现出对 18 世纪基本原则的断裂或背离,他们进而从注目于现代性圣洁光辉虚假表象转换到现代性悖论的不堪现实。马克思首先对现代性进行发难,在历史唯物主义的视域下阐释了现代性的基本特征,揭示了现代世界诸多矛盾的根源——资本,指出要在超越现代性的革命维度中克服现代性的异化状况。20 世纪经典现代化理论的集大成者马克斯·韦伯也曾表述:理性精神为现代资本主义社会带来的理性化后果—— 一是祛魅,二是禁欲,从而建立起了一个理性化的社会。③ 这个理性化的社会他发现实际上是一个铁笼社会,有着工具理性与价值理性的冲突这样一个无法摆脱的悖谬。韦伯甚至针对

① 陈嘉明:《现代性与后现代性十五讲》,北京大学出版社 2006 年版,第 6 页。
② [德]康德:《历史理性批判文集》,商务印书馆 1990 年版,第 22 页。
③ 汪民安等:《现代性基本读本》,河南大学出版社 2005 年版,第 16 页。

现代性的理性化过程给出这样的评论:"有人精通于专门之学却没有了灵性,有人沉溺于酒色却没有了真实感;这种虚无状态自以为是,认为它已经到了前所未有的文明程度。"①这使他的现代性理论最终蒙上了一层悲观色彩。早期的西方马克思主义者受这两位伟大思想家的理论成果的影响,也开始觉察到了"现代性的堕落"。卢卡奇正是在吸收了马克思主义异化理论的思想养分之后,创立了批判社会结构领域困境的物化理论,开启了西方马克思主义批判理论先河。关于物化的意涵卢卡奇在代表性著作《历史与阶级意识》中如是描述:"从这一结构性的基本事实里可以首先把握住,由于这一事实,人自己的活动,人自己的劳动,作为某种客观的东西,某种不依赖于人的东西,某种通过异于人的自律性来控制人的东西,同人相对立。"②据此意涵可以看到卢卡奇的观点:商品拜物教问题是现代资本主义时代中的一个特有的问题,现代社会发达的商品化和物化已经导致了人的精神的异化。除此之外,卢卡奇还把韦伯的"合理化"和科层制的概念引入到物化问题的讨论,将资本主义生产过程描述为韦伯意义上量化的标准化进程,而科层制的推行又将这种合理化的劳动过程制度化了。认为人类置身于自己所创造的资本主义组织形式之下,丧失了对自己创造性活动的控制,也丧失了对自己生产出来的产品的控制,从而被普遍地"物化"。无疑,卢卡奇在继承马克思和韦伯的思想资源的基础上,在现代性批判的道路上迈出了决定性的一步,也对后来西方马克思主义技术理性批判产生了深远的影响。另一位早期的西方马克思主义者本雅明则较早披露现代化转型过程中出现令人悲哀或不尽如人意的成分,他将这些现代化之非人性因素控诉为"现代性的堕落",对之进行无情的批判,其现代性批判题旨主要体现在他对审美现代性的揭批上。本雅明认为艺术和美学领域最早遭际现代性的危机,他不遗余力地揭示艺术作品"灵韵"的衰竭如何使自身失去原有的魅力,现代都市人的生活如何变得令人惧怕和不安。本雅明并没有将现代社会艺术经验消失和人文关怀失落的肇因归诸于新技术的出现本身,而是更进一步揭示了时代变化所赋予机械复制艺术赖以存活的根基,就是现代都市生活所带来的新的感知方式和知觉形式,即"惊颤体验"。他在《机械复制时代的艺术作品》中甚至写道:"人类自身的异化已经如

---

① [德]马克斯·韦伯:《新教伦理与资本主义精神》,New York:Scribner1958年版,第182页。
② [匈]卢卡奇:《历史与阶级意识》,杜章智、任立、燕宏远译,商务印书馆1999年版,第150页。

此严重,以至于人类将自己的毁灭作为最高的审美享受来经历。"①除此以外,本雅明还认为,第一次世界大战后,这个彻底被启蒙洗礼的西方世界,显然并没有如启蒙最初所愿为世人呈现一派理想景象,反而暴露出理性无度、物欲膨胀、道德萎靡等扭曲异化现象,即本雅明所形容的"紧急状态"。在紧急状态中,公共组织和私人行为几乎完全失去可预测性而处于普遍失范状态。本雅明"紧急状态"的提出,质言之是早期西方马克思主义思想家对"恐怖与文明不可须臾离"的人的生存境遇的深切感知,也是对"现代性的堕落"的直接披露与紧张回应。可以说,当资本主义现代化模式孕育的现代性启蒙理想已经走到人类应该理性检视继而开启历史新篇章的十字路口,对现代性问题的积极反应充分体现了西方马克思主义思想家们对全球化情势下现代性命运的极大关注。他们在批判继承近现代哲学思想财富的基础上,已然从陶醉于现代性的炫目光芒的"信奉追随者"转向这一传统深刻的"叛逆批判者",这个伟大的转向实现了哲学基调的历史性嬗变。

二、从"资本的扬弃"到"现代社会总批判": 现代性批判理论的主题转换

贝斯特和凯尔纳曾指出"卡尔·马克思是第一位使现代与前现代形成概念并在现代性方面形成全面理论观点的主要的社会理论家。"②作为开创社会批判与社会发展理论的第一人,马克思主义既理论地揭示了现代性启蒙理念的内在矛盾,又现实地批判了资本主义的社会制度。他通过对启蒙现代性与资本主义的批判,重启"现代"之"蒙"——在政治经济学层面上对资本主义现代性进行历史地扬弃,揭穿资本主义社会意识形态与制度体系的现实矛盾,使人们摆脱资本的统治和明晰自身真实的需要,从而为在批判继承启蒙遗产的基础上创建更合理的人类文明秩序开辟新路。马克思对现代性透彻的批判,不仅使他的现代性

---

① [匈]卢卡奇:《历史与阶级意识》,杜章智、任立、燕宏远译,商务印书馆 1999 年版,第292 页。

② [美]斯蒂芬·贝斯特、道格拉斯·凯尔纳:《后现代转向》,陈刚译,南京大学出版社 2002 年版,第 100 页。

理论成为 19 世纪社会思想界对现代性问题批判反思的理论制高点,而且其批判旨趣也直接影响了西方马克思主义的现代性态度。西方马克思主义理论家认为马克思主义唯物辩证法在本质上开启了一个革命的辩证否定维度,重振马克思主义的批判精神被他们奉为是批判的首要任务,他们重新反思和构建现代性,实现理论对现实的变革作用,赋予人们清醒的意识去发掘被现代性所隐蔽和压抑的东西。西方马克思主义第一人卢卡奇在开辟其现代性理论的批判视野时,毫不避讳批判性是他现代性理论的主要特质之一,其实这种批判性同对马克思主义哲学本质的理解是趋于一致的。更有甚者,法兰克福学派则是直接称呼自己的理论为批判理论,旗帜鲜明地对当代西方工业社会进行无情批判。

现代性的核心是理性。卡西尔说:"当 18 世纪想用一个词来表述这种力量的特征时,就称之为'理性'。'理性'成了 18 世纪的汇聚点和中心,它表达了该世纪所追求并为之奋斗的一切,表达了该世纪所取得的一切成就。"①伴随着现代性的建立,启蒙精神不断筹划落实理性主义原则,使得一切都要置于理性批判的法庭才能探查其合理性与合法性,人性的最高规定被确立为理性,处于"零批判"地位的科学理性对人生信念与生活世界进行全面殖民。然则这种"目的—工具"理性的独断也使现代性深陷狭隘、片面的理性主义专制,使现代性蜕变为窒息人性自由、社会革新、有机家园的"铁牢笼"。因此,从卢梭、荷尔德林开始就不断质疑理性至尊,理性也纡尊降贵成为了黑格尔现代性批判的规范基础,马克斯·韦伯、胡塞尔和海德格尔等人,更是把批判的矛头直指现代性社会的理论基础——近代理性精神和逻各斯哲学。而马克思却推翻了近代以来以理性为核心的现代性批判的理论范式,在历史唯物主义的存在论根基上开创了以资本为核心的现代性批判主题。正是在此点上,西方马克思主义又重新回到了以理性为核心的现代性批判的规约基础上。我们甚至可以说,真正使西方马克思主义作为一种理论思潮在现代性的舞台上大放异彩,正是它对现代性的核心——启蒙和理性的批判。卢卡奇的《历史与阶级意识》一书就是对技术理性批判的初步尝试,它将马克思主义的商品拜物教理论与韦伯的合理化分析结合起来,从理性批判的角度揭穿了现代资本主义世界中劳动的合理化、机械化剥夺

---

① [德]卡西尔:《启蒙哲学》,顾伟铭等译,山东人民出版社 1988 年版,第 3 页。

了人们通过创造性的生命活动而确证人的存在方式,从而得出资本主义社会中人人都难逃普遍物化的命运,确定了后来西方马克思主义技术理性批判的价值取向。霍克海默、阿多尔诺在 1947 年发表的《启蒙辩证法》是技术理性批判的典型文本,其中更是将现代性与启蒙建立了关联,揭示出启蒙意欲以去蔽和祛魅为己任,但在现实中却经由实证化走向了自身反面的启蒙辩证法;重新强调了对理性,尤其是对技术理性本身成为自觉的、总体性的统治力量从而将人类推向新的野蛮状态的批判,以此证明近代以来的启蒙走向了自我毁灭之路。显而易见,这就完全改变了以资本为批判对象的马克思意义上的现代性批判的主题,重新回到黑格尔开创的理性批判的路径之上。

对现代性批判主题的转换进一步推动了西方马克思主义对马克思主义现代性理论的多元发展。由于 20 世纪西欧无产阶级革命的消退以及资产阶级日益强大的统治,使得马克思关于共产主义在世界同时实现的预见变得遥不可及。这就促使西方马克思主义理论家们敢于提出不同于传统马克思主义教科书的理解,结合新的历史实践,运用新的理论成果,反思第二国际所谓的"正统马克思主义"的指导策略及其哲学基础,积极探索新的理论解释框架,找寻新的资本主义批判思路,促成了将马克思主义现代性理论视角可多元言说的特质,成为西方马克思主义现代性理论生长过程中所获得的新延展。本质地讲,这种多元发展主要体现于他们对马克思主义现代性理论逻辑架构的转换上:首先,早期的西方马克思主义现代性批判实现了从马克思的经济、政治斗争领域向哲学(文化)斗争领域的转向,即改变了马克思从生产力与生产关系的矛盾运动入手对资本异化和劳动解放逻辑进行的现实批判,转向对资产阶级的阶级意识乃至整个西方理性形而上学的理论批判。青年卢卡奇正是现代意识形态批判的首开者,他力图挣脱第二国际经济决定论的阴影,在马克思关于商品拜物教的分析的基础上,融合韦伯科层制的分析以及对泰勒制所带来的人类生活方式的改变的讨论,明确提出自己的物化理论。同时又求助于历史总体性辩证法,将社会进程被打破从而失去历史总体性的无产阶级的失败归因于现代资本主义社会中的物化现象和物化意识所致使的无产阶级革命意识的丧失。他还尖锐批判,在资本主义社会中资产阶级的阶级意识与其自身利益实则是一种矛盾对立关系,充分肯定无产阶级阶级意识具有能够把隐藏于经济过程的相分离的征兆后面的自身统一性视作社会的总发展趋势的力量和优势,把无产阶级的阶级意识视为革命的入口,提出恢复无产阶级能动的阶级意识冲动为核心的革命观。另一位西方马克思主义理论家葛兰西的霸权理论则开启了文化革命的思想先河,他认为西方资本主义国家构成了"一个社会集团对人民(或市民社会)的其他部分的领导权机器:狭义的政府的——强制的机器的国家的基础"。在这里,国家并不单纯是一个强制机器,"国家=政治社会+市民社会,即强制力量保障的霸权"。① 在这个意义上,国家变成了拥有"强权加同意"二重本质的复合体。所以,在西方社会,革命的首要任务不是用暴力打碎旧的国家机器,而应该是同资产阶级夺取文化霸权和意识形态领导权。霍克海默和阿多尔诺更是指认了人类追求自我持存的启蒙理性中蕴含的自我毁灭——启蒙的逻辑,并将其视作现代性的秘密,进而对蜕变为工具理性的启蒙理性展开批判,将价值理性作为工具理性的对立面而加以弘扬。其次,中期的西方马克思主义实现了从马克思的劳动理论向交往理论的转变。哈贝马斯从马克思主义学说的"交往关系"、"社会关系"和"生产关系"概念出发,主要立足于社会合理化体系与生活世界、个人生活与公共空间的矛盾对立的分析框架,试图变革启蒙现代性的规范基础,设想在普遍语用学的前提之上,建立起一整套以交往理性为核心的规范性社会进化理论,旨在克服西方资本主义社会个体主义的弊端,使个体和社会共同体的矛盾在沟通中得到协调一致的共识。在这一点上,哈贝马斯把哲学的视角引入对"公共领域"的关注,对今天民主政治社会的构建也颇具贡献意义,激励着现代性事业之未竟征程。再次,晚近的西方马克思主义实现了从马克思主义的商品出发,经由景观向符号理论的转变。鲍德里亚作为这一转向的代表人物,在他早期的著作《物体系》中,他从具体的物逐步转向"符号"领域,突出符号的地位和价值,最后逐渐走向以象征交换为目的的颠覆性理论。这种从具体的以使用价值为基础的政治经济学批判转向抽象的符号政治经济学批判理论,在很大程度上摈弃与背离了马克思主义现代性理论。当然,这种背离在马克思所处的时代是无法料想到的,它随着西方现代消费社会的正式到来而出现,是在西方马克思主义已有思想基础上进行的现代性批判的继续和深入。

① [意]葛兰西:《狱中札记》,葆煦译,人民出版社 1985 年版,第 218 页。

三、从"解构元叙事"到"未竟的事业"：
现代性批判立场的捍卫

如果说早期的现代性理论代表了人类一种美好的社会愿景，那么 20 世纪中后期的现代性理论就更像是为现代性辩护的一种理论框架或规范性工程。这一框架竭力维护着现代性的价值和信念，如理性、自由、公正、普遍共识等。但是，当西方理性主义传统在当代西方工业文明社会无度膨胀，现代性僭越了自己的边界一步步走向自身对立面，变成了封闭、僵化、绝对和冷漠的"顽固体"，彻底丧失不断奔涌向前的价值追求，其存在的合法性已然岌岌可危。这使得一些敏锐的思想家开始对现代性进行重新审思，尼采、海德格尔以及后期的维特根斯坦都对现代性提出了自己的批判。到 20 世纪 60 年代后，这种反思和批判逐渐发展，尤其到 70 年代，法国诸多理论家对作为启蒙精神核心的主体主义和理性主义及其形成的话语霸权进行集中性的消解，如福柯对"主体"概念的解构和"人的死亡"命题的提出、德里达对"在场形而上学"的解构、利奥塔对现代性的"元叙事"特征的抨击等等，使得这种后现代主义思想迅速扩展成为一种世界范围内普遍存在的哲学思潮。事实上，后现代主义是在"理论知识"居于首要地位的后工业社会中，传统的价值体系遭遇摧毁、人的生存境遇出现危机之际产生的一种新的理论表达和诉求。从特里·伊格尔顿这段话里我们清楚看到其实质："后现代主义是一种思想风格，它怀疑关于真理、理性、同一性和客观性的经典概念，怀疑关于普遍进步和解放的观念，怀疑单一体系、大叙事或者解释的最终根据"，而这是因为"源自西方向着一种新形式的资本主义的历史性转变——向着技术应用、消费主义和文化产业的短暂的、无中心化的世界的转变。"①后现代主义者对现代性总体上呈现为反叛现代性的否定性维度，抱持一种"解构"与"重写"的立场。就如利奥塔 1986 年在美国威斯康星大学的一次演讲中所说的那样："后现代性并不是一个新的时代，而是对现代性自称拥有的一种特征的重写，首先是对现代性将其合法性建立在通过科学和技术解放整个人类的事业的

---

① ［英］特里·伊格尔顿：《后现代主义的幻象》，华明译，商务印书馆 2000 年版，第 1 页。

基础之上的宣言的重写"。① 其主要表现:第一,后现代主义从哲学的根基处对现代性的"元叙事"加以解构,消解了哲学存在的合法性;第二,后现代主义由于抛弃共性、整体和同一从而导致相对主义和虚无主义的泛滥;第三,后现代主义对科学的理解存在误区,以非科学的其他文化形态来重新诠释科学,背离了科学的本性;第四,后现代主义主张走出主体性哲学的陷阱,却相反又陷入到"唯我论"之中。同时,后现代主义根本无视现代化运动带给人类的福音,全盘否定现代化运动,极力否认历史的连续性和进步性。把现代化运动中出现的一切问题归罪于现代化本身,认为这出现的一切问题是现代化运动合乎逻辑的必然归宿,要求回到前现代化模式去。可以说,后现代主义对启蒙现代性和现代化运动已经抱以一种无可救药的悲观态度,其对现代性的批判也因此变成了"无效的虚无"。

与后现代主义的悲观态度相反,西方马克思主义在积极揭露、批判当代西方社会中现代性的负面效应时,并不认为现代性的负面效应与现代性本身有直接的因果关系,也不完全否定现代性对当代人的积极作用,在批判视角和价值取向上体现出对后现代主义现代性批判理论的超越,彰显出其现代性批判理论的思想特质。从批判视角上看,后现代主义拒绝总体化哲学,坚持反对一切传统形而上学遗迹,否定任何有关历史进步的言说,走向反本质主义、反中心主义和反基础主义。而西方马克思主义则强调回归实践、回归人的感觉经验和实际生活,积极地坚信历史进步的必然性,并以马克思主义"总体性辩证法"为哲学方法论基础建立一种崭新的本体论和形而上学,充分折射出了其现代性思考内蕴的思想张力和开放空间。其次,后现代主义主张彻底否弃理性和主体性,把理性和主体性原则视为现代社会的万恶之源。而西方马克思主义则及时扭转这种敌视理性的倾向,主张启蒙理性只不过是在现代化发展中产生了偏差,演变为了技术理性,成为奴役和控制人之为人本性的"怪物"。坚持现代社会的负面效应不该归责于现代性理念本身,提出理性自身仍有着批评和重塑的可能性,强调问题的关键并不在于是否坚持理性和主体性原则,而是在于如何使人摆脱技术理性的奴役而恢复人之为人的本性。这就为现代性的理性和主体性批判带来了转机,为

① [法]利奥塔:《后现代与公共游戏——利奥塔访谈、书信录》,谈瀛洲译,上海人民出版社1997年版,第165页。

理性和主体性的现代性致思路径找寻到新的突破口。从价值取向上看,西方马克思主义喊出"重建乌托邦"的口号,力求拯救现代性危机、恢复现代性精神、重塑现代性的价值内核,指引出现代性批判与人类形而上精神的内在契合之路。因此,我们才会在本雅明那"历史的废墟"上看到新的乐观的态度;在阿多尔诺的"星丛"中发现希望之光;在马尔库塞的"单向度的人"中惊异感性的解放;在弗洛姆的异化世界中窥见健全的社会。哈贝马斯更是直接强调要辩证地对待现代性,不惜对现代性批判者进行批判,明确提出现代性永远不会终结,并开出具体的现代性的救治药方。他提出要像马克思对待黑格尔那样对待现代性,"务必小心翼翼,切莫将婴儿和洗澡水一起倒掉,然后再翱翔于非理性的天空"。①认为现代性尽管处于问题百出的境地,并饱受后现代主义的诟病,但依然应该坚持维护这一未竟的事业。他向世人公开宣布自己"不放弃现代性计划"、"不屈尊于后现代主义和反现代主义"②的鲜明立场。高兹也认为现代性的问题并不出在自身,而是在社会发展过程中越出了自己的范围,亟待去做的是着力找寻理性真正的应然状态。西方马克思主义理论家们坚信,应对现代性弊端正是现代性开启现代性模式的契机,只要对现代性的错误路径加以避免,换之以合适的社会制度、社会组织方式和价值观念,现代性理念以及作为这一理念具体实施的现代化运动就完全有可能不断催生出新的社会样态和新的人类要求,在时间维度的连续性中不断开始前行。从西方马克思主义入情入理的分析和批判中,无处不深蕴着人类形而上精神发展的正确方向,无处不体现着对马克思主义人类解放事业的不懈追求,也许正如有些学者指出的那样,将马克思主义时代化需要"时代的理解和解释框架、问题系列、话语体系与思想品格",③西方马克思主义正是将马克思主义的理论与时代问题相互结合中不断进行着努力与尝试。总之,西方马克思主义对现代性呈现的是一种辩证的积极态度,相较于后现代主义的逃避甚至是极端非理性的处事方式,西方马克思主义现代性理论不仅展现出对作为本体的人的承诺和历史关怀,也更富有理论监督和建设性意义。

（本文作者：韩秋红 王馨曼）

---

① ［德］哈贝马斯:《哈贝马斯访谈录》,上海人民出版社 1997 年版,第 37 页。
② ［德］哈贝马斯:《哈贝马斯访谈录》,上海人民出版社 1997 年版,第 56 页。
③ 丁立群:《马克思主义时代化的基本路径》,《哲学动态》2016 年第 6 期。

西方马克思主义研究的双重意义[*]

　　西方马克思主义作为西方人表达自身哲学观念变革和反思现代性问题的理论成果,对当代中国的马克思主义研究而言,无疑是一个存在于别处的他者。自西方马克思主义被引介进入中国之时起,它便一直是作为中国马克思主义研究的一种反思对象和理论资源来发挥其作用的。这种作用方式使西方马克思主义研究不可避免地同中国改革开放以来的哲学观念变革和现代性问题反思发生关联,并呈现为一种解释学意义上的"效果历史"。那么,西方马克思主义研究究竟是如何作用于中国的马克思主义研究的? 它已经敞开或有待敞开的特殊意义有哪些? 对这些问题的回答,不仅有助于我们更加客观地把握西方马克思主义研究的真实意义,而且也对于推进当代中国马克思主义的研究具有重要的思想价值。

一、西方马克思主义的双重思想主题

　　西方马克思主义首先是 20 世纪马克思主义在发展中走向自我分化的产物。从理论自身演化和发展的一般规律来看,任何一种理论学说在发展的过程中都不会保持一成不变。随着经典理论所依托的社会历史条件的变化,思想家们往往通过重新解释、改造乃至重构经典理论来把握变化了的社会现实,这就使经典理论不可避免地走向分化和多样化,形成不同的理论类型。特别是对马克思主义这样一种开放的、发展的理论体系而言,如果它不能与变化了的社会现实和时

　　* ［基金项目］教育部哲学社会科学研究重大课题攻关项目"马克思主义意识形态理论研究"（16JZD004）阶段性成果。

代精神发生互动性关联,那么它的生命力也就走向终结了。随着马克思和恩格斯的相继离世,第二国际的理论家们首先卷入了"正统的"马克思主义之争,并在斗争中形成了以"经济决定论"为代表的马克思主义解释模式。俄国"十月革命"的胜利以及西欧无产阶级革命的受挫,在实践上宣告了以"正统的"马克思主义自居的"经济决定论"的破产;基于此,一些坚信马克思主义的西方理论家开始对这种僵化的理解模式进行反思,尝试去探索符合西欧社会历史条件的社会主义革命道路。西方马克思主义发端于 20 世纪二三十年代并兴盛于五六十年代,它是西欧大陆的马克思主义者和左派思想家以对马克思主义哲学的批判本性及其现代性理解为基础,结合西欧发达资本主义社会在新时期发展的新情况、新问题,所表达的区别于第二国际以及苏联模式马克思主义的一种现代性批判理论。

从性质上看,西方马克思主义既不是一个单纯的地域性概念,也不是一个单纯的意识形态概念。作为一个具体的、历史的综合性概念,西方马克思主义所指涉的并不是一种理论观点与价值取向完全一致并保持统一的理论思潮,其内部思想观点、理论体系和价值立场都呈现出相当的复杂性,其理论边界也具有一定的模糊性和开放性;但就其作为一种绵延半个世纪有余且在当代仍具有广泛影响的思想流派而言,西方马克思主义的思想主题又具有相对的确定性和稳定性,"它始终有它的独特性,使它作为一个完整的传统具有明确的定义和区分的界限"。① 在我们看来,在西方马克思主义的发展演进中,始终贯穿着哲学观念变革和现代性问题反思的双重思想主题,二者分别构成了西方马克思主义的理论意识和问题意识。如果说,哲学观念变革是在新的时代条件下重新确认马克思主义的思维方式和价值理念的话;那么,现代性问题反思则是在试图应对西方社会愈益严峻的现代性危机,在经典马克思主义现代性批判的基础上给出新的思想回应。这双重主题的交织和互动,不仅内在地规定着西方马克思主义演进的内在逻辑,也铸就了西方马克思主义在整个马克思主义思想演进中的总体样貌和理论影响。

卢卡奇等早期西方马克思主义者认为,马克思主义哲学的革命性质在第二国际和苏俄的马克思主义哲学理解模式下并没有得到真正的彰显,人在社会历

---

① [英]佩里·安德森:《西方马克思主义探讨》,高铦等译,人民出版社 1981 年版,第 41 页。

史发展进程中的主体地位和能动作用没有得到足够的重视,这导致了无产阶级阶级意识的弱化。由此,西方马克思主义致力于重新阐释马克思的经典文本,并把马克思主义哲学限定于社会历史领域,要求强化马克思主义哲学的主体性逻辑和总体性原则,恢复人在社会历史发展中的主体地位,并由此形成以人本主义为主要倾向的理论基调。在此意义上,西方马克思主义在诞生之初便有力冲击了第二国际和苏联时期确立的马克思主义哲学观念。相比更加强调和追求客观物质世界运动规律的哲学观念而言,西方马克思主义更注重以人为主题,更关注人的生存处境和现实问题,并对资本主义展开新的意识形态批判、科技理性批判、大众文化批判以及心理结构批判。这些批判深刻地揭示了当代资本主义在阶级结构、国家本质及职能、生产方式和统治形式等方面发生的新变化及其所造成的人的生存境遇的异化状况。

西方马克思主义是在同现代西方哲学思潮的激荡中不断演化的,因而它对教条化的马克思主义哲学观念和西方现代性问题的反思,不可避免地受到诸多现代西方哲学思潮的深刻影响。特别是在 20 世纪 50 年代后,受现代西方哲学思潮中的科学主义的影响,在西方马克思主义内部,出现了与人本主义倾向相反的另一种西方马克思主义流派,即以阿尔都塞为代表的科学主义的马克思主义。科学主义的马克思主义试图纠正由于将马克思主义人道主义化所导致的非科学"狂热",致力于恢复马克思主义的科学精神,彰显马克思主义的科学品质,他们以对科学结构和客观规律的关注,拒绝非历史的人与主体性,旨在使马克思主义成为实证意义的科学体系。科学主义的马克思主义是对人本主义的马克思主义的一种理论反拨,它抓住了马克思主义哲学中所蕴含的社会历史发展的客观逻辑,并将其导入一种实证层面的机械决定论。科学主义的马克思主义与人本主义的马克思主义的对立,是西方马克思主义自我分化和流变的产物。随着 20 世纪 70 年代资本主义的新一轮全球扩张,西方马克思主义进一步与不同的研究视域和思想方法嫁接、融合、转换,从而演化为各式各样的社会批判理论,西方马克思主义的理论主题和思想界限逐渐模糊。这一流变特别呈现了马克思主义所特有的复杂性和内在张力:马克思主义发展的历史,不仅是马克思主义自身分化、演变的历史,也是马克思主义与各种非马克思主义相互对话、相互斗争的历史。也可以说,马克思主义正是在与人类各种文明成果的交融、交汇中,与各种哲学社会文化思潮的激荡、冲突中,不断吸收其合理成分而不断发展的。许多西方马克思主义的思想流派,往往是由各种正确倾向与错误倾向、积极因素和消极因素混合而成的复合体。但同时,西方马克思主义的各种思想流派虽然彼此之间具有很大的区别,但它们也在以不同的方式分享着马克思主义的思想资源,并试图把马克思主义的思想资源与其所处的文化传统以及其他思想资源融合起来,从而推进对马克思主义的当代性理解。我们发现,在西方马克思主义演化发展的进程中,持续不断地批判走向僵化的马克思主义哲学观念,坚持不懈地反思西方社会的现代性问题,构成了西方马克思主义一脉相承的内在逻辑。正如有学者所见:"马克思的问题是总体性的,适用于整个资本统治的时代,从马克思、恩格斯经典到西方马克思主义再到当代激进理论,应当看成是马克思主义发展的一个完整谱系,在其中一直保留和激荡着马克思的纯正问题。"①可以说,哲学观念变革和现代性问题反思,构成了西方马克思主义演化发展的内在逻辑,而这双重逻辑恰恰对当代中国马克思主义哲学的发展产生了不可忽视的思想影响。

二、西方马克思主义研究推动了
当代中国的哲学观念变革

当代中国的西方马克思主义研究,是在改革开放的历史语境中展开的,这注定了西方马克思主义研究已为鲜明的中国意识所定向,不可避免地被投射上特有的问题意识和价值关切,带有了中国的属性、目的和特点。从根本上看,西方马克思主义研究在本质上从属并服务于马克思主义哲学中国化的总体思想历程,并对当代中国的哲学观念变革和思想解放产生了比较显著的推动效应。

西方马克思主义研究最初是由政治任务带动的,从研究方法来看,西方马克思主义研究最初主要以概述性的评介为主,评介的主要方式是进行非此即彼的性质划分和意识形态批判,主要目的是从理论上批判和证伪西方马克思主义。总体上看,在开始的引介阶段,西方马克思主义与我们自身所形成的马克思主义哲学理解尚处于知性对立之中,尚没有真正转化成为中国哲学观念变革的有效理论资源。在此情境下,学者们对马克思主义哲学体系的阐释还体现为在具体

---

① 张盾:《马克思的六个经典问题》,中国社会科学出版社 2009 年版,第 424 页。

内容上互有差别的重新拼接或组装层面,比如"一总分三"和"一总分四"的方案。① 由于马克思主义哲学在思想领域所具有的特殊地位,这种思想解放首先需要从马克思主义哲学的观念变革入手,更新马克思主义的理解模式,拓展马克思主义研究的视野。哲学观念变革与新的思想资源的深刻互动,恰恰发生在这种复杂语境之中。

应当说,随着西方马克思主义研究的逐渐深入,西方马克思主义对马克思主义哲学经典文本的新阐释及其所表达的哲学观念,对传统的马克思主义哲学理解模式产生了较大的冲击。如卢卡奇的《历史与阶级意识》以物化、总体性、阶级意识、主客体统一等范畴所表达的对马克思主义哲学的新理解,及其晚期的社会本体论的思想主张,与人们以往未加反思的哲学观念形成了很大的思想反差;科尔施在《马克思主义和哲学》中对于"庸俗马克思主义"的批判及其所表达的"马克思主义理论的实质是把社会发展作为活的整体来把握的总体性理论"的思想观点,为反思苏联模式的马克思主义理论理解模式提供了可资借鉴的思想视域;霍克海默、阿尔多诺等思想家关于马克思主义就是社会批判理论的理解、马尔库塞关于单向度思维的批判以及哈贝马斯提出的交往行为理论,诸如此类,都极大地冲击了人们关于马克思主义的传统观念,激活了马克思主义哲学研究的理论兴趣,马克思主义哲学的开放性特质和思想活力获得了释放。20 世纪 80 年代末,我国西方马克思主义研究围绕西方马克思主义与马克思主义的关系问题展开热烈的争论。这场争论客观上激起了人们对西方马克思主义研究的理论兴趣,也对当时马克思主义哲学体系的改革起到了一定的促进作用。

20 世纪 90 年代,我国的西方马克思主义研究领域不断拓宽,学者们的研究目光逐渐从早期西方马克思主义的代表性人物向更广的范围延伸,追踪和深化了对西方马克思主义有关流派、人物及其思想的研究,这一时期的研究手法,也从笼统性的流派与人物的思想介绍和简单评介,走向更加深入和具体的专题性研究,消费异化问题、意识形态问题、科学技术问题、美学问题等都获得了广泛的关注。在各种思想资源的相互激荡中,这些专题性研究越来越同中国马克思主义哲学视域的拓展产生互动,并在一定程度上推动了文化哲学、科学哲学、社会

① 孙正聿:《改革开放以来中国哲学发展的历史与逻辑》,《吉林大学社会科学学报》2008 年第 5 期。

哲学、语言哲学、艺术哲学、经济哲学、政治哲学等部门哲学在世纪之交的兴起。与此同时,西方马克思主义的多样化研究方法也对中国马克思主义哲学研究产生了深刻的思想影响。在现代西方哲学和西方马克思主义所采取的诠释学、文本学、现象学等现代哲学方法的影响下,回到马克思的经典文本以及重新理解和阐释马克思哲学的革命性质和理论体系,推动马克思主义哲学观念的思想解放,日渐成为当代中国马克思主义研究的重要趋向。透过西方马克思主义对马克思哲学革命的"再阐释",学者们不仅发现了马克思主义研究所可能敞开的丰富视角,而且更加关注马克思主义研究与时代精神发展之间的内在关联。值得注意的是,这一时期西方马克思主义研究的影响不仅仅限于马克思主义研究领域,而且扩展到政治学、社会学、经济学、文学等诸多学科领域,进而渗透到社会生活的思想领域之中,成为影响社会思潮变动的重要元素。

正如马克思所说,"哲学不仅在内部通过自己的内容,而且在外部通过自己的表现,同自己时代的现实世界接触并相互作用。"①但也应看到,90 年代后期兴起的关于西方马克思主义的专门性研究中,还在一定程度上存在着"主要停留于就西方马克思主义哲学研究西方马克思主义哲学上,不能把西方马克思主义哲学研究同马克思主义哲学研究有机地结合起来"②的思想倾向。此外,另一种相反的倾向则表现为将西方马克思主义者的某种哲学观念和研究范式"横向移植"到马克思主义研究上的做法。这两种倾向表明,西方马克思主义研究与马克思主义哲学研究之间的互动,不能仅仅表现为外在的移植或形式上的套用,还需要提升到更高的思想水平上加以展开。但不可否认的是,西方马克思主义对传统形而上学的批判及其对马克思哲学革命的创造性理解和新阐释,已经成为中国的西方马克思主义研究和马克思主义哲学研究共同关心的思想话题。在西方马克思主义研究的背后,或隐或显地关联着对当代中国哲学观念变革的理论领会。可以说,西方马克思主义对于马克思主义哲学区别和超越于西方传统哲学的认识,及其对马克思主义哲学所具有的现代哲学性质的肯定,在一定程度上开阔了当代中国马克思主义哲学研究的视野,使西方马克思主义成为马克思主义哲学研究甚为关心的热点领域。同时,西方马克思主义的一些思想方法、理

---

① 《马克思恩格斯全集》第 1 卷,人民出版社 1995 年版,第 22 页。
② 王雨辰:《西方马克思主义研究与中国马克思主义哲学建设》,《南京大学学报》(人文科学·社会科学版)2009 年第 5 期。

论视角,也被部分地移植和运用到对马克思主义哲学的研究中去,从而为中国马克思主义哲学研究范式的更新,提供了重要的思想参照和理论借鉴。凡此种种,都可以视为西方马克思主义研究对当代中国马克思主义发展所产生的思想影响或理论效应。从根本上看,当代中国的西方马克思主义研究,已经内在地构成了中国马克思主义发展的组成部分和有机环节,并在本质上从属于马克思主义中国化这一主流,融汇于马克思主义中国化的思想进程及其理论脉动之中,成为推动和促进马克思主义中国化不可小觑的重要思想力量。

当然,对于中国的西方马克思主义研究而言,一方面需要客观地把握和还原西方马克思主义真实的理论语境与西方社会的现实语境,要看到西方马克思主义从本质上表达的是西方社会对马克思主义的理论理解,它反映和体现的是当代西方社会的理论需要,因此我们在研究过程中必须要坚持客观性、具体性和历史性的方法论原则;另一方面,中国的西方马克思主义研究还需要坚持我们自己的立场和主张,体现中国发展的客观需要和方向。西方马克思主义是以西方人特有的社会问题和生命经验为基础的,它蕴含着西方的思想传统及其对时代性问题的理解,我们不能仰仗它直接去帮助解决我们自己的思想问题,况且其作为理论复合体无论在思想性质还是在具体内容上都具有相当的复杂性。我们研究西方马克思主义的目的并不是要亦步亦趋地跟随在它的身后,相反,是要从中汲取有益的思想资源,从一种与我们自身不同的思想主张中反求诸己,立足于我们所处的现实,从中开拓出属于我们自己的思想方向。如果我们没有有效地把握和实质性地汲取西方马克思主义在现代性的思想地平线上超越西方传统哲学观念的思想努力,我们的观念变革和思想解放就会失去必要的参照。对于西方马克思主义研究而言,只有辩证地汲取西方马克思主义推进哲学观念变革的合理内容,消化和占有其积极的思想成果,使其成为防止我们的思想走向自我封闭的清醒剂,进而成为我们推动马克思主义中国化的内在环节和有益成分,方能有效释放和进一步彰显西方马克思主义研究的中国意义。

三、西方马克思主义研究促进了中国现代性问题的反思

改革开放的不断深化,特别是新世纪以来中国融入世界体系程度的加深,一

方面使理性化、科层制、契约精神等现代性要素逐渐嵌入到社会运行体系当中，社会生活越来越显现出现代性的基本特质，但另一方面，现代性的诸多问题也随之浮现出来，如生态环境问题、精神生活物化问题、社会风险问题等。这些现代性问题都实际地构成了新世纪以来中国马克思主义研究的问题背景。而对现代性问题的批判性反思，恰恰是西方马克思主义最为根本的思想主题。显然，现代性问题反思这一主题，成为西方马克思主义与中国马克思主义研究共同关注的理论交集。按照马克思的理解，问题是时代的格言，是表现时代内心状态的最实际的呼声。西方马克思主义在根本上体现为对当代资本主义的现代性批判理论，它承续和发展了马克思主义的现代性批判主题，触及了当代资本主义发展的新情况和新问题，对当代资本主义发展中所存在的消费异化、生态危机、资本全球化扩张、生活世界的殖民化、精神困境等现象，展开了具体而丰富的思想批判。在全球化的背景下，这些日益严峻的现代性问题，已经不止局限于西方社会，而是蔓延成为弥漫整个世界的全球性问题。在此语境下，西方马克思主义对现代性问题的反思，自然成为中国马克思主义研究无法回避的理论资源。也正是在现代性问题反思这一主题上，特别凸显了西方马克思主义研究的中国意义。

我们看到，在中国的西方马克思主义研究中，一方面马克思主义所具有的现代性批判旨趣借助西方马克思主义研究得到了进一步的确认，在此基础上，西方马克思主义对于当代资本主义批判的多样化视角以及个性化风格，进一步丰富和深化了我们对于现代性问题的理解；另一方面，西方马克思主义的现代性批判，也为我们深刻反思现代性的西方资本主义形式及其问题困境提供了重要的理论参照，从而反过来促进了我们对建构中国新型现代性的思想自觉。从研究进展来看，西方马克思主义问题意识的刺激与中国现实社会问题语境之间的相互作用，客观上强化了中国马克思主义研究对现代性问题意识的自觉。由此，西方马克思主义关于现代性批判的思想资源被广泛释放出来。通过西方马克思主义研究，一些前沿的现代性问题，如精神生活的物化问题、空间正义问题、新帝国主义问题、文化资本问题、消费社会问题等，逐渐进入了当代中国马克思主义研究的视野中，这极大地丰富和扩展了中国马克思主义研究的理论话题，增强了中国马克思主义研究的现实针对性。更为重要的是，西方马克思主义对西方现代性问题的批判和反思，敞开了中国特色社会主义新型现代性道路的独特视域和世界意义。作为马克思主义中国化的当代实践，中国道路的自主性探索是在完全不同于西方的文化传统、历史基础、现实条件和外部环境下展开的,这决定了中国的现代性建构不可能完全照搬并屈从于西方资本主义的现代性模式,而必须走出具有中国特色的现代性发展道路。有鉴于此,借用西方马克思主义反思现代性问题的理论资源,更具说服力地推进对资本主义的当代性理解,更加客观地把握全球资本主义时代现代性问题的复杂性,进一步敞开西方现代性模式的局限性,为中国特色社会主义新型现代性的建构提供镜鉴,是中国的西方马克思主义研究乃至整个人文社会科学研究根本的思想关切和价值旨趣。正如有学者所观察到的,"中国化"或"本土化"已成为人文社会科学研究的基本趋势,其中包含着学术和意识形态的双重诉求。① 从思想效果来看,西方马克思主义研究所取得的丰硕成果,使得西方现代资本主义文明所抵达的历史界限在我们面前日益清晰地显露出来,与此同时,我们越来越获得这样一种强烈的自觉意识:"中国的发展不可能被完整地吸收到现代资本主义文明体系中去——中国发展道路的实际可能性首先就来自于这种不可能性。"②由此出发,深刻反思西方资本主义现代性所蕴含的前提和界限,把握西方现代资本主义文明的历史性,由此引申出扬弃现代资本主义文明的必然性与现实性。事实上,我们对现代性问题愈益深刻的理解和认识,与西方马克思主义研究的影响是分不开的,其中毫无疑问分享了西方马克思主义现代性反思的理论成果,这也正是西方马克思主义研究的中国意义之所在。

总之,中国的西方马克思主义研究,无论在推进哲学观念变革层面,还是在推动现代性问题反思层面,都有效彰显了西方马克思主义研究的中国意义。在我们看来,当且仅当我们的西方马克思主义研究,在获得了坚定的自我主张并实质性地实现和凸显出其中国意义之时,才能使他者的真正转化成为我们自己的。

(本文作者:庞立生 聂阳)

---

① 王学典:《把中国"中国化"——人文社会科学的近期走向》,上海人民出版社 2017 年版,第 3 页。
② 吴晓明:《当代中国的精神建设及其思想资源》,《中国社会科学》2012 年第 5 期。

驳西方马克思主义对"自然辩证法"的曲解[*]

西方马克思主义者对于恩格斯的"自然辩证法"进行曲解,其影响不容忽视。近些年,这些曲解在国内不但引起了理论界的一些混乱,而且造成了一些人对于恩格斯在马克思主义哲学史上所作出的理论贡献出现严重误判。当前,如何理解恩格斯的自然辩证法既是一个重要的理论问题,更是我们能否客观、公允地评价恩格斯的分水岭和试金石。本文通过回应西方马克思主义(以下简称"西马")关于自然辩证法的几个影响较大的观点和判断出发,以期破除曲解,恢复自然辩证法的本来面目。

一、能否用"人化自然辩证法"解读"自然辩证法"

"西马"关于恩格斯的自然辩证法的一个突出的曲解就是认为自然辩证法在合理形态上只能是"人化自然辩证法"。这种观点受早期卢卡奇的《历史与阶级意识》一书的影响较大。在《历史与阶级意识》中,卢卡奇表达了如下观点:马克思主义辩证法在理论性质上是一种"社会辩证法"或"历史辩证法",辩证法的决定因素是"主体和客体的相互作用",而那种没有人的活动参与的自然界,由于没有主体与客体的相互作用,因此,不存在辩证法。对于这些早期观点尽管卢卡奇本人在晚年曾多次予以纠正,但是这些观点仍对后继的西方马克思主义者产生很大影响。卢卡奇之后,一些学者(如 A.施密特)虽然并不完全否定"自然

* 本文系国家社科基金项目"恩格斯辩证法理论再研究"(14BKS124)以及中国博士后科学基金面上资助项目"'辩证法'与'唯物论'的统一何以可能"(2016M590179)的阶段性成果。

辩证法",却进一步发挥了《历史与阶级意识》中的观点,认为只有将"自然辩证法"中的"自然"理解为被人的社会实践中介了的"人化了的自然",将"自然辩证法"理解为强调人与自然相互作用的"人化自然辩证法"时,"自然辩证法"才是合理的。例如,A.施密特认为,自然界本身并不存在辩证法,辩证法只存在于人变革自然的实践中。"由于人逐渐地消除外部自然界的疏远性和外在性,使之和人自身相作用,为自己而有目的地改造它,自然辩证法才存在于人变革自然的活动中。"①受"西马"的影响,国内一些学者也持类似的观点,认为"自然辩证法"所关注的自然界不是脱离人的历史活动的自然界,而是"人化自然",因此,应该从"人化自然辩证法"出发解读恩格斯的"自然辩证法"。然而,这种关于自然辩证法的解读是否符合恩格斯的本意呢? 本文的回答是否定的。

1."自然辩证法"所关注的"自然"是"自然界"

"自然辩证法"所关注的"自然"并非指"人化自然",而是指与"社会"相区别的"自然界",亦即作为自然科学研究对象的"纯粹自然"、"天然自然"。其理由如下。

首先,恩格斯并没像早期卢卡奇和某些"西马"学者那样用"社会"去统摄、消融"自然",而是肯定自然相对于社会、历史的客观性与独立性。一个明显的证据就是,我们经常看到恩格斯将自然界与历史(社会)、"自然观"与"历史观"并列来谈。例如,他曾有过如下的表述:"辩证法的规律是从自然界和人类社会的历史中抽象出来的。""人们决心在理解现实世界(自然界和历史)时","在自然界和历史中所显露出来的辩证的发展","头脑的辩证法只是现实世界,即自然界和历史的各种运动形式的再现","在自然界和历史的每一科学领域中,都必须从既有的事实出发"。② 关于这样的例证我们还可以列举出很多。

在恩格斯看来,"自然"和"历史"是有根本区别的。在《路德维希·费尔巴哈和德国古典哲学的终结》(以下简称《费尔巴哈论》)的第四部分,恩格斯这样写道:"在自然界中(如果我们把人对自然界的反作用撇开不谈)全是没有意识的、盲目的动力,这些动力彼此发生作用⋯⋯在所发生的任何事情中,无论在外

① [德]A.施密特:《马克思的自然概念》,欧力同、吴仲昉译,商务印书馆 1988 年版,第57—58 页。

② 《马克思恩格斯选集》第4卷,人民出版社 1995 年版,第 310、242、243、302、288 页。

表上看得出的无数表面的偶然性中,或者在可以证实这些偶然性内部的规律性的最终结果中,都没有任何事情是作为预期的自觉的目的发生的。相反,在社会历史领域内进行活动的,是具有意识的、经过思虑或凭激情行动的、追求某种目的的人;任何事情的发生都不是没有自觉的意图,没有预期的目的的。"①正是由于"自然"和"历史"的这种区别,因此,关于自然的科学与关于社会的科学("历史科学和哲学科学的总和")也是有区别的。

如果说在知识论的意义上,马克思恩格斯的"历史唯物主义"完成了在方法论上为"关于社会的科学"奠基,那么,恩格斯的"自然辩证法"的重要使命就是试图在方法论上重新为关于自然的科学(尤其是理论自然科学)奠基。如果说在那些用"社会"统摄"自然"的学者看来,只有一种存在即社会存在,只有一门科学即"关于社会的科学"的话,那么,在恩格斯看来,自然界同人类社会一样有自己的发展史和自己的科学。

其次,恩格斯与 A.施密特等人的另一个显著的不同之处在于,他不但承认自然的相对独立性,而且在一定意义上强调历史与自然的相似性。例如,同样是在《费尔巴哈论》的第四部分,恩格斯在描绘了"自然"与"历史"的上述区别外,紧接着指出:尽管在历史领域内每个人都有自觉预期的目的,但"人们所预期的东西很少如愿以偿,许多预期的目的在大多数场合都互相干扰,彼此冲突,或者是这些目的本身一开始就是实现不了的,或者是缺乏实现的手段。这样,无数的单个愿望和单个行动的冲突,在历史领域内造成了一种同没有意识的自然界中占统治地位的状况完全相似的状况。"②再比如,在 1890 年致约·布洛赫的信中,恩格斯也表达了历史与自然相似的观点,他写道:"历史是这样创造的:最终的结果总是从许多单个的意志的相互冲突中产生出来的,而其中每一个意志,又是由于许多特殊的生活条件,才成为它所成为的那样。这样就有无数互相交错的力量,有无数个力的平行四边形,由此就产生出一个合力,即历史结果,而这个结果又可以看作一个作为整体的、不自觉地和不自主地起着作用的力量的产物。因为任何一个人的愿望都会受到任何另一个人的妨碍,而最后出现的结果就是谁都没有希望过的事物。所以到目前为止的历史总是像一种自然过程一样地进

---

① 《马克思恩格斯选集》第 4 卷,人民出版社 1995 年版,第 247 页。
② 《马克思恩格斯选集》第 4 卷,人民出版社 1995 年版,第 247 页。

行,而且实质上也是服从于同一运动规律的。"①实际上,类似的观点恩格斯在《自然辩证法》中也表达过。由此,我们看到,"西马"的那种基于"自然是一个社会范畴"因而用社会解释自然的思路,不但不符合恩格斯关于"自然"的理解,而且也与恩格斯关于"历史"的理解大相径庭。

最后,无可否认,判定恩格斯的"自然辩证法"中的"自然"到底是"人化自然"还是"自然界",最根本的还是要从相关文本出发。只要回归到《自然辩证法》的文本中,我们就不难发现,"自然辩证法"所要研究的就是"自然界"而不是所谓的"人化自然"。例如,仅在"历史导论"中恩格斯就使用了十几处"自然界"这一概念,而完全没有使用"人化自然"这一概念。整个《自然辩证法》对于"自然界"概念的使用更是不胜枚举。诚然,在《自然辩证法》中恩格斯也谈到人,甚至谈到人对自然界的反作用,但那并不是为了突出人的活动,也不是在此基础上探讨作为主体的人的活动与作为客体的自然的关系,更不是想用人的活动否定自然的客观性和独立性。

实际上,"自然辩证法"谈人及其活动是要让人们了解人在宇宙中的位置,了解人是如何产生的以及人与其他动物的区别何在。例如,恩格斯在"历史导论"的后半部分之所以在阐述了天体、地球、生命后谈到人类,是因为在恩格斯看来,人本身是来源于自然界的,人是"自然界所产生的最复杂的有机体",在这个意义上说,了解人也是完整地了解自然、宇宙的必然要求。因此,"历史导论"虽然谈到了"人",但它绝不是为了在消解自然的客观性与独立性的意义上突出"人",相反它向人们表明在宇宙的物质循环中"有机生命的时间,尤其是具有自我意识和自然界意识的人的生命的时间,如同生命和自我意识赖以发生作用的空间一样,是极为有限的"②。

此外,在著名的《劳动在从猿到人的转变中的作用》一文中,恩格斯用大量的笔墨谈到人及人的活动,但那是为了说明人与其他动物的本质差别。例如,他写道:"人离开动物越远,他们对自然界的影响就越带有经过事先思考的、有计划的、以事先知道的一定目标为取向的行为的特征。动物在消灭某一地带的植物时,并不明白它们是在干什么。人消灭植物,是为了腾出土地播种五谷,或者

---

① 《马克思恩格斯选集》第4卷,人民出版社1995年版,第697页。

② 《马克思恩格斯选集》第4卷,人民出版社1995年版,第279页。

种植树木和葡萄,他们知道这样可以得到多倍的收获。""一句话,动物仅仅利用外部自然界,简单地通过自身的存在在自然界中引起变化;而人则通过他所作出的改变来使自然界为自己的目的服务,来支配自然界。这便是人同其他动物的最终的本质的差别,而造成这一差别的又是劳动。"①

总之,从文本出发,我们不难发现,"自然辩证法"所关注的"自然"就是"自然界",而非"人化自然"。

2."人化自然"的观点是马克思恩格斯思想的组成部分

在《德意志意识形态》中马克思恩格斯批评费尔巴哈对他生活于其中的自然界的理解局限于单纯的感觉和直观。与费尔巴哈不同,马克思恩格斯强调人的活动特别是工业的生产活动,对人们生活其中的自然界亦即人们周围的感性世界的改造作用,强调自然和历史的相互制约与相互渗透。这种强调人与自然相互作用的"人化自然"思想当然是富有创见的。但是,"人化自然"思想的目的不是为了解释"自然界",而是为了理解"历史"。在马克思恩格斯看来,由工业的生产活动所引起的自然与历史的相互作用是人们得以深入考察历史的重要因素和前提。换言之,非此人们就不可能真正走进历史(特别是工业革命以来的历史)的深处,形成从历史本身出发考察历史的唯物主义历史观。相反,对于费尔巴哈而言,历史之所以在他的视野之外,在历史观上他之所以不是一个唯物主义者,与他不能从人的活动与自然的相互作用出发理解历史密切相关。

由于"人化自然"的"人化"性质,因而它本质上已经不是"天然自然",而是"历史的自然",即走进社会生活中和打上了人的活动印迹的自然,亦即社会存在物。由此,"人化自然辩证法"本质上是一种解释人的活动和社会历史问题以及服务于"社会科学"研究的"历史"辩证法、"社会"辩证法。相比之下,恩格斯的"自然辩证法"本质上则是一种解释自然界的生成、变化以及指导"自然科学"研究的"自然"辩证法。可见,"人化自然"观点虽然也是马克思恩格斯的重要思想,但却不能也不适合将之用于解释恩格斯的"自然辩证法"。

---

① 《马克思恩格斯选集》第4卷,人民出版社1995年版,第382、383页。

二、恩格斯创作"自然辩证法"是否是一个"错误"

关于如何评价恩格斯创作"自然辩证法",一种论调在"西马"中较为流行,即认为这是恩格斯犯的一个"错误"。卢卡奇在《历史与阶级意识》一书中曾有这样的判断,即认为恩格斯之所以把辩证法扩展到自然中,主要是由于他"错误地跟着黑格尔"①。萨特、列斐伏尔、马尔库塞、哈贝马斯等人认为恩格斯的自然辩证法背离了马克思倡导的从实践和社会历史出发研究辩证法的思路。更有甚者,美国的诺曼·莱文因为"自然辩证法"而把恩格斯污蔑为"第一个修正主义者"。在《辩证法内部对话》一书中,莱文认为马克思的辩证法是"作为行动的辩证法",而恩格斯的辩证法是"作为自然的辩证法",并认为"那些企图把辩证法和自然融为一体的人是最为有害的"②。然而,以上种种或明或暗地认为恩格斯创作"自然辩证法"是一个"错误"的论调究竟能否成立呢? 本文给出的答案依然是否定的。

1.辩证的自然观的诞生在当时具有必然性

确立辩证的自然观是"自然辩证法"的核心目标,也是恩格斯的一大心愿。对此,他曾在 1885 年 9 月 23 日写的《反杜林论》"序言"中这样写道:"马克思和我,可以说是把自觉的辩证法从德国唯心主义哲学中拯救出来并用于唯物主义的自然观和历史观的唯一的人。可是要确立辩证的同时又是唯物主义的自然观,需要具备数学和自然科学的知识……我尽可能地使自己在数学和自然科学方面来一次彻底的——像李比希所说的——'脱毛',八年当中,我把大部分时间用在这上面。"应该说,对于恩格斯而言创作《自然辩证法》正如他写《反杜林论》一样,绝不是什么"内心冲动"的结果。实际的情形是,恩格斯那个时代形而上学自然观已经土崩瓦解,辩证的自然观已初露端倪。形而上学自然观的一个核心观点就是认为自然界是绝对不变的。在形而上学自然观看来,行星、恒星、

---

① [匈]卢卡奇:《历史与阶级意识》,杜章智等译,商务印书馆 1992 年版,第 51 页。
② [美]诺曼·莱文:《辩证法内部对话》,张翼星等译,云南人民出版社 1997 年版,第 1—2 页。

地球自从被创造出来就一成不变地总是保持着原来的样子;植物和动物的种也是一经形成就永远固定下来。可见,形而上学自然观否定了自然界的任何质变和发展。

其实,自然观在古希腊哲学家那里还是辩证的。在古希腊哲学家看来,世界本质上是某种从混沌中产生出来的东西,世界不是一旦存在就绝对不变的,而是某种生成的东西。当然这种辩证的自然观还具有原始的、素朴的特点,它虽然正确地把握了自然界的总画面的一般性质,却不能做到说明构成这幅总画面的各个细节。精确的自然研究始于亚历山大里亚时期的希腊人那里,其后则是中世纪的阿拉伯人。然而,只有到了15世纪下半叶自然科学才算真正开始,并自此迅速发展。尽管在此后的400年里,自然科学在搜集材料方面获得了巨大进展,可是,在自然观上却是形而上学的。例如,恩格斯指出,直到18世纪上半叶自然科学虽然在内容方面大大超过了希腊古代,但在自然观上却大大低于希腊古代,因为在这个时期的自然研究家看来,自然是某种僵化、不变的东西。甚至在被恩格斯誉为博得了当时哲学的最高荣誉的斯宾诺莎和伟大的18世纪法国唯物主义者那里,其自然观依然是形而上学的——尽管他们的自然观由于"坚持从世界本身来说明世界"因而具有唯物主义的特点。

真正在形而上学自然观上打开第一个缺口的是康德。康德在1755年发表的《自然通史和天体论》一书中提出太阳系是由原始星云演变而来的所谓"星云假说"。这种假说排除了所谓的"第一推动"的问题,认为地球和太阳系不再是一旦由"第一推动"而运动起来就依照预定的轨道永远旋转下去直到万物的末日,而是表现为某种在时间中生成的东西。随后是地质学特别是赖尔的地质渐变理论,表明地球现今的表面以及生存在地球表面上的植物和动物,也都有时间上的历史。在物理学方面,能量守恒和转化定律的发现有力地证明了包括机械力、热、光、电、磁在内的一切所谓物理力,甚至所谓化学力,都可以在一定条件下相互转化,而不是一经产生就绝对不变。在化学领域,用无机的方法可以制造出有机物的事实,打破了原有的那种认为在有机物和无机物之间存在着永远不可逾越的界限的想法。在生物学领域随着细胞学说的确立和达尔文的生物进化论的提出,那种认为在有机界中存在着固定不变的僵硬系统以及认为在动物和植物的不同种之间存在着严格的界限的信念也崩塌了。

随着自然科学领域的这些新的进展,那种坚持自然界绝对不变的形而上学自然观虽然在当时的学校里还有一定市场,但是它被取代的趋势已经越来越明显。以强调自然界的生成和消逝为基本特点的新的自然观已经清晰可见。正如恩格斯这样描绘的:"新的自然观就其基本点来说已经完备:一切僵硬的东西溶解了,一切固定的东西消散了,一切被当作永恒存在的特殊的东西变成了转瞬即逝的东西,整个自然界被证明是在永恒的流动和循环中运动着。"①这种新的自然观本质上已经是区别于形而上学自然观的辩证的自然观。当然,它还需要进一步完善。而恩格斯的"自然辩证法"所要做的就是要使这种刚刚具备基本点的辩证自然观系统化、完善化,使其能够尽快在自然科学研究中发挥应有的作用。在这个意义上说,我们看到"自然辩证法"致力于总结、阐发辩证的自然观在当时绝非偶然。

2. 反思自然科学中的形而上学思维,并探索将辩证法的思维方式应用于自然科学研究是"自然辩证法"的重要目标之一

应该说,"自然辩证法"的这一目标并非主观的"一厢情愿"。从理论上讲,客观辩证法决定主观辩证法,辩证的自然观的确立内在地要求在自然科学中贯彻辩证思维。从客观上看,这一目标顺应了当时自然科学对方法论的要求与呼唤。正如恩格斯所指出的,直到 18 世纪末自然科学还是主要关于既成事物的经验科学,还处于搜集材料阶段。与之相适应,在自然科学中流行的是以形而上学自然观为基础的解剖式的研究方法,即"把自然界分解为各个部分,把各种自然过程和自然对象分成一定的门类,对有机体的内部按其多种多样的解剖形态进行研究"②。

实际上,这种研究方法在一定历史时期能够促进人们对自然的认识。因为这种方法可以使人们获得关于自然界的细节认识,而这些细节认识对于人们进一步认清自然界的总画面是有帮助的。因此,恩格斯给予了高度的肯定,认为这种研究方法是最近 400 年来在认识自然界方面获得巨大进展的基本条件。然而,恩格斯同时也给我们指出了这种方法的弊端,"这种做法也给我们留下了一种习惯:把自然界中的各种事物和各种过程孤立起来,撇开宏大的总的联系去进

---

① 《马克思恩格斯选集》第 4 卷,人民出版社 1995 年版,第 270 页。
② 《马克思恩格斯选集》第 3 卷,人民出版社 1995 年版,第 359 页。

行考察,因此,就不是从运动的状态,而是从静止的状态去考察;不是把它们看作本质上变化的东西,而是看作永恒不变的东西;不是从活的状态,而是从死的状态去考察"①。正是由于这种研究方法在思维方式上的"形而上学"性,因而其终将被扬弃的命运也是不可避免的。自然科学以后的发展印证了这一点。

到了 19 世纪,自然科学已经积累了大量的实证的知识材料,此时,如何系统地依据其内在联系来整理这些材料变得十分迫切,然而,经验自然科学在方法论上的局限性决定了它是不能完成这一任务的,自然科学必须走上以整理材料为主的理论自然科学,亦即关于自然界中的联系和过程、关于事物的发生和发展以及将自然还原为一个有机整体的科学。恩格斯认为,对于理论自然科学来说,"辩证法恰好是最重要的思维形式,因为只有辩证法才为自然界中出现的发展过程,为各种普遍的联系,为从一个研究领域向另一个研究领域过渡,提供了模式,从而提供了说明方法"②。与形而上学思维信奉"孤立"、"静止"的考察方法不同,辩证法的思维方式强调"联系"、"运动"的考察方法。

在辩证法看来,由于事物处于联系与运动中,因此,只有把握处于联系与运动中的事物才能真正做到从事物本身出发认识事物。同样,由于自然科学的对象也是处于联系和运动中的物体,因此,自然科学只有在物体的联系与运动之中观察物体,才能更好地认识物体。然而,当自然科学在 19 世纪已经发展到可以系统地研究自然界内部的联系和过程,因而亟须以辩证法的思维方式为基础的时候,理论自然科学的这种方法论要求却并没有得到满足。实际的状况是,正当自然过程的辩证性质已经越来越清楚地显现,因而自然科学越来越需要辩证法来帮助战胜理论困难摆脱杂乱无章的研究状态的时候,辩证法以及在辩证法问题上已作出重大贡献的黑格尔派却都被抛到九霄云外,因而自然科学在方法论上仍无可奈何地停滞于形而上学。

因此,如何实现从形而上学思维到辩证思维的"反转"是当时的自然科学提出的一项迫切要求。当然,这种方法论上的反转,可以仅仅随着自然科学发现本身的力量自然地实现,但这将是一个既艰难又漫长的过程。相比之下,如果能够使自然研究家充分地了解复归辩证思维的重大意义并自觉研究历史上的辩证哲

---

① 《马克思恩格斯选集》第 3 卷,人民出版社 1995 年版,第 360 页。
② 《马克思恩格斯选集》第 4 卷,人民出版社 1995 年版,第 284 页。

学,那么这一过程就可以大大缩短。由此我们看到,恩格斯的"自然辩证法"实际上肩负着使当时的自然科学在方法论上自觉复归辩证思维的重大使命。

恩格斯看到随着自然科学本身的发展,形而上学的观点已经不可能了,形而上学的思维方式对于自然科学来说已经越来越不够用了。辩证自然观的诞生,自然科学从形而上学思维向辩证思维的复归,已经是大势所趋。在这个意义上说,恩格斯创作"自然辩证法"不过是"应运而生",而非什么恩格斯所犯的"错误"。所谓"错误"论调实际上本身不过是因为对自然观和自然科学的发展历程缺乏真正了解所导致的"错误"罢了。

三、辩证法的"规律"是否是自然界的客观规律

在"西马"关于自然辩证法的曲解中,另一个突出的表现就是对"三大规律"是自然界的客观规律这一结论的否定。例如,美国实用主义哲学家悉尼·胡克认为辩证法的"三大规律"不存在于自然界中,并对恩格斯关于"三大规律"的阐释进行了逐一批判。限于篇幅,这里仅讨论往往存在较大争议的矛盾规律。

关于矛盾规律,胡克批评道:"辩证法的一切规律的基本前提是:相信矛盾'客观地存在于事物和过程本身中的'。至少可以说,这是对'矛盾'这个名词的奇怪的应用,因为自从亚里士多德的时代以来,认为矛盾的是命题或判断或陈述,而不是事物或事件,这已经成为逻辑理论的一种老生常谈了。""的确,恩格斯不仅认为矛盾是客观地存在于自然界之中的,他还坚称它'而且是一种实际的力量'。"在胡克看来,恩格斯认为矛盾客观地存在于自然界之中,这背离了一个几近"老生常谈"的结论,即矛盾只能是命题、判断或陈述意义上的矛盾,而不能是客观地存在于事物或事件自身中的矛盾,更不是"一种实际的力量"。① 胡克的这种观点表明他并不理解辩证法意义上的"矛盾",他所理解的矛盾是形式逻辑意义上的。

其实,胡克的这种关于矛盾的理解方式具有一定的代表性,其否定自然辩证

---

① [美]悉尼·胡克:《对卡尔·马克思的理解》,徐崇温译,重庆出版社 1989 年版,第 357—358、358 页。

法的理由通常如下:矛盾意味着悖谬,因而不可能存在于自然界中,因为自然界不会犯错误。当然,这样一种理解也并不新颖,早在《反杜林论》中恩格斯就批评过杜林把矛盾等同于"悖理"并认为它不可能出现在现实世界中的观点。根据形式逻辑的不矛盾律,两个相反的命题、判断或陈述必然有一个为假,而不能同时成立,因此,在形式逻辑的意义上,矛盾就意味着荒谬、"悖理"。然而,辩证法意义上的矛盾与形式逻辑意义上的矛盾有所不同。关于辩证法意义上的矛盾,贺麟先生曾做过这样的阐释:"矛盾就是自相矛盾,矛盾就是自己与自己相异,自己与自己相对立。""这种事物自身具有的内在的必然矛盾,才是真正的矛盾,真正的矛盾其实就是自相矛盾,也就是内在的本质的矛盾。"①

矛盾作为"事物自身具有的内在的必然矛盾"意味着什么呢? 其一,它意味着辩证法意义上的矛盾不是胡克所说的"命题或判断或陈述"意义上的矛盾,而就是胡克所否定的客观地存在于"事物或事件"自身中的矛盾。其二,"矛盾"作为事物自身的"内在"矛盾,意味着导致事物运动的原因在自身之内。一般来说,导致事物运动的原因可以分为两种类型:一种是外因,一种是内因。在这个问题上,矛盾论坚持"内因论"。换言之,从事物自身的"内在"矛盾出发考察事物,就是坚持把事物的运动看作基于事物自身的内因而形成的"自己运动"。在黑格尔看来,"事物只因为自身具有矛盾,它才会运动,才具有动力和活动",矛盾"是一切自己运动的根本,而自己运动不过就是矛盾的表现"②。在这个意义上,自然辩证法坚持从矛盾的观点考察自然,绝不意味着到自然界中去寻找什么"错误"、"悖理",而是首先要把自然界的生成、变化归结于其自身的内在矛盾,亦即坚持"内因论",反对"外因论",如反对从神的"第一推动"去解释自然的"神创论"。矛盾作为"自己与自己相对立"意味着什么呢? 要说清楚这一点,我们先要弄清楚什么是辩证法意义上的"对立"。黑格尔认为:"本质的差别即是'对立'。在对立中,有差别之物并不是一般的他物,而是与它正相反对的他物。"③在唯物辩证法的意义上,所谓"对立"意味着存在性质正相反对的两个事物。在此基础上,所谓"矛盾"的"自己与自己相对立"意味着这两个性质正相反对的事物构成了一个事物,或者说,同一个事物具有正相反对的两种性质。换言

① 贺麟:《黑格尔哲学讲演集》,上海人民出版社 2011 年版,第 443、444 页。
② [德]黑格尔:《逻辑学》(下),杨一之译,商务印书馆 1976 年版,第 66 页。
③ [德]黑格尔:《小逻辑》,贺麟译,商务印书馆 1980 年版,第 255—256 页。

之,矛盾意味着既"对立"又"同一"。在形式逻辑的意义上,矛盾的这种含义只能意味着悖谬,因为,它违反了形式逻辑的"同一律"。按照形式逻辑的同一律,人们只能得出这样的结论,即 A = A(A 就是 A),而不能得出这样的结论,即 A 既是 A,同时又是非 A。例如,说一个事物的存在是"偶然"的,就不能说它是"必然"的,而不能说它"既是偶然的又是必然的",亦即只能做出一个"非此即彼"的判断。而在辩证法的意义上,从"对立"又"同一"的矛盾出发意味着能够做出一个"亦此亦彼"的判断。例如,说一个事物的存在"既是偶然的又是必然的"。

实际上,这种辩证法意义上的矛盾在自然界中是很常见的。恩格斯甚至认为,在主观辩证法的意义上所谓自然辩证法"不过是在自然界中到处发生作用的、对立中的运动的反映,这些对立通过自身的不断的斗争和最终的互相转化或向更高形式的转化,来制约自然界的生活"①。例如,由"吸引"和"排斥"的相互作用构成的"对立中的运动"是恩格斯在《自然辩证法》中着重谈到的一种矛盾现象。恩格斯指出,吸引和排斥是一对古老的两极对立,宇宙中的一切运动都在于吸引和排斥的相互作用,一个太阳系的生成、变化过程就表现为吸引和排斥的相互作用。由此,恩格斯认为,如果有人设想吸引和排斥会最终互相抵消,或者设想吸引与排斥分属于物质的不同部分,设想从二者的相互分离来思考二者的存在,那既是不可能的,也违反了辩证法。因为,"辩证法根据我们直到目前为止的自然科学实验的结果,已经证明了:所有的两极对立,都以对立的两极的相互作用为条件;这两极的分离和对立,只存在于它们的相互依存和联结之中,反过来说,它们的联结,只存在于它们的分离之中,它们的相互依存,只存在于它们的对立之中"②。

恩格斯批评道,那种关于排斥和吸引会最终互相抵消的设想,就好比硬要使一条磁石的北极和南极互相抵消一样可笑;而那种关于排斥与吸引分属于物质的不同部分的设想的荒谬之处在于,好比把一条磁石从中间切断,硬要使一段只有北极而没有南极,使另一段只有南极而没有北极。由于这种背离矛盾观点的形而上学思维方式在当时的自然科学中仍占支配地位,因此,恩格斯在《自然辩证法》中强调从矛盾的观点出发思考问题可以说是十分必要的。客观地说,辩

---

① 《马克思恩格斯选集》第 4 卷,人民出版社 1995 年版,第 317 页。
② 《马克思恩格斯选集》第 4 卷,人民出版社 1995 年版,第 349 页。

证法意义上的"矛盾"其含义既不容易说明,也不容易为人们所理解。

为此,本文下面将结合"原因和结果"这对唯物辩证法重要的范畴做进一步的解释。"原因"与"结果"在性质上正相反对。从形式逻辑出发,"原因"就是"原因","结果"就是"结果",而不能既是"原因"又是"结果"。而从唯物辩证法的矛盾出发"原因"与"结果"则表现为既"对立"又"同一"的关系,即矛盾意味着一种"互为因果"的关系。换言之,从因果关系来看,矛盾的"自己与自己相对立"意味着自己造成的结果的原因也在自己那里。也就是说,自己既是结果也是原因。例如,在生活中,一个人由于脾气不好导致了肝火太旺,而肝火太旺又会引起头痛进而导致脾气更坏,此时,脾气不好与头痛之间就形成一种相互因果的"矛盾"关系。此时,脾气不好既是头痛的原因也是结果,反之亦然。这种互为因果的关系使头痛的发生具有了一种内在的必然性。因为此时"头痛"的发生不是基于外因而是基于内因(自己脾气不好)。只要此人不改变他的坏脾气,那么,头痛就会必然发生。

这种互为因果的矛盾关系在自然界中也是很常见的。例如,在《劳动在从猿到人的转变中的作用》一文中,恩格斯说:"动物通过它们的活动同样也改变外部自然界,虽然在程度上不如人的作为。我们也看到:由动物改变了的环境,又反过来作用于原先改变环境的动物,使它们起变化。"①在此,环境与动物之间就是一种互为因果的矛盾关系,因为,此时二者均既是原因,也是结果,即动物改变了环境,环境也改变着动物。换言之,动物自己造成的结果(由于环境的改变所导致的自己的改变)的原因也在动物自己那里。其实,类似的情形更突出地表现在人与环境的辩证关系中,正如当前人类既是环境危机的受害者也是制造者一样。

再比如,生态平衡的道理告诉我们,要保证鹿群的健康生长最好引入它的重要天敌——狼群,因为,在自然界中在同一片草原中生活着的群鹿与群狼之间通常会表现为这样一种互为因果的矛盾关系:一方面,鹿群的存在保证了狼群的存在(因为狼群有了充足的食物来源),因而前者是后者存在的原因,后者是前者存在的结果;另一方面,由于狼群的存在促使鹿群奔跑,因而提高了鹿群的身体素质,避免了鹿群因疾病而大量死亡,由此狼群就成了鹿群的原因,或者说,鹿群

---

① 《马克思恩格斯选集》第 4 卷,人民出版社 1995 年版,第 381 页。

的存在是狼群存在的结果。不难看出,所有这些例子都证明了恩格斯的判断的正确性,即辩证法意义上的矛盾不但客观地存在于自然界之中,而且是"一种实际的力量"。作为"一种实际的力量",矛盾作为事物自身具有的内在的"必然"矛盾,使事物或事物的某种状态的出现具有"必然"性——正如某人脾气不好与其头痛之间的矛盾使头痛的出现具有必然性一样。而把握这种"必然"性,是使自然科学超越"经验自然科学"上升到"理论自然科学"的内在要求。

总之,自然界的规律都是客观的。自然辩证法只能在自然界运动和对自然界研究中发现规律、揭示规律,而不是主观地臆造规律。正如恩格斯所指出的:"辩证法的规律是自然界的实在的发展规律,因而对于理论自然研究也是有效的。"①恩格斯的"自然辩证法"所要做的不是把辩证法的规律硬塞进自然界,而是"从自然界中找出这些规律并从自然界出发加以阐发"②。

(本文作者:竭长光)

---

① 《马克思恩格斯选集》第 4 卷,人民出版社 1995 年版,第 311 页。
② 《马克思恩格斯选集》第 3 卷,人民出版社 1995 年版,第 351 页。

"西方人本主义马克思主义"
对马克思主义哲学的曲解 *

"西方人本主义马克思主义"(以下简称"西人马")由于否定"自然辩证法"、缺失唯物主义,因而其关于马克思主义哲学的解读在本质上是"非马克思主义"的。然而,近年来国内有学者用"西人马"的观点质疑和否定国内主流学界的马克思主义哲学研究,甚至否定恩格斯,在理论界制造了一定程度的思想混乱。鉴于此,本文意在驳斥"西人马"对马克思主义哲学的曲解,回应对主流学界的错误质疑,以期在厘清学理问题的同时让本真的马克思主义哲学在新时代中国特色社会主义实践中发挥应有的作用。

一、"主体→客体"范式与马克思主义
哲学的"非马克思主义"化

"西方人本主义马克思主义"与"西方科学主义马克思主义"是"西方马克思主义"的两个最重要的组成部分。"西人马"包含的流派和人物众多,如"早期西方马克思主义"、法兰克福学派、存在主义的马克思主义、日常生活批判理论等。对于"西人马"的形成而言,卢卡奇、葛兰西起了重要作用。卢卡奇的"辩证法是主体和客体的相互作用"命题和葛兰西的"世界统一于实践"命题,深刻影响了"西人马"关于马克思主义哲学的理解。例如,有学者认为,葛兰西"所提出的

* 本文系国家社科基金项目"恩格斯辩证法理论再研究"(14BKS124)和中国博士后科学基金面上资助项目"'辩证法'与'唯物论'的统一何以可能"(2016M590179)的阶段性成果。

'世界统一于实践'的命题言简意赅地概括了'西方马克思主义',特别是'西方马克思主义'中的人本主义派别的本体论思想"①。"西人马"虽然在研究领域和具体观点上有诸多不同,甚至相互冲突,但是在关于马克思主义哲学的理解方面,却表现出一些共同的特征。这些特征可以简要概括如下:第一,"主体主义"。主体主义在西方哲学史上由来已久,并非始自"西人马",其一般含义是指一切为主体而设,主体是一切存在、价值、真理的尺度和依据。"人类中心主义"就是主体主义的一种典型表现。在"西人马"那里,主体主义表现在:强调主体相对于客体具有首要性和根本性,主体统摄客体,客体的存在与意义依附于主体。第二,强调实践的优先性和本原性。例如,卢卡奇在《历史与阶级意识》(1967)的新版序言中指出,当时他思想中的"关于实践优先性的观点"②是基于对机械宿命论的抗议。然而,由抗议机械宿命论而走向"实践优先性的观点",这其实是从一个极端走到另一个极端,而这两个极端都与真正的马克思主义相去甚远。再比如,在葛兰西看来,作为本原的东西不是物质,也不是精神,而是实践;马克思主义不是物质一元论,而是实践一元论。第三,高扬主体性。"西人马"普遍认为,第二国际的理论家们过分强调了经济条件或客观现实的制约性的一面,而忽视了人的主体性的一面,因此,作为一种对抗,"西人马"格外强调主体性的高扬及其在改变现实(客体)中的作用。基于以上特点,本文在"范式"层面将"西人马"关于马克思主义哲学的解读概括为"主体→客体"范式③。近年来,"西人马"的"主体→客体"范式对国内的马克思主义哲学研究也产生了一定的影响。国内关于"实践本体论"、"实践一元论"的争论,从深层次看就关涉如何评价这种"主体→客体"范式的问题。

"西人马"虽然标榜自己关于马克思主义哲学的解读是符合马克思主义的,然而,实际上却是"非马克思主义"的,它曲解了马克思主义哲学,造成了对马克

---

① 陈学明:《"西方马克思主义"命题辞典》,东方出版社2004年版,第14页。

② [匈]卢卡奇:《历史与阶级意识》,杜章智、任立、燕宏远译,商务印书馆1992年版,第20页。

③ 范式(paradigm)是美国学者Th.库恩用语,在《科学革命的结构》一书中提出。Th.库恩用来表示范例、模式、模型等。现指科学共同体的共有信念,包括共有的"概念框架"、"理论和方法论信条"、"解题范例"以及共有的"自然观、世界观及价值观",等等(参见冯契主编:《哲学大辞典》(下),上海辞书出版社2007年版,第1996—1997页)。对于哲学研究而言,"范式"一般指一个哲学研究群体在"概念框架"、"解释原则"等方面的共有信念,其中"解释原则"是一种"范式"区别于其他"范式"的根本。

思主义哲学的"肢解"。这主要表现在如下几个方面。

1.否定"自然辩证法",肢解了"唯物辩证法"的统一性

"西人马"从"主体和客体的相互作用"出发解读马克思主义辩证法,将辩证法局限于社会历史领域,进而否定恩格斯的"自然辩证法"。其否定"自然辩证法"的逻辑如下:在纯粹的自然界中,由于没有主客体的相互作用,因此,当然也不存在辩证法。例如,在卢卡奇看来,辩证法是与人的存在、主客体的存在相联系的。他说:"人本身作为历史辩证法的客观基础,作为历史辩证法的基础的同一的主体—客体,是以决定性的方式参与辩证过程的。"①然而,这是一种误解。这种误解造成了对唯物辩证法的肢解。正如卢卡奇在《我走向马克思的道路》一文中所承认的,他早年并没有"真正地和正确地把握辩证法的唯物主义方面",在《历史与阶级意识》中,"一些有决定意义的辩证法问题还是按照唯心主义方式解决的(自然辩证法、反映论等)"②。众所周知,唯物辩证法包括两部分,即"自然辩证法"和"历史辩证法",是这两者的统一。"西人马"承认"历史辩证法"(实际上也曲解了"历史辩证法")而否定"自然辩证法",破坏了唯物辩证法的完整性与统一性。而且,这种破坏的背后还包含着对恩格斯的否定,而这种否定则是"西人马"制造所谓"马恩对立论"的一个重要借口。可见,破除对"自然辩证法"的误解和对唯物辩证法的肢解,不但有利于正确理解马克思主义辩证法,而且有利于正确评价恩格斯以及马克思和恩格斯的关系。

2."唯物主义"原则的缺失

在"西人马"那里,唯物主义原则是缺失的。众所周知,恩格斯指出:"凡是认为自然界③是本原的,则属于唯物主义的各种学派。"④在本体论的意义上,唯物主义意味着坚持如下观点:"自然界"是本原性的存在,"自然界"不是被(精

---

① [匈]卢卡奇:《历史与阶级意识》,杜章智、任立、燕宏远译,商务印书馆1992年版,第279页。
② 杜章智编:《卢卡奇自传》,李渚青、莫立知译,社会科学文献出版社1986年版,第213—214页。
③ 需要说明的是,根据上下文可知这里的"自然界"指的是广义的"世界"、"现实世界",而不是仅仅指与"社会历史领域"相对的狭义的"自然界"。
④ 《马克思恩格斯选集》第4卷,人民出版社1995年版,第224页。

神）创造的、派生的存在，"自然界"的根据在自身之中。费尔巴哈之所以在自然观上是一个唯物主义者，就在于他认为，自然界是一个"以自己为原因"（"自因"）的实体，自然界是独立的、本原性的存在，不是派生性的存在。例如，费尔巴哈曾有过这样的表述，他说："自然界绝不是一个与它不同的实体的一种效果，而是像哲学家所说的以自己为原因；自然界绝不是什么被创造物，绝不是被制作的或简直无中创有的事物，而是一个独立的，只由自己可以说明的、只从自己派生出来的东西。"①具体来说，在"西人马"那里，"唯物主义"原则的缺失主要表现在以下几个方面。

第一，"西人马"关于主客关系的理解是"非唯物主义"的。众所周知，在主客关系这个问题上，马克思主义哲学的基本观点是唯物主义的，即客体决定主体、客观决定主观。在本体论上，马克思主义哲学肯定客体的独立性，强调客观对象的存在并不依存于主体；马克思主义哲学也承认主体对客体的能动作用，但认为客体对主体的决定作用是更根本的。例如，马克思曾指出："没有自然界，没有感性的外部世界，工人什么也不能创造。自然界是工人的劳动得以实现、工人的劳动在其中活动、工人的劳动从中生产出和借以生产出自己的产品的材料。"②然而，"西人马"的观点则与之不同。例如，葛兰西提出"客观等于历史的主观"；A.施密特认为被社会实践所中介的物质存在是一种"第二性的东西"。在认识论上，"西人马"否定、反对唯物主义反映论。"西人马"关于反映论的否定、反对其根本在于突出主体在认识中的优先地位。应该说，这种突出在反对直观的、被动的反映论和肯定主体及其能动性在认识中的作用方面是有意义的。众所周知，马克思主义哲学的认识论与旧唯物主义的消极的、被动的反映论不同，它是一种强调把实践的观点引入认识论、把辩证法应用于反映论的辩证唯物主义认识论，亦即"能动的反映论"。然而，"反映论"依然是它的底色，如果从强调认识活动中的"能动"方面出发而否定了"反映论"，这种认识论就不是马克思主义的了，因为它抛弃了唯物主义原则。

第二，"西人马"的自然观也是"非唯物主义"的。"西人马"否认从"自在的自然"出发理解自然界的合理性，这与马克思恩格斯从"自在的自然"出发并且

<hr>

① 《费尔巴哈哲学著作选集》（下），荣震华等译，商务印书馆1984年版，第677页。
② 《马克思恩格斯选集》第4卷，人民出版社1995年版，第306页。

把自然当成一个自因性的实体的唯物主义自然观不符合。恩格斯的《自然辩证法》的研究对象主要不是"人化自然",而是"自在的自然",马克思积极支持恩格斯研究"自然辩证法"。可以说,在肯定"自在的自然"的存在和认为有必要通过研究自然界的辩证运动为自然科学奠定方法论根基方面,马克思与恩格斯是一致的。从"自在的自然"出发,唯物主义自然观在本体论上表现为:自然界是本原,自然界不是神创造的,而是一个"以自己为原因"的实体。既然自然界是本原,是一个"以自己为原因"的实体,那么,人们关于自然界的认识就无需外求,即无需从自然界之外寻找解释自然界的原因,而只需要从自然界本身来说明自然界。换言之,在认识论的意义上,"唯物主义的自然观无非是对自然界本来面目的朴直的理解,不添加任何外来的东西"①。

"西人马"从"主体→客体"范式出发,片面强调"人化自然"。当然,"人化自然"理论也是马克思恩格斯思想的重要组成部分,马克思在《1844年经济学哲学手稿》等著作中在承认自然界的优先地位的前提下阐述了"人化自然"理论。然而,在"人化自然"理论上,"西人马"与马克思有根本不同。这表现在"西人马"在"人与自然的关系"上表现出一种"非唯物主义"的观点,即认为人、人的活动、社会较之自然是更本原的和更根本的。比如,卢卡奇提出"自然是一个社会的范畴";A.施密特强调自然是人的实践的要素,列斐伏尔则认为自然界本身是"无动于衷"的,只有人的活动才能赋予自然界以存在的意义。这表明,在他们看来:不是自然界是人(社会)的根据,而是人(社会)是自然界的根据;不是自然界优先于人(实践),而是人(实践)优先于自然界。然而,这些关于"人与自然的关系"的理解与马克思恩格斯肯定自然界优先于人的唯物主义观点是不相符的。例如,在《德意志意识形态》中,马克思恩格斯尽管肯定人的活动(尤其是生产活动)对于人的生存和整个现存的感性世界的基础性意义,但同时也强调,"在这种情况下,外部自然界的优先地位仍然会保持着"②。因此,与"西人马"把自然淹没、消融在人的活动中不同,强调"自然界的优先地位"的马克思主义则从自然出发去理解、思考人的活动。再比如,在《资本论》中马克思在谈到人的生产活动的特点时指出:"人在生产中只能像自然本身那样发挥作用,就是

① 《马克思恩格斯文集》第1卷,人民出版社2009年版,第158页。
② 《马克思恩格斯选集》第1卷,人民出版社1995年版,第77页。

说,只能改变物质的形态。不仅如此,他在这种改变形态的劳动中还要经常依靠自然力的帮助。"①当前的生态危机、空气污染、气候变暖等现象的出现,不断地警醒人们:自然界可以离开人而存在,而人却不能离开自然界而生存。在归根结底的意义上,不是人(社会)是自然界的根据,而是自然界是人(社会)的根据;不是人优先于自然,而是自然界及其客观规律优先于人和人的活动。

第三,"西人马"的历史观也是"非唯物主义"的。众所周知,马克思主义唯物史观认为,"物质生活的生产方式制约着整个社会生活、政治生活和精神生活的过程。不是人们的意识决定人们的存在,相反,是人们的社会存在决定人们的意识"②。然而,在"西人马"那里,包括卢卡奇(早期)、弗洛姆、葛兰西、布洛赫、萨特、马尔库塞等在内的很多学者"都主张把人的意识、主观性提到首位,恢复到马克思主义的心脏,认为历史就是人的主观性的现实化的展开"③。例如,葛兰西从他的"实践哲学"出发肯定一种具有意志论情结的历史观,认为:"历史上占统治地位的因素不是天然的经济事实,而是人,社会中的人,彼此联系着的人,他们互相达成协议,并通过这些接触(文明)发展一种集体的社会意志;是了解经济事实的人,他们对经济事实作出判断并使之适应自己的意志,直到这种意志成为经济的动力并形成客观现实,这种客观现实存在着、运动着,并且终于像一股火山熔岩一样,能够按照人的意志所决定的那样,在任何地方、以任何方式开辟道路。"④

3.抽象而片面地高扬"主体能动性"

从唯物主义原则出发,马克思主义强调主体能动性的发挥必须以尊重客观现实及其规律性为前提。也就是说,客观现实是第一性的和本原性的,主体能动性的发挥是第二性的和派生性的。然而,"西人马"却撇开客观现实(及其所包含的物质条件)一味抽象而片面地高扬"主体能动性",好像无需尊重客观的必然性,而只要有了强烈的意愿再加上"主体能动性"的发挥,客观现实就会随之发生"合目的性"的改变。例如,卢卡奇在《历史与阶级意识》中片面地高扬人的

---

① 《马克思恩格斯选集》第2卷,人民出版社1995年版,第121页。
② 《马克思恩格斯选集》第2卷,人民出版社1995年版,第32页。
③ 徐崇温:《"西方马克思主义"》,天津人民出版社1982年版,第49页。
④ 李鹏程编:《葛兰西文选》,人民出版社2008年版,第9页。

主体能动性,试图通过一种具有强烈意志主义色彩的主体与客体的同一来改变"历史",然而,实际上却导致了一种"主观主义的行动主义"①。在《历史与阶级意识》(1967)的新版序言中,卢卡奇承认当时他对这本书的核心概念——"实践"做了"歪曲"的理解。他反思道:"在这本书中,革命的实践概念表现为一种夸张的高调,与其说它符合真正的马克思主义学说,莫若讲它更接近当时流行于共产主义左派之中的以救世主自居的乌托邦主义。""我没有认识到……过度夸张实践概念可以走向其反面:重新陷入唯心主义的直观之中。""我那本身是正确的愿望之所以会走向它的反面,仍是由于刚才提到的那种抽象的、唯心主义的实践概念。"②卢卡奇的这种反思告诉我们,要想改变客观现实,必须遵循唯物主义原则,将主观的愿望和"主体能动性"根植于客观现实之中,做到一切从现实出发,否则就会走向愿望的"反面"。

二、"现实事物—矛盾"范式与马克思主义哲学特点的呈现

"西人马"关于马克思主义哲学的解读具有"非马克思主义"的性质,然而,这种解读具有一定的迷惑性,自从它进入中国后,就"俘虏"了一部分国内学者,他们从"西人马"的观点出发质疑、否定国内主流学界的马克思主义哲学研究,在一定程度上引起了哲学思想的混乱。因此,有必要揭示国内主流学界的马克思主义哲学研究与"西人马"的不同。

概言之,国内主流学界的马克思主义哲学研究具有如下几个共同特征:第一,坚持物质世界本原论。强调世界的统一性在于它的物质性,世界是一个由多种多样的现实事物构成的物质世界,物质世界、现实事物(相对于精神、思维)是本原性的,而不是派生性的。第二,坚持内因论。强调"把事物的发展看做是事物内部的必然的自己的运动","事物发展的根本原因,不是在事物的外部而是在事物的内部","外因是变化的条件,内因是变化的根据,外因通过内因而起作

---

① 杜章智编:《卢卡奇自传》,李渚青、莫立知译,社会科学文献出版社1986年版,第214页。
② [匈]卢卡奇:《历史与阶级意识》,杜章智、任立、燕宏远译,商务印书馆1992年版,第12、13页。

用"①。第三,坚持矛盾动力论。强调事物"自己运动"、"自生发展"的主要"动力"来自于事物自身的内部矛盾。显然,这些特征表明国内主流学界的马克思主义哲学研究与"西人马"有原则区别,后者的解释原则("主体→客体")也不适用于前者。如何在"范式"层面准确地概括国内主流学界的马克思主义哲学研究,是一个尚需理论界认真对待与思考的重要课题,在这里,本文试将其概括为"现实事物—矛盾"范式。

与"西人马"否定"自然辩证法"、抽象而片面地高扬主体能动性不同,主流学界在如下观点上具有广泛的一致性:(1)马克思主义哲学实现了"唯物主义与辩证法的有机统一";(2)马克思主义哲学实现了"辩证唯物主义的自然观和历史观的统一";(3)马克思主义辩证法是唯物辩证法,唯物辩证法实现了"矛盾"观点与"能动"观点和"内因"观点的统一。不可否认,国内主流学界的这些观点表达了马克思主义哲学的真精神,呈现了马克思主义哲学自身所本有的特点。

1.关于"唯物主义"与"辩证法"的有机统一

这一点也是公认的马克思主义哲学的最根本的特点。众所周知,马克思主义哲学批判地继承了费尔巴哈的"唯物主义"和黑格尔的"辩证法",使唯物主义和辩证法达到有机的统一。费尔巴哈的唯物主义观点集中体现在《关于哲学改造的临时纲要》的如下表述中:"思维与存在的真正关系只是这样的:存在是主体,思维是宾词。思维是从存在而来的,然而存在并不来自思维。存在是从自身、通过自身而来的——存在只能为存在所产生。存在的根据在它自身中。"②简言之,存在是第一性的,思维是第二性的;存在是自因的,"存在的根据在它自身中"。这就是费尔巴哈的唯物主义所表达的两个基本观点。当然,这两个基本观点又是统一的。因为只有"存在的根据在它自身中",才意味着存在不是被思维创造的、派生的,而是本原性的。此外,还需要进一步说明的是,在费尔巴哈那里,"存在"指的是感性的、现实的存在。由此,可以简要地将为马克思主义哲学所继承和发挥了的费尔巴哈的唯物主义概括为如下一个结论:现实世界是本原性的存在。当然,这一结论还包括这样一个前提性的观点,即现实世界是自因

① 《毛泽东选集》第1卷,人民出版社1991年版,第301、302页。

② 《费尔巴哈哲学著作选集》(上),荣震华等译,商务印书馆1984年版,第115页。

的,其根据在自身之中。后来,恩格斯综合了包括费尔巴哈的唯物主义在内的以往的唯物主义学说,简洁地将"唯物主义"概括为"凡是认为自然界是本原的,则属于唯物主义的各种学派"①。马克思主义哲学,就是现代的唯物主义。

同时,马克思主义哲学批判地继承和发挥了黑格尔的"辩证法"。有一个问题值得追问,就是在黑格尔的辩证法中马克思恩格斯最为看重的是什么呢?无疑,是"矛盾"理论。黑格尔的辩证法集中体现在其《逻辑学》中,逻辑学的第二部分是"本质论","本质论"主要阐述"实存的根据",而这个"根据"就是"矛盾"。马克思恩格斯最为看重的就是"本质论"部分。例如,恩格斯曾多次指出,本质论"是全部理论的真正核心"②,"是全书的最重要的部分"③。当然,马克思恩格斯认为,从根本上来说黑格尔的辩证法是"头足倒立"的,因而必须把它颠倒过来。马克思曾指出:"在黑格尔看来,思维过程,即他称为观念而甚至把它转化为独立主体的思维过程,是现实事物的创造主,而现实事物只是思维过程的外部表现。我的看法则相反,观念的东西不外是移入人的头脑并在人的头脑中改造过的物质的东西而已。"④恩格斯对黑格尔辩证法也有过类似的批评,指出我们不应该"把现实事物看作绝对概念的某一阶段的反映",而应该"重新唯物地把我们头脑中的概念看作现实事物的反映"⑤。总之,马克思恩格斯从唯物主义原则出发,认为"现实事物"的辩证运动是第一性的,概念的辩证运动只是"现实事物"的辩证运动的"反映",而不是相反。

综上所述,我们看到,批判地继承了费尔巴哈的唯物主义和黑格尔辩证法的马克思主义哲学,主要肯定了以下两个基本观点:(1)现实世界(现实事物)是本原性的存在;(2)现实事物(现实世界)运动的"根据"在于其自身的"矛盾"。这两个基本观点又是统一的:从"现实事物自身的矛盾是其运动的根据"的观点出发,必然得出"现实事物的根据在其自身之中"的唯物主义结论,而这一结论又是"现实事物是本原性的存在"这一观点的前提。这两个基本观点正是马克思的现代唯物主义创立的主要理论来源;当然,这也是本文提出"现实事物—矛

---

① 《马克思恩格斯选集》第4卷,人民出版社1995年版,第224页。
② 《马克思恩格斯选集》第4卷,人民出版社1995年版,第573页。
③ 《马克思恩格斯选集》第4卷,人民出版社1995年版,第311页。
④ 《马克思恩格斯选集》第2卷,人民出版社1995年版,第112页。
⑤ 《马克思恩格斯选集》第4卷,人民出版社1995年版,第243页。

盾"范式的重要依据。

2.关于辩证唯物主义的自然观和历史观的统一

恩格斯曾说过:"马克思和我,可以说是把自觉的辩证法从德国唯心主义哲学中拯救出来并用于唯物主义的自然观和历史观的唯一的人。可是要确立辩证的同时又是唯物主义的自然观,需要具备数学和自然科学的知识。"①马克思恩格斯不但创立了"辩证的同时又是唯物主义"的自然观,也创立了"辩证的同时又是唯物主义"的历史观。

马克思主义哲学坚持唯物主义观点,认为现实世界(现实事物)是本原性的存在,其根据在其自身之中。这在自然观上,就是认为自然界不是上帝、神等精神性的东西创造的,而是"以自己为原因"的、本原性的存在。马克思恩格斯反对那种用自然界之外的原因来说明自然界的存在和变化的根据的唯心主义自然观。例如,恩格斯批评道,18世纪上半叶的自然科学还被神学所禁锢,"它到处寻找,并且找到了一种不能从自然界本身来解释的外来的推动力作为最后的原因"②。牛顿的关于"神的第一推动"的思想就是这样一种唯心主义自然观。相反,恩格斯十分赞赏斯宾诺莎和法国唯物主义者们"坚持从世界本身来说明世界"③的唯物主义自然观。恩格斯的《自然辩证法》虽然是以阐释自然界的辩证性质为旨趣的,但它的基础和前提正是这种将自然界视为自因的、本原性的存在的唯物主义自然观。

从唯物主义观点出发,在历史观上,马克思恩格斯反对那种从历史本身之外寻找历史的动力的唯心主义历史观。恩格斯曾指出,黑格尔的历史哲学之所以是唯心主义的,就在于"它不在历史本身中寻找这种动力,反而从外面,从哲学的意识形态把这种动力输入历史"④。在马克思恩格斯看来,历史本身的动力不在历史之外,而就在历史之中。马克思恩格斯看到,"以往的全部历史,除原始状态外,都是阶级斗争的历史;这些互相斗争的社会阶级在任何时候都是生产关系和交换关系的产物,一句话,都是自己时代的经济关系的产物;因而每一时代

---

① 《马克思恩格斯选集》第3卷,人民出版社1995年版,第349页。
② 《马克思恩格斯选集》第4卷,人民出版社1995年版,第265页。
③ 《马克思恩格斯选集》第4卷,人民出版社1995年版,第266页。
④ 《马克思恩格斯选集》第4卷,人民出版社1995年版,第248—249页。

的社会经济结构形成现实基础,每一个历史时期的由法的设施和政治设施以及宗教的、哲学的和其他的观念形式所构成的全部上层建筑,归根到底都应由这个基础来说明"①。这样,马克思恩格斯用历史自身的物质性因素(经济)来解释历史自身的存在、变化,从而将历史解释为一个"以自己为原因"的、"根据在它自身中"的存在。

马克思主义的自然观、历史观作为"辩证"的自然观和"辩证"的历史观,主要表现在马克思恩格斯用"矛盾"的观点分析自然界和历史。"自然辩证法"就是通过描绘"自然界中到处发生作用的、对立中的运动"②来解释自然界的存在、发展与变化。在历史观上,马克思恩格斯强调从"社会基本矛盾"出发解释社会的发展和社会形态的变迁。当然,"社会基本矛盾"的根本在于"经济"。从根本上来说,由"社会基本矛盾"推动的社会发展和社会形态的变迁,不过是经济运动及其规律"为自己开辟道路"。正如马克思所指出的:"社会的物质生产力发展到一定阶段,便同它们一直在其中运动的现存生产关系或财产关系(这只是生产关系的法律用语)发生矛盾。于是这些关系便由生产力的发展形式变成生产力的桎梏。那时社会革命的时代就到来了。随着经济基础的变更,全部庞大的上层建筑也或慢或快地发生变革。"③总之,马克思主义的历史观既是从"经济"出发解释历史最终根据的"历史唯物主义",也是从"社会基本矛盾"出发解释历史辩证运动的"历史辩证法"。比较而言,如果说"主体→客体"范式肢解了唯物辩证法,导致了"自然辩证法"与"历史辩证法"的分离,那么,"现实事物—矛盾"范式则旨在揭示唯物辩证法的原貌,将"自然辩证法"与"历史辩证法"统一于一个"解释原则"之下。

3.关于事物"矛盾"的观点与"能动"观点和"内因"观点的统一

前面我们看到,"西人马"抽象而片面地高扬"主体能动性"的观点与马克思主义哲学关于"主体能动性"的理论不符。然而,在国内,有学者却从"西人马"这种观点出发批评国内主流学界错误地将马克思主义辩证法理解为"唯物辩证法",认为以矛盾规律为"实质与核心"的唯物辩证法由于不能表达"能动性"的

---

① 《马克思恩格斯选集》第 3 卷,人民出版社 1995 年版,第 739 页。
② 《马克思恩格斯选集》第 4 卷,人民出版社 1995 年版,第 317 页。
③ 《马克思恩格斯选集》第 2 卷,人民出版社 1995 年版,第 32—33 页。

观点,因而必将使马克思主义辩证法变成一种"形而上学决定论"。然而,事实真的如此吗? 其实,这是对唯物辩证法的一种误解,破除这种误解的根本在于破除对"矛盾"的片面理解,亦即看到在事物"矛盾"的观点中所包含的"能动性"观点。

关于辩证法意义上的"矛盾",恩格斯有如下描述,"按本性说是对抗的,包含着矛盾的过程,一个极端向它的反面的转化"①;"两极对立的相互渗透和它们达到极端时的相互转化"②。这表明,在"矛盾"中内在地包含着"对抗"、"相互渗透"的因素以及由此导致的自己向自己的"反面"转化("自否定"③)的趋向和要求。因此,如果我们能够从"对抗"、"相互渗透"、"相互转化"、"自否定"等方面出发来理解"矛盾",那么,我们就会看到其中所包含的"能动性",即那种自己"要"否定自己、自己"要"向自己的对立面转化的"冲力"。这种能动性正是矛盾所具有的"肯定方面"的意义。正如黑格尔所指出的:"就这个肯定方面说,矛盾就将变为绝对的能动性和绝对的根据。"④总之,正是这种能动性才使得矛盾成为"一切自己运动的根本"、"一切运动和生命力的根源"⑤和"推动整个世界的原则"⑥。

要想从事物"矛盾"出发引申出"能动性"来,一个重要的前提就是要区分"矛盾"与"对立"。在辩证法那里,"对立"并不一定构成"矛盾",只有那种包含着"自否定"要求和趋向的、自身之内的"对立"才构成"矛盾"。例如,"无产"和"有产"是一种"对立"关系,但二者并不一定构成"矛盾"。正如马克思所指出的:"无产和有产的对立,只要还没有把它理解为劳动和资本的对立,它还是一种无关紧要的对立,一种没有从它的能动关系上、它的内在关系上来理解的对立,还没有作为矛盾来理解的对立。"⑦也就是说,只有当"无产"和"有产"的"对立"成为一种具有"能动"关系和"内在"关系的"对立"时才会形成"矛盾"。什

---

① 《马克思恩格斯选集》第 3 卷,人民出版社 1995 年版,第 483 页。

② 《马克思恩格斯选集》第 4 卷,人民出版社 1995 年版,第 259 页。

③ 当代德国古典哲学专家邓晓芒教授也指出,我们现在翻译为"矛盾"的这个词在德文中(Widerspruch)的本来含义是"自否定",即自己否定自己(见邓晓芒:《黑格尔辩证法讲演录》,人民出版社 2005 年版,第 139—140 页)。

④ [德]黑格尔:《逻辑学》(下),杨一之译,商务印书馆 1976 年版,第 69 页。

⑤ [德]黑格尔:《逻辑学》(下),杨一之译,商务印书馆 1976 年版,第 66 页。

⑥ [德]黑格尔:《小逻辑》,贺麟译,商务印书馆 1980 年版,第 258 页。

⑦ 《马克思恩格斯文集》第 1 卷,人民出版社 2009 年版,第 182 页。

么是"能动"关系呢？就资本和雇佣劳动的关系而言，"能动"指的是资本和雇佣劳动二者均有要向对方转化的趋势、要求和冲力：一方面，资本要转化为支配雇佣劳动，资本具有自行增殖的本性，它有召唤雇佣劳动并通过雇佣劳动创造价值以实现自身增殖的必然要求；另一方面，雇佣劳动的必然使命就是要创造价值并转化为资本增殖，资本的本质就是劳动（积累起来的劳动），在这个意义上，工人付出的劳动越多，意味着由劳动转化而来的资本就会越多。资本和雇佣劳动的这种"能动关系"及其"它们达到极端时的相互转化"，表明资本和雇佣劳动具有对立的同一性。当资本和雇佣劳动具有这种同一性时，二者的对立就不再是"无关紧要的"了，因为它不但意味着资本家的财富来自于对雇佣工人的剥削，而且意味着雇佣工人的劳动越多他们被资本家无偿占有的也就越多。换言之，资本和雇佣劳动的对立的同一性意味着资本家和雇佣工人之间的对立具有"不可避免"性。马克思恩格斯之所以认为无产阶级是资产阶级的掘墓人，正是基于二者的这种"不可避免"的对立关系，亦即"矛盾"关系。

什么是"内在"关系呢？"内在"关系是相对于"外在"关系而言的。内在关系表明"矛盾"意义上的对立是一种内在的对立，亦即在自身之内的对立。而矛盾作为自身之内的对立表明任何真正的矛盾都是事物自身的矛盾，亦即"内部矛盾"。因此，由矛盾引发出的能动性就必然是事物自身的能动性。比较而言，如果说，这种"事物自身的能动性"表达的是一种"内因"、"内力"的观点，那么，"西人马"那里的"抽象的、唯心主义的"主体能动性表达的则是一种"外因"、"外力"的观点。马克思主义哲学并不否定"主体能动性"的发挥在改造事物方面的意义，但是，却反对那种具有"主观主义的行动主义"性质的抽象的主体能动性，这种主体能动性之所以往往不能取得预想的成效甚至走向愿望的反面，就在于相对于客观对象本身而言，它仍然是一种"外力"、"外因"。比如，在家庭教育中常常会出现一种事与愿违的"背反"现象。家长抱着"望子成龙"、"望女成凤"的良好愿望可谓充分地发挥了主体能动性，但孩子一方却常常出现"不满意"、"不领情"、"不为所动"甚至产生"逆反"心理的现象。当面对这种情况时，那些没有反思自己的教育方法的家长，只知道一味抱怨孩子"不理解家长的一片苦心"，而没有意识到自己的能动性是一种没有从孩子的特点、规定性出发的"抽象的、唯心主义的"主体能动性。那种不尊重孩子、不从孩子自身中引出来的东西，怎么会让孩子真心喜爱、主动接受和自觉改变呢？总之，"外因"必须通过"内因"才能起作用,只有将"主体能动性"转化为"事物自身的能动性",才能成为那种能够真正促进事物发展的现实的(而非抽象的)、作为"内因"和"内力"(而非"外因"和"外力")的能动性。

马克思主义辩证法就是"唯物辩证法"。以事物矛盾规律为"实质与核心"的唯物辩证法不但能够表达出"能动性"的观点,而且由于这种能动性是基于"内部矛盾"而表现出来的"事物自身的能动性",因而是具有"内因"、"内力"性质的能动性。显然,唯物辩证法的这种"能动性"是"西人马"的"主体→客体"范式所不能解释的,然而,它却可以统一于"现实事物—矛盾"范式之下。

三、让本真的马克思主义哲学在新时代的中国发挥应有作用

关于两种"范式"的辨析,不仅仅有学理上的意义,更有巨大的现实意义。当今,中国正处在伟大复兴的新时代,遇到的问题纷繁复杂,因此今天中国社会的建设者比以往任何时候都更企盼用本真的马克思主义哲学来武装头脑,提高驾驭复杂局面、分析复杂问题的本领。相比之下,只有"现实事物—矛盾"范式,而不是"主体→客体"范式或其他任何范式,才能满足新时代中国特色社会主义实践对于作为方法论的马克思主义哲学的需求。限于篇幅,仅强调以下几点。

第一,坚持唯物主义在新时代中国特色社会主义实践中具有重要意义。1868 年 12 月 12 日,马克思在致恩格斯的信中指出:"当我们真正观察和思考的时候,我们永远也不能脱离唯物主义。"[①]当我们在观察和思考新时代中国特色社会主义的建设、发展问题时也不能脱离唯物主义。由于唯物主义意味着:在本体论上,坚持现实世界、现实事物,是"以自己为原因"的本原性的存在,其根据在自身之中;在认识论上,"坚持从世界本身来说明世界"。因此,在思考中国社会的发展问题时,坚持唯物主义就要坚持中国社会发展的根据在其自身之中,因而也就要坚持从中国本身来说明中国,亦即坚持从中国自身的特点出发引申出能够解决中国问题、适合中国国情的办法、道路、理论,反对那种从中国之外来寻

---

① 《马克思恩格斯全集》第 32 卷,人民出版社 1974 年版,第 213 页。

找那种脱离本国实际的所谓"绝对真理"、"万能药方"和"普世价值"。

第二,"现实事物—矛盾"范式从事物的矛盾观点和内因观点出发强调事物的运动是能动的"自己运动"。"自己运动"的观点包含如下方法论:用"有机体"的观点看问题。"有机体"的特点就在于它的运动是"自己运动",而不是外力推动的;是能动的,而不是被动的。用"有机体"的观点看问题是马克思恩格斯一贯强调的。例如,恩格斯指出,形而上学思维方式的一个重要特点就是对事物"不是从活的状态,而是从死的状态去考察"①。马克思在研究社会历史领域中的问题时也强调用"有机体"的观点看问题。例如,马克思将生产、分配、交换、消费看作一个"有机整体"。他说:"我们得到的结论并不是说,生产、分配、交换、消费是同一的东西,而是说,它们构成一个总体的各个环节,一个统一体内部的差别……不同要素之间存在着相互作用。每一个有机整体都是这样。"②基于"社会有机体"理论,马克思认为资本主义社会"是一个能够变化并且经常处于变化过程中的有机体"③。《资本论》清楚地向人们展现了"支配着一定社会有机体的产生、生存、发展和死亡以及为另一更高的有机体所代替的特殊规律"④。这种"有机体"的观点在把握新时代中国社会中的"复杂事物"(如"五位一体"总体布局、"四个全面"战略布局等)方面是有优势的。例如,由全面建成小康社会、全面深化改革、全面依法治国、全面从严治党构成的"四个全面"战略布局是一个"具有内在逻辑关系的有机统一体"⑤。对于这个复杂的"有机统一体"的把握而言,"主体→客体"范式的那些观点显然是不适用的,相比之下,"现实事物—矛盾"范式的以事物的矛盾观点和内因观点为基础的"有机体"的观点与方法则是大有用武之地的。

第三,党的十九大报告指出:"发展是解决我国一切问题的基础和关键,发展必须是科学发展。"⑥要想实现"科学发展",必须明确发展的动力来自何处。在"现实事物—矛盾"范式那里,发展的动力来自事物自身的"内部矛盾"。从

① 《马克思恩格斯选集》第3卷,人民出版社1995年版,第360页。
② 《马克思恩格斯选集》第2卷,人民出版社1995年版,第17页。
③ 《马克思恩格斯选集》第2卷,人民出版社1995年版,第102页。
④ 《马克思恩格斯选集》第2卷,人民出版社1995年版,第111页。
⑤ 《习近平总书记系列重要讲话读本》,学习出版社、人民出版社2016年版,第45页。
⑥ 习近平:《决胜全面建成小康社会 夺取新时代中国特色社会主义伟大胜利——在中国共产党第十九次全国代表大会上的报告》,人民出版社2017年版,第21页。

"内部矛盾"出发,决定事物发展的根本便不在于"外因"、"外力",而在于"内因"、"内力"。新时代,以习近平同志为核心的党中央非常重视从"内因"、"内力"出发思考我国的"发展"问题。例如,在如何促进贫困地区的发展问题上,习近平总书记注意到,"现在,一些地方出现干部作用发挥有余、群众作用发挥不足现象,'干部干,群众看'、'干部着急,群众不急'。一些贫困群众'等、靠、要'思想严重,'靠着墙根晒太阳,等着别人送小康'"①。针对这一现象,习近平总书记提出要"加大内生动力培育力度",即将"扶贫"与"扶智、扶志"结合起来。他指出:"智和志就是内力、内因。""没有内在动力,仅靠外部帮扶,帮扶再多,你不愿意'飞',也不能从根本上解决问题。"②习近平总书记的这种强调通过"内力、内因"解决贫困地区发展问题的思路与"现实事物—矛盾"范式在发展动力问题上的观点是一致的。

第四,党的十九大报告提出"坚持人与自然和谐共生"③的理念。尽管要实现"人与自然和谐共生"有很多具体的工作要做,但从哲学世界观层面的反思也是不可或缺的。首先,必须反对极端的"人类中心主义"。"人类中心主义"的方法论根基是"主体主义"。应该承认,在历史上,这种"主体主义"观念在工业革命早期,对于激发人类发挥主体性去主动改造自然、增加物质财富方面是有积极意义的。然而,不可否认的是,当这种"主体主义"后来在人与自然的关系上演变为一种以主宰、征服、盘剥和榨取自然为特征的极端的"人类中心主义"的时候,它反而为后来工业化中普遍出现的环境污染、生态危机的状况充当了哲学上的"帮凶"。因此,要贯彻"人与自然和谐共生"的理念就要反对这种极端的"人类中心主义",认识到"人类归根到底是自然的一部分,在开发自然、利用自然中,人类不能凌驾于自然之上,人类的行为方式必须符合自然规律"④。其次,要看到人与自然是"生命共同体"。这种观点与马克思的观点相一致。马克思说:"自然界,就它自身不是人的身体而言,是人的无机的身体。人靠自然界生活。这就是说,自然界是人为了不致死亡而必须与之处于持续不断地交互作用过程

---

① 《习近平谈治国理政》第 2 卷,外文出版社 2017 年版,第 90 页。

② 《习近平谈治国理政》第 2 卷,外文出版社 2017 年版,第 90 页。

③ 习近平:《决胜全面建成小康社会　夺取新时代中国特色社会主义伟大胜利——在中国共产党第十九次全国代表大会上的报告》,人民出版社 2017 年版,第 23 页。

④ 《习近平总书记系列重要讲话读本》,学习出版社、人民出版社 2016 年版,第 231 页。

的、人的身体。所谓人的肉体生活和精神生活同自然界相联系,不外是说自然界同自身相联系,因为人是自然界的一部分。"①最后,要反对那种否定自然界的优先性的唯心主义观点。人与自然的关系虽然具有"辩证"性,但"唯物"性却是根本。也就是说,尽管人的活动可以在一定程度上改变自然,让自然为人的目的服务,但在归根结底的意义上,不是自然因满足人而存在,而是人必须适应自然及其客观规律才能存在和发展。例如,尽管人类可以通过植树、种草等活动使空气质量朝着有利于人的方向变化,但是人类要想生存和发展却始终离不开空气的存在。因此,应坚持从唯物主义原则出发看到自然相对于人(社会)的优先性和人(社会)对自然界的依存性。不难看出,"主体→客体"范式的诸多的片面性观点都是与"人与自然和谐共生"理念相背离的。

(本文作者:竭长光)

---

① 《马克思恩格斯选集》第 1 卷,人民出版社 1995 年版,第 45 页。

中编：现代性理论的前沿热点问题研究

西方马克思主义对人的存在方式的研究

众所周知,西方哲学自19世纪后期开始,发生了一场现当代转型,这一转型尤其体现在对具有最高思维抽象程度和概念普遍性的"存在"的研究上,即体现在传统上所谓的"本体论"论域中。现当代西方哲学,如果不是干脆拒斥所谓"本体论"研究,那么至少也是极大改变了对"存在"进行研究的方式:在方法上,摆脱了理性思辨式的、概念体系化的叙述,摆脱了基础主义和本质主义的思维模式;在对象上,尤其聚焦于人的"存在",关注人的"存在"的过程展现,即人的生活、生存样态;乃至有些哲学家干脆在核心范畴的表述上,也从承载着深厚西方哲学传统的"存在"(be),转而使用"生存"(exist)之类范畴。

这种哲学思维的变革,尤其适应了20世纪以来西方的人们自身存在境遇的困窘和忧虑,特别是在二战后,西方在高度发达的现代化工业文明基础上,在资本主义特定社会制度和意识形态的制约下,以"消费主义"为主要标志的人的存在方式大行其道,乃至从西方逐步流行而为世界其他地区所接受。但反过来,西方一些有识之士也以各种形式从各个角度进行了深刻反思:这种存在方式是人所需要和应有的存在方式吗? 人处在这种存在方式下真的非常幸福吗? 人能否按照这种存在方式继续生活下去? 这种存在方式会把人带到哪里? 我们是否需要寻求一种新的存在方式? 人究竟如何美好地活在这个世界上? 人对美好生活的追求的必然性与现实性何在?

在对人的存在方式进行探讨的所有思想家中,西方马克思主义的理论贡献特别引人注目,而关于人的存在方式的研究,本身也构成了西方马克思主义理论工作中不可忽视的一个部分。当然,西方马克思主义对人的存在方式的研究历时数十载,其内部理论流派线索复杂多样,具体内容更不乏错误与谬见,但总的来说,是在西方特定的理论和实践场景中,对既有存在方式的有益反思。随着人们对真正美好生活的需求、对开创新的人类文明的需求越来越强烈,西方马克思主义关于人存在方式的理论探索的现实意义也不断地显现出来了,我们有必要择其中若干典型观点,梳理其逻辑线索,吸收其合理内核。

一、现代人的异化存在状态

西方马克思主义的理论家们研究人的存在方式的第一步,就是准确界定现状,搞清楚当今的人们究竟生活在什么状态下,这种存在状态有着怎样的特征。西方马克思主义看待这个问题的基本理论立场,是继承马克思以《1844 年经济学哲学手稿》为代表的关于"异化"的理论范式,加以极大的演绎发挥,用一系列具有联系和递进关系的概念范畴,刻画和揭示现代人的"异化"存在状态。关于所谓"异化",西方马克思主义的创始人卢卡奇在谈论人的劳动的"异化"状态时描述说:"人自己的活动,人自己的劳动,作为某种客观的东西,某种不依赖于人的东西,某种通过异于人的自律性来控制人的东西,同人相对立"。[1] 这里描述的路径和构型适用于一般意义上"异化"——从原本是"人自己的"东西,分化、脱离出去,成为客观、独立的存在,并进而反制人——西方马克思主义向我们揭示了,人在各个存在维度上都发生了这种"异化"。

也正是从卢卡奇那里开始,西方马克思主义对人的"异化"存在方式的理解,就同另一个概念"物化"有着莫大的关联,认为人的"异化"存在状态也就表现为"物化",人的存在状态是仅仅作为一种"物"而存在着,人与他人之间的关联也就是一种"物"与另一种"物"之间的关系。当然,如果我们仅仅从还原马克思原始语境含义的角度看,这种把"异化"理解为"物化"的思路是有偏差的,正如卢卡奇本人所明确检讨的,马克思那里的"对象化"、"物化"和"异化"并不等同,至少"不尽相同"。但是,也正如卢卡奇所言,这种误解和偏离,却造成了重要的思想史成果,"对《历史与阶级意识》的成功肯定起了极大的作用",[2]我们

---

① [匈]卢卡奇:《历史与阶级意识》,杜章智、任立、燕宏远译,商务印书馆 1992 年版,第147 页。

② [匈]卢卡奇:《历史与阶级意识》,杜章智、任立、燕宏远译,商务印书馆 1992 年版,"前言",第19 页。

其实可以说，正是这种对"物化"的转义用法，开启了西方马克思主义"别有洞天"的独到理解，刻画了现当代资本主义社会中人的存在方式。对"物化"概念的这种演绎发挥，不仅强调了"物"作为载体对"异化"过程当中的分离性、独立性的重要意义，而且强调了"物性"、"物的原则"对人的存在的规定和塑造作用，更加深刻地揭示了人的存在状态的特征，并且为揭示这种存在状态的形成机制提供了线索。

这种"异化"或者说"物化"的存在状态，首先表现为"劳动的物化"。劳动应当是人自己的活动，乃至应当是人活在世上最基本的活动，亦即最基本的存在方式，而现在，人这种最基本的存在方式也不属于自身了，反而成了与人自己相对立的东西，人自己非但不能控制它，而且受其控制。在当代资本主义社会千篇一律的生产体系当中，人成了整个生产体系的一颗螺丝钉，劳动早已丧失了作为人的本质实现、人的真正幸福的可能，也就是说，劳动丧失了成为一种自由自觉的活动、成为一种消遣活动的可能。进而，在卢卡奇那里，还用"劳动的抽象"来概括人的劳动的"物化"，把马克思早期对劳动异化的规定同后期关于商品、商品两重性特别是"商品拜物教"的学说结合起来，阐明了在资本主义社会中，人的劳动的"物化"就是使"具体的劳动"变成"抽象的劳动"，"抽象的劳动"构成了现实的原则，从而，人们对抽象劳动即价值的考量，成为人的"理性"运用的首要乃至唯一场合。从卢卡奇的批判视角看，这种根据计算，即"可计算性"来调节的合理化原则，带来了劳动者的割裂，造成了人与人之间的"孤立化"、"原子化"。而通过劳动的"抽象化"过程与原则，"异化"或"物化"也就具有了可推广性，可以一般化地推广到人们的社会生活的其他领域。

卢卡奇在揭示这种经由"孤立化"、"原子化"的中介，从劳动的"抽象化"到人的生存状态的全面"物化"图景时，指出这种存在渗透进了人的意识，形成了人的"物化"意识。"物化"意识被后来的西方马克思主义者们发挥了，他们在历史和逻辑上都使得对现代人们存在方式的异化和物化状态的揭示进入新一个层级，异化表现为思维方式的异化、物化，表现为工具理性、技术理性、生产理性、控制理性等对人的规定和塑造，这种理性超出其必要界限，而表现为对人们的日常生活过程渗透、规制，乃至完全统治了人们的日常生活过程，西方马克思主义者们用"一体化"、"殖民化"等呈现出学派差异的术语，从不同侧面和程度上描绘了物化意识的这种统治力、塑造力。也是从这种物化意识的枢纽出发，西方马克思主义的许多论者各自展开了对理性、现代性的根本批判和反思,并将批判拓展延伸到对各种社会经济政治文化建制物的批判,西方马克思主义者们的批判话语体系当中,"拜物教"概念大大超出了马克思的本义范围和卢卡奇的最初应用界限,成为一个具有高度能产性的范畴,可以填充成为"××拜物教",对种种当代资本主义社会所给定的肯定性存在进行无情的批判。

西方马克思主义揭露人的全面物化生活方式的重点在于,他们指出了这种物化状态的最主要特征是消费主义,人不是在生产领域而只是在消费活动中寻求满足,例如用弗洛姆最概括的范畴来说,现代人的存在方式就是从"存在"(to-be)嬗变为了"占有"。当代资本主义社会的这种消费主义范式,把人的满足等同于无休止的物质消费,把消费与满足、幸福等同起来,用消费的数量作为衡量自己幸福的尺度,把不断提高消费水平的生活方式作为个人的最高价值追求。尤其是在当代社会的丰裕条件下,从理论上来说个体本身可以从自然必然性中解脱出来,具有为创造性的人性的目的而进行活动和生产的可能性。但是,当下的消费逻辑阻止了将生产从属于创造性活动,甚至泯灭了所有创造性活动,所以正如高兹基于马克思的预言所发挥的,资本主义发现自己面临的是这样一个问题,即为了客体而将主体塑造为被市场化的,不是调整供给满足需求,而是使需求调整满足供给。①

马克思在《1844年经济学哲学手稿》中的一段话描述了他那个时代人的劳动异化的存在方式:"你的存在越微不足道,你表现自己的生命越少,你拥有的就越多,你的外化的生命就越大,你的异化本质也积累得越多。国民经济学家把从你的生命和人性中夺去的一切,全用货币和财富补偿给你。"②而在当代,这种异化模式的焦点延伸和转移到消费领域,这种消费主义范式会让人们误认为,不断增长的消费似乎可以补偿其他生活领域特别是劳动领域遭受的挫折,因此人们疯狂地追求消费以宣泄劳动中的不满。人本身具有各种各样的需求,是全面的需求,这些需求的满足就是人的幸福,是人的全面发展,这其中,追求物质享受并不是人的主要需求,至少不能说是唯一需求,物质需求的满足本身并不能给人以幸福。人与动物不同,人非但不满足于衣食的丰饶华美,而且还力图摆脱物的

① 参见 André Gorz, *Strategy for Labour: A Radical Proposal*, Boston: Beacon Press, 1967, p.70。
② 《马克思恩格斯全集》第3卷,人民出版社2002年版,第342页。

直接性的束缚,追求超越,追求更高级、更高尚的东西。而现代人的"异化"或"物化"存在方式,单一地把追求物质享受作为第一需要,从而也就消解了人的全面性,把自身降低为一般动物的层次,用马尔库塞的术语来说,人也就成了整齐划一的"消费机器"。

在对人的生活的社会形态的看法上,西方马克思主义着重揭示了整个社会的"病态"同各个个人"异化"的相互融合性和相互促进性。从卢卡奇开始,西方马克思主义就强调"总体性",主张超越第二、第三国际当中对马克思主义的机械解读,特别是超越对经济领域决定作用作片面的强调。当然,这种新的理论路向在具体展开过程中,又走到了另一个方向上的误区,逐渐迷失了经济生产方式批判的基地,囿于对社会文化观念的批判。但是,从借鉴吸收其合理内核的角度来看,我们要看到"总体性"以及战后西方马克思主义对"一体化"、"社会体系"、(广义而非狭义的)"文化"等的讨论,的确以一种片面的深刻性触及了现代资本主义社会整体运行机制、再生产机制的要害。在马克思看来,工人阶级是"一个并非市民社会阶级的市民社会阶级",是资本主义内部的否定力量和掘墓人。而在西方马克思主义看来,包括工人阶级在内的当代资本主义社会成员,都与现代的社会制度全面地、整体性地融合了,包括生产、消费、心理、文化等各方面,工人阶级变成了资本主义社会的肯定力量,或者至少人们都已经丧失了可能性,昏昏欲睡、麻木不仁,他们不再去想象"另一种生活方式","异化"成为一种自锁的稳定状态。

二、异化存在状态的不幸本质

在马克思早年所描绘的"异化"生活图景当中,人们以直接现实性的方式处在对象的丧失和绝对贫困状态,人们直接地感到不幸,感到自己的肉体受折磨、精神遭摧残。而当今世界,从表面上看,许多人的生活是十分富足和舒适的,对一些人来说,对受消费主义模式的支配并不是完全不知道,问题在于,他们并没有感到这样生活有什么不好,而是陶醉于这样的生活方式,沉湎于这种只在消费领域寻求满足的存在方式。所以,西方马克思主义的理论家不仅刻画了当今人类究竟生活在什么样的状态、这种生活状态究竟具有怎样的特征,即"物化"和

"单向度",而且,他们在此基础上着重揭示了人们生活在这样的状态下并不是真的十分幸福,这样的生活并不是人应当过的生活。西方马克思主义认为,这种状态是不幸的,关键在于这里所满足的只是一种"虚假"的需要,从而这种满足也只是一种"虚假"的满足:"现行的大多数需要,诸如休息、娱乐、按广告来处世和消费、爱人之所爱与恨人之所恨,都属于虚假的需要这一范畴。"①所谓"虚假",并非说它是虚构的、编造出来的,它的确是业已存在的事实,"然而这种现实又构成了异化的更高阶段。后者已经完全变成客观的事实;异化了的主体被其异化了的存在所吞没。"②

这种异化存在状态之所以虚假、之所以不幸,西方马克思主义论证的第一个层次认为,异化、物化的存在状态是人和物的关系的颠倒,违背了人的本性。这种分析路向是从人本身的应然概念出发看问题,而人们把现代工业社会的要求提出并作为自己的需求,人就失去了自己的本性,成了现代工业社会的附属品,这样人还有什么幸福可言?这一路向上影响最大的思想家是马尔库塞,在他看来,不是产品为了满足人的需要而生产,而是人为了使产品得到消费而存在,人拜倒在物面前,把物作为自己的灵魂,忘却、失去了自己的灵魂,"人们似乎活在他们的商品之中;他们的灵魂困在他们的小轿车、高清晰度的传真装置、错层式家庭以及厨房设备之中"。③ 人在发达工业社会里,无论是从其成为"消费机器"而言,还是就其充当"劳动机器"来说,都说明人在与物的关系上实际上已处于从属的地位,人已成了物的奴隶。

当然,这里所说的是一种特殊的、"受抬举的奴隶",是从"人"和"非人"的根本地位对比而言的:是否是奴隶"既不是由服从也不是由工作难度来决定的","而是取决于人作为一种单纯的工具以及人沦为物的状况",因而在当代资本主义社会里,既然人"作为一种工具、一种物而存在",所以无疑这是"奴隶状态的纯粹形式"。④ 马尔库塞式基于人的灵魂或者人的本性的论说,即从人本主义的设定本身出发的分析批判路向,为西方马克思主义的很多论者所共有。例如,赖希把人的需求分为自然的需求和社会的需求,前者是先天的、与生俱来的,

---

① [美]赫伯特·马尔库塞:《单向度的人》,刘继译,上海译文出版社2014年版,第6页。
② [美]赫伯特·马尔库塞:《单向度的人》,刘继译,上海译文出版社2014年版,第11页。
③ [美]赫伯特·马尔库塞:《单向度的人》,刘继译,上海译文出版社2014年版,第9页。
④ [美]赫伯特·马尔库塞:《单向度的人》,刘继译,上海译文出版社2014年版,第9页。

而后者是后天形成的，是社会加于人的，从而在赖希看来，人的本真性的存在状态与满足人的自然的需求联系在一起，而一旦人放弃自然的需求只是追求社会的需求，那就说明他的存在状态已经是非本真的，不是出于人的本性的存在状态，这是应该加以批判的。又如，高兹提出现代人正沉浸在"经济理性"之中，把"计算与核算"的原则、效率至上的原则、越多越好的原则作为自己生活的准则，正因如此，实际上现代人的生活是由社会所强加的非人的生活。

西方马克思主义论证的第二个层次，是莱斯式的对满足是否可以达成的质疑，即否定消费主义生活方式所设定的在消费与幸福之间的必然性联结，从而得出人在消费主义存在方式中只能收获虚假和不幸。其一，商品流变特性与需求碎片化特征，本身无法使人获得满足与幸福。商品特性依据个体需求、感官经验、对象种类而重新划分，需求碎片化为更小的组成部分，并依据市场信息重新组合、集聚、形成新的形式，这是一种临时的、易变的、不稳定的形式，居于流动、重组中的需求碎片化，阻碍个体形成需求连贯目标，从而使个体无法有效判定适合自身的特定商品。其二，人盲目追求消费商品的数量，将商品消费作为唯一需求，就牺牲了对其他需求的体验，由于个体时间的相对有限性以及产品信息不充分的特点，也将阻碍个体关注的需求以及产品自身结构与特质。其三，消费主义导致生态失衡直接危及人类未来幸福。科学技术普遍应用于商品生产，导致了环境危害的风险，而现有科技水平无法对潜在危机作出有效评估，并且，针对复杂的生产与消费形式，个体与社会无法提供合理、健全的有效管控生态危机的解决方案，这也为科学技术在商品生产与消费过程中埋下的潜在风险提供了激活、激化的可能：一方面，资本推动的人类社会发展已经触及环境和自然资源的底线；另一方面，与资本同谋的制度、技术、教育、医疗等早已使人类基本的生存能力衰退，已经触及人类自身毁灭的底线。

西方马克思主义论证的第三个层次，是进而认为人的消费需求其实是一种对抽象的逻辑、符号的占有，而不是对现实的物的消费。例如在对"存在"和"占有"进行一般思辨时，就已经指出"占有"实质上是源于私有制的"占有"关系和观念，而对所占有的对象进行了消解。在"占有"这种生存方式中，人们唯一信奉的就是据物为己有，并且一旦占有就可以永远将其保存下去，这种生存方式最大的特点在于同"分享/共有"的对立和排斥。在这种方式中，占有的一切皆为死物，人与占有物之间的关系是僵化的，主体一旦获得了占有物，则在使用过程中就无需再付出自己的能动性和创造性,乍看起来似乎所有者绝对地占有着对象,但是实际上却是一无所有,占有的只是占有本身。人要证明自己的实力必须尽可能多地占有,包括在量上(特别是想尽一切办法使自己所占有的东西增殖)和质上,不但可以把物作为占有对象,如金钱、财富、艺术品等,而且可以将非物纳入占有范围,对人、对情感、对思想也采取占有的方式。这样看来,在重占有的当代资本主义社会中,财富成为了神圣的存在,成为了证明拥有者力量的象征,实际上它们也就只是虚假的存在,实际上指涉的是在生活中不断地占有和获取的那个过程,人的自我的塑造和构建必须依赖占有,没有占有人就无法生活,而非占有物。

更进一步的思路就是,除了对象的虚假,人的主体性也早已在对需求和对对象的逻辑建构和符号编译过程中被否定了,人追求着这种消费,本身是对人的最大程度上的奴役与统治。在直接的意义上,人们往往将消费视作对某种需要的满足,而"需要"是由主体自发所生发出的,即使上面我们说到的"虚假性",似乎主体也仍然是"自己"要求着自己所要的东西,自己进行着选择——虽有虚假的需求,毕竟还有真实的主体。但在鲍德里亚看来,"我们相信一种真实的主体,被需求所驱动,将真实的物作为其需求获得满足的源泉。这完全是一种拙劣的形而上学",①这是对需要和满足的华丽包装,掩盖了"需要"得以产生的根源。既然消费主义是基于维护现存社会而形成的,那么实际上也就并不存在着那种可以进行自由选择的需要和消费,主体是被规定和制约着发出需要和消费的。

鲍德里亚把对对象和对主体的消解思路结合起来,认为我们进入到的资本主义私有制的新阶段——消费社会——可以在这两方面超越生产社会。在生产社会,消费还是作为生产和再生产的环节之一而存在,生产决定着消费,消费的对象也的确是物质性的产品,物质性的产品的确是被用来享受或花费以满足人的某种需要的(当然这仍然区别于真正的"消费");但是到了当代社会,这是一个丰裕型的社会,与生产社会里的产品分配不足相比,现在是过剩产品的堆积,促进消费、推行消费主义的生活方式,成了维护社会得以存在的支柱,所以,消费的对象不再是物质性的产品。在消费社会里,所有的需要都被抽象为一个体系,

① [法]让·鲍德里亚:《符号政治经济学批判》,夏莹译,南京大学出版社 2009 年版,第60页。

以适应消费的需要,也就是说"需要"是被体系生产出来的,即使是所谓本能,也在需求中都被合理化了、被赋予了某种目的,特别是被一般等价原则和一般的体系整合所操纵。

既然消费不再是物的某种功能性的获取,消费者和物的关系因而出现了变化,人不再是从特定用途上去看这个物,而是关注"另一种完全不同的东西——可以是社会逻辑。也可以是欲望逻辑——那些逻辑把它们当成了既无意识且变幻莫定的含义范畴"。① 这代表着,当我们拥有这个物的时候,就等于拥有了物品背后的某种特殊的符号价值,比如社会地位、品位等等。"人们从来不消费物的本身(使用价值)——人们总是把物(从广义的角度)用来当作能够突出你的符号,或让你加入视为理想的团体,或参考一个地位更高的团体来摆脱本团体",②消费的深层逻辑是符号和编码,其最终实现的是标识人们的社会差异,完成对身份、地位的界定,实现对社会的编码。可以说,到了消费社会,人的现实性和合理性,则只能存在于符号的编码之中,受符号/价值所控制。在进行消费的时候,人的理性选择能力完全被符码的控制和诱导所替代,不仅仅是物品,包括人的现实性与人的价值,都被湮没在符号/价值之下,人被消费所奴役,并最终丧失了自己的主体性地位。

归结起来看,西方马克思主义理论家们断定异化存在状态在本质上是不幸的,关键是深刻探讨了用以衡量幸福与否的标准。在他们看来,这一"衡量标准"就是人本身,确切地说就是人的本质:凡是有利于人的本质的实现的生活方式就是幸福的,反之,凡是阻碍人的本质的实现,甚至扭曲人的本质的生活方式就是不幸的、痛苦的。这些西方马克思主义理论家大多是"人本主义"思想家,他们都高扬人的本质,都强调人有独特的区别于一切动物的本质,人活在世界上的意义就在于实现这一本质,使这一本质现实化。马克思在《1844 年经济学哲学手稿》中也曾作过如下生动的描述:"人(工人)只有在运用自己的动物机能——吃、喝、生殖,至多还有居住、修饰等等——的时候,才觉得自己在自由活动,而在运用人的机能时,觉得自己只不过是动物。动物的东西成为人的东西,

---

① [法]让·波德里亚:《消费社会》,刘成富、全志钢译,南京大学出版社 2000 年版,"前言"第 2 页。

② [法]让·波德里亚:《消费社会》,刘成富、全志钢译,南京大学出版社 2000 年版,"前言"第 47 页。

而人的东西成为动物的东西。"①在马克思看来,资本主义社会的问题在于造成了颠倒,吃、喝等明明是动物的功能,可人却完全专心致志地享受,并把此当作人独有的功能来对待,而劳动明明是只属于人的功能,可人却偏偏不加重视,只是把此作为一种手段,实际上已把此视为动物的功能了。所以,马克思确实也曾经用人之为人的根本地位作为评判标准,在新的形势下,这些西方马克思主义的理论家对马克思早期的这一思想作出了进一步的阐发。

但更进一步来看,即使我们从走出了人本主义之后的马克思视角往回看,西方马克思主义基于人的本质的叙事,也并不是纯粹唯心主义的、完全非科学的观念悬设。总体来说,他们强调人的本质的"全面性"——例如众所周知,他们对现代人存在方式最形象、最辛辣、最著名的批判性概括就是所谓"单向度的人",正是同全面性相对而言。同时,他们在"全面的"本质中本身也往往是突出人的劳动的,把劳动视为人的本质(至少是一项重要因素),只是他们在强调人的本质的"全面性"、反对把人的本质归结为单纯对物质的需求、反对把人说成仅是充满着物质欲望的人的时候,对劳动和物质生产的内在关联和积极内涵有所偏颇,他们对人的本质的理解终究还是在一定程度上接受马克思主义的理论立场的。并且,我们今天考量他们在各自标准之下的衡量和追问过程——当今人的这种存在状态能够体现人的全面发展吗?能够实现人的整体的人性吗?当今这种人的存在状态能够促使人的劳动的本质得以实现吗?能够使劳动成为一种自由自觉的活动,从而从中获取无穷的享受吗?必须指出,他们对当今人的存在状态的幸福还是痛苦所作的分析的积极意义,对发展马克思主义具有重要价值。

三、异化存在状态的资本主义根源

西方马克思主义关于人的存在方式的理论也使我们知道,这样的不幸存在状态根源于资本主义制度,特别是根源于资本逻辑。当然在这一点上,历史上各个西方马克思主义理论家在分析人的不幸存在方式形成的原因时,观点不尽一

---

① 《马克思恩格斯全集》第 3 卷,人民出版社 2002 年版,第 271 页。

致,甚至存在着冲突,即使我们汇聚到如何看待资本主义制度与这样的人的存在方式之间的关系问题,有一些西方马克思主义理论家也显然力图回避资本主义制度对这样的存在方式的根源性。但是,更多的西方马克思主义理论家则强调,正是资本主义制度,特别是资本逻辑造就了当今人的这样的存在方式,他们把对当今人的存在方式的批判与对资本主义制度的批判紧紧结合在一起,他们的理论贯穿着对当代资本主义的批判。在这方面,卢卡奇仍然具有开启定型作用,他具有示范意义地把资本主义制度下人的存在方式、生活方式的研究与生产方式的研究结合在了一起,把资本主义制度下人的存在方式归因于资本主义的生产方式。卢卡奇不仅用"物化"来概括当今人的存在状态,而且强调这种"物"的"商品"性,只有在资本主义的商品形式占支配地位的条件下,由于商品范畴成为整个社会的普遍范畴、社会生活的所有方面都成为交换领域,资本的原则和逻辑内嵌于商品生产和交换过程之中,这才造成了人们现今不幸的物化的存在方式。

卢卡奇认为,要真正认识当今人究竟处于什么样的存在状态,必须紧紧抓住当今这个时代社会存在的"根本",在资本主义这个发展阶段上"没有一个问题不最终追溯到商品这个问题,没有一个问题的解答不能在商品结构之谜的解答中找到",①也只有把人置于当今社会的"商品关系的结构中",才能把人的存在状态揭示出来,只有在商品关系的结构中,才能"发现资本主义社会一切对象性形式和与此相适应的一切主体性形式的原形",②这里所说的"主体性形式的原形"指的就是人的存在状态。卢卡奇根据马克思关于物质生活的生产和交往领域对人全部社会生活具有决定性作用的思想,特别是结合马克思在《资本论》中对商品拜物教的分析加以发挥,强调当今社会的主要特征就是"商品交换及其结构性后果"对"整个外部的和内部的社会生活"产生"决定性的影响","商品交换"完全构成"社会进行新陈代谢"的"支配形式"。

卢卡奇反复强调的是,"商品只有在成为整个社会的普遍范畴时",商品的那种本质才会暴露无遗,与此同时,在"商品关系"的基点上所形成的人的"物

---

① [匈]卢卡奇:《历史与阶级意识》,杜章智、任立、燕宏远译,商务印书馆 1992 年版,第143 页。

② [匈]卢卡奇:《历史与阶级意识》,杜章智、任立、燕宏远译,商务印书馆 1992 年版,第143 页。

化"的存在状态"才对社会的客观发展和人对社会的态度有决定性的意义",①而这一塑造人的物化存在状态的条件只有在资本主义社会才具备,只有在这个时代,商品范畴才成为整个社会的普遍范畴,商品的光芒才照射到社会的每个角落,所以,资本主义是形成人的这种存在状态的社会根源。在这样一个社会中,生产本身是为了交换价值而不是为了使用价值,即生产的目的不在于满足人的需要,而在于使一些人拥有更多的钱。在这一基础上,商品形式渗透到社会生活的所有方面,并按照自己的形象,即"商品的形象"来改造这些方面,使社会生活的所有方面都商品化,都进入交换领域。他认为,一旦是为了"使一些人的腰包装得更满"而进行生产,就会"对所有生活形式"产生决定性的影响,当然这种影响主要表现在使人的存在状态发生根本性的变化,就是说使人形成以"物化"为主要标志的存在状态。

卢卡奇的这种过渡接引作用,打开了从马克思主义经典叙述框架到西方马克思主义研究人的存在方式的通路。二战后西方马克思主义的蓬勃发展,尽管往往表现为对马克思主义关于经济的最终决定作用理论的不满与背离,但至少在谈论异化作用的传导方式上,在人的全部生活、全部存在过程当中,抓住其中的物质生活方面,尤其是抓住物质生产即人的劳动在资本雇佣之下而进行的方面、抓住人的劳动产品作为商品而交换的方面,阐述这个领域对异化的产生和壮大具有的根源意义,进而推广到其他异化。也就是说,至少在这种消极的衍生线索上看问题,可以认定经济方面、劳动生产方面对人的全部存在样态具有制约性、塑造性,从而,资本主义的经济社会形态,资本的原则、逻辑、思维就不能不构成决定性作用的关键连接部件。现代工业社会为了使其统治能继续下去,就实行"强迫性"消费,而"强迫"人们消费的主要手段,就是制造。现代工业社会推行高生产、高消费的措施是为了维系资本主义经济体系本身的运转,之所以造成消费主义的"虚假的需求",是为了刺激消费,为资本主义经济持续增长提供动力,形成高生产、高消费的正反馈,形成从狭隘的经济尺度来说"良性"的、"可持续"的机制。

资本主义的生活方式与资本主义的生产方式的内在联系还在于,与资本主

---

① [匈]卢卡奇:《历史与阶级意识》,杜章智、任立、燕宏远译,商务印书馆 1992 年版,第146 页。

义生产方式同步诞生的经济理性,蔓延渗透到人们的日常生活,造成了资本主义经济对全部社会生活的收编和吞噬。例如,高兹就强调,资本主义的经济当中以"计算与核算"、效率至上、越多越好为原则,于是,"足够"这一范畴就不像在传统社会中那样只是一个文化的范畴,而变成了主要是经济的范畴。推崇利润至上的生产方式,必然会形成把"消费得多"等同于"消费得好"的生活方式,"经济理性"支配资本主义生产方式的同时,也必然贯穿于资本主义的生活方式。资本主义生产方式作为历史发展的产物,规定了人基本的存在方式和存在关系,在资本逻辑的支配下,资本主义不能保证生产服从于需要,无法推动质的需要的扩张,相应的在一切生活领域,它们实际上都被作为经济的产业部门,科学被军事化,教育、医疗被工业化,文化被商业污染,人的创造性也要屈从于利润的生产,等等。

资本主义经济生产方式的最新变化,例如所谓"空间生产"和"非物质劳动",仍然没有改变这种经济生产领域本身的决定性根源性地位,"物"的、商品的、资本的原则仍然在制约着人,制约着人的生活、活动,包括制约着人的"空间生产"和"非物质劳动",并以一种更加鲜明而独特的方式,导致了人的生存困境,实现一种无物的、去物的"物化",归根结底就是商品化、资本化。对所谓"空间生产"论题贡献甚大的首推哈维,他在揭示"空间生产"盛行、城市空间被侵袭时期的人的存在困境时,就把矛头直指资本逻辑,强调所有这些对人的存在的威胁都是由于城市空间"资本化"所带来的。而在内格里看来,"非物质劳动"之所以非但没有使人获得更多的"共同性",更多的自由和解放,反而使人陷于更深的痛苦与不幸,根本的原因就在于"非物质劳动"受资本逻辑的控制,这种"非物质劳动"是在资本主义进入"帝国"时期的"非物质劳动"。这些西方马克思主义理论家都透过物对人的统治进一步揭示人对人的统治、人与人的社会经济关系,这是马克思主义分析人的存在状态的基本方法在现当代的一个生动展现,至少也是一种十分有益的尝试探索。

在哈维看来,当今人类正面临着日益严重的贫富分化与精神虚无的生存困境,这一困境的形成与城市空间的被侵袭密切相关,而城市空间的被侵袭显然是"空间资本化"的结果。哈维指出,21世纪的城市成了维系人们生存的主要场所,以及人类生活方式和质量的空间表征。然而,在资本化的时代,资本拜物教笼罩着整个社会场域,城市空间的变革也必然被资本逻辑所操纵,城市所追求的是利润的最大化和财富的无限增殖,这必将造就资本化的城市空间景观和都市生活。哈维深刻地揭示了人的存在方式的恶化与城市空间的资本化之间的双向互动关系,纵观城市发展历程,自资本诞生以来,城市化实质上一直具有为资本增殖利润的功效,只不过随着资本创新的空间转向,城市化转变为资本掠夺性积累的快捷方式,哈维把它称之为"空间修复",即资本通过内在的空间重组和地理扩展来吸收过剩资本,解决资本主义危机而得以生存下来的特殊方法,"如果没有内在于地理扩张、空间重组和不平衡地理发展的多种可能性,资本主义很早以前就不能发挥其政治经济系统的功能了"。①

哈维旗帜鲜明地指出了我们今天"城市空间的资本化、资本的城市空间化"的生活特征,城市就是人们所生活的世界,人们的生活方式与城市化密不可分,城市空间变革就是"规划"日常生活的过程,那么,城市空间与资本实现了相互依存,城市空间的变革与资本创新逻辑走上了同一轨迹,整个城市空间的设计与创造完全以市场为导向,以追求最大利润为目的。既然如此,那么当然也就相应造就了人的生活状态,20世纪70年代以后,随着资本生产方式从福特主义向灵活积累的转变,都市消费习惯和生活方式也随之更迅速地改变。城市空间创造了自身特有的效果,到处充斥着意象性的、即刻性的和符号化的消费景观,人们被各种眼花缭乱的商品所围绕,被各种文化噱头所刺激,所享受的一个个瞬间安逸变成了个体的存在方式,"这意味着不止是扔掉生产出来的商品(造成巨大的一次性废品的问题),而且也意味着可以扔掉价值观、生活方式、稳定的关系、对事物的依恋、建筑物、场所、民族、已接受的行为和存在方式。这些都是即刻的和有形的方式,'更大的社会里加速的推进'以这些方式去冲击'个人普遍的日常体验'"。②

内格里指出,当资本主义实现全球化,我们看到的世界就是一个资本的世界,资本为自己创造了一个适合它存在和发展的世界,而这也就意味着这个世界并非是适合人存在和发展的世界。他认为,当社会发展进入到"帝国"时期,即资本主义的最新近的发展阶段,"非物质劳动"成为社会生产劳动的主要形式,也成为人的主要存在方式,它规定着人的本质。但是,在"帝国"时期,人通过

---

① [美]戴维·哈维:《希望的空间》,胡大平译,南京大学出版社2006年版,第23页。
② [美]戴维·哈维:《后现代的状况》,阎嘉译,商务印书馆2013年版,第357页。

"非物质劳动"并没有成其为人和表现为人，没有因此获得更好的生存和发展，相反，人却成为了生产的主体性，最终实现的是资本的增殖和发展。内格里借用福柯的生命政治框架提出，从生命政治视角来看，"非物质"劳动可以被置换为"生命政治"劳动，而生命政治生产不再是商品的生产，而是主体性的生产。然而，这一主体性是与资本的价值增殖机制相一致的主体性，而不是与无产阶级的自我价值增殖机制相一致的主体性。

在内格里看来，与非物质劳动联系在一起的是"共同性"，但是当"共同性"处于资本的社会生产关系中，"共同性"实现的却是资本的增殖，它相对于人的存在与发展来说就是外在的、有害的、腐化的——当"共同性"处于人的社会生产关系中，共同性实现的就是人的发展，那它就是有利的、生成性的。然而，当今资本主义社会所发生的正是前者而不是后者，在资本主义条件下的非物质劳动体现了资本主义社会生产异化的发展和深化，资本不仅剥夺劳动产品，而且还剥夺劳动过程本身，如协作，即生命政治劳动力的核心要素。因为生命政治生产日益具有的自主性，使得资本日益外化。资本为了剥夺生命政治劳动之间的协作，就对生命政治劳动自主生产出来的"共同性"进行占有。劳动者在创造"共同性"的过程中获得了部分自主性，但是"共同性"却被资本所占有，被社会制度所腐化。

西方马克思主义在追溯人的存在状态的原因时，把矛头直指资本主义的制度，这种揭示极富深刻性和尖锐性。我们这个时代许多人似乎也觉察到了当今人的以消费主义为核心的那种存在方式的弊端，似乎也滋生了要加以改变的意念，但是，要加以改变，前提是正确地找到滋生这种存在方式的原因，才能对症下药。二战后西方资本主义的"福利国家"政策在一定程度上消除了发达国家的经济危机特别是商业危机，但从更加宏观的视野来看，这无非为了消弭危机、维持资本逐利需要的根本性满足而人为制造需要的一个部分或者环节，资本的本性无非是会把整个社会变为消费社会，这只不过是直接过剩形态危机的一个变形，而新近的空间生产和非物质劳动等形式，则是变形的乘方形式而已，并没有改变资本主义制度的根源，而西方马克思主义理论家对源流具体路径机制的揭示，使得我们基于马克思主义一般理论立场所作出的判断，有了更加坚实的内容确证。

四、资本主义维持人的异化存在状态的统治形式

西方马克思主义理论家对当今人的存在方式的研究,不仅论证了当今人的这种以"占有"为主要特征的,人从属于物的存在方式是由资本主义制度造成的,而且在此基础上进一步揭示出让人处于这样的存在状态实际上已成了资本主义统治的一种新形式,也就是说,当今的资本主义制度主要是依靠让人处于这样的存在状态来维持自己的统治的。所以,西方马克思主义批判现代资本主义,不仅是作为产生了人的异化生活方式、作为在社会中实施消费主义的"源"而加以批判,而且还从维系着、不断再生产着这种方式的角度,从作为"流"的方面加以批判:资本主义能动地制造和推行着社会成员的这种存在方式,资本主义通过这种方式能动地维持自身的存在,这两者是同构的。现代资本主义社会对人的统治,已经主要不是依靠拥有的强大的国家机器行使镇压和威慑,也不是直接在生产领域用经济手段使工人从属于资本,而是对人的生活方式的控制,使得人们在生活中直观地、自然地接受和再生产着既定社会运行机制,"安于"、"满意于"这个社会。

现代资本主义社会统治人、制造人们对它的认同,首先就是同消费主义制造虚假的需求本身直接同一的,通过控制人的需求来控制人,这就如马尔库塞所说,"把个人束缚于社会的机制已经改变,而社会控制就是在它所产生的需要中得以稳定的"。① 社会控制之所以实现,之所以如此稳定,主要是由于它制造出了一系列新的需求,人们都把注意力集中于为实现这些新的需求而努力奋斗。制造"虚假的需求"、"强迫"人们消费,这当然是资本主义经济持续增长的动力,但同样也带来了其他的甚至是对资本主义来说更大的效应,实现了资本主义意识形态操控的需要。高兹就给我们指出了,作为需要以生产为目的的生产,以积累为目的的积累的社会体制,它也需要建构一个强制消费的社会体制,资本主义需要的是被动的消费者,这种被动人格的主动特征在消费的意识形态氛围下,被压制到极小化,而在这样的个体人格的基础上,体制可以随心所欲地强加给个体任何目的,赋予他体制所需要他具有的任何欲望和意愿。资本主义看似把社会

① ［美］赫伯特·马尔库塞:《单向度的人》,刘继译,上海译文出版社 2014 年版,第 9 页。

成员、消费者设定为了"理性经济人",在资本主义意识形态看来,所谓的"经济人理性"不仅在价值上是被褒扬的,而且在事实层面也被认为是具有积极的建设性作用的,是达成市场配置资源、增长财富的基础。而实际上,西方思想传统特别是近代以来理性主义传统的设定远不是事实,人并不如同是以"主体"的地位运用其理性,而是"经济理性"成为了个体所接触的一切信息里的至高的主人,经济理性的铺展使得社会的所有方面都被其所支配,极大地延伸了资本对私人生活的一切方面和各个领域的侵略。高兹对消费社会的这种批判性分析,实际上告诉我们,资本主义社会制造的消费意识形态完成了对主体的"谋杀",正是通过对需求和满足进行合法性的华丽包装,更深的社会的一级政治目的论问题被压抑了,消费本身就不折不扣地是一种极为隐蔽的资本主义政治行为。①

统治的第二个方面,是通过弘扬科学技术的、物质生产领域的合理性,工具性的合理性,以此来僭越取代人们的社会交往领域的合理性,取代属人的合理性,从而来控制人。西方马克思主义的社会批判,往往从各种角度和严厉程度上,认为现代工业手段、现代科学技术实际上成了统治者手中的新的控制工具,例如马尔库塞强调的是,尽管从近代以来科学技术从来都是被统治者用来作为控制人的手段,但是只有到了现代,技术统治才成了一种主要的统治手段,借助于科学技术来控制人到了现代工业社会已经起着不可替代的作用,它对人的控制如此有效,以至于个人的抗议几乎已变得不可能,原先那些代表新的人的生存方式的历史力量完全消失。西方马克思主义一般来说,也并不是完全地排斥如韦伯式实证社会学所谈论的中性的"工具理性",但是,他们揭示和批判了这种原本阶段性和局部性的"工具"超出界限,将人的全局、全面的生活过程也纳入其中作为自己的一部分,按照自己的面目加以改造,改变了后者原先的内容性质,吸收、兼并了后者,局部的体系成为了唯一的、整个的体系。这一过程当中,工具理性原先所处的经济体系仍然是问题的基础和核心,是进行扩张和吞噬的源头,因为工具合理性的控制方式本就是切合于物质生产的,是这个局部领域当中人与人发生联系的基本媒介,而至于工具理性超出这个范围,例如行政权力的官僚化、公共文化和舆论受到的扭曲之类,都可以归结为是被经济体制的

---

① 参见张一兵:《反鲍德里亚——一个后现代学术神话的祛序》,商务印书馆 2009 年版,第 95 页。

控制型的媒介方式所同化,它们是被按照经济体制的原则所导引和重新组织了。①

统治的第三个方面,是渗入人的心理,通过塑造人的自身内在特质来控制人。现代资本主义社会之所以"成功"、之所以稳固,包括它成功地、稳固地把人们的存在方式确立为占有、消费等,就是将这些存在方式制造为人们的看似是他们"自己的"存在方式,让人"自行"按照这个社会的逻辑和标准来安排自身,这是当代资本主义社会控制人的最厉害的一手。例如,马尔库塞揭示出所谓"虚假的需要"得以成为现实的深刻的内化机制,"产品起着思想灌输和操纵的作用;它们引起一种虚假的而又免除其谬误的意识……由于更多的社会阶级中的更多的个人能够得到这些给人以好处的产品,因而它们所进行的思想灌输便不再是宣传,而变成了一种生活方式"②。又如,今天所谓的"城市化"这种对空间乃至对日常生活的战略性"规划",实际上就不仅是在生产关系的再生产的直接要求上对空间进行管理分割,而且是"发生在每一个人的眼皮底下,并在每一项社会活动中完成,其中包括那些表面上最无关紧要的活动(休闲、日常生活、居住与住宅、空间的利用)"③。乃至于,人与人之间看似直接的社会交往,也是蕴含着被统治的因素,"在现代的富裕社会里,在人的自由的现有的存在形式和能达到的可能性之间存在着某种矛盾,所以,如果社会想要避免发生过分的不快,它就必须使个人进行有效的合作。这样,人的心理就不自觉地和自觉地接受和屈从于制度的控制和操纵。"④

五、人摆脱异化存在状态的可能出路

这些西方马克思主义理论家对现代资本主义社会何以能够借助于制造和推

---

① 参见 Jürgen Habermas, *The Theory of Communicative Action*' Boston, Beacon Press, Vol. 2,1987, p.171。

② [美]赫伯特·马尔库塞:《单向度的人》,刘继译,上海译文出版社 2014 年版,第 11—12 页。

③ [法]亨利·勒菲弗:《空间与政治》,李春译,上海人民出版社 2008 年版,第 5 页。

④ [美]赫伯特·马尔库塞:《当代工业社会的攻击性》,任立编译:《工业社会和新左派》,商务印书馆 1982 年版,第 4 页。

行这种人的存在方式来实施自己新的统治的分析,既是独到的,又是深刻的,他们指明了资本主义的统治方式的一个重要特征就是可以控制人的意识、心理和本能结构,接受资本主义条件下人的存在状态和接受整个社会是一体乃至自我相互促进的。既然当代资本主义社会的人们是"自动地"把统治的意识形态变成自己的意识形态,会遵循统治的要求来实现自己,会把痛苦的生活当作幸福的生活来领悟,把不幸的境遇当作舒适的境遇来接受,那么,人是否就是没有希望、没有出路的呢?不可否认,有些西方马克思主义理论家面对人当今这种"非人"的存在方式,表现出了强烈的悲观主义色彩,他们揭示了当今人的这种存在状态的"反人性",同时又认为人的这样一种存在状态是不可逆转的。但须知,大部分的西方马克思主义理论家仍然表现出了乐观主义的态度,他们不但分析了当今人的存在方式的危害性,而且进一步探讨了改变这种存在状态的可能性和现实性。固然,西方马克思主义理论家研究的重点和主要理论贡献是在于"解释世界",在于揭示当今人的存在状态的特征以及造成这种存在状态的根源,在于从理论上论证出不幸的本质,但他们也在积极探索"改变世界",对于当今人如何才能摆脱这样的存在状态走向新的生活的问题,他们提出了许多的途径和方案,并且为新的人的存在状态提出了种种设想——尽管这项工作与此前的理论建构比较起来显得比较零碎、肤浅,可其中也不乏富有启发性的见解。

是不是对改变目前这种人的存在方式持有信心,首要地就是取决于对形成这种人的存在方式的原因的分析。倘若把原因归结为现代性本身,归结于科学、知识、理性等因素,那么与这些因素联系在一起的这种人的存在方式就是不可改变的,就只能空想某种前现代或者后现代的田园牧歌图景。但是,如果强调当今这种人的存在方式根源于资本主义的生产方式、资本逻辑,那么就显然可以得出结论说,当今这种人的存在方式是完全有可能加以改变的,只要把当代资本主义社会从资本逻辑的统治当中拯救出来。一些西方马克思主义理论家深受后现代主义影响,或者说他们本身就是后现代主义者,在他们眼里,当今这种人的存在方式是现代性逻辑发展的必然产物,是人们信奉理性、科学的必然结果。所以,只要人们还拥抱现代性,追求理性与科学,那么就必然会生活在这样的状态之下。而大部分的西方马克思主义理论家,他们在分析当今这种人的存在方式的根源时,往往追溯到资本主义的生产方式,特别是追溯到资本逻辑,这样他们就顺理成章地认为只要改变了资本主义的生产方式,扬弃了资本逻辑,当今这种人的存在方式就可得以改变,新的人的存在方式就可形成。

当然反过来说,这些西方马克思主义理论家也就不是笼统地谈论和肯定现代性的作用,而是提出对科学技术等因素的使用,有一个例如"合乎人性地使用"与"违背人性地使用"的区别,认为只有后者才会导致当今这种人的存在状态。例如,马尔库塞一方面强烈地批判正是现代工业、现代科学技术的广泛使用,导致人成了"单向度的人",另一方面又提出了他的"新科技观",认为只要"人道主义地"使用科学技术,现代科学技术的广泛使用就非但不会引向当今这种人的存在方式,而且还会创建新的人的存在方式。对理性在造成现代人现在这样的生活方式中的作用的分析,他们更是反对笼统地论述理性的作用,而是强调只有当理性成为工具理性、经济理性之类时才会履行这样的作用,当理性是实践理性、交往理性、生态理性等合理形态时,当把工具理性置于正确的位置合理地应用时,理性就会是"属人的"生活方式的"原动力"。对此,高兹的论述特别清楚明白,他的宗旨就是要把"经济理性"与"生态理性"严格地区别开来,强调正是由于"经济理性"的盛行,才导致当代人不顾一切地向自然界索取,以满足自己的消费得"越多越好"的生活方式,一旦不让"经济理性"而是让"生态理性"占据统治地位,那么人们自然会放弃消费得"越多越好"、只重视消费的"量"的生活方式,转而推崇"适可而止"、讲究消费的"质"的生活方式。

从而,在同现今社会的基本对比当中,新社会形态的特征就被确定了,就是要紧紧地抓住改变消费主义这一点,来相应地规定新的存在方式,人类新的存在方式的关键就是从生产领域而不是消费领域寻找满足,人应该全面发展各种劳动能力最终以劳动解放实现人的解放与全面发展。同时,这种对当今消费主义的异化存在方式的根本否定,也就有助于回应从这种异化意识形态立场出发的常见质疑。众所周知,马克思为共产主义的实现所确定的物质条件是生产力高度发达、能满足所有人的需要,资本主义意识形态家无法理解这一条件的真实含义,反驳说资源有限、欲望无穷,因而生产力永远不能达到满足所有人的需要,这显然是把需要和欲望即贪婪的人为需要当成了一回事。资本主义的无限的欲望确实需要无限的资源,而地球上的资源是有限的,如果任由消费主义塑造人们的需求期望水平,自然和社会的双重不满足必然导致社会冲突的增加,从而要么导致生态灾难和人类的毁灭,要么"必然需要采取更富压制性的和集权主义的政治统治方式,而这种统治是由特权的少数代理人所操纵的",①要么采取"开放态度",鼓励人们直接参与满足需求创造性活动,使得"满足的可能性将主要是生产活动而不是消费的组织功能"②。

难能可贵的是,这些西方马克思主义理论家在展望未来人的新的存在方式时,又能把马克思对于未来共产主义社会的前景预期联系在一起,借鉴了许多马克思对未来共产主义所提出的根本特征的分析,并贡献了自己独到的理论分析。马克思在《政治经济学批判(1857—1858年手稿)》中指出,前资本主义生产方式、资本主义生产方式、共产主义生产方式构成人类生产方式的三大序列,并因而决定了人的存在的三种状态,即人对人的依赖、以物的依赖性为基础的人的独立性、建立在个人全面发展和他们共同的社会生产能力成为他们的社会财富这一基础上的自由个性。许多西方马克思主义者推崇马克思在这里关于三种人的存在方式的区分,认为当今人的存在方式实质上就是马克思所说的人的第二种存在方式,即"以物的依赖性为基础的人的独立性",而要创建的人的新的存在方式,就是马克思所说的第三种人的存在方式,即"建立在个人全面发展和他们共同的社会生产能力成为他们的社会财富这一基础上的自由个性",例如弗洛姆之所以提出"占有"和"存在"的本体论式分析,就是分别对应概括第二、第三种人的存在方式。正因为他们把新的人的存在方式与马克思所描述的社会主义、共产主义联系在一起,所以在他们看来,共产主义就是形成人的一种新的存在方式,恢复人的主体地位,为创建新的人的存在方式而努力,就是为实现共产主义而奋斗。

当然,对于马克思来说,更加重要的是从物的依赖性到自由个性、从经济人向社会人的那个"过渡",科学社会主义主要就是为了找到通达光明前途的条件、手段。在这一点上,西方马克思主义的缺陷和片面就较多地显露出来,从卢卡奇倚仗无产阶级的阶级意识和总体性意识开始,他们就较多地聚焦于人的某种主观意识的变革,从意识的自我调控和救赎看问题,通过对"人性的逐步自我理解和自我训导",即"将人欲望的非理性和破坏性方面置于控制之下"。③ 例

---

① [加拿大]本·阿格尔:《西方马克思主义概论》,慎之等译,中国人民大学出版社1991年版,第483页。

② Wiliam Leiss, *The Limitsto Satisfaction*, Canada. Mcgil-Queen' University Press, 1988, p.106.

③ [加拿大]威廉·莱斯:《自然的控制》,岳长龄等译,重庆出版社1993年版,第168页。

如,即使是提出了较完整系统的社会改造方案,并在 1968 年社会运动中达成西方马克思主义实践最激进程度的马尔库塞,也认为"一切解放都有赖于对奴役状态的觉悟",①或者从马克思以实践为基础的人的自我改变和环境改变的统一,退到在个人的本能结构基础上的统一,即退到"社会创造条件使自由、和平和幸福的现有可能性化为现实"和"创造条件把性欲、生活本能从破坏本能的优势中解放出来"的那种统一。② 但是,尽管他们在具体共产主义革命运动的实践方面颇为窘迫,没有找到"执刑者",他们仍然在对当代资本主义社会的新矛盾的新分析当中,从不同层面揭示了"历史本身"的"审判官"③机制,展现了西方马克思主义的在场性和活力。

(本文作者:陈学明)

---

① [美]赫伯特·马尔库塞:《单向度的人》,刘继译,上海译文出版社 2014 年版,第 8 页。
② [美]赫伯特·马尔库塞:《当代工业社会的攻击性》,任立编译:《工业社会和新左派》,商务印书馆 1982 年版,第 6 页。
③ 参见《马克思恩格斯选集》第 1 卷,人民出版社 2012 年版,第 777 页。

西方马克思主义民主问题的困境及批判

当下较有代表性的西方马克思主义学者麦克莱伦在中国人民大学座谈时谈到,黑格尔的现代性精神在一战之后被复活,并弥散在早期西方马克思主义与哈贝马斯早期的理论探索建构之中;"民主"这一现代性话语,更是沿着这样的理性路径传衍与流转。从黑格尔对于"民主"的提问出发,察识卢卡奇、葛兰西、柯尔施如何将对民主的探讨从理性哲学的影响中祛除,在马克思主义方法的指导下立足现实生活却又成为乌托邦实践? 反思哈贝马斯如何以重塑理性民主的方式试图超越与中和两大传统,却因为囿于唯心史观而无法真正在西方世界付诸实践? 开掘与探寻马克思主义民主思想的真理性力量,以彰显民主思想的人民性与真实性的根本属性,完成对西方民主思想的超越与批判,在思想性历史与历史性思想的积蕴交错中勾勒出民主的精彩"历险",是重要而有价值的。

一、"理性"的走向"现实"的:早期西方
马克思主义的民主转向及困境

早期西方马克思主义代表人物是在黑格尔理性哲学的影响之下逐渐开启对马克思主义转向的。正如卢卡奇所坦言的那样,青年时期的他是戴着西美尔、麦克斯·韦伯、狄尔泰、黑格尔的"方法论眼镜"①,试图理性地洞察世界的本质与真理(此时对于他来说,作为经济学家与社会学家的马克思对其影响是微乎其微的);葛兰西不止一次地强调,自身的思想就是黑格尔理性哲学因素加上实践

---

① [匈]卢卡奇:《历史与阶级意识》,杜章智、任立、燕宏远译,商务印书馆 2004 年版,第 2 页。

哲学,是对黑格尔理性精神的复活与运用,是对黑格尔主义的改革与发展①。可是当卢卡奇、柯尔施、葛兰西等西方马克思主义认识到民主问题不应在理性范围内进行思辨式求解,而应当立足现实,进入现实界面去反思法西斯主义与极权式民主时,便立刻认识到马克思主义的真理性。他们便放弃对马克思主义圣经"注解"式或论点"信仰"式解读,拾起马克思主义最宝贵的"方法论"武器,开启民主在黑格尔之后的"现实"②维度的转向。

卢卡奇对民主问题的思考经历了一个从《勃鲁姆纲领》开启民主路向到晚年重思民主问题的思想变迁历程。早在 1924 年《列宁——关于列宁思想统一性研究》一书中,卢卡奇就已经开始接受列宁辩证唯物主义的世界观,祛除自身黑格尔式的对阶级意志与精神因素的强调,将目光转向现实世界——"公正无误地面对事实,不抱有任何幻想,可以说是每一个真正的马克思主义者的神圣职责"③。在《勃鲁姆纲领》中评估了资产阶级民主,审视了苏联民主模式对匈牙利的影响,探讨了匈牙利共产党面临的国内外形势、民主建设的内容以及未来社会主义国家建设等问题。《勃鲁姆纲领》开宗明义地谈到了匈牙利应当立足本国国情建设无产阶级专政国家,而不是因循苏联民主的道路。"要求对现在的迫切问题采取实质性立场,因为按照这种对马克思主义方法的理解,它的最重要目的是认识现在"④。匈牙利共产党如何立足国情呢,卢卡奇指出,关键问题在于"建设民主"和提升无产阶级专政能力,即"HCP 是匈牙利唯一的为了资产阶级民主而强烈斗争的政党,这种斗争必须扩展为群众斗争,必须扩展到整个无产阶级领域。斗争的核心口号(它将摧毁 Bethlen 的纲领)那就是:工农联合的民主专政"⑤。基于此,卢卡奇在《勃鲁姆纲领》中阐述了其民主的三重蕴含。其一,对"法西斯=民主"错误观念的驳斥与破除。提出"工农联合的民主道路"的主张是为了回应对"民主"的混淆与错误运用。在当时条件下,法西斯主义披着

---

① [意]葛兰西:《狱中札记》,曹雷雨等译,中国社会科学出版社 2001 年版,第 370—371 页。

② [匈]卢卡奇:《历史与阶级意识》,杜章智、任立、燕宏远译,商务印书馆 2004 年版,第 48 页。

③ [匈]卢卡奇:《列宁》,张翼星译,远流出版事业股份有限公司 1991 年版,第 18 页。

④ [匈]卢卡奇:《历史与阶级意识》,杜章智、任立、燕宏远译,商务印书馆 2004 年版,第 41 页。

⑤ Georg Lukacs, *Political Writings*, *1919-1929 The Question of Parliamentarianism and other Essays*, Translated by Michael McColgan, Rodney Livingstone, 1972, p.241.

民主的外衣,以致库拉·贝恩等人将法西斯主义与民主等同,视为资本主义反革命的两手武器,所以民主制才被视为资本主义反革命的罪魁祸首。显然,民主在这里已经被当作资本主义法西斯的孪生兄弟而遭到错误理解与混淆运用。库拉·贝恩甚至进一步提出,"专政的全部错误的根源和失败的主要原因——当然不是唯一的,不过从策略角度来看主要是——工人运动的结构有问题",所以卢卡奇才提出要改变贝恩反对民主制甚至仅局限于工人内部团结的狭隘工团主义的错误观念,建立起"工农联合的民主专政"。其二,对资产阶级民主的两种形式加以辨析澄清。卢卡奇在《勃鲁姆纲领》中反复强调"资产阶级革命与无产阶级革命之间没有隔着一条万里长城",即是强调民主问题不应当随着资产阶级革命而被视为仇恨与打压的对象,民主作为社会主义的根本属性,应当得到理性反思与审慎建设。摆在匈牙利共产党人面前的问题是,"在匈牙利所有理论和实践问题都与民主有关"。卢卡奇剖析了资产阶级民主内部存在着两种形式,即作为纯粹统治者的资产阶级民主和无产阶级应建设的民主。前一种民主在卢卡奇看来是错误的,因它企图破坏、驱散与瓦解工人阶级运动;后一种民主必须强调资产阶级内部蕴含着无产阶级可以开掘与利用的积极力量,一方面无产阶级应当主动自觉提升阶级意识,另一方面积极建立起一种以资本主义民主为形式、以工农联合为主体的民主政权,发展成无产阶级民主国家。其三,卢卡奇在《勃鲁姆纲领》中以"党内多党"的形式探讨了党内民主建设,反思了党组织的先进性与活力性。这样,卢卡奇在《勃鲁姆纲领》中一方面开始放弃黑格尔的理性哲学,试着在辩证唯物主义哲学影响下,在立足匈牙利国情的基础上开展民主设想与民主实践。另一方面,正如其后来所说:《勃鲁姆纲领》作为其隐秘的目标,"这里涉及的是试图用民主方法解决思想问题。我所遵循的是一条没有中断过的、无法否定的道路"[1],即民主是社会主义的最终出路。为此,卢卡奇认识到《勃鲁姆纲领》在民主问题上的不成熟性在于在思想理论层面探讨现实问题的不可能性,而于1968年写作的《民主化的进程》是对其思想的反省与对社会主义民主的再思考。在一封于1968年9月2日写给弗兰克·本塞勒博士的信中,卢卡奇这样说道:"我的脑际时常有一种想法,写一篇长文论述现代民主化(包括两种制度)的社会本体论。"

---

① [匈]伊斯特万·艾尔希:《卢卡奇谈话录》,上海译文出版社1991年版,第155页。

在《民主化的进程》中卢卡奇表达了对民主问题的新思考。一方面从历史上考察了从古希腊城邦民主制到西方近代资产阶级民主制的发展历史,看到了古希腊民主对人类历史文明发展所起到的作用,指认了资产阶级民主的形式性与虚伪性;一方面在现实中看到了"列宁路线"被中断后苏联如何走向一种僵化的甚至是极权式民主的现实困境。基于此,卢卡奇运用德国古典哲学和马克思早期著作中的相关思想,力图在民主化体制上做出哲学的实践论证,并提出关于社会主义民主的建设设想。其一,卢卡奇凸显了"类存在"对于社会主义民主化建设的重要性。卢卡奇反对按照经济主义与实证主义的方式强调经济对于民主的决定作用,而是从类存在与能动性的角度强调人的潜能与类本质对于鼓励民众参与民主建设的积极性与创造性的重要性。"这种类存在的自我活动有可能作为社会主义民主的根据而起作用,可能成为自由王国的准备。尽管走向自由王国的旅程很长,并且充满着矛盾和暂时的障碍"①。但是社会主义民主化的建设就是要紧密依靠人作为类存在时释放出的积极能动性,在劳动中建设社会主义民主。因此,卢卡奇认为社会主义民主应当这样加以理解:"社会主义民主——把人看做一种能动的创造物,这是人的类存在的真实性质,由于他在日常实践中必定是能动的,这种实践把人的劳动对象化,把客观产品变成由人自己自觉地创造并履行人的有目的活动的对象。社会主义民主是允许客观性的政治体制,并不违背客观性的固有规律,而成为自觉能动的人在有目的的设计中的一种工具"②。其二,卢卡奇将社会主义民主建设看作一个动态的演进历程而不是僵死的体制,提出用 democratization 取代democracy,表达出卢卡奇力图在社会经济政治的不断演变中实际的调试与完善民主的实践与努力。其三,卢卡奇将政治活动与日常生活的融合视作社会主义民主化的现实路径。即卢卡奇试图结束民众与政治相分离的尴尬局面,使民众能够在日常生活中参与到政治生活与政治建设之中,在公共舆论与思想意见中开辟出政治民主化发展的可能,也利于克服官僚主义危机,为走向无产阶级民主迈出重要一步。

---

① [匈]卢卡奇:《民主化的进程》,纽约州立大学出版社 1991 年版。转引自张翼星:《卢卡奇晚年关于社会主义民主的探索》,《求是学刊》2004 年第 5 期。

② [匈]卢卡奇:《民主化的进程》,纽约州立大学出版社 1991 年版。转引自张翼星:《卢卡奇晚年关于社会主义民主的探索》,《求是学刊》2004 年第 5 期。

当然，葛兰西、柯尔施等人也在反对官僚集中体制，重思党与工人阶级、与群众的关系上提出了以"工厂委员会"、"工人委员会"为代表的"民主制"思想。葛兰西强调，"无产阶级专政只能体现为生产者的活动，而不是为挣工资者和资本的奴隶的活动所特有的那种类型的组织之中，而'工厂委员会'则正是这种组织的核心"①，是一种工人民主制度；柯尔施也强调，"工人委员会"是无产阶级民主的基本制度，它将调节生产者与消费者的经济利益，组织革命胜利后建立社会的新形式，即"世界无产阶级必须建立工人委员会，地方的委员会，首都和地区的委员会，帝国或国家的委员会，作为革命的手段或社会的新形式"②。"新世界之光从工人委员会中发射出来。世界工人阶级在这些工人委员会的组织中和它的集中化中找到无产阶级革命和社会主义的形式和表现。"③

可以说，早期西方马克思主义对民主问题进行的理论探讨与实践尝试，所暴露出的困境是显而易见的，即在反思苏联民主模式时更多采取批判态度而并未辩证汲取其合理之处，④这种评判更显片面；在试图以"工人委员会"或"工厂委员会"开辟社会主义民主新路向时众说纷纭、莫衷一是，甚至表现出含混与矛盾的倾向，既无法组建也无法实施；在付诸社会主义民主实践时，又因为现实条件无法满足理论需求而只能流于空泛，成为一种乌托邦式设计⑤，鲜明体现出思想理论探讨与社会现实相脱离的特点。从一定意义上讲，这种对民主问题的探索既是对马克思主义理论与方法的一种错误运用与实践，也是对马克思主义民主思想的一种修正：使民主问题的思考只能是思想理论层面的，当且当这种思考是在当下现实维度展开时、我们称其为从"理性"到"现实"的转向时，这种民主的转向在进入现实时几乎毫无可进之处。因此，早期西方马克思主义的民主问题在现实层面呈现的二律背反，是其鲜明困境。

---

①　Gramsci, *Selections from Political Writings 1910-1920*, London: Lawrence & Wishart, 1977, p. 100.

②　徐崇温：《西方马克思主义理论研究》，海南出版社 2000 年版，第 420 页。

③　徐崇温：《西方马克思主义理论研究》，海南出版社 2000 年版，第 420 页。

④　李佃来：《卢森堡的民主思想与西方马克思主义的历史回应——一种政治哲学的考量》，《哲学研究》2008 年第 3 期。

⑤　韩秋红：《西方马克思主义现代性批判理论的生成逻辑》，《马克思主义理论学科研究》2017 年第 2 期。

二、"商谈"的以及"共识"的:哈贝马斯
重塑民主的"理性"路向及困境

哈贝马斯在《公共领域中的结构转型》中探讨了民主问题,梳理并考察了西方民主在 18、19 世纪的生成、演历及其遭遇危机而渐趋衰微的历程。在此后的作品中,哈贝马斯进一步检视自由主义与共和主义两大西方民主传统,一方面指出自由主义传统的民主理论因为不能提供一种合理的公共理性而无法对民主的规范性提供保障;另一方面又指认共和主义传统的民主理论虽然在一定程度上避免了将集体利益与"公意"还原为特定阶级的利益表达,但由于其以公民德性构筑起的民主程序困囿于理想化的图景之中而脱离了现实根基,也只能流于一种理想化的策略而束之高阁。由此,哈贝马斯认识到如何将形而上学的理想性批判与尘世生活的现实性批判加以勾连,如何剖析晚期资本主义国家的合法性危机和现实民主的实践困境,如何使"那些想要把一切范式连同意识哲学范式统统抛在一边,而直接迈入后现代的澄明境界的人,根本无法摆脱以主体为中心的理性概念及其直观形态",而回到黑格尔理性概念的过程中反思对民主的规范与重建。这便是哈贝马斯在"理性"基础上重建以"商谈"和"共识"为核心的交往理性与程序正义的"商谈民主"的思想前提与问题意识,试图破解西方民主问题在其传统发展路线乃至晚期资本主义现实中迭出的困境。

从对自由主义民主的反思来看,哈贝马斯首先廓清了自由主义这种源于洛克"有限政府"思想的理论,本质上是依靠少数精英实现对国家的管理,将政府的合法性寄托于少数精英的道德担当与自我约束。自洛克以来,让渡自身部分权利组成特定政府,以维护公民自由、生命、财产和公众福利不受侵犯①的理论就一直被奉为圭臬。这种民主形式与政府组成方式从一开始确立就是以间接民主、代议制政府、政党轮换等方式,选出少数政治精英去保障公民私人生活的自由,在精英立法与家长管理的过程中求得公民对民主接受与安慰。哈贝马斯指出,这一民主模式的假设前提、出发心理与民众视域,是群众一方面坚持认为只

---

① [英]洛克:《政府论》(下篇),叶启芳、瞿菊农译,商务印书馆 1964 年版,第 77—80 页。

有在自由主义中才可以合理的表达私人意愿与诉求,并通过投票选举出自己信任的精英,组成政府进一步捍卫自身的权益;另一方面假定政党的轮换执政会在相互妥协、牵制中逐渐趋向于兑现政治承诺与竞选宣言,有助于满足公民需求的利益。从对这一前提性预设与私人利益性期待的澄明出发,哈贝马斯通过新制度主义政治学对个人利益与精英政治选票之间的交易与兑换的考察,证伪了"个人权益能够得到合理照顾与满足"的自由主义民主政治的承诺,揭示了将私人利益寄托在少数精英身上只能是理念上的虚幻与机制上不可执行的自由主义民主的真实面目。"根据自由主义的观点,政治本质上是一场争夺人们可借以控制行政权力的职位的斗争。决定公共领域和议会中政治性意见和意志形成过程的,是为保护或获得权力职位而进行策略性行动的集体行动者之间的竞争"①。而"既然利益团体的成员实际上是相当有选择的组成的,是相当消极、对于团体政策的影响是甚微的,那么就假定,权力斗争本质上是在精英之间进行的"②。可见,哈贝马斯看清了自由主义民主只是少数精英阶层与群众交易选票、轮番执政、"你方唱罢我登场"的权力斗争的真实场景,人民权利及其迫切呼求早就在这种政治更迭中将公民的"民主"湮灭。试图通过精英的个人才能与道德义务来为个体利益的实现加上一层保障——当然这无异于"皇帝的新衣"——只能导致个体利益遭到遮蔽、民主走进缺席的困境越来越凸显,直接暴露了"民主基础的规范性丧失和合法化取消的危险"③。

从对共和主义民主的批判来看,哈贝马斯阐明了这一传统与西方社会当下现实境况不可避免的错位与冲突。共和主义民主传统可追溯至古希腊,在那个以城邦为主,城邦先于国家与个人而存在的时代,亚里士多德就提出,"人类自然是倾向于城邦生活的动物(人类在本性上,也是一个政治动物)"④,"我们确认自然生成的城邦先于个人,就因为(个人只是城邦的组成部分),每一个隔离的个人都不足以自给其生活,必须共同集合于城邦这个整体(才能让大家满足

---

① [德]哈贝马斯:《在事实与规范之间》,童世俊译,生活·读书·新知三联书店 2011 年版,第 375 页。

② [德]哈贝马斯:《在事实与规范之间》,童世俊译,生活·读书·新知三联书店 2011 年版,第 412 页。

③ [德]哈贝马斯:《在事实与规范之间》,童世俊译,生活·读书·新知三联书店 2011 年版,第 413—414 页。

④ [古希腊]亚里士多德:《政治学》,吴寿彭译,商务印书馆 1965 年版,第 7 页。

其需要）"①。所以早在古希腊，个体作为城邦国家的成员而服从于整体需要的民主模式尚已清晰。这一传统在崇尚"民主、自由、平等、博爱"的法国启蒙思想家那里得到了进一步展现。卢梭在《社会契约论》中这样写道："我们每个人都以其自身及全部力量共同置于公意的最高指导之下，并且我们在共同体中接纳每一个成员作为全体之不可分割的一部分。"②所以，共和主义传统对民主的界定便是"民主等同于社会作为一个整体的政治性的自我组织"③，将个体意志及其政治意见有机地建构为一个具有共同利益的整体应该是加以考虑的。哈贝马斯进一步指出，共和主义民主传统所重视与强调的是在公民的集体意志与政治自决中朝着一个公共福祉或共同的善的方向努力，从而使作为整体的国家更完善，使公民权益得到切实保障。在这里，不同于自由主义传统的精英治理模式，共和主义聚焦于全体公民对共同道德与生活价值观的分享，在坚持公民伦理的基础上形成统一的合理决策。然而作为一种理想的民主生活样态，哈贝马斯立足于资本主义社会快速发展，国家与市民社会渐趋分离，政治、经济、文化系统多元化快速演变的现实，指出了其捉襟见肘之处。即，一方面，"以国家整体为中心的政治观是一项认为国家可以超越有能力进行集体行动的全体公民的不切实际的假定"④。因为当前社会各个方面正在发生的变化已经突破了传统意义上的发展，人民感受变化的能力、接受信息的数量、跟随社会易迁的速度等方面都在不同程度上为自身与共同体的发展设置屏障。社会的迅速变化已经冲击甚至破坏了公民形成共同伦理价值的现实基础，试图依靠一个"至善"来完成对全体公民的共和主义式生活模式已经变得式微。另一方面，保持国家整体至上和利他主义的理念与维护个人利益的本性仍然存在着巨大张力，甚至潜藏着抹平个人利益的危险，更遑论利益多元分化与快速演变的现代社会根本上不再具有可供实现的执行条件。由此，哈贝马斯对共和主义民主的反思是在澄清其在当前资本主义社会现实中正不断丧失其合法性与规范性事实根基，以及在现实的社

①　[法]卢梭:《社会契约论》,何兆武译,商务印书馆2003年版,第9页。
②　[法]卢梭:《社会契约论》,何兆武译,商务印书馆2003年版,第20页。
③　[德]哈贝马斯:《在事实与规范之间》,童世俊译,生活·读书·新知三联书店2011年版,第368页。
④　[德]哈贝马斯:《在事实与规范之间》,童世俊译,生活·读书·新知三联书店2011年版,第369页。

会制度建构上所暴露的理论困境与苍白无力,特别是何以运用"理性"在现实社会建构"交往理性"的民主已有困难。

哈贝马斯以"商谈民主"建构起一种中立性的民主程序,实现对自由主义传统与共和主义传统的调和与折中,以舒缓规范性与合法性之间的紧张状态来表明对民主问题困境的解困。哈贝马斯谈道:"在比较了不同实质性规范的民主模式后,我提出了一个程序性的民主模式概念"①。程序正义的民主之所以体现为主体间的商谈,正在于"话语"的介入与勾连。哈贝马斯以语言来完成谈论双方的信息对接、理念交换,在合理论证与消除歧见的过程中达成共识,是对自由主义与共和主义两方元素的统摄与调和。他指出,"话语的重要性在于如下事实:它提供了一种对问题的信念进行质疑的、可合理地论证的方式"②。当然更重要的是,"话语理论吸收了两方面的因素,用一种理想的商谈和决策程序把他们融合起来"③,所以"商谈论赋予民主过程的规范性含义,比自由主义模式中看到的要强,比共和主义模式中看到的要弱"④。由此,哈贝马斯"商谈民主"至少应当包含以下几层含义。首先,商谈民主表征出"去主体化"的交往的主体间性。区别于自由主义,商谈民主以连接个体的方式实现私人权益之间的互相通约。通过公共领域的广泛讨论达成一致意见,并将此交往意见转化为人民接受的行政权力,以此更好地维护公共利益与私人权益。区别于共和主义,"人民主权不再体现为一种自主民主的有形聚集之中,它被卷入一种由论坛和议会团体所构成的可以说是无主体的交往循环之中"⑤。在这种商谈民主中,国家整体性的崇高地位与公民个体相对被忽视的较低社会感被调和起来,私人利益与公共利益在商谈中走向平衡稳定。其次,商谈民主表征出人权与人民主权的同源互构。"人权"作为自由主义的核心概念,充分表达了民主是对私人权益的保障机制;而"人民主权"作为共和主义的主旨理念,则彰显出作为整体的国家与人民

① [德]哈贝马斯:《在事实与规范之间》,童世俊译,生活·读书·新知三联书店 2011 年版,第 358 页。

② [英]安德鲁·埃德加、哈贝马斯:《关键概念》,杨礼银、朱松峰译,江苏人民出版社 2009 年版,第 49 页。

③ [德]哈贝马斯:《包容他者》,曹卫东译,上海人民出版社 2008 年版,第 286—287 页。

④ [德]哈贝马斯:《在事实与规范之间》,童世俊译,生活·读书·新知三联书店 2011 年版,第 369 页。

⑤ [德]哈贝马斯:《在事实与规范之间》,童世俊译,生活·读书·新知三联书店 2011 年版,第 168 页。

是如何以"共同体"的方式完成对整体性利益、伦理价值的关照与实现。但是在商谈民主中,哈贝马斯则将"人权"与"人民主权"统一起来——"私人自主性与公共自主性,人权和人民主权,是同源产生的,是互为前提的东西"①。尽管"人民主权——即使它变成无人称的东西——退却为民主的程序和对这些程序之高要求交往预设的法律执行",但其目的也在于"为了使他自己被感受为交往的产生的权力"②,以便在这种交往中平衡整体利益与私人利益的关系,缓和个体与国家或者共同体之间的利益对峙冲突,在商谈民主中走向人权与人民主权的统一。最后,商谈民主是在正式的宪法建制与非正式的公共舆论的双轨制作用下共同完成的。哈贝马斯指出,"根据商谈论,商议性政治的成功不取决于一个有集体行动能力的全体公民,而取决于相应的交往程序和交往预设的建制化,以及建制化协商过程与非正式地形成的公共舆论之间的共同作用"③。在这里,"商议性政治是在意见形成和意志形成过程的不同层次上沿着两个轨道进行的——一个是具有宪法建制形式的,一个是不具有正式形式的"④。从具有宪法建制形式的意见形成来讲,它以政府、议会和国家的论辩、商议为程序,在合法性与规范性层面形成保障;从非正式的意志形成来说,它在自下而上的公共舆论中为国家和公民利益提供合理建议,具有事实性依据。所以商谈民主在宪法建制的意见形成与公共舆论的意志产生中所实现的是对规范性与事实性之间的协调,完成对自由主义与共和主义的理性折中。

当然,哈贝马斯看到了晚期资本主义的民主生活现状是技术理性对生活世界的殖民导致公共理性的退化,商谈民主试图在主体间的交往理性建构中重塑对公共理性的共识。但由于哈贝马斯谈论交往理性与商谈民主的目的是要证明生活世界的合理性,不断强调现代性的民主"本来就与理性有着内在的联系",⑤

---

① [德]哈贝马斯:《在事实与规范之间》,童世俊译,生活·读书·新知三联书店 2011 年版,第 106 页。

② [德]哈贝马斯:《在事实与规范之间》,童世俊译,生活·读书·新知三联书店 2011 年版,第 373 页。

③ [德]哈贝马斯:《在事实与规范之间》,童世俊译,生活·读书·新知三联书店 2011 年版,第 370 页。

④ [德]哈贝马斯:《在事实与规范之间》,童世俊译,生活·读书·新知三联书店 2011 年版,第 388 页。

⑤ 陈学明:《西方马克思主义现代性批判理论及其在当今中国的意义》,《马克思主义理论学科研究》2017 年第 4 期。

因此其只是"西方理性主义的又一个民主的乌托邦而已"①。其不能达到使理性民主恢复统一的目的;不能达到理性民主与民主理性的辩证关系程度,不能达到理论中带有的黑格尔先验化、形式化和理想化色彩的祛魅;不能达到对自由主义民主和共和主义民主的困境克服,而证明着在民主这样更具现代性典型问题上不可能存在第三条道路可走;不能达到如同列宁在此问题上实现的马克思主义理论家、革命家的原则高度:列宁曾提出过著名的原理,党是"无产阶级联合的最高形式","除了党这个组织以外,没有别的武器"能够使无产阶级完成自己的历史使命,党的领导者、党组织的组织者负有政治民主的责任,即党组织无论如何不能与一般的群众组织相提并论,即党要在组织中起到先锋、模范、骨干的作用,成为与其他阶级、组织、群众发生联系的桥梁,成为整个无产阶级事业的领导核心。而商谈民主在晚期资本主义民主生活遭到侵蚀的情况下,既不谈民主的组织形式,也不谈民主的组织者与领导者,虽努力像黑格尔"借路"还真不如自己"修路",而靠自己修正出来的"商议政治"因只谈民主的共识性不谈民主的集中性,只谈协商的可能性不谈协商的空中楼阁性,使其理论困境与实践困境双闪。

三、"人民"的亦是"真实"的:马克思主义民主思想的超越与批判

马克思在《黑格尔法哲学批判》中通过对黑格尔关于"政治国家与市民社会"的国家理论的剖析,初步勾勒并阐述了其民主思想。此后,在《论犹太人问题》中对"政治解放"意义上的民主问题的探讨,在《法兰西内战》中对巴黎公社经验教训的总结反思,以及在更多文献中对民主问题的反复论证,使其民主思想得以丰富发展,并集中体现在以下三个方面。其一,民主的实质在于人民主权而非君主主权。马克思在《黑格尔法哲学批判》中直截了当地指出:民主"不是君主的主权,就是人民的主权"②。"君王,就其代表人民统一体来说,是主宰,那么

---

① 张汝伦:《哈贝马斯交往行动理论批判》,《江苏行政学院学报》2008 年第 6 期。
② 《马克思恩格斯全集》第 3 卷,人民出版社 2002 年版,第 38 页。

他本人只是人民主权的代表、象征。人民主权不是凭借君王产生的,君王倒是凭借人民主权产生的"①。所以民主的真正含义就是人民利用手中的权利来实现自身包括选举合法领导人在内的各方面意愿,就应当是维护广大人民在现实生活(甚至作为政治动物)的权益,而不是借选举之行将人民手中的权利转变成被选举出的君主的私人利益。黑格尔恰恰是试图完成并进一步粉饰这种"本末倒置"——以牺牲人民利益来维护君主私利,展示其作为"官方哲学家"而致力于维护封建普鲁士君主权益的本意。早期西方马克思主义认识到黑格尔这一问题而努力摒弃并以此靠近马克思主义的同时,又拒之马克思主义的人民主权与合法领导人之间的关系问题。如,其要么谈领导者领导革命失败的原因在于外部条件,要么谈人民主权意识需要自我提升。其二,民主的实现存在于真实的市民社会之中,而非虚幻的国家概念之中。马克思强调,"黑格尔把市民社会和政治社会的分离看做一种矛盾,这是他较深刻的地方"②。但在黑格尔的理性哲学中,"观念变成了主体,而家庭和市民社会对国家的现实的关系被理解为观念的内在想像活动。家庭和市民社会都是国家的前提,它们才是真正活动着的;而在思辨的思维中这一切却是颠倒的。"③黑格尔理论的缺陷是在概念王国中建立一个融合现代政治体制的"理性民主国家",而这个"理性国家"却作为市民社会和家庭的真正"主语"而起着决定作用。由于理性国家的预设,国家精神的连续性在黑格尔这里获得重要保障,不仅确保了精神理念的优先性,也淡化甚至抹杀了市民社会的现实性与真实性。由此一来,民主便被剥夺了它赖以存在的基础而被迫封闭在抽象的理性概念之中。哈贝马斯想借助黑格尔这样的理性,想恢复理性国家的现代政治体制,却不谈体制建设、组织建设与党的建设;只谈协商与商谈的过程,你只要大胆使劲说就好,我只表现为倾听就好,对你的倾听表示感谢就好,至于结果如何、结论如何可以不必考虑。所以,哈贝马斯的协商民主是一种怎样的民主的确值得审视与批判。其三,民主是人作为类、社会存在物而建构起的国家制度,是维护人的社会身份与类本质权利的集中彰显。马克思指出,"政治领域是国家中的唯一国家领域,是这样一种唯一的领域,它的内容同它的

---

① 《马克思恩格斯全集》第3卷,人民出版社2002年版,第37页。
② 《马克思恩格斯全集》第1卷,人民出版社1956年版,第338页。
③ 《马克思恩格斯全集》第3卷,人民出版社2002年版,第10页。

形式一样,是类的内容,是真正的普遍物。"①当"市民社会的成员在自己的政治意义上脱离了自己的等级,脱离了自己的真正的私人地位。只有在这里,这个成员才获得人的意义,或者说,只有在这里,他作为国家的成员、作为社会存在物的规定,才表现为他的人的规定"。② 所以"民主制是作为类概念的国家制度。"民主制"是一切国家制度的实质,是作为国家制度特殊形式的社会化了的人。它对国家制度其他一切形式的关系,正好像类对自己的各个种的关系一样。"③

如果可以从以上三个方面对马克思主义的民主思想形成一个总体性的理解与把握,便可从此整体出发去审视卢卡奇、葛兰西、柯尔施等人对民主问题的探讨。卢卡奇《勃鲁姆纲领》的不成熟之处在于其过分依赖资产阶级民主而否认了无产阶级民主的独立性,没能跳出资产阶级民主范畴的狭隘理解,没能摆脱资产阶级民主形式的虚伪性,只是试图对其加以改造而进一步现实化。可见,卢卡奇囿于资产阶级民主形式的桎梏而并没有真正走向马克思所说的无产阶级民主是形式与内容、手段与目的的真正统一,即"无产阶级为了夺取政权也需要民主的形式,然而对于无产阶级来说,这种形式和一切政治形式一样,只是一种手段。但是,如果在今天,有人要把民主看成目的,那他就必须要依靠农民和小资产者,也就是要依靠那些正在灭亡的阶级……"④除此之外,卢卡奇晚年民主理论与葛兰西"工厂委员会"、柯尔施"工人委员会"的民主思想的弊端也在于其忽视了社会发展的真实形势,低估了资产阶级的力量而错误地估计甚至夸大了无产阶级的力量,在没有彻底唤醒与开掘无产阶级变革社会力量的前提下贸然确立了民主建设的主体,只能导致民主建设的希望无奈落空,验证了马克思所言的"一步实际运动比一打纲领更重要"⑤、"改变世界比解释世界更重要"的科学真理。由此,从马克思主义民主思想的理论来看,卢卡奇等早期西方马克思主义者虽然已经在民主建设的思想上实现了从"理性"到"现实"的转向,注重从本国国情开启探索民主建设,但由于其理论找不到实践的根本路径仍然具有文化批判意义

---

① 《马克思恩格斯全集》第 1 卷,人民出版社 1956 年版,第 283 页。
② 《马克思恩格斯全集》第 3 卷,人民出版社 2002 年版,第 101 页。
③ 《马克思恩格斯全集》第 4 卷,人民出版社 1956 年版,第 280、281 页。
④ 《马克思恩格斯选集》第 4 卷,人民出版社 1995 年版,第 662 页。
⑤ 《马克思恩格斯选集》第 3 卷,人民出版社 1995 年版,第 296 页。

上的乌托邦色彩,距离马克思主义真实的、可实践的民主思想仍存有一定差距。

从马克思主义民主思想的坐标系上进一步来看,哈贝马斯从晚期资本主义出发,由于裹挟于资本主义现代性之中而立足于固有的西式民主立场(尤其是黑格尔理性传统对他的影响),并未真正跳出意识哲学(理性精神)的思维范式。其虽然反对西方中心主义抽象、普遍的理念,坚持去主体化而开启主体间性的商谈交往方式,但其理论仍然是以"理性"为基础——"只有所有的可能相关者作为理性商谈的参与者有可能同意的那些行为规范才是有效的"①——不管是交往理性还是话语理论,都是在寻求复活黑格尔的精神"理性",从而完成对启蒙规范基础的重建。也正是其理论出发点上的错位,注定其民主理论难以脱离思辨化的窠臼与唯心主义的历史观。与此同时,商谈民主在理论基点错位的基础上所建构起的思想大厦,同样面临着一定的实践困境。从可执行的角度来看,哈贝马斯一方面忽视了民主实现形式背后起决定性因素的利益交换关系,导致商谈民主在脱离现实生活的利益角力、利益商讨后而呈现为一个虚幻的乌托邦构想,另一方面又没有将操作技术的实现要素与推进机制纳入考虑范畴,即在"理想的言语情境"的保障机制、公共领域公开商谈的组织机制、公开商谈与立法商谈两个商谈层次之间的勾连机制,保障潜在参与者保持理性对话状态,理性商谈必须获得终止程序而不至于无休止进行下去②等条件依然匮乏的情况下,使得商谈民主距离真正走进现实的界面还缺失众多核心要件。

由此不难看出,民主这一现代性话语在经过卢卡奇、葛兰西、柯尔施等人的努力后褪去了黑格尔的"理性"色彩,虽然在哈贝马斯的"交往理性"与"商谈民主"的回归中获得了一定程度的恢复与重建,但令人遗憾的是,都没有走向马克思主义民主思想的现实性、人民性与真实性。而卢卡奇、葛兰西、柯尔施与哈贝马斯之间的亦真亦幻、形上理想与尘世生活的有效结合,现代性话语的多元开辟与自由切换,则成为西方马克思主义在接续二者的"民主"现代性话题,抑或对其加以反思借鉴时所呈现出的理路特质与运思路线。由此,从黑格尔、马克思到卢卡奇、葛兰西、柯尔施、哈贝马斯,"民主"在精神与概念、真实与虚幻、理想与

---

① [德]哈贝马斯:《在事实与规范之间》,童世俊译,生活·读书·新知三联书店 2011 年版,第 132 页。

② 王晓升:《论国家治理行动的合法性基础——哈贝马斯商议民主理论的一点启示》,《湖南社会科学》2015 年第 1 期。

实在的穿梭、变换中,经历了一场生动而精彩的"历险"。只不过这场"历险"尚未结束,其在后马克思主义的代表人拉克劳、墨菲的"激进多元民主"那里,抑或在某位正向我们走来的西方马克思主义学者那里,还有更多值得期待的续写或新篇!

（本文作者：韩秋红）

背反的自由与自由的背反

——西方马克思主义的现代性话语

自由作为横亘西方哲学命脉、绵延古今的核心话题,不仅构成了古代与近代哲学的重要论域,也成为西方马克思主义现代性话语的核心术语。西方马克思主义将自由的现代性发展置于西方工业文明社会的现实生活中加以拷问,既保留与继承了传统西方哲学的思想特质和价值关怀,又生发出作为20世纪所具有的现代性批判的时代特征和现实品格。与作为现代性态度纲领的康德相比,西方马克思主义并未仅仅驻足于"先验"世界的自由思辨,而是在继承与发扬自由意志和理性自由的人文精神与终极价值之外,追索与关照了朴实可感的尘世生活,从"天国"回到"人间"。但当其将自由的思考贯穿于物化批判、生态反思、性别歧视、消费异化以及城市空间等生活场景中——与马克思的现代性批判相比——其都在揭露资本逻辑、反对资本主义制度上暴露出鲜明的无意与无力,无法开出切实可行的"治病药方",呈现出在救渡自由困境的现实路向上的不彻底性与乌托邦色彩。

一、"理性"与"自由":西方哲学为现代性 批判开显的核心概念

谈论现代性,不能不讲到启蒙。西方马克思主义作为在西方哲学的现代转向——现代性批判的理论转向中出场的一段引人瞩目的思想运动,是以启蒙哲学为人类提供的理性、自由、主体性、合理性为时代语境与批判根基的。可以说,启蒙哲学孕育了现代性的发展。从启蒙运动以来的哲学家们来看,被赞誉为

"现代性态度的纲领"①的康德则是在先验的范围内呈现了对现代性的思辨式理解，即对"自由"与"理性"的先验式探讨成为此后思想家们聚讼纷纭的关切与焦点。

卡西勒曾这样描述："当18世纪想用一个词来表达这种［共同］力量的特征时，就称之为'理性'。'理性'成为18世纪的汇聚点和中心，它表达了该世纪所追求并为之奋斗的一切，表达了该世纪所取得的一切成就。"②可以说，"自由意志"与"理性自由"作为启蒙与现代性的代名词，为康德开启关于现代性问题的探讨提供了理论起点。康德指出，所谓启蒙，就是使人摆脱加之于身上的蒙昧、不成熟状态，"永远有公开运用自己理性的自由"③。而"理性"与"自由"之于现代性开启的决定与基本精神价值的确立，也是通过"先验性"的"知性为自然立法"与（理性）自由为"物自体"或"不可知物"，也即为信仰预留与划定地盘，来确认与完成的。

从"知性为自然立法"来讲，康德以一套先验逻辑规则系统对自然界与科学知识规定与划界，以此证明人类理性的天赋来源与自由运用。依据康德的观念，对自然界的肯认与质疑的权利是人类先天具有的，所以对于外部现象世界提供并作用于我们感官的材料，我们能够自由地运用"直观的公理、知觉的预测、经验的类比与一般经验性思维的公设"④加以体认。对这些源自理性的先天逻辑规则的自由运用，一方面确保与证实关于自然的认识是从感性判断、知觉知识不断上升为普遍、客观与必然——正如"我们的一切知识都始于感性，由此进到知性，而终于理性"⑤，另一方面则坚定表明了"自然界的最高立法必须是在我们的理智中"，"理智的（先天）法则不是理智从自然界得来的，而是理智给自然界的规定"⑥。所以在这里，康德以"知性为自然立法"的方式体现了知识的获取与对自然界的科学认知存在于理性自由的先天根据之中，表明了对自然的认知是人类自由地行使天赋理性的展现，以此呈现出其对"理性"与"自由"的先验式考察与思索。值得注意的是，康德在此以人类理性自由与自由意志的运用将自然知识开掘出来，可是科学技术与自然知识得到开显并开启人类文明的历史旅程，

①　汪晖：《文化与公共性》，生活·读书·新知三联书店1998年版，第429页。
②　［德］卡西勒：《启蒙哲学》，顾伟铭译，山东人民出版社1998年版，第3—4页。
③　［德］康德：《历史理性批判文集》，何兆武译，商务印书馆1991年版，第24页。
④　陈嘉明：《现代性与后现代性十五讲》，北京大学出版社2006年版，第53页。
⑤　［德］康德：《纯粹理性批判》，邓晓芒译，人民出版社2004年版，第261页。
⑥　［德］康德：《未来形而上学导论》，庞景仁译，商务印书馆1978年版，第92—93页。

却是以不断吞噬人类自由与理性的姿态登场、呈现。这是因为在资本主义历史进程中,人类对知识的盲目崇拜与科学技术的无度滥用僭越了其存在范围,人自由地创造的科学技术与自然知识以不断异化的变体带给人以不自由,直接导致了对人类"自由"的囚困与宰制。所以自由的"背反"所带来的生存困境,就此成为此后众多西方马克思主义者将工具理性与科学技术执行统治功能作为批判与挞伐对象的重要原因。

从康德理性自由地追问"物自体"与"不可知物",从而为信仰预留地盘来说,人类依然能够自由地保留形而上的精神信仰而不是面对"不可知之物"望而却步。对于"自由",康德更多是以"否定性"的表达来陈述对当前事物不够成熟、不够理想,"不应该"是这样而"应该是如何"的观念。正是在这一意义上,康德对自由的理解是在不受限制的否定中不断朝着"理想性"方向前进。所以"'自由'的'理想'不可能是一个经验的'概念',不可能转化为经验的'对象'",不可能在现实中找到直接对应的感性材料,"不可能提供经验的'直观'"①,从而自由不可能也不会是"现实的",而只能是"先验的"。此外,尽管康德以理性自由对现象世界(自然界)进行了知识的划分与界定,但他依然认为这些能够通过材料直观而获得认识的外部世界只是表层、表面与现象的东西,在他们之后一定存在着一个更深层次的、更为根本的"应该是"什么的东西,而这个"应该是"的东西却是无法通过直观的方式来获得的——因为它必须"源出于(理性)'自由',它只是提供对感性、现存的东西说'不'的权利,至于到底'应是'些'什么',它不过问"②。由此,正是坚持对这一"应该是"却又"不可知物"的"自由"的追问,康德以"自由者"的方式对这一更为完满、更加根本、更为高级、只会对其他事物进行否定、自身却必为"绝对"的"物自体"加以体认,并强调关于"'物自体'的问题,只有'自由者'(不受限制者)才提得出来","只有'自由者'才会保持住'否定'的权利,才会有'本应是什么'的'理念'(理想),才会'悬设'一个'目的'(目标),而不至于放弃对现存事物的追问"③。显然,康德在这里是以自

① 叶秀山:《康德的"自由"、"物自体"及其他》,《中国社会科学院研究生院学报》1997 年第 1 期。

② 叶秀山:《康德的"自由"、"物自体"及其他》,《中国社会科学院研究生院学报》1997 年第 1 期。

③ 叶秀山:《康德的"自由"、"物自体"及其他》,《中国社会科学院研究生院学报》1997 年第 1 期。

由的追思并认定这些"不可知"的"物自体"绝对存在的方式将其归入"思想"与"信仰"领域,以此形成对直观到的自然科学知识的鲜明划界。与此同时,康德进一步强调,"物自体"作为"知识"的终止,却是"思想"的开始,即"物自体"在直观经验与现象的知识界不能被把握,而只向那些能够不断否定并不断追问的"自由者"显现。所以从"物自体"不是经验世界的来客,不是"人的经验世界的'居民'从而不会服从人为这个世界制定的法则"①来说,康德是以保留信仰并为其预留领地的方式证明了人所拥有的自由是以"先验"的方式存在并发挥效力的。

康德在先验自由中为作为现象的知识界与作为不可追问的信仰领域各自划定了界限并保留合适地盘,使人们关于知识的追求与关于信仰的追问都在自身的先验自由中能够找到合理答案。这是因为,康德在对"我能够认识什么"的回答中揭示"自由"及其陷入背反的现代性问题,以对"至善"的追问完成其关于"我应该做什么"和"我可以期望什么"的探寻与统摄中进一步揭示"至善何以可能"的依据依然存在于"自由理性"之中。在康德那里,"至善"即意味着基于自由原则的德性与基于自然原则的幸福在精确的比例与综合的分析中所达至的匹配与契合。由于康德在"我能够认识什么"的第一个问题中已经通过"知性为自然立法"的论断将关于自然科学知识的研判理据归因于先验理性,因而关于自由原则与自然原则、德性与幸福及其关系的追问,就变成了在理性存在的范围内如何反思自由理性与意志自由的问题。为此,康德首先指认了人的自由意志由于受到经验世界或感性生活因素的掺杂、个体生命有限性的干扰而无法成为"纯粹"的自由意志,并完成"至善"的现状,而只是呈现为一个在无限努力与趋近的过程。为了从有限的生命个体束缚中解脱出来,通过打造"纯粹"的自由意志以保证"至善"的达成,就需要在时空的绵延与生命的延展中造就灵魂的不朽与敞开生命的无限曰为"至善"。康德关于"至善"的追问借由自由意志通达灵魂不朽,灵魂不朽的设定显然只能由理性自由来完成,因而对于"至善"的追问依然回归到人类理性自由之中。其次,在探讨德性与幸福的关系时,康德反思了伊壁鸠鲁学派与斯多葛学派的同一律式探讨,认为只有体现二者实际存在的因果关系的综合判断才是真实有效的。而综合判断并非先天判断,先天判断只能

① 叶秀山:《康德的"自由"、"物自体"及其他》,《中国社会科学院研究生院学报》1997年第1期。

来自全知全能的上帝。当说"全知全能的上帝"时才即是综合的(全知全能)又是先天的(上帝),先天综合判断才是可能的,认识才是可能的,至善也是可能的。康德在此对上帝的引入实际上意在强调其不仅源出于人的先天自由意志,更要保持与预设其存在的人的自由意志相符合,因而无论上帝作为一种道德的保障还是补偿,都会将对德性、幸福与自由的坚持复归于自由理性,至高无上的上帝或神的出现终究是为了推出与证明人自身的理性自由。由此,"通过意志自由来实现至善,乃是一种先天的(道德的)必然",康德所谓"至善"是一种纯粹在人的祈向中的价值极境——乃意志自由所必致;有意志自由才有对"至善"的"期望",有意志自由才有对"至善"这一实践模型的预设。康德关于"至善何以可能"的追思以及知性为自然立法,理性通过悬搁知识为信仰预留地盘的诸多探索,都以"何以可能"的否定方式的否定之否定而回溯于肯定在"先验自由"的理论脉络之中。

二、"天国"与"人间":西方马克思主义现代性批判的独特张力

无论是"我能够认识什么"、"我应该做什么"还是"我可以期望什么",康德的"自由者"显然只是先验理性世界中的"自由意志",而当它走进经验世界中,又会呈现出一番怎样的模样?现代性以其纷繁多样的生活世界场景体征出与纯粹理性世界的隔岸对峙时,西方马克思主义关于"自由"的理解既与康德握手言和,又分道扬镳。这不仅体现在其对"自由"的现代性批判秉承了西方哲学形而上理想的终极追求——从康德的先验"自由"中接过现代性批判的"大旗"——又展示出其对"自由"的审思从"天国"降回"人间",在"先验"、"思辨"的维度之外开显了"尘世生活"与"现实世界"。西方马克思主义更加注重在当代西方工业文明社会的现实发展中进一步理解"自由"与重构现代性。无论是对物化的批判、对日常生活异化的揭示、对人性异化的展现、对女性问题的表白、对生态问题的澄明、对消费异化的重视、对空间生产的展现等,都紧紧抓住当代西方工业文明社会这个叙事框架和问题阈,力图展现"自由"的现实性境遇,展示西方马克思主义现代性批判的实践性色彩和建构性特征。

卢卡奇以对资本主义社会"物化"全面渗透、掌控人的肉体与心灵的批判，对合理化、专门化的商品生产吞噬总体的人的反思，以及对无产阶级阶级意识的恢复、重拾并转化为真正的实践，呈现出对处于资本主义"物化"围攻下的"自由"的现实性体认。卢卡奇指出，资本主义越来越科学化、精细化、专业化、合理化的商品生产把时间降到精确测量与标准划定的空间上，并通过"工人的物化的、机械地客体化的、同人的整个人格完全分离开的'成果'"①的填充，使人们的劳动与人格全部吸纳到异化状态之中，从而为物化体系的建立奠定稳固的现实基础。由此，"在资本主义发展过程中，物化结构越来越深入地、注定地、决定性地浸入人的意识里"②。由于这一结构性的物化事实使"人自己的活动，人自己的劳动，作为某种客观的东西，并不依赖于人的东西，某种通过异于人的自律性来控制人的东西，同人相对立"③，商品关系便作为"一种具有'幽灵般的对象性'的物"，使人的肉体与心灵、主观与客观、劳动与创造都"越来越屈从于这种物化形式"④，使无产阶级失却了自由之身、阶级意识与自由变革社会的力量。所以面对由"商品拜物教"编织起的不自由的"物化"囚笼，卢卡奇认为，要戳破"物化意识"，粉碎"物化"现状对人的自由存在的宰制，将已经"被加入到异己系统"而堕入"物化"深渊的人解放出来，从而复活被资本主义社会毁灭了的人，就要重新唤醒无产阶级作为历史主—客统一体的阶级意识，因为"它的阶级意识在实践上变为现实"⑤，"这种意识的突出的实践本质就表现为，相应的正确的意识意味着他的对象的改变，而且首先是，它自身的改变"⑥。只有无产阶级变革商品拜物教与物化意识、物化现实造就的"镜像"生活，重拾阶级意识与自由权

---

① ［匈］卢卡奇:《历史与阶级意识》，杜章智、任立、燕宏远译，商务印书馆 1999 年版，第 153 页。

② ［匈］卢卡奇:《历史与阶级意识》，杜章智、任立、燕宏远译，商务印书馆 1999 年版，第 161 页。

③ ［匈］卢卡奇:《历史与阶级意识》，杜章智、任立、燕宏远译，商务印书馆 1999 年版，第 151 页。

④ ［匈］卢卡奇:《历史与阶级意识》，杜章智、任立、燕宏远译，商务印书馆 1999 年版，第 168 页。

⑤ ［匈］卢卡奇:《历史与阶级意识》，杜章智、任立、燕宏远译，商务印书馆 1999 年版，第 296 页。

⑥ ［匈］卢卡奇:《历史与阶级意识》，杜章智、任立、燕宏远译，商务印书馆 1999 年版，第 1297 页。

利,才能真正恢复历史的主体地位。无产阶级的阶级意识是具有重新赋予无产阶级自由,改变资本主义社会物化、合理化等不合理化现实,最终走向无产阶级自由解放的重要路向与真实力量。

霍克海默与阿多诺从启蒙力图祛除却又必然堕入神话的辩证法中将人类与自然自由的失落揭示出来。启蒙以来的世界是知识、权力、科学技术、主体理性的挺立彰显与急迫应用,这一文明进程必然一方面向人类自身证明"技术是知识的本质,它的目的不再是概念和图景,也不是偶然的认识,而是方法,对他人劳动的剥削"①,另一方面又向自然宣示"人们从自然中想学到的就是如何利用自然,以便全面地统治自然和他者"②。所以霍克海默与阿多诺指出,启蒙对人与自然自由的剥夺与深入宰制的暴政,正是通过被其奉为重要纲领的知识与理性工具主义的操纵手段来完成的,因而也就不难理解"启蒙对待万物,就像独裁者对待他人。独裁者了解这些人,因此才能操作他们;而科学家熟悉万物,因此才能制造它们"③。马尔库塞也对发达工业社会中人的自由的惨遭吞噬与不幸丧失做出反思。马尔库塞认为,发达工业社会无论对人身自由的操控还是对自然界的征服,都超越了技术所承诺的价值中立而成为极权主义的构成基础。技术一方面以合理化的形式融入社会生活的各个层面,另一方面又以合理化的形式在各个领域形成统摄力,使人在技术理性和现存社会制度面前只有异议和沉默的选项,失却了表达自由的言说,从而完成对人的全面操控。发达工业社会的宰制"意图已渗透进处于不断进步中的技术,技术的逻各斯被转变成依然存在的奴役状态的逻各斯。"④在"理性的工具主义视界展现出一个合理的极权主义社会"⑤里,技术主义已经成为征服离心力、收敛个体自由、有力征服自然、完成全面封锁的重要力量,资本主义的快速发展与个体乃至自然自由发展权利的不断丧失,已经在这种工具理性与技术主义的合法性支持与掩护下,以一种正比例的、愈发稳

① [德]霍克海默、阿多诺:《启蒙辩证法》,渠敬东、曹卫东译,上海人民出版社2006年版,第1—2页。
② [德]霍克海默、阿多诺:《启蒙辩证法》,渠敬东、曹卫东译,上海人民出版社2006年版,第1—2页。
③ [德]霍克海默、阿多诺:《启蒙辩证法》,渠敬东、曹卫东译,上海人民出版社2006年版,第5页。
④ [德]赫伯特·马尔库塞:《单向度的人——发达工业社会意识形态研究》,刘继译,上海译文出版社2008年版,第127页。
⑤ [德]赫伯特·马尔库塞:《单向度的人——发达工业社会意识形态研究》,刘继译,上海译文出版社2008年版,第127页。

定的态势增长。

从人类强行给自然植入的经济理性来看,资源不竭利用、扩大再生产与竭力鼓动消费的资本逻辑,已经成为经济理性宰制自然并囚困自由的最大共谋。面对资本主义生产将自然列为征服对象并残忍剥夺其自由发展权利的惨痛事实,高兹批揭道:"经济理性把利润最大化建立在生产效率消费和需求最大化的基础之上,只有通过这种最大化的消费和需求才能获得根本的增值。"①显然,资本主义经济在其无极限增长的假设之下是完全不顾及自然资源的有限性与自由、全面地可持续发展的。因此与经济理性完全不同,"生态理性以尽可能少的劳动、资本和资源投入,采取尽可能好的生产方式的手段"②,去保持资源的节约、提高物质的耐用并满足人们的需求。所以生态理性不仅"使我们知道经济活动的效能是有限的","当经济活动侵害了原始的生态圈的平衡或破坏了不可再生的资源"③,"企业生产力的发展会导致整个经济领域浪费日益加剧",更使"人们认识到并不是所有价值都可以量化,认识到不能用金钱购买到的东西恰恰是最重要的"④。由此,高兹在这里用生态理性使人直面生活世界本身,关注自然应有的自由发展权利与自身的扭曲存在状态,重识被经济理性遮蔽下的人与自然之间的不平等、不自由关系以及人之为人的存在意义,重拾对自然开展合理互动的实践功能与自由发展。

从将女性置于歧视与宰制对象的不自由、不平等的地位来说,女性在现实生活中总是以服务员、保育员、清洁工、迎宾员、护士、秘书、保姆、接待员等服务性、背景型、衬托式的角色出现。女性主义学者普鲁德姆将这种女性社会身份指认为是"对女性和自然进行否定的一种主要形式,称为'背景化',也就是将她们处理成前台的那种高高在上的功绩显赫和成果所必要的背景"⑤。所以在现代社会(尤其是资本主义社会的资本逻辑里),女性作为背景理应为作为前台的男权中心主义服务,而男性至高无上地位的获得虽以此为背景与必要依托,却不允许背景因素的丝毫掺杂与摄入。对此,波伏娃进一步将这种对女性自由、平等发展

---

① Gorz, A.*Capitalism*, *Socialism*, Ecology, Verso, 1994, pp.32—33.

② Gorz, A.*Critique of EconomicReason*, Verso, 1989, pp.32—33.

③ Gorz, A.*Critique of Economic Reason*, Verso, 1989, pp.12—16.

④ Gorz, A.*Critique of Economic Reason*, Verso, 1989, pp.116.

⑤ [澳大利亚]薇尔·普鲁姆德:《女性主义与对自然的主宰》,马天杰、李丽丽译,重庆出版集团 2007 年版,第 21 页。

权利的压迫、歧视与剥夺诠释为"成为一个好女人的悲剧,不仅因为其贫乏的生活和受限的选择,也因为成为一个好女人就意味着变成了一个次等的人。只要'中性的'人类理想性格依旧被奉为圭臬,女性的传统角色继续被接受,那么妇女就永远被迫将自己视为低人一等,也要接受别人的看法"①。所以普鲁德姆进一步提出应以"生态女性主义"的方式去改写一元中心主义的现代性宏大叙事逻辑,以女性身份的必不可少、自由发展权利的积极彰显与重要功能的合理展现为人类故事提供多元主人公,塑造多维故事线索,敞开别样书写方式,力图将现代社会发展引向一个更加自由、幸福与完整的结局。

除此之外,列斐弗尔在早期日常生活批判中对消费异化的思考,晚期转向对空间批判的反思,都对消费主义吞噬劳动者自由意志与自由生活、空间整合背后隐匿的资本追逐剩余价值而强行侵占、剥夺他人自由发展空间的资本逻辑,加以深刻批揭与有效揭示。更为重要的是,列氏关于日常生活异化与自由遭遇现实困境的深刻反思不同程度地对此后戴维·哈维关于"空间正义"与自由的构想,鲍德里亚关于消费社会吞噬自由的问题探讨,都敞开了西方马克思主义在现代性问题上独树一帜的理论特质。

三、"反思"与"奠基":马克思现代性批判对西方马克思主义现代性批判的超越

西方马克思主义将对工业文明社会"自由"病症的积极把脉退回到纯粹形而上学的理论思辨,忘却了马克思变革社会的根本力量——"实践","使其只是在理论层面的自拉自唱"②。从将"自由"置于"消费异化"的现代性批判来看,鲍德里亚将对马克思关于商品的"生产分析"转移到现实社会的"消费批判"。鲍德里亚指出,琳琅满目的商品——"印度的披肩、美国的左轮手枪、中国的瓷

---

① [澳大利亚]薇尔·普鲁姆德:《女性主义与对自然的主宰》,马天杰、李丽丽译,重庆出版集团 2007 年版,第 26—27 页。

② 韩秋红、孙颖:《现代性理论逻辑理路与西方马克思主义的独特运思》,《马克思主义理论学科研究》2018 年第 4 期。

器、巴黎的胸衣、俄罗斯的皮衣和热带地区的香料"①——与各式各样的消费场所、消费手段——购物广场、电视导航、信用卡消费、主题公园游乐场——完全地掌控了我们的生活与我们的意识,使"我们处在'消费'控制着整个生活的境地"②。在对商品消费浸入"拜物教"式的崇拜过程中,消费者为商品抽象出使用价值与交换价值之外的另一种"符号"价值,并将这种"符号"指认为对商品本身的替代,即给予消费者一种别样意义的身份地位、欣赏水平与社会名望程度的有效标签。由此,鲍德里亚指出,"人们从来不消费物的本身(使用价值)——人们总是把物(从广义的角度)用来当做能够突出你的符号,或让你加入视为理想的团体,或参考一个地位更高的团体来摆脱本团体"③。在这里,鲍德里亚不仅揭示了消费者在商品及其所抽象化的"符号"功能面前的虚假意愿、不真实消费行为与自由意志的丧失,更澄明了商品被抽象为"符号"后所实施的以"编码机制"对消费者意识进行牢固操纵与深度异化的隐匿功能。基于此,鲍德里亚从商品"符号"及其"价值意义"所共同造就的"物体系"中道出了消费社会的典型特点:不仅是"在空洞地、大量了解符号的基础上,否定真相"④,更是一个以充斥了种种虚假需求去侵占与剥夺人类自由的"牢笼"。鲍德里亚已经将"自由"从马克思对商品生产的经济根源分析转移到文化与意识层面的符号学批判。这种从经济分析倒退到形而上的思辨使其距离马克思关于自由、解放、商品、劳动与资本的深度剖析渐行渐远,不能像马克思那样从生产实践、剖析资本主义生产关系——将作为资本主义经济细胞形式与资本主义生产方式"财富表现形式"⑤的商品置于物质生产劳动实践这一"人类历史的真正基础"之上,通过"专门研究现代社会即资本主义社会的经济制度"⑥,力图"揭示现代社会的经济运行规律"⑦,从而实现"人类自由而全面的发展"——的角度去解剖资本强行占据劳

---

① [法]鲍德里亚:《消费社会》,刘成富、全志钢译,南京大学出版社 2000 年版,第 2 页。
② [法]鲍德里亚:《消费社会》,刘成富、全志钢译,南京大学出版社 2000 年版,第 6 页。
③ [法]鲍德里亚:《消费社会》,刘成富、全志钢译,南京大学出版社 2000 年版,第 47 页。
④ [法]鲍德里亚:《消费社会》,刘成富、全志钢译,南京大学出版社 2000 年版,第 13 页。
⑤ David Harvey, *The Urbanization of Capital : Studies in the History and Theory of Capitalist Urbanization*, Baltimore : Hohns Hopkins University Press, 1985, p.47.
⑥ [英]戴维·哈维:《新帝国主义》,初立忠、沈小雷译,社会科学文献出版社 2009 年版,第 31 页。
⑦ [英]戴维·哈维:《后现代的状况》,闫嘉译,商务印书馆 2013 年版,第 11 页。

动力无偿创造的剩余价值的资本逻辑,直击资本主义私有制本身,而只能在关于"符号"、"编码"与"拟像"、"意义"的纠缠中迷失于真实意义的世界,徒增几分堕入虚无主义的危险。

西方马克思主义提出种种治疗与解决资本主义病态社会的实践方案,都只是"扬汤止沸"并未"釜底抽薪"。从戴维·哈维在"空间"问题中探讨"正义"与"自由"来看,其对资本主义"空间"的分析是从对正义理论的关注转向中逐渐实现的。哈维将资本为追逐高额剩余价值、转化过剩危机而需要不断重塑与再造空间,以及在此过程中对城市空间、对生态空间,乃至对全球空间造成的自由侵害与权利破坏置于正义的视角下加以剖析,形成了其"空间正义"理论。值得一提的是,哈维像马克思一样从对资本的分析、对生产的批判开始对空间的分析。他指出,"资本主义要再生产,不得不城市化。"①借助于城市化的过程,资本主义以"时空修复"的方法不断完成了对自身城市空间的再生产与全球空间的再生产。"时间修复"是指固定资本通过延缓价值再进入流通领域的时间,以此缓解资本过度积累的危机;"空间修复"是指"通过在别处开发新的市场,以新的生产力和新的资源、社会和劳动可能性来进行空间转移"②。正是在这一过程中,"'时间—空间'修复呈现出一种更加邪恶的状态,因为它转化了输出局部性和区域性资本贬值和资本损耗的行为"③。所以通过对"时间—空间"修复法在资本阶段性入侵、转嫁资本主义经济危机、开展更大范围资本掠夺、连续压榨生产生活空间、剥夺他人自由与平等发展权利等方面的深刻分析,哈维指出了资本如何在城市中进行自我增值,以及如何在全球空间范围内制造更大的霸权体系,"加剧了国际和地区间的竞争,以及最不发达国家和地区所遭受的最严重的"④不平等、不自由待遇。而对这一事实的有效支撑,也鲜明地体现在巴黎土地的昂贵,以街区的划分来标识身份地位与社会等级,以及资本主义国家通过不计其数的跨国公司向第三世界国家进行资本转移与空间侵占的不正义行为之中。可以

---

① David Harvey, *The Urbanization of Capital: Studies in the History and Theory of Capitalist Urbanization*, Baltimore: Hohns Hopkins University Press, 1985, p.222.

② [英]戴维·哈维:《新帝国主义》,初立忠、沈小雷译,社会科学文献出版社 2009 年版,第90 页。

③ [英]戴维·哈维:《新帝国主义》,初立忠、沈小雷译,社会科学文献出版社 2009 年版,第101 页。

④ [英]戴维·哈维:《后现代的状况》,阎嘉译,商务印书馆 2013 年版,第 232 页。

说,哈维以空间批判的独特视域开启并审查了资本如何实现自我增殖、赚取高额剩余价值与造就更大范围乃至全球性不正义与不自由的方式所在。基于此,哈维也曾提出通过在尊重差异的基础上建立起包容差异的政治学——"渴望变革行动的反叛建筑师能够在难以置信的社会生态和政治经济状况多样性和异质性之间翻译政治抱负"①,与将一些广泛的斗争统合起来的设想——在反资本主义的旗帜下将城市运动与反全球化综合起来②等主张而形成的空间正义理论,特别体现在《关于资本主义的 17 个问题》一书中的"使用价值与交换价值"、"资本与劳动"、"自由与控制"、"资本与自然的关系"、"垄断与竞争"③等问题呈现式与方法实践式,既想补充马克思《资本论》未触及的问题,又想续写马克思的《资本论》。21 世纪当其这样研究资本论,且以"空间正义"理论为依托时,其"空间""正义"具有的康德意义上的先验性、形式性及语言学倾向,不仅成为哈维解决现代性问题的软肋,更成为其与马克思在《政治经济学批判》中对"资本一方面要力求摧毁交往即交换的一切地方限制,征服整个地球作为它的市场,另一方面,它又力求用时间去消灭空间,就是说,把商品从一个地方转移到另一个地方所花费的时间缩减到最低限度。资本越发展,从而资本借以流通的市场,构成资本流通空间道路的市场越扩大,资本同时也就越是力求在空间上更加扩大市场,力求用时间去更多地消灭空间"④的全方位勘察,也即以"东方从属于西方"、"乡村附属于城市"、"落后地区隶属于发达地区"的方式,体现出对资本主义"空间正义"进行探讨的差距所在。

内格里从全球化的历史时代出发,以"非物质劳动"概念(源自意大利学者毛里齐奥·拉扎拉托的意指一种"生产商品信息和文化内容的劳动")置换马克思的"劳动"概念。在《帝国》一书中将"非物质劳动"界定为"提供特定服务、生产文化产品或知识、发起信息交流等非物质商品的劳动"⑤,又在《大众》一书中提出能够对"非物质劳动"做出确认的依据类型,即一方面是以符号代码、语言形象、生产观念、景象景观等为显著特征的"智力的或语言的劳动",一方面是

① [英]戴维·哈维:《希望的空间》,胡大平译,南京大学出版社 2006 年版,第 238 页。

② [英]戴维·哈维:《正义、自然和差异地理学》,胡大平译,上海人民出版社 2010 年版,第 500 页。

③ [英]戴维·哈维:《关于资本主义的 17 个问题》,许瑞宋译,中信出版社 2014 年版。

④ 《马克思恩格斯文集》第 8 卷,人民出版社 2009 年版,第 169 页。

⑤ M.Hardt and A, *Negri*, *Empire*, Cambridge:Hardard University Press, 2000, p.294.

"情感劳动"①（近似于一种生命政治的体验）。通过对"非物质概念"内涵的体认，内格里认为，"非物质劳动"已经在以计算机规约劳动分工、模糊体力劳动与脑力劳动之间的界限、摆脱资本控制从而自主提供内在合作性生产关系、取消资本对信息的专制与垄断等方面产生了重大影响。也正是因为"非物质劳动"在"新帝国主义"时期的这些新的"特征"与"贡献"，内格里认为"在 20 世纪的最后十几年中，工业劳动日渐丧失其霸权地位，取而代之的是'非物质性的劳动'"，将"非物质劳动"指认为推动历史发展的动力，某种意义兴起了劳动工具论、劳动价值论，特别是对马克思"劳动观"的再讨论。使我们再一次清楚地知道，马克思关于"劳动"的论述中包含"非物质劳动"的基本内涵，是"物质劳动"与"非物质劳动"的统一——劳动不仅是"人以自身的活动来中介、调整和控制人和自然之间的物质变换的过程"②，更包含了"每当他生产某种使用价值时就运用的体力和智力的总和"③。当然，内格里对"非物质劳动"的理解更倾向于在计算机、影像、语言、符号、代码等方面的解读，而从"劳动技术"与"劳动工具"层面对"劳动"概念的解读，是因其要探讨阶级概念或"屈从于资本主义生产和再生产规范的人"，是包括非物质劳动的人的阶级，这样的阶级从事的劳动是"新帝国主义"时代社会发展的动力。这让我们在想起马克思从经济生产而不仅仅是从技术工具的非物质生产出发去追溯"自由见之于活动恰恰就是劳动"④，"我的劳动是自由的生命表现，因此是生活的乐趣"⑤的同时，不得不生发这样的疑问：这样的时代何以是历史的合理化进程与文明的提升，这样的正义是何种意义上的正义，这样的自由何以是人的全面发展。再一次把康德的认识何以可能、至善何以可能的问题转换到自由何以可能的现代性问题上来。

（本文作者：韩秋红）

---

① M.Hardt and A, *Negri*, *Empire*, Cambridge：Hardard University Press，2000，p.108.
② 《资本论》第 1 卷，人民出版社 2004 年版，第 207—208 页。
③ 《资本论》第 1 卷，人民出版社 2004 年版，第 195 页。
④ 《马克思恩格斯文集》第 8 卷，人民出版社 2009 年版，第 174 页。
⑤ 《马克思恩格斯全集》第 42 卷，人民出版社 1979 年版，第 38 页。

当代西方激进左翼学者"新共产主义"评析 *

  面对资本全球化强势推进和新自由主义迅速蔓延,特别是20世纪80—90年代发生的柏林墙倒塌和东欧剧变事件,西方左翼思想界曾经一度湮没在"历史终结"的喧嚣嘈杂中而集体失语。当历史的车轮刚刚踏进21世纪门槛,在当今资本主义最发达的美国就相继爆发了"9·11事件"、金融危机、占领华尔街运动等重大事件及其引发的一系列全球性经济危机、政治骚乱和恐怖主义,这对新自由主义意识形态及其鼓吹的自由民主制度给予沉重打击。面对"现实的社会主义"的崩溃和新自由主义的破产,在当代西方左翼思想界迅速兴起了一股"共产主义回归"热潮。面对苏联东欧社会主义的大面积塌方和全球资本主义及其新自由主义濒临崩溃这一双重现实,以齐泽克、巴迪欧、朗西埃、哈特、奈格里、柄谷行等人为主要代表的西方激进左翼学者吹响了共产主义"集结号",基于激进的革命主体性话语和替代性政治建构一种"新共产主义",旨在恢复被污名化了的共产主义观念,其标志性事件是分别在伦敦(2009年)、柏林(2010年)、纽约(2011年)和首尔(2014年)召开世界范围的"共产主义观念"大会。面对西方左翼理论家掀起的这股"共产主义复兴"思潮,任何一种非批判的横加指责或无原则的拍手点赞,都不是马克思主义者的态度立场,相反,我们要运用马克思主义立场方法与其展开积极的批判性对话,既要厘清这种"新共产主义"的思想基础与理论主题,同时也要甄别澄清其与马克思共产主义学说的理论边界,彰显马克思共产主义之现实性与理想性——"在批判旧世界中发现新世界"——的内在张力及其思想的原则高度,为坚定中国道路的"四个自信"提供必要的学理支持。

  * ［基金项目］国家社会科学基金重大项目"西方马克思主义在中国的历程及影响研究"子课题"西方马克思主义与中国特色社会主义理论及实践关系研究"(16ZDA099)。

一、巴迪欧:"共产主义假设"——永恒纯粹的平等观念

在当代西方激进左翼思想界,巴迪欧无疑是一位影响广泛的旗帜性人物。尤其是 2008 年他在英国著名的《新左派评论》杂志上发表的题为《共产主义假设》(The Communist Hypothesis) 一文引起了广泛而持续的讨论,从某种意义上说,他是当今西方左翼思想界正在兴起的"回归共产主义"热潮的首倡者。①"共产主义假设"这一概念不是巴迪欧的理论发明,而是来自法国前总统萨科齐指责 2008 年由西方左翼思想界组织开展的纪念法国五月风暴 40 周年活动的一次公开讲话:"我们拒绝受任何东西困扰。经验上的共产主义消失仍然不够。我们想驱逐它的一切形式。甚至共产主义假设。"巴迪欧对"共产主义假设"做了与萨科齐相反的解释,认为共产主义假设决不意味着共产主义乌托邦,而是一种以永恒的平等原则反抗各种社会形式下的强权政治和不平等的观念。"如果我们抛弃这个假设,那么在集体行动的领域就没有任何值得做的事情了。如果没有共产主义观念,历史和哲学中任何变化都不会引起哲学家的兴趣……事实上,我们被赋予了一个哲学的任务,甚至是一个义务,那就是帮助这一假设的新的存在形态问世。"②作为一种所谓的永恒纯粹的平等观念,巴迪欧的"共产主义假设"的理论基础是"事件"本体论哲学,其理论架构是基于"政治—历史—主体"三位一体的"共产主义理念"。

在《存在与事件》一书中,巴迪欧集中阐述了他的"事件"本体论哲学。在他看来,"事件"(event)一方面作为一种纯粹的偶然性和不可能性,体现为对历史延续性和现存秩序的打破和撕裂,"一个事件就是一个纯粹的偶然,它不可能从先前的情势中推导出来"③;另一方面,"事件"作为一种不可能性的可能性,能够把不可能性带到我们面前,也就是说,"事件"同时还意味着一种新的可能性

---

① 2009 年,在伦敦大学伯克贝克学院召开的"共产主义观念"大会,虽然说是由齐泽克发起组织并主持的,但无论是就会议主题,还是讨论内容而言,这次会议实际上成了巴迪欧"共产主义假设"的专题研讨会。

② Alain Badiou, The Meaning of Sarkozy, London and New York: Verso, 2008: 115.

③ 孔明安等:《当代国外马克思主义新思潮研究》,中央编译出版社 2012 年版,第 186 页。

的创造。简言之,"事件"既不是原有历史轨迹的延续,也不是现实本身蕴含的可能性的实现,而是一种全新可能性和历史视域的开启。巴迪欧从这种"事件"哲学出发,把"共产主义假设"的历史划分为两个序列。在第一个序列中,共产主义假设与推翻现行秩序的群体运动和起义相联系,革命的目的是消灭旧的社会形式,实现平等者的共同体。这一序列在巴黎公社起义中达到顶峰,巴黎公社以实际行动确立了共产主义假设,但没有找到实现的途径。第二个序列是从俄国十月革命开始的,这一序列面临的核心任务是如何实现共产主义假设并取得胜利,因而组织和斗争策略问题成了共产主义假设的核心问题,列宁主义政党成了共产主义假设的物质载体。第二个序列取得了巨大的成功,俄国、中国、捷克斯洛伐克、朝鲜、越南、古巴都相继以这种形式取得了政权①。巴迪欧认为,从1871年到1914年是一个历史的间歇期,今天我们正处在第二个间歇期,共产主义运动处于低潮,阶级敌人处在绝对的优势地位,一切新的共产主义尝试都受到禁锢。因此,今天我们需要的不是直接的行动,而是重新思考共产主义假设的意义及其存在条件。为此,巴迪欧在《共产主义假设》中阐述其"共产主义假设"的基本思想。巴迪欧的"共产主义假设"试图把自己的事件本体论运用到当下的激进政治。他明确拒斥经济主义,在他看来,革命的基础不是客观必然性而是主观意志,共产主义假设不是建立在客观规律基础上的,而是建立在主体对"真理—事件"的忠诚基础上的。不难发现,巴迪欧的"共产主义假设"是以偶然性的事件哲学完全否定了社会历史发展过程中的经济因素的基础性作用,从而也彻底解构了马克思共产主义思想中的无产阶级革命理论。因而,这种脱离社会历史进程的共产主义假设的理论,实质是一种抽象的、非历史的因而也是狂热的激进政治构想。

二、齐泽克:"共产主义观念"——激进政治的行动纲领

齐泽克一方面追随巴迪欧的"共产主义假设",但同时又指出:"仅仅对共产主义观念保持忠诚是不够的:人们应当在历史现实中对对抗进行定位,使其成为

---

① Alain Badiou,*The Communist Hypothesis*,New Left Review,2008(1):35.

实践的紧迫性"①。在他看来,"共产主义是关于激进哲学和激进政治的观念,共产主义作为今天的激进行动的理论前提,要同国家主义和经济主义保持距离,并要和21世纪的政治经验相结合。"②对于激进政治学来说,"我们当然不应当抛弃无产阶级概念或无产阶级立场概念;相反,当前的事态格局迫使我们把它激进到一种远远超越马克思想象的存在层面。我们需要一个更加激进的无产阶级主体概念,一个被还原到笛卡尔意义上的我思之渐趋于零点的主体。"③由此可见,齐泽克就把巴迪欧基于事件哲学的"共产主义假设"归到激进政治学的理论架构中去了。

齐泽克强调,共产主义的意义不在于它仅仅是一个康德意义上的调节性的理念或先验的规范性的平等主义的理想范畴,而应该是摆脱现存社会对抗的客观要求。"马克思有关共产主义不是作为一种理想,而是作为反抗这类对抗性的一场运动的观念仍然完全有效。"④在他看来,资本主义的统治是通过对诸如少数民族、有色人种、妇女等这些"他者"的排斥实现的,他们虽然生存在资本主义社会中,却不是这个社会秩序的一部分。因此,在资本主义实践中,发现其内在的对抗性对回归共产主义而言,是至关重要的,这是因为,"单纯对共产主义观念保持忠诚是不够的,人们应当在历史实在中确定赋予这个观念以实践紧迫性的对抗性"⑤。在他看来,当今资本主义社会内部的对抗性主要体现在:生态灾难日益逼近的威胁、私有权和知识财产公共性的树立、新的技术特别是生物工程技术中包含着资本主义无法消化的社会伦理意义,以及从隔离墙到新贫民窟的各种社会隔离形式。齐泽克进一步指出,前三种对抗性涉及的是"文化公共体"、"外在自然公共体"和"内在自然公共体"等我们社会存在的共享实体日益被私有化和"圈占",这种对抗性属于主体—实体意义上的对抗,主体最终沦为"无实体的主体"就是这种对抗性的必然结果;而第四种对抗性属于主体—主体意义上的对抗,即被排斥者与被包括者之间的对抗⑥。相较于前三种对抗性而

---

① Slavoj Zizek, Firstas Tragedy, *thenas Farce*, London and New York: Verso, 2009:90.
② Costas Douzinas, Slavoj Zizek, *The idea of Communism*, London and New York: Verso, 2008:115.
③ Slavoj Zizek, Firstas Tragedy, *thenas Farce*, London and New York: Verso, 2009:92.
④ Slavoj Zizek, Firstas Tragedy, *thenas Farce*, London and New York: Verso, 2009:88.
⑤ Slavoj Zizek, Firstas Tragedy, *thenas Farce*, London and New York: Verso, 2009:90.
⑥ Slavoj Zizek, Firstas Tragedy, *thenas Farce*, London and New York: Verso, 2009:91.

言,这种对抗性是最关键的,它是其他对抗的参照点,没有这种对抗,其他一切都失去了颠覆性的锋芒。对此,齐泽克给出的理由是,"这就是为何我们应当坚持第四种对抗性——被排斥者同被包括者分离开来的隔阂——和其他三种对抗性之间质的差异的原因:只是由于涉及被排斥者,才证明使用共产主义这个术语的正当性。"①

齐泽克对共产主义的思考存在着明显的矛盾。一方面,他忠于巴迪欧的事件哲学,相信共产主义是"不可能的可能性"梦想;另一方面,他又认同马克思共产主义思想中以无产阶级革命的方式获得解放的观点。但问题在于,在马克思那里,共产主义条件是工业资本主义创造生产力和无产阶级,而齐泽克所依赖的是处在资本主义结构之外的"被排斥者"。虽然"被排斥者"这一概念极具正义感和道德感召力,但它们已经与马克思共产主义那里的无产阶级概念存在着本质上的不同。因此,我们完全有理由认为,齐泽克对马克思共产主义的这种激进政治学阐释,已经不可避免地滑向了后马克思主义激进的革命话语中了。

三、哈特、奈格里:"共有的共产主义"

在当代西方激进左翼思想界中,哈特、奈格里拒绝像巴迪欧那样把共产主义理解为先验的"共产主义假设",而是通过把德勒兹和福柯生命政治学"嫁接"到马克思的政治经济学批判中,重新阐释马克思的政治经济学批判,致力于从资本主义内部发掘实现共产主义的力量。哈特曾明确表示:"马克思主义留给我们的一个重要遗产,就是让我们看到资本主义之外的替代性方案,让我们认识到这种可能是自资本主义内部诞生的,而不是自资本主义外部发生的……我关心的是如何挑战资本主义,如何推翻资本主义社会,这并不意味着我们因此就完完全全是资本主义的他者——共产主义也是从资本主义那里来的——而是说真正的挑战是在资本主义内部推翻资本主义的能力。"②

哈特和奈格里对共产主义阐释的核心概念是"非物质劳动",主要包括知识

---

① Slavoj Zizek,*Firstas Tragedy,thenas Farce*,London and New York:Verso,2009:97.

② 迈克尔·哈特、秦兰君:《概念的革命和革命的概念》,《马克思主义与现实》2012年第1期。

的生产、信息的传播、符号的解释和情感的交流等区别于传统的有形产品的物质生产活动。哈特认为,在马克思那里,资本主义的剥削是通过流动资本对非流动资本的支配实现的,如资本相对于劳动来说是流动的,金融资本相对于工业资本来说是流动的,这正是今天资本主义危机是金融危机的原因。马克思通过流动/非流动这对范畴解释了资本家与工人之间的关系、资本家与地主之间的关系。但哈特认为,今天解释社会冲突的核心范畴不再是流动性与非流动性,而是物质财产与非物质财产。从理论上说,非物质劳动概念具有理论上的优势,非物质财产,如知识、情感等,是可以共享的。符号解释、情感交往和社会服务既创造价值又直接生产主体,在这里,经济和政治不再存在鸿沟。马克思在谈到共产主义时曾指出,在资本主义社会,个人劳动只有通过交换才能间接地成为社会劳动,只有到共产主义社会,个人劳动才能直接地成为社会劳动。但在哈特看来,马克思所指的共产主义实现条件已经包含在当下的非物质生产形式之中。非物质财产当下就是公共性的,它在本质上与私有制相对立。哈特坚持马克思的观点,共产主义无非是消灭私有财产的积极表达。共产主义不是对物的占有,而是对人的本质的重新占有,是从人出发并为了人而对我们的主体性的占有。他相信,今天的资本主义已经包含着公共体的萌芽。在我们时代谈论共产主义,核心问题不是物质财产的生产和分配,而是对非物质生产和公共财产中包含的人类本质和力量的重新占有。共产主义不是抽象的假设而是现实的存在,它的基础包含在劳动和生产非物质化趋势之中。马克思认为,资本主义的工业生产创造了自己的掘墓人,哈特认为,资本主义的非物质生产出自己的掘墓人。在哈特、奈格里看来,共产主义与社会主义之间存在着本质的差别,对资本主义来说是私有财产,对社会主义来说是共有财产,对共产主义来说则是共有(common)①。

哈特、奈格里不是从资本主义社会外部寻找实现共产主义的力量,而是在生产劳动这一核心领域思考共产主义主体条件的变化。然而,他们的问题在于,他们以非物质劳动概念虚构了马克思的政治经济学批判,在这种"新政治经济学批判"理论架构中,所谓的"非物质劳动"仍然属于马克思政治经济学批判范畴,"非物质劳动"终究还是在资本主义生产方式下的活动;另外,他们虽然正确地

---

① 汪行福:《为什么是共产主义——激进左派政治话语的新发明》,《当代国外马克思主义评论》,人民出版社 2010 年版。

理解了马克思共产主义思想的本质方面,即通过对私有财产的积极的扬弃创新占有人的本质,但他们以"共有"这一抽象的范畴来定义共产主义,在较大程度上剥离了马克思共产主义思想的历时性,因而终将遮蔽了马克思共产主义思想所蕴含的现实性与理想性之间的内在张力①。总之,哈特、奈格里以"共有"之名褫夺了马克思共产主义思想内在的原则高度。

四、劳勒、奥尔曼:"辩证的共产主义"

在当代西方左翼理论阵营中,詹姆斯·劳勒和伯特尔·奥尔曼的理论主张略显"另类",其主要原因在于,相对于其他激进左翼学者而言,尽管他们在"市场社会主义"论域中有过激烈的思想交锋并持相反意见,但在对马克思共产主义的辩证法阐释方面,却表现出基本一致的理论立场。②

劳勒对马克思共产主义研究者发表过批判性见解,认为在对共产主义的本质理解上,一直存在着"虚无主义的共产主义"和"辩证的共产主义"两种对立的研究方法,前者看不到在资本主义和共产主义之间存在着"中间地带",而坚持一种抽象的非此即彼的理解逻辑,认为资本主义本质上被消极地视为一种祸害并最终为共产主义所取代;后者在对资本主义和共产主义之间的关系上坚持辩证法逻辑,认为共产主义是逐渐在其资本主义的母体中形成并从母体中获取力量的③。奥尔曼也持相同观点,他认为:"今天我们应该研究和呈现的共产主义所用的方法应该以资本主义为中心,即在资本主义的背景下从资本主义的角度来研究共产主义,这是马克思主义最鲜明的特征之一","共产主义产生于资本

---

① 胡绪明:《马克思共产主义思想的理论特质及其生存论意蕴》,《社会科学战线》2015 年第 11 期。

② 当然,劳勒曾公开表明他与奥尔曼之间存在的分歧,认为奥尔曼只是在共产主义"景象"同资本主义的"分析"之间的内在联系的层面来理解马克思的共产主义,而没有在"共产主义与资本主义之间的内在联系"来理解([美]詹姆斯·劳勒:《马克思主义哲学和共产主义》,参见欧阳康主编:《当代英美哲学地图》,人民出版社 2005 年版,第 673 页)。在笔者看来,他们的这种分歧在总体上没有影响到对马克思共产主义的辩证法阐释。

③ [美]詹姆斯·劳勒:《虚无主义的共产主义与辩证的共产主义》,段忠桥、吕梁山译,《国外理论动态》2006 年第 2 期。

主义的夹缝之中"①。有意思的是,劳勒和奥尔曼他们都是引马克思《德意志意识形态》中对共产主义的经典论断,以及《资本论》中有关"工人合作社"的论述为他们自己的观点进行佐证。

毋庸置疑,劳勒和奥尔曼对共产主义的辩证阐释是深刻的,他们都正确领会到了马克思在批判资本主义"旧世界"中发现共产主义"新世界"的科学方法论的思想高度,唯有站在这个思想高度上,我们方能识破新自由主义鼓吹的所谓"历史终结论"的虚无主义本质,唯有站在这个思想高度上,我们方能真正获得马克思的共产主义作为科学社会主义之"科学"的思想要领,共产主义与各种非批判的实证主义之间的边界方能真正彰显。但与此同时,我们也应该看到,劳勒和奥尔曼对共产主义的辩证阐释存在的理论缺陷:他们过于倚重用辩证的方法诠释资本主义的历史运动为实现共产主义所提供的物质条件(当然这也是他们深刻的地方),但在他们那里,马克思共产主义关于历史主体的思想维度都是付之阙如的。另外,无论是劳勒还是奥尔曼,都没有对马克思共产主义思想所蕴含的价值理想维度做出应有的阐明。

结　语

西方激进左翼学者面对 20 世纪传统社会主义模式遭遇重大挫折和国际共产主义运动陷入低谷的境况,以激进的"共产主义观念"作为行动纲领,重新激活马克思共产主义话语的革命性叙事和主体性力量。

西方左翼学者"新共产主义"的理论主题主要表现在:其一,告别传统的社会主义模式。20 世纪一些西方国家社会主义实践的溃败宣告了将社会主义作为共产主义一个阶段的传统观念的终结,也宣告了彻底告别传统社会主义的历史经验,回到马克思共产主义的原初语境,重新发明"新共产主义"作为后社会主义解放政治的行动纲领,无疑是西方左翼学者所共识的一个突出的理论主题。其二,重构马克思的政治经济学批判。基于对传统社会主义模式的全面否定和

---

① ［美］伯特·奥尔曼:《共产主义:乌托邦的"马克思主义幻想"还是辩证的马克思主义科学方法》[EB/OL],http://www.dialecticalmarxism.com。

当代资本主义新发展的理解,西方左翼学者以生命政治学的"共有"、"非物质生产"等核心概念重构马克思政治经济学批判,为其"新共产主义"提供理论支持。其三,主张共同性参与的多元政治。基于对马克思政治经济学批判的改组重构,西方左翼学者以所谓的共同性参与的多元政治替代马克思的阶级斗争与国家理论,而所谓"非部分的部分"(朗西埃)、"被排除者"(齐泽克)则是其"新共产主义"的革命主体。

西方激进左翼学者"新共产主义"的理论范式主要体现在:第一,相较于马克思共产主义来说,西方左翼学者诉诸激进的革命主体性话语和替代性政治想象展开对共产主义的经济基础与阶级主体的双重改造,这与马克思基于历史唯物主义提出的作为"消灭现存状况的运动"与实现"自由人联合体"辩证统一的共产主义学说具有根本的异质性。第二,相较于后马克思主义而言,虽然西方左翼学者大都不是严格意义上的马克思主义者,但其"新共产主义"表现出来的对全球资本主义的批判和对共产主义未来的期待这一理论气质与对马克思主义彻底丧失信心的后马克思主义立场大相径庭,总体上并没有完全脱离马克思主义的话语体系。

总体而言,我们一方面要为西方左翼学者在国际共产主义运动跌入低谷的情境下,以集体回归共产主义的激进方式对共产主义的未来充满信心"点赞";另一方面,我们更要站在马克思历史唯物主义的理论高度,对其"新共产主义"的乌托邦特质保持清醒的认识,对于左翼学者关于资本全球化时代实现共产主义的可能性条件等重大的时代性课题,也要予以积极的回应。

(本文作者:胡绪明)

现代性的生态学批判 *

——生态学马克思主义现代性批判论析

在西方马克思主义现代性批判理论谱系中,生态学马克思主义既秉承卢卡奇以降西方马克思主义现代性批判的理论传统,同时,基于对资本主义反生态本性的批判性分析而使其现代性批判又具有独特的问题意识、理论气质和批判路径。从这个意义上说,生态学马克思主义丰富了西方马克思主义现代性批判的理论主题,进一步彰显了西方马克思主义现代性批判的时代特色和当代价值。本文的主要任务是,基于生态学马克思主义对现代性的"生态学诊断"、"生态学批判"和"生态学重建"三个维度,分析梳理生态学马克思主义现代性批判的理论路径,在此基础上,就生态学马克思主义的现代性批判理论对坚持绿色发展理念、建设生态文明的"中国道路"所具有的积极意义展开简要讨论。

一、当代资本主义危机的本质是生态危机:生态学马克思主义对现代性的"生态学诊断"

生态学马克思主义一方面对当代资本主义社会日益严峻的环境问题和生态危机表示深切忧虑,并运用马克思主义的立场观点和方法透视生态危机的资本主义制度根源,但另一方面认为,马克思关于资本主义的经济危机理论已经过时而需要重新解释。在生态学马克思主义看来,马克思过高估计了资本主义危机

* [基金项目]教育部人文社会科学研究青年基金项目"西方马克思主义现代性批判理论的逻辑与范式研究"(11YJC710014)和上海市"曙光计划"计划项目"西方马克思主义的现代性批判理论及其当代意义研究"(11SG45)的阶段性成果。

的严重性,而低估了资本主义社会本身的再生性和生命力,尽管当代资本主义社会存在着各种各样的危机,但所有这些危机都与生态环境问题直接相关,毋宁说,当代资本主义危机的本质是生态危机而不再表现为马克思意义上的经济危机。从这个意义上说,生态学马克思主义通过重释马克思经济危机理论,创造性地开启了一条对现代性的"生态学诊断"的理论路向。

加拿大生态学马克思主义理论家本·阿格尔指出,当代资本主义的危机趋势已从生产领域转移到了消费领域,在今天它主要表现为因过度消费或异化消费而导致了环境问题和生态危机,因而对于生态学的马克思主义来说,就需要以生态危机理论来取代马克思的经济危机理论,"历史的变化已使马克思原先关于只发生在工业资本主义生产领域的危机理论失效了。今天,危机的趋势已转移到消费领域,生态危机取代了经济危机。"①在他看来,马克思的资本主义危机理论产生于工业资本主义阶段,它已不能适应当代资本主义的新变化新情况,马克思关于资本主义的危机理论应随着历史条件的变化而予以修正。阿格尔的主要理由是,马克思建立在生产力与生产方式矛盾运动基础上的历史唯物主义理论,不仅过高地估计了资本主义经济危机必然瓦解资本主义制度,而且也完全低估了资本主义生产方式本身所具有的再生能力。阿格尔由此得出结论,认为"今天的危机理论既强调资本主义内在结构的矛盾……又要强调发达资本主义异化程度的加深、人的存在的分裂、环境的污染状况以及对自然资源的掠夺趋势"。② 在此基础上,阿格尔进一步指出,当代资本主义的危机趋势已从生产领域转移到了消费领域,在今天它主要表现为因过度消费或异化消费而导致了环境问题和生态危机,因而对于生态学的马克思主义来说,就需要以生态危机理论来取代马克思的经济危机理论。

法国生态学马克思主义理论家安德烈·高兹明确指出,当代资本主义的种种危机都是由生态危机激发的,生态危机就是当代资本主义危机的主要表现形式,"毫无疑问,生态因素在当今的经济危机中起着决定性的和咄咄逼人的作用",当代资本主义社会中出现的各种危机"均被生态危机所激化",因而当代资

---

① [加拿大]本·阿格尔:《西方马克思主义概论》,慎之等译,中国人民大学出版社1991年版,第486页。

② [加拿大]本·阿格尔:《西方马克思主义概论》,慎之等译,中国人民大学出版社1991年版,第420页。

本主义社会的危机从本质上来说就是生态危机。① 高兹进一步将当代资本主义社会中产生的生态危机的根源归结为支配资本主义无限追逐利润最大化原则的"经济理性"（Economic Reason），其实质就是一种建立在"计算与核算"基础上的"经济合理性"。在这种经济合理性原则的支配下，资本主义社会的生产必然带有一种强制性质，正是这种强制最终使得社会的生产目标由"够了就行"变成了"越多越好"。在高兹看来，"替代'够了就行'这种体验，提出了一种用以衡量各种成效的客观标准，即利润的尺度。……这种量化的方法确立了一种确信无疑的标准和等级森严的尺度，这种标准和尺度现在已用不到由任何权威、任何规范、任何价值观念来确认。效率就是标准，并且通过这一标准来衡量一个人的水平与效能：更多比更少好，钱挣得更多的人比挣得少的人好。"②正是在这种经济理性的支配下，整个资本主义社会都盲目追求最大限度的生产和消费，这不仅造成了社会资源的极大消耗，而且也最终产生了日益严峻的环境问题和生态危机。

美国生态学马克思主义理论家詹姆斯·奥康纳认为，马克思的经济危机理论虽然揭示了资本主义生产力和生产关系之间的矛盾所造成的需求不足而导致的生产相对过剩，但终究没有说明资本主义生产的无限性与生产条件的有限性之间的矛盾，而这种矛盾正是导致生态危机的真正原因。奥康纳指出，在传统的马克思主义理论中，经济危机是以资本的生产过剩的形式表现出来的，而在生态学马克思主义的理论中，经济危机则是以资本的生产不足的形式表现自身的。与传统马克思主义不同的是，生态学马克思主义关注的焦点问题是资本主义的生产力和生产关系与生产条件之间的矛盾，"生态学马克思主义对充满危机的资本主义制度的解释，主要聚焦在资本主义的生产关系和生产力，通过损害或破坏，而不是再生产其自身的条件……而具有的自我毁灭的力量的问题上。"③奥康纳在此基础上提出"资本主义第二重矛盾"理论，在他看来，资本主义社会存在两重矛盾和危机，第一重矛盾是马克思揭示的资本主义生产力与生产关系之间的矛盾，这种矛盾必然导致经济危机；第二重矛盾就是资本主义的生产力和生产关系与生产条件之间的矛盾，这种矛盾产生的是生态危机。奥康纳的主要理

---

① André Gorz, *Ecologyas Politics*, Boston：South End Press，1980，p.20.

② André Gorz, *Ecologyas Politics*, Boston：South End Press，1980，p.113.

③ ［美］詹姆斯·奥康纳：《自然的理由》，唐正东、臧佩洪译，南京大学出版社 2003 年版，第264—265 页。

由是,"出现第二重矛盾的根本原因,是资本主义从经济的维度对劳动力、城市的基础设施和空间,以及外部自然界或环境的自我摧残性的利用和使用"①,也就是说,资本主义是一种经济发展的自我扩张系统,而自然界却是无法进行自我扩张的,自然资源的有限性无法满足资本无限扩张的要求,生态危机就是这二者之间矛盾的必然结果。

基于生态危机展开对现代性的"生态学诊断",是生态学马克思主义现代性批判理论的独特之处。如果说马克思的经济危机理论从人与人、人与社会的视角深刻揭示了现代性问题的资本主义制度根源,那么,生态学马克思主义的生态危机理论则从人与自然关系的层面展开了对现代性的病理学分析。从这个意义上说,生态学马克思主义通过对马克思经济危机理论的重新阐释而展开对现代性的生态学诊断,并不意味着对马克思的资本现代性批判立场的根本背弃。这一点我们完全可以在生态学马克思主义关于资本的反生态本性这一重要命题的批判性分析中得到确证。

二、资本的反生态本性:生态学马克思主义对现代性的"生态学批判"

生态学马克思主义基于对现代性的"生态学诊断",明确将生态危机指认为现代性危机的当代形态,在此基础上,生态学马克思主义进一步从不同的理论视角深刻揭示了资本主义制度及其生产方式具有反生态本性,从而展开对现代性的"生态学批判"。在这个意义上,作为"反对资本主义的生态学",生态学马克思主义秉持了马克思资本现代性批判的理论特质,深刻洞穿了资本主义制度及其现代性意识形态对人与自然统治权力的共谋性质。

高兹基于对经济理性与生态理性之间本质区别的分析,揭示了资本主义制度及其生产方式具有反生态性质。在他看来,资本主义制度生产方式是建立在遵循"计算和核算"原则的经济理性基础之上的,而这种"经济理性通过最大的

---

① [美]詹姆斯·奥康纳:《自然的理由》,唐正东、臧佩洪译,南京大学出版社2003年版,第284页。

生产力以及最大量的消费和需求以实现最丰厚的利润。因为只有通过这种最大量的消费和需求才能实现资本增值的目的"，与经济理性根本不同的是，"生态理性以最好的方式和最低的限度，即花费最低限度的劳动、资本和自然资源生产出具有最大使用价值和最具有耐用性的产品来满足人们的物质需要"①。高兹据此得出结论，认为基于经济理性之增值原则的资本主义生产方式必然导致生态危机，质言之，生态危机是这种经济理性及其资本逻辑的必然结果，是资本主义制度无法克服的痼疾。阿格尔同样揭示了资本主义制度及其生产方式与生态危机之间的内在关联。在他看来，资本无限制追求利润最大化的利益动机是资本主义生产方式的根本性特点，集中体现为生产强制和消费强制，最终将不可避免地导致资本主义生产方式在根本上具有反生态性质。阿格尔指出，不仅"资本主义商品生产的扩张主义的动力导致资源不断减少和大气受到污染的环境问题"，同时资产阶级总是千方百计地抛出消费主义意识形态来维持资本主义生产体系的正常运转，其结果是"人们在这种统治形式中从感情上依附于商品的异化消费，以力图摆脱独裁主义的协调和异化劳动的负担"②。

奥康纳从资本主义积累的理论视角分析了资本主义的反生态本质。在他看来，资本积累的内在逻辑决定了资本主义的生态危机。在资本主义社会下，资本追求利润最大化，资本家通过各种方式提高生产率，加强对工人的剥削，从而榨取更多的剩余价值。资本积累建立在不断增长的生产率和对工人不断剥削的基础之上，导致生产过剩和相对需求不足，即相对生产过剩问题。资本无限扩张的本性决定了资本积累必然加速资源的消耗和衰竭，资本主义生产带来的工业垃圾和生活垃圾还会加速生态环境的污染，这些必然导致生态危机。资本主义生产过程是一个充满危机的过程，资本本身是资本主义最大的障碍，不仅资本会导致经济危机，而且经济危机也会诱发生态危机。但是，经济危机和生态危机又不完全相同。奥康纳指出，"从总体上说，经济危机是与过度竞争、效率迷恋以及成本削减（剥削率的增强）联系在一起的，由此，也是与对工人的经济上和生理上的压榨的增强、成本外化力度的加大以及由此而来的环境恶化程度的加剧联

---

① André Gorz, *Capitalism*, *Socialism*, *Ecology*, London：Verso, 1994, p.32.

② ［加拿大］本·阿格尔：《西方马克思主义概论》，慎之等译，中国人民大学出版社 1991 年版，第 420 页。

系在一起的"①。

　　美国著名生态学马克思主义理论家约翰·贝拉米·福斯特深刻揭示了资本逻辑是导致生态危机的根源。福斯特在《脆弱的星球》中深入分析了资本主义经济生产的"四条反生态法则",认为"资本主义的生产资料私有制与生态是根本对立的,它不仅导致了人的异化和劳动的异化,还导致了自然的异化,它是一切异化的根源"②。在《生态危机与资本主义》中,福斯特系统阐述了资本主义生产方式及其运行的基本逻辑:第一,由金字塔顶部的极少数人通过不断增加的财富积累融入这种全球体制,并构成其核心理论的基础。第二,随着生产规模的不断扩大,越来越多的劳动者由个体经营转变为工薪阶层。第三,企业间的激烈竞争必然导致将所积累的财富分配到服务于扩大生产的新型革新技术上来。第四,短缺物质的生产伴随着更多难以满足的贪欲的产生。第五,政府在确保至少一部分市民的"社会保障"时,对促进国民经济发展的责任也日益加大。第六,传播和教育作为决定性的手段成为该生产方式的一部分,用以巩固其优先的权利和价值取向。③ 这就是说,建立在生产资料私有制基础上的资本主义生产方式由于激烈的市场竞争,必然导致资本家把追求最大化的利润当作自己的首要目标,而利润的最大化动机又迫使资本主义经济发展采用到处扩张的方式,资本的这种双重逻辑意味着能源和原材料的迅速消耗,必然导致环境的急剧恶化和生态危机,"在有限的环境中实现无限扩张本身就是一个矛盾,因而在全球环境之间形成了潜在的灾难性的冲突"④。

　　威廉·莱斯通过对"控制自然"概念的"考古学"研究,指出作为人类进步观念的"控制自然",虽然在人类历史进程中发挥过积极的作用,但它更是作为资本主义社会最基本的现代性意识形态,"曾经是创造性的和进步的意识形态的

---

　　① ［美］詹姆斯·奥康纳:《自然的理由》,唐正东、臧佩洪译,南京大学出版社 2003 年版,第293 页。

　　② 郭剑仁:《生态地批判——福斯特的生态学马克思主义思想研究》,人民出版社 2005 年版,第 265 页。

　　③ ［美］约翰·贝拉米·福斯特:《生态危机与资本主义》,耿建新、宋兴无译,上海译文出版社 2006 年版,第 36—37 页。

　　④ ［美］约翰·贝拉米·福斯特:《生态危机与资本主义》,耿建新、宋兴无译,上海译文出版社 2006 年版,第 2 页。

自然权力和控制自然,已经转变为贫乏的、神秘的教条"①。质言之,"控制自然"的观念在资产阶级那里总是作为人类进步的最一般意义上遮蔽了对自然的控制和对人的控制。莱斯进一步将工具理性的统治理解为理性对"外部自然"和"内部自然"的双重控制,认为这是导致资本主义社会内部矛盾和冲突的根源。"理性在启蒙过程中的主要作用,是作为一种为控制而斗争的工具。理性首先变成一种工具,人为了自我—保存用它来在自然中发现合适的资源。它把自己同在感觉中给予的自然分离开来,并在思维本身(我思)中找到了安全的基点,在此基础上它试图发现使自然服从它的要求的手段。"②莱斯通过对"控制自然"这一概念的历史考察,将对生态危机根源的追问与对资本主义的制度批判有机地结合起来了,"控制自然同资本主义或资产阶级社会有着逻辑的和历史的联系"③。不难发现,莱斯秉持了法兰克福学派启蒙现代性批判的学术传统,深刻地揭示了"控制自然"这一作为人类进步的观念蜕变为对人与自然双重控制的现代性意识形态。

生态学马克思主义进一步指出,同"控制自然"观念一样消费主义也完全蜕变为资本统治的现代性意识形态,消费活动不再表征着人的本质力量的感性活动,人的消费活动走向了全面异化。在阿格尔看来,资本逻辑必然产生消费异化,"人们为补偿自己那种单调乏味的、非创造性的且常常是报酬不足的劳动而致力于获得商品的一种现象"④。消费异化一方面来自于资本扩张逻辑的需要,另一方面来自于消费主义的现代性意识形态,它同样服务于资本的增值逻辑和扩张逻辑。消费异化实际上是资产阶级人为制造出来的消费活动,按照马尔库塞的话来说就是"虚假需求",是资本逻辑的衍生物,与人的吃、喝、住、穿等感性的生命活动具有根本的异质性。消费异化一方面使得工人阶级沉溺于商品消费而丧失对现存社会的批判意识(即卢卡奇意义上的物化意识),另一方面也造成了有限的能源资源的无节制地消耗而产生了日益严重的环境问题和生态危机。阿格尔的主要理由是,"(1)生态系统无力支撑无限增长,从而将需要缩减为旨

---

① [加拿大]威廉·莱斯:《自然的控制》,岳长龄等译,重庆出版社1993年版,第156页。
② [加拿大]威廉·莱斯:《自然的控制》,岳长龄等译,重庆出版社1993年版,第134页。
③ [加拿大]威廉·莱斯:《自然的控制》,岳长龄等译,重庆出版社1993年版,第158页。
④ [加拿大]本·阿格尔:《西方马克思主义概论》,慎之等译,中国人民大学出版社1991年版,第494页。

在为人的消费提高源源不断商品的工业生产;(2)这种情况需要人们首先缩减自己的需求,最终重新思考自己的需求方式,从而改变那种把幸福完全等同于受广告操纵的消费的观念。"①在他看来,这种消费主义的意识形态必然造成对自然资源的过度掠夺和对商品无止境的追求,最终使人们蜕变为一种纯粹的商品消费动物,因为这种消费主义意识形态使人们在生产生活"缺乏自我表达的自由和意图,就会使人们逐渐变得越来越柔弱并依附于消费行为"。② 阿格尔深刻揭示了资本逻辑及其消费主义现代性意识形态对人们的生产和生活方式的全面统治,强烈要求对资本主义社会中这种异化消费的存在方式进行深刻反思和检省,使消费重新回归人的感性的生命活动,"对需求方式的这种重新思考可以使异化消费变成为'生产性闲暇'和'创造性劳动'的现象",因为"人的满足最终在于生产活动而不在于消费活动"③。阿格尔关于消费异化的批判理论对于追求生产发展、生活富裕、生态良好的中国特色社会主义现代化发展道路,树立积极健康的消费观念和生活方式极具启示意义。

如果说马克思以资本来命名现代性,并由此展开对现代性的资本及其现代形而上学双重维度的批判,那么,生态学马克思主义也正是沿着马克思这一独特的理论路径展开对现代性的生态学批判,不仅深刻揭露了资本的反生态本性,而且洞穿了"控制自然"、"消费主义"——作为现代性意识形态——与资本逻辑之内在的共谋性质。就此而论,生态学马克思主义始终遵循着马克思开启的对现代性这一独特的双重维度的批判路径,从而彰显了马克思现代性批判话语的当代价值。

三、生态社会主义:生态学马克思主义
对现代性的"生态学重建"

生态学马克思主义在对现代性的"生态学批判"基础上,基于一种激进的生

---

① [加拿大]本·阿格尔:《西方马克思主义概论》,慎之等译,中国人民大学出版社1991年版,第497页。

② [加拿大]本·阿格尔:《西方马克思主义概论》,慎之等译,中国人民大学出版社1991年版,第493页。

③ [加拿大]本·阿格尔:《西方马克思主义概论》,慎之等译,中国人民大学出版社1991年版,第475页。

态政治战略的立场对未来社会主义的发展模式和生活方式提出了自己的设想，这集中体现在生态学马克思主义理论家致力于通过重建历史唯物主义理论，通过将生态理性、生态伦理或生态道德与社会主义制度的民主、正义等价值观念结合起来，在生态现代性理念基础上建构生态社会主义。

生态学马克思主义认为，生态危机的真正解决并不意味着彻底摒弃现代性，而是通过对现代性的"生态学治疗"——以生态理性重建现代性，构建一种生态的现代性理念。高兹对此作过较为集中的论述："我们当今所经历的并不是现代性的危机。我们所面临的问题是需要对现代化的前提加以现代化。当今的危机并不是理性的危机而是合理化的（日益明显的）不合理动机的危机，就像被变本加厉地所追逐的那样"①。在他看来，生态危机并不意味着要彻底摒弃现代性，换言之，现代性本身并没有所谓的"原罪"，问题在于需要对现代性的前提加以批判和澄清。高兹通过分析经济理性和生态理性之间的本质区别，揭示了资本主义生产方式与经济理性、社会主义生产方式与生态理性之间的内在关联，强调只有建立在生态理性基础上的生态社会主义才能真正消除生态危机。"生态理性满足人们物质需求的最好的方式是：尽可能提供最低限度的、具有最大使用价值和最经久耐用的东西，而花费少量的劳动、资本和能源。与此相反，对经济效益和利润的最大追求，是为了能够卖出用最高的效率生产出最多的东西，获得最丰厚的利润，而所有这些都将建立在最大的消费和需求的基础上。"②高兹进一步指出，在现存的资本主义生产方式下无法实现生态保护，只有改变资本主义生产方式为社会主义的生产方式，才能真正解决生态危机，但与此同时，高兹也特别强调了他所说的社会主义根本不同于传统的苏联社会主义模式。因为在他看来，苏联模式的社会主义遵循的也是经济理性，即追求积累和经济增长是其主要目的，它只不过是"向人们提供了一幅资本主义基础特征的滑稽的放大画"，因为"'科学社会主义'的概念已经失去了所有的意义。在所谓的'现存的社会主义'的范围之内，它的信条的所谓的科学性，只具有这样一种实践功能：以'非科学'和'主观'为借口无视人的需求，欲望和异议，强制人服从于业已形成的工业机构的制度命令。'现存的社会主义'的计划把社会当作是一架集中化的工

---

① André Gorz, *Critique of Economic Reason*, London：Verso，1989，p.1.

② André Gorz, *Capitalism，Socialism，Ecology*, London：Verso，1994，p.32.

业机器,并要求人们面对这架机器的命令。人们的生活被完全合理化了,就是说,被官僚—工业的强大机器完全有组织地功能化了。"高兹认为,只有通过对传统社会主义进行"生态学重建",通过"对我们的经济从产品设计到消费和物质的再循环进行生态学的重建","对设计能源的生产和运输的所有环节进行生态学的重建"以及"对化学工业、运输业和农业进行生态学的重建",才能实现追求"更少地生产,更好地生活"的生态社会主义理想。①

生态学马克思主义主张通过生态学与社会主义制度之间的"联姻",以生态正义变革资本主义生产方式。戴维·佩珀一方面对资本主义的生态危机及其根源进行了批判性分析,"资本主义的生态矛盾使可持续的或'绿色'的资本主义成为一个不可能实现的梦想,那些宣扬所谓的'绿色资本主义'其实就是一个骗局"②,这是因为"在自由市场中,资源保护、再循环和污染控制受阻于提高生产效率、追求利润最大化这样的动力机制"③。另一方面,佩珀也强烈表达了对苏联社会主义及其极权主义性质导致生态危机的不满。在他看来,由于苏联模式的社会主义采取了极权主义的统治,"国家变成了资本主义的企业家,国家拥有本来属于人民的实际权力,统治国家的人形成了一个统治阶级即统治精英",这种模式的社会主义只是名义上的社会主义,实际上具有与资本主义相同的极权主义性质,其社会生产的组织方式也同样受制于资本逻辑的支配,因而无法真正实现马克思所说的那样,"联合起来的生产者理性地调节他们和自然的物质交换"④。在佩珀看来,"社会主义不是一个导致污染的社会",因为真正的社会主义是建立在环境道德基础上并始终充满着生态正义,而"新环境道德要求新的人类关系,而这必须建立在新的生产模式之上"。佩珀认为,建立在这种新的生产模式之上的社会主义就是生态社会主义:一方面,生态社会主义的"共同所有制将会有计划地使用资源,从而会使资源的枯竭最小化……虽然这不利于高效地组织生产,但它将带来充分就业,公正地分配财富,放慢经济的增长,减轻消费主义所导致的压力";另一方面,生态社会主义追求的是"没有过度生产、没有过度需求循环的、非消费主义的稳态社会","现金交易既不再成为自然和经济活

---

① André Gorz, *Capitalism, Socialism, Ecology*, London: Verso, 1994, p.38.
② David Pepper, *Eco-Socialism: From Deep Ecology to Social Justice*, London: 1993, p.95.
③ David Pepper, *Eco-Socialism: From Deep Ecology to Social Justice*, London: 1993, pp.91-92.
④ David Pepper, *Eco-Socialism: From Deep Ecology to Social Justice*, London: 1993, pp.118-119.

动的目的,也不再统治自然与经济活动之间的关系","人们在进行生产时将充分考虑对环境的影响"①。奥康纳与佩珀的立场基本相近。在他看来,社会主义和生态学根本不是相互矛盾的,相反,两者恰恰是互补的。"社会主义需要生态学,因为后者强调地方特色和交互性,并且还赋予了自然内部以及社会与自然之间的物质交换以特别重要的地位。生态学需要社会主义,因为后者强调民主计划以及人类相互间的社会交换的关键作用。"在奥康纳看来,只有生态学和社会主义结合的生态社会主义才能解决生态危机问题。"我们需要'社会主义'至少是因为应该使生产的社会关系变得清晰起来,终结市场的统治和商品拜物教,并结束一些人对另一些人的剥削;我们需要'生态学'至少是因为应该使社会生产力变得清晰起来,并终止对地球的毁灭和解构。"②

生态社会主义作为一种激进的生态政治,一方面体现了生态学马克思主义诉诸生态正义重建生态理性的资本主义替代性方案,在一定程度上确实具有绿色乌托邦色彩,但另一方面,生态学马克思主义基于社会主义与生态学"联姻"可行性的学理分析,提示了生态文明的社会主义制度基础这一重大的时代性课题,阐明了只有社会主义才能引领人类真正实现生活富裕和生态良好有机兼容的可持续发展道路。

结　　语

在当今流行的诸多"现代性话语"中,当数生态学马克思主义的现代性批判理论特色显著且意义重大。生态学马克思主义无论是基于生态危机理论展开对现代性的"生态学诊断",基于资本逻辑反生态性的批判性分析展开对现代性的"生态学批判",还是基于生态理性展开对现代性的"生态学重建",都是对马克思开启的资本现代性批判这一重大课题的推进和深化,充分彰显了经济全球化背景下马克思现代性批判的时代价值。不仅如此,生态学马克思主义的现代性

① David Pepper, *Eco-Socialism*: *From Deep Ecology to Social Justice*, London: 1993, pp.118-119.
② [美]詹姆斯·奥康纳:《自然的理由》,唐正东、臧佩洪译,南京大学出版社 2003 年版,第439 页。

批判理论对于坚持中国特色社会主义的绿色发展道路,构建中国特色社会主义的生态文明,探索人类可持续发展路径和治理模式贡献"中国方案"等方面,都具有十分重要的借鉴和启示意义。

（本文作者:胡绪明 柴文一）

主体性诠释:以意识形态为视角*

如何在当代哲学思想语境中理解意识形态和主体性的关系,探求主体性的当代合理形态,是马克思哲学研究中一个十分重大的课题。在意识形态与主体性关系的缠绕和角斗中,问题的关键点在于反省并回答:主体性研究究竟属于"理论理性"还是"实践理性"的范畴? 长期以来,人们一直在"理论理性"层面上理解和阐发意识形态和主体性之间的关系,结果使主体性理解陷入了深刻的困境。超越理论哲学思维范式,克服"理论理性"的幻觉,这是拓展主体性研究的思想视野,深化主体性研究的根本前提。

一、意识形态与主体性的二元对立与主体性困境

这里所谓的"理论理性"在社会历史层面是指在主客二元对立的基础上,人以理性旁观者的身份来追问世界总体和终极存在,以一极统摄另一极的一元化思维方式来获得社会历史真理的理性。"理论理性"内蕴的是"非此即彼"的形而上学思维方式。在"理论理性"的思想视野里,人们纠缠于这个问题:人和意识形态到底谁才是主体? 在意识形态与人的关系中到底是意识形态建构了主体,还是主体创造了意识形态? 如何理解主体与意识形态之间的关系?

对此西方哲学界有两种正相反的代表性观点:第一种观点认为具有思维能动性的人是主体,主体创建并革新意识形态史。传统主体性即理性的磨砺是以

* [基金项目]国家社会科学基金青年项目(15CKS003),中国博士后科学基金资助项目(2015M570279)。作者简介:刘宇兰(1980—),女,江苏无锡人,哲学博士,东北师范大学马克思主义学部副教授、硕士生导师,吉林大学法学博士后流动站研究人员。

意识形态批判为前提的。柏拉图的洞穴隐喻批判感觉世界的动变流逝和不真实性,旨在去芜存菁,开拓至真、至善、至美的可知世界,理念世界只是少数人、哲学精英、有独特理性识见能力的人才能逻辑地把握到。传统哲学史就是柏拉图主义的历史。柏拉图可感世界和可知世界的划分思路延续到中世纪的尘世之城和上帝之城的区分,到康德的现象界和物自体的区分。柏拉图对理性能力的强调经笛卡尔到康德一直延续到黑格尔。而对理性的抽象直观方法也经过笛卡尔延续到了康德。柏拉图主义主张,文化的建构和发展是以人为主体,以人的认识为渠道,以理性为工具,破除虚假幻象,从而获得理想价值的客观现实化沉淀过程。现代哲学从人的意识研究转向人的生活世界。现代西方哲学对西方文化危机有清醒的认识,尼采对西方传统文明陷入虚无主义的批判,胡塞尔对欧洲科学危机的诊断和出路的探讨,海德格尔对传统形而上学—神学—技术逻辑的解构,维特根斯坦对传统哲学滥用语言的诊断和日常语言分析道路的开辟,马尔库塞和哈贝马斯对科学技术和意识形态合谋的指认等,都昭示出意识形态的认识论视野被往前推移到生存论、文化论视野中。在一定意义上可以说,意识形态不再是意识,不再以意识为根本载体,而是一个"去意识中心化"的客观的自然历史过程,即齐泽克所说"人们知道了,人们仍然去做"的客观现实。意识形态作为文化客体,是一个自然而然的社会历史过程,它可以与人的意识相关,但根基处并不依赖于意识,更多地却是传统、逻辑、语言、无意识交织在一起。在回归人的现实生活世界的思潮中,出现了第二种观点,它认为人受制于环境和传统,因而纯粹的被动者意识形态才是真正的主体,意识形态形塑着各个时代的人们,人作为臣服者,仅仅是意识形态实现自身的工具。在这个意义上,历史的发展并不是人们创造活动的结果,而是无主体的过程。阿尔都塞是最突出的代表,他不仅从词源学角度考察了主体的屈从性含义,而且从劳动力的再生产和生产关系的再生产中论述意识形态和意识形态国家机器,明确提出"意识形态把个人传唤为主体","人生来就是意识形态的动物"①。前者可以称为"抽象主体性模式",后者可以称为"抽象意识形态模式"。

这两种理解模式都存在着重大的理论困难。前者在认识论视域中追问主体与意识形态的关系,主体是理论活动的主体,意识形态是理论活动的对象,是精

---

① 陈越:《哲学与政治:阿尔都塞读本》,吉林人民出版社 2003 年版,第 361—362 页。

神活动的附属品。但其纯粹化的解决方案带有理论的天真,把主体与人的生活、社会、世界隔离开来再去讲主体和意识形态的创建和被创建的关系,这在原出处就跳脱了人的世界性视野,从而仅仅陷入理论的抽象中,这种理论的抽象又形成为新的意识形态。正如海德格尔所说,"认识是在世的一种存在方式"①,把主体孤立化的做法,只是对主体与意识形态关系的一种极特殊的解释方式,并不具有普遍真实性。它仅仅把主体性理解为人的抽象的理性思维能力,把人变成了无人身的理性、无生活的干瘪的抽象思维,变成透视世界的旁观者。这种对主体的抽象化理解从意识形态批判开始,最终又陷入对主体的意识形态化理解。主体的"生存性"被"现成性"所窒息,"历史性"被"非历史性"所扼杀,"多重性"被"单向性"所抹杀,主体失去了自由,只能"自由地"臣服于实体本体论的意识形态之中,于是需要更进一步的意识形态批判。后者把历史的主体确立为意识形态,而不是在现实生活中从事实践活动的人,因而主张文化建设虽然离不开人的意识,但是从根底处却与人的意识不相干了,主张通过对意识形态的形而上学现实运作机制、社会机制、潜在心理机制等进行研究,以廓清作为文化客体的意识形态的内在机制,这以卢卡奇、弗洛姆、阿尔都塞、齐泽克等人为代表。它把意识形态客体化,主张意识形态把人建构为主体,从而人只是臣服于意识形态的被动塑造物,于是主体活动的积极价值没有了,只剩下主体的受限性。如果说上帝人本化的启蒙运动使得人的灵性从天国跌落,那么意识形态客观化的结果凸显了"人沦为物"的再一次跌落。结果是,它无法回答,人作为万物灵长的尊严和价值何在?

在"理论理性"层面,我们无法跳出主体与意识形态之间的二元对立和互相悖谬:主体创建意识形态反而又陷入意识形态的深渊;意识形态询唤了主体,主体却丧失了主体之主。这是"理论理性"层面主体性研究不可克服的内在困境。

二、主体性困境的克服与实践理性

那么如何才能克服这一内在困境,从主体和意识形态二元对立关系中超脱

---

① [德]海德格尔:《存在与时间》,陈嘉映、王庆节译,生活·读书·新知三联书店1999年版,第72页。

出来？这是事关主体性研究的命运攸关的课题。

在我们看来，要克服这一内在困境，至为关键的是推动主体性研究从理论理性向实践理性的转向，一方面超越主体性的抽象理解，另一方面又从抽象意识形态模式中拯救出合法形态的新的主体性，以突破意识形态的围剿，拯救人的自由，恢复人的声誉，重建人和社会的关系。

在实践理性的层面，我们的基本观点是：在意识形态与主体互相对峙、胶着以将研究的思路囿于二者主从关系的思考之先，在原初的意义上，主体和意识形态都是奠基于人的世界性存在。跳过人的世界性存在，抽象地思考主体和意识形态关系问题，只能陷入意识形态幻象之中。回到人的本原的生存，人与"现成摆在那里的物"不一样，"人的本质不是单个人所固有的抽象物，在其现实性上，它是一切社会关系的总和"①。主体是现实的从事实践活动的人，人的本性是生存，人能"是其所不是、不是其所是"，在生存实践的过程中领会自己和存在的意义，从而引领文化发展和意识形态变迁。而意识形态不是由抽象孤立的绝对自主的主体创建的，意识形态是生活在一定历史中的，处于一定社会关系中经过家庭、教育、社会教化的活生生的人的现实生活创造的。马克思在人与环境、教育的关系上驳斥了"人是环境和教育的产物，因而认为改变了的人是另一种环境和改变了的教育的产物"的旧唯物主义学说，指出它忽略了"环境正是由人来改变的，而教育者本人一定是受教育的"，进而指出"环境的改变和人的活动的一致，只能被看做是并合理地理解为变革的实践"。② 可见，主体与意识形态之间的创造、超越、制约关系都展开于人的现实生活过程，因而都奠基于人的世界性现象。

从世界性现象入手，在意识形态视域中开展主体性探讨要警惕理论理性内蕴的形而上学思维方式以各种方式卷土重来。主体与意识形态二元对立困境的深层意蕴是：客观实质地存在"独此一家，别无分店"。这是"自立为王"、"千秋一统"的实体本体论形而上学思维方式，即主张为事物之存在寻找最终根据。"西方传统哲学在对事物作形而上学的说明时，往往依照所谓的'充足理由原则'，以求对事物作全面必然的掌握。"③这是化约论，万变不离其宗，万化为一，

---

① 《马克思恩格斯文集》第1卷，人民出版社2009年版，第505页。
② 《马克思恩格斯文集》第1卷，人民出版社2009年版，第504页。
③ ［德］韦伯：《学术与政治》，冯克利译，广西师范大学出版社2004年版，第78页。

一生成万。作为一的实体："它无需其他存在者即能存在。把'实体'的存在特征描画出来就是：无所需求……这种存在者就是完善者。"①警惕和防范在场化实体化形而上学的卷土重来，在后形而上学视域中理解马克思的主体与意识形态理论，理解"环境的改变和人的活动或自我改变的一致，只能被看做是并合理地理解为革命的实践"②，就要防范把实践实体化、终极化，把生存活动抽象概念化，把历史抽象化、把经济因素一元抽象化、把人道简单化等，防范对马克思主义的实践主义、存在主义、历史主义、经济主义、人道主义意识形态误读，从而真正在实践理性层面展开主体性与意识形态的活泼泼的内涵。马克思的《资本论》是主体与意识形态关系的具体展开，从商品、交换价值、货币到资本，马克思要"揭示现代社会的经济运动规律"，要"研究的是资本主义生产方式以及和它相适应的生产关系和交换关系"③，通过对现代社会生产关系的分析，马克思揭示商品、货币、资本拜物教的社会根源，并致力于从社会结合方式的角度来根本变革现代意识形态。马克思超越了化约论的简单线性理解，而是走向了多元关系的整体性诠释，可以说，马克思关于主体与意识形态的关系理论是基于实践基础上的"资本诠释学"④：实践理性对理论理性的优先性是前提性条件，而"资本诠释学"是实质，"自由人的联合体"是价值指向。

更进一步反思理论理性的主体性研究困境，问题的症结还在于个人主观理性及其理论视角的有限性如何能把握在实践活动中展开自身的人的无限可能性存在与在实践活动中展开着的意识形态及其二者关系，进而使主体能超脱既成的意识形态束缚？

传统哲学的解决方案在于把主体实体化。主体作为纯粹的理性，成为社会的立法者，在理性自由以通达终极存在过程中去克服作为虚假观念而存在的意识形态，从而展开理性主体的具体内涵。传统哲学的知性思维方式把主体和意识形态当成现成的研究对象，通过范畴演绎来克服意识形态的虚幻性，获得知识

① ［德］海德格尔：《存在与时间》，陈嘉映、王庆节译，生活·读书·新知三联书店1999年版，第208页。

② 《马克思恩格斯文集》第1卷，人民出版社2009年版，第500页。

③ 《马克思恩格斯选集》第2卷，人民出版社1995年版，第100—101页。

④ 诠释不同于因果关系的客观说明，它内蕴着人的价值、目标、动机。因此，马克思的《资本论》不能仅被解读为政治经济学的科学文本，而更是马克思的大写的哲学文本，是对现代社会的政治经济学批判。

的确定性和可靠性，从而展开理性主体性的各个环节。但它又陷入了独断性、孤立化、无根论和虚妄之中。黑格尔扬弃知性思维为辩证思维的一个环节，但他仍然从理论理性的视野出发，从而历史性被概念抹杀，时间性成为永恒的现在。"黑格尔的时间解释完全沿着流俗时间领会的方向进行。黑格尔从现在出发来标画时间，而这里设为前提的是：现在的总体结构一直被遮蔽着，以便能够把现在作为现成事物加以直观，尽管在这里现在只是'观念上的'现成事物。"①强大的历史感被强制性的逻辑概念吞噬，主体的自由发展——捍卫主体的差异性和个性——成为不可能。知性思维和黑格尔的辩证思维都限于理论理性的视域中，以实体一元论的形而上学的思维方式去追问主体性，由此主体性幻化为实体性，丧失了自身的真实可感、活泼泼的本性，最终导致主体性的自身悖谬。

突破理论理性视域中的主体性困境，穿过意识形态幻象，重建新的主体性的方法在于后形而上学视野中的辩证法。辩证法的自我拯救就是要超出形而上学追问存在以获得绝对知识的理论幻觉，返回尘世生活的根基，生活实践才是真正的"无条件的总体"。辩证法的真实出发点是实践理性，而不是理论理性。于是主体与意识形态的关系就不再是理性与虚假观念的关系问题，而是现实生活过程中的人与文化之间的关系问题，而意识形态作为文化，是一个描述性的概念，它既包括否定性的文化，也包括肯定性的文化，于是意识形态批判中重建主体性的任务就不再是在实体本体论的一元化真理观中审视干瘪抽象的主体理性，而是要转换角度批判否定性的意识形态，划清否定性意识形态和肯定性意识形态的界限，在肯定性的文化景观中阐发主体性的具体丰富差异的内涵。

于是问题就聚焦在理论与实践的关系问题上，传统哲学家秉持着理论优先于实践的原则，在理论理性的视域中通过知性能力的磨砺去通达实践活动所打开的人的世界，把人的"活的世界"变成了"死的概念"，从而窒息了具体丰富的主体性。现在问题的关键就在于把理论与实践的关系颠倒过来，在实践优先于理论的原则下，展露人的存在、人的社会生活。

以实践优先于理论的原则去认识人自身，这是否又陷入了理论理性之中，人的存在和现实生活是在实践活动中展开的，但要完成古希腊哲学提出的"认识

---

① [德]海德格尔：《存在与时间》，陈嘉映、王庆节译，生活·读书·新知三联书店1999年版，第486—487页。

你自己"的任务,我们又不得不返回个人的理论视角之中,于是实践原则又变成了理论实践的理论,又陷入传统哲学理论主义的黑洞之中。这样的困难不得不让人思考理论到底能不能超出自身去切中在它之外的存在?这个困难的不可解决到底是像海德格尔所说的那样是传统哲学的耻辱,还是整个哲学不可克服的难题?站在理论理性的立场上,理论与实践的关系问题只能是在理论领域中自我循环和自我缠绕,无法解决"理论如何超出自身去切中外部存在"的问题。只有在实践理性的立场上,把这个矛盾看成是在实践基础上生发出来的矛盾,因此问题的关键不是"能不能"的问题,不是"思维能不能切中外部存在"的问题,而是从现实生活实践出发,从人的世界性现象出发,思维与存在、理论与生活本来就具有领会和指向的关系统一性,问题转化为如何"对现存事物的肯定理解中"展开"否定性"、"批判性"的理解,从而把理论理性中的知性思维逻辑和辩证逻辑转变为实践理性视域下的辩证法。关于思维和存在统一性的"'哲学的耻辱'不在于至今尚未完成这个证明,而在于人们还一而再再而三地期待着、尝试着这样的证明。诸如此类的期待、企图和要求是因为在存在论上没有充分的理由却一开始就设置了一件东西,从而应该证明有一个'世界'作为现成的东西是独立于它和'外在'于它的"①。超越对世界的现成性理解,回到人和世界的一体化关系,辩证法不是关于世界的各个既成部分(人类社会、自然和思维)发展的一般规律的"科学",也不是主客二元对立基础上,人以理性旁观者的角色来"实现思维与存在统一为旨趣的'认识论',而是对生存实践和以生存实践为生存方式的人的存在的自我理解学说,因而是关于人的存在的'实践诠释学'"。②

三、资本诠释学:现代文化景观中的意识形态与主体性

在意识形态视域中重新理解主体性的课题分解为如下两个任务:一是批判意识形态的传统理解,在革新意识形态概念的基础上重新理解主体性。意识形态概念经历了从认识论的假象到现实生活世界的幻象转变。意识形态幻象的深

①　[德]海德格尔:《存在与时间》,陈嘉映、王庆节译,生活·读书·新知三联书店1999年版,第236页。

②　贺来:《辩证法与实践理性》,中国社会科学出版社2011年版,第192页。

层秘密在于特殊利益和控制欲望,而特殊利益普遍化、控制欲望社会化的途径就是意识形态的客观文化化,从而意识形态脱离纯粹的玄想和空想的认识领域,它活跃于生活世界领域,成为统治人的现实力量。这把意识形态从精神、意识的层面往前推移进文化世界的层面,从而意识形态不再是"我们不知道,但我们在做",而是"我们知道,我们还在做",意识形态概念不再简单地是精神层面的虚假意识,意识形态不再是理性能力的发挥就可以纠正的虚假认识,而是作为社会存在构成人们看待世界、人、人和世界关系的现实媒介,它与社会实践勾连在一起成为弥漫于社会的空气,一切社会存在都漂浮于意识形态中。意识形态的当代理解把主体性的理解从理论的水晶宫中拯救出来,于是主体性的问题就现实化为主体与资本逻辑、主体与科学技术、主体与消费逻辑之间的关系问题。主体性被意识形态掩蔽了,主体性成为了物化的主体性。二是对意识形态的现实力量进行批判,把人从资本逻辑、科学技术、异化消费等一元化的意识形态逻辑中拯救出来,从而维护具体的思想和生活的自由。前者是对意识形态概念的当代批判来崭露主体性物化的当代内涵,后者是对当代意识形态统治力量的批判来显露主体性的原初内涵。通过这两个方面的批判性考察,旨在把主体性从传统哲学的实体化理解和当代语境的臣服性理解中拯救出来,以实践理性的辩证法来崭露主体的丰富性、多样性、差异性和具体性。在资本、技术与消费中,马克思主张"资本逻辑"是现代社会的基本原则,现代性状况下人受资本主体性的支配。马克思以"资本诠释学"来分析现代文化景观中的意识形态与主体关系。

首先,马克思从人的现实生活出发展示资本逻辑的强制性。马克思立足于"不是意识决定生活,而是生活决定意识",把哲学从理念王国下降和复归到现实生活。在此基础上,马克思指出:"人不是抽象地蛰居于世界之外的存在物,人就是人的世界,就是国家,社会。"①于是,"对天国的批判变成对尘世的批判,对宗教的批判变成对法的批判,对神学的批判变成对政治的批判"②。马克思致力于意识形态现实运作机制的批判,来展开人的"自由"、"发展"和"解放"的价值诉求。马克思具体分析了现代性状况下人的处境③:抽象主体抹杀了人的类本质,人处于金钱、商品拜物教的异己力量的统治之中,人和人之间就是一切人

---

① 《马克思恩格斯文集》第1卷,人民出版社2009年版,第3页。
② 《马克思恩格斯文集》第1卷,人民出版社2009年版,第4页。
③ 刘宇兰:《现代性状况下人的形象》,《社会科学家》2013年第8期。

对一切人的战争的状态,人和自然之间的关系就是金钱的关系。金钱、资本成了强制性的社会权力,资本从经验世界的可见物转变为生活世界无所不在的资本逻辑:在人和自然关系上,它"把一切封建的、宗法的和田园诗般的关系都破坏了"①,功利价值之先在的自然存在价值遭到破坏,而为资本增值的功效无限放大;在人和人的关系上,"它把人的尊严变成了交换价值,用一种没有良心的贸易自由代替了无数特许的和自力挣得的自由",它"抹去了一切向来受人尊崇和令人敬畏的职业的神圣光环。它把医生、律师、教士、诗人和学者变成了它出钱招雇的雇佣劳动者"②,"雇佣劳动者"体现出劳动对资本的隶属关系,这是现代人的真实写照;在人和社会的关系上,"一切固定的僵化的关系以及与之相适应的素被尊崇的观念和见解都被消除了,一切新形成的关系等不到固定下来就陈旧了。一切等级的和固定的东西都烟消云散了,一切神圣的东西都被亵渎了"③,自由自主的个人和社会有机团结没有了,资本成为发了疯的、具有绝对权力的、吞噬一切的永动机,它把自然、人、社会都纳入其自身增值的运动中。自然、人、社会丧失了自身的独立性和自主性价值,成为资本实现自我增值的环节。

其次,马克思资本逻辑批判表现为形而上学批判和形而上学现实批判的双重架构。形而上学不能容忍不确定性和多元性,主张归根结底的原则,就是为纷繁复杂的事物寻找最终根据,以最终的根据实体来解释万物的思维方式。而在现代社会中资本逻辑的实质底蕴就是这种形而上学原则,自然、人、社会的根底处是资本在操纵,资本成了形而上学现实。资本取代传统哲学的神性和理性,成为一切事物存在和发展的最终根据,资本原则成为现代性的本质,现代性的深层逻辑是形而上学与资本原则的"联姻"。人的现代性困境在于"个人受抽象统治"。"抽象"不仅是资本的抽象存在,更是形而上学实体本体论的抽象原则,资本逻辑是形而上学当代现实的一种而且是尤其重要的表现。资本成为形而上学的新的实体,表现在资本"生出剩余价值的运动是它自身的运动,它的增值也就是自行增值。它所以获得创造价值的奇能,是因为它是价值。它会产仔,或者说,它至少会生金蛋"④。资本的自行增值是形而上学以一驭万原则的当代呈

---

① 《马克思恩格斯文集》第2卷,人民出版社2009年版,第33—34页。
② 《马克思恩格斯文集》第2卷,人民出版社2009年版,第34页。
③ 《马克思恩格斯文集》第2卷,人民出版社2009年版,第34—35页。
④ 《马克思恩格斯选集》第2卷,人民出版社1995年版,第168页。

现。在这种原则的统治下,劳动、时间、人的性质都发生了根本变化。首先,作为人的自由自觉本质的劳动仅仅成了人谋生的手段,劳动本来是人区别于动物的本己的可能性,但是人们想方设法地逃避劳动,逃避属人的本质,人却在行使动物的机能(吃喝)时才觉得自己是个人。其次,时间作为生命活动的空间被粝平为同质化的量的时间,"在价值形成过程中,同一劳动过程只是表现出它的量的方面。所涉及的只是劳动操作所需要的时间,或者说,只是劳动力被有用地消耗的时间长度"①,现代社会以社会必要劳动时间来衡量劳动产品的价值,以必要劳动时间来衡量雇佣劳动者的价值。必要劳动时间相伴的剩余劳动时间带来资本的增值,资本增值的需要必然以人的自由闲暇时间的损耗为代价,而自由时间是人发展的空间,因此资本的增值以损害人的发展为代价。最后,资本增值不是为人的发展需要而存在,相反是"工人为现有价值的增值需要而存在","资本家,昂首前行;劳动力占有者作为他的工人,尾随于后。一个笑容满面,雄心勃勃;一个战战兢兢,畏缩不前,像是在市场上出卖了自己的皮一样,只有一个前途——让人家来鞣"。②

最后,马克思通过双重批判旨在破除"抽象对人的统治",拯救人的生命的具体性。摆脱生活的一元强制必然性逻辑,生命的具体性在于其丰富性、差异性和偶然性。生活是多样的生活,是摆脱了资本一元统治的活泼泼的生活。马克思"对资本社会的社会化模式进行批判:只要个人的生产活动不再以直接的方式通过合作作为中介机构,而是通过金钱的'陌生的中介',使其相互合作的相互承认的关系也就走出了人们的视野而不再存在,以致最后人人都成为只在算计,只为'自我'的生物,只能依靠自己孤独的一个人"③。超越孤独主体和人的生物性存在,马克思认为人的生活应该既吸纳资本原则带来的积极成果特别是生产力和物质财富成果,又超越人被物所统治的片面存在方式,使"社会从犹太精神中获得解放","人的世界和人的关系回归人自身",实现"个性自由基础上的人的全面解放"和"自然主义和人道主义的统一"。超越一元逻辑,彰显生活的多样性;超越市民社会的自利性生物样式,建构自由平等合作的社会状态;这是马克思资本主体性批判考察得出的主体性真实内涵。

---

① 《马克思恩格斯选集》第2卷,人民出版社1995年版,第186页。
② 《马克思恩格斯选集》第2卷,人民出版社1995年版,第176页。
③ [德]霍耐特:《自由的权利》,王旭译,社会科学文献出版社2013年版,第84—85页。

　　资本诠释学背后是马克思对意识形态同一化主体的省察和对主体性真实意蕴的彰显,可以说,意识形态视角是主体性诠释无法绕开的重要维度。马克思不仅揭示了现代社会"工人为生产过程而存在,不是生产过程为工人而存在"的形式,是"造成毁灭和奴役的祸端",而且认为"在适当的条件下,必然会反过来转变成人道的发展的源泉"①。马克思主体性诠释的"绝对命令":"必须推翻使人成为被侮辱、被奴役、被遗弃和被蔑视的东西的一切关系",②在后形而上学时代仍然保有强大的生命力。在主体与意识形态的互生性关系中,马克思批判性革命性的辩证法将不断提醒人们:考察前提,划定界限,主体性诠释仍是一项未完成的任务,因为主体性不是单一地追问是"什么"的问题,而是生成于主体与现代世界的多重关系之中。穿过意识形态幻象,解构形形色色的形而上学一元化逻辑,瓦解资本逻辑,重塑健康有序的文化,重建价值主体性,这是当今时代哲学的任务。

(本文作者:刘宇兰)

---

① ［德］马克思:《资本论》第 1 卷,人民出版社 2004 年版,第 503 页。
② 《马克思恩格斯文集》第 1 卷,人民出版社 2009 年版,第 11 页。

发展的主体问题探析*

——马克思对传统主体观的超越

作为人类的希望和致力于实现的目标,发展是个普遍性的人类问题,同时发展又以时代性和民族性的形式体现出来。发展的主要课题包括:发展为了什么?怎么样发展?也就是发展的目标和发展的方式问题。而发展的目标和发展的方式都和主体密切相关。发展总是围绕主体展开的,发展是主体的自我发展,是主体目标的实现,发展的目标就是主体的目标。主体确立自我指涉性的目标后,就会采取相应的方式来实现主体的目标,发展方式的确定和价值排序的选择离不开主体。可以说,主体是发展的关键概念,发展观的迷惑和困顿多来源于主体观中的思想混淆,而马克思的新主体观是解决发展问题的钥匙。

一、发展的价值与传统主体观

发展不仅是个事实问题,更是个价值问题。事物要完成从现存状态到理想状态转变,要完成质的飞跃发展,这是一个合目的合规律性的过程。不遵守规律,发展不可能实现。而离开人的价值,发展就谈不上是前进、上升的运动,因为发展总是事物朝向人的目标的合目的性生成。发展的价值取向直接与人相关,而以往的发展观是奠基于传统主体观基础上的。

自文艺复兴以来,西方近代哲学的显明标志在于主体性。西方近代哲学不

* [基金项目]教育部人文社会科学研究项目青年基金项目(项目编号:10YJC710030),东北师范大学哲学社会科学校内青年基金项目(中央高校基本科研业务费专项资金资助)(项目编号:10QN052)的阶段性成果。

同于古希腊的自然哲学,也不同于中世纪的神本位思想,人不再是混同于自然中的没有明显特征和没有独立价值的存在,人也不再是匍匐在上帝面前的奴仆,人就是人自己。人的发现使人类从孩童时期进入了学生时代,这是人类的巨大进步。不再有神秘的权威,上帝是人的本质的异化,是人的无力感的表现,人无法与自然力抗衡,人在浩瀚的宇宙和纷繁复杂的现象中感到自己是不自由的,于是恐惧的人树立了神秘的偶像,并从上帝那里寻求精神的慰藉。而近代哲学强调主体就是理性,人就是理性的存在者,人可以运用理性去发现自然的奥秘和认识世界的规律,于是主体就从自然之中凸显出来。给我一个支点,我就可以撬动整个地球,主体就是这个支点,近代西方哲学"主体的发现"为认识世界和改造世界确立了"阿基米德点"。主体就是理性,主体之所以不同于客体,在于主体是能思维的主动存在,而客体是围绕主体旋转的,客体的认识是建基于主体之上的,客体的价值是建基于"为我所用"之上的。于是就主客体关系来说,发展就是人运用自己的理性使自然最大限度地为我所用,落实到具体的实践操作中,发展就成了人类盲目的开发利用自然和不加节制地掠夺自然,这就是"人类中心主义"的价值观。人类中心主义认为,人是价值的绝对中心,自然并不具有独立于人的价值,自然的价值存在于与主体的关系之中。对于"人类中心主义"的发展观,恩格斯指出:"我们不要过分陶醉于我们人类对自然界的胜利。对于每一次这样的胜利,自然界都对我们进行报复。每一次胜利,起初确实取得了我们预期的结果,但是往后和再往后却发生完全不同的、出乎预料的影响,常常把最初的结果又消除了。"①当代生态危机、环境污染、能源危机、温室效应等全球危机问题,就是这种夜郎自大式主体观落实到实践中的负面效应。面对全球危机问题,现实迫使我们不得不重新思考传统主体观。

首先,传统主体观的确立是以主客二元对立的思维方式为前提的,主体在这一边,客体在另一边,二者互相外在地对峙着,然后通过主体对客体的逻辑化静思,得出客体的规定性,而主体的规定性也就在主体规定客体的过程中显现出来。但问题在于人和世界的关系并不等同于我和桌子之间的关系,桌子是外在于我的现成存在,但我不可能是在世界之外的,我就在世界之中。人和世界的原初关系是内在的相互生成和相互制约的关系,而不是外在的物与物之间的对立。

---

① 《马克思恩格斯选集》第 4 卷,人民出版社 1995 年版,第 383 页。

以主客二元对立的思维方式来理解世界,理解人和世界之间的关系,这是对人与世界原初统一性的割裂。于是当主体挺立自身,不仅成为自然的立法者,也是行为的立法者,主体就先在地割裂了与世界的唇亡齿寒的联系,主体高奏凯歌,其实践后果却带来了主体的悖论,主体是世界的立法者,但是世界却以实然性的事实反抗着人类中心主义的肆虐。

其次,就对客体的理解来说,客体不再是原初的活生生的世界,而是主体理论思维的抽象对象。传统主体观片面强调人的主体性,本然的世界消弭于主体之中,在场的世界只是被主体所认识和改造的世界,而与人血肉相连的、人居于其中的本然世界却退隐为主体的背景,于是世界消逝了。世界丧失了自身的独立价值和意义,世界的意义和价值不在于世界自身,而在于是否进入主体的视野和是否满足主体需要。黑格尔的主奴辩证法讲的虽然是主体间的关系,但是对于主客体关系来说,也具有相似的警戒意义,当人作为主体去认识和利用自然时,人的主体地位获得了承认,但如果这种认识和利用超出了应有的限度,超出了环境的承载能力,变成了人类无限制地去开发掠夺自然,那么处于屈从者的客体会以自身的荒芜来加以反抗,而主体是在与客体的关系中来界定自身的,于是客体的荒芜导致的将是主体的沉寂。因此,问题的关键在于重新反思人类中心主义,从而否弃主体对客体的绝对压制,但这种否弃不是要取消"人的发现",不是说要回到世界的混沌状态,而是试图在人的主体自由基础上做一些矫正性的工作,给自然以其应有的相对于人而言的独立价值,达到人与自然的和谐发展。

最后,就对主体的理解来说,传统主体观忽视了时间维度。主体的本质是理性,而理性是逻辑化的思维能力,是静思,而不是本能的冲动。理性认识获得的是真理,而不是意见。真理的世界是必然性的世界,是不动不变的世界,是绝对的光明,它是现象的原因。现象是居于时空之中的流动的存在,现象的世界是个意见的世界。正像维特根斯坦所说:"上帝不在世上现身"①,时空之中的世界是有限的事实世界,是可能的世界,是偶然的世界,绝对必然性的真理世界不在时空之中。理性作为通达真理的途径,理性也不在时空之中,理性就是永远的在场,理性是恒常的能力,于是主体就成了在场的存在者,而主体原初的生存活动的时间性就被遗忘了。

---

① [英]维特根斯坦:《逻辑哲学论》,商务印书馆 1996 年版,第 103 页。

总之，"人类中心主义"片面强调以主体作为发展的绝对中心，这种夜郎自大式的主体观盲目夸大主体的价值，却忽视了自然的自身价值。在承认传统主体观的历史进步意义的同时，我们更要看到传统主体观以主客二元对立的思维方式为前提，导致了世界的消逝和主体的遗忘。

二、发展的认识与"人类中心"

破解了发展中的人类中心主义，发展不是片面地强调以主体为中心，去盲目开发和掠夺自然，人不再是作为绝对主体的面貌出现，人首先是自然的一分子，人就栖居在这个世界上，世界是与我息息相关的，我不是孤绝的存在，我不是孑然在世的存在者，我一出世就和世界一同出现，我总是在这个世界之中的，因此发展不是撇清了其他一切杂质的孤独自我的发展。发展不是单纯的现成在场的效果最大化，发展是既顾及人类当前的需要，又关注人类未来的需要，发展是引入时间维度的可持续发展。

破除了人类中心主义之后，于是又有人作出了划界，意思大致是这样的，在价值观上我们要否弃以人类主体为绝对的中心，发展是人与自然的和谐发展，是前代人和后代人需要满足的可持续发展，但是在发展的认识论中，认识总是以主体自己的眼光去审视当下的发展问题，因此破除了人类中心主义并不意味着我们要摆脱人类中心，或者说人类中心是人之为人不可摆脱的黑洞。因此，要破除人类中心主义，但是要保留人类中心的合理要素，否则人就陷入了虚幻的意识之中，因为意识总是人的意识。对此，困惑总是不断地产生，发展的价值确立是建基于传统的主体观的，发展价值从绝对的人类中心主义扭转方向，关注人和自然、前人和后人的发展，但是主体观却仍然岿然不动，这是一个玄妙的问题，就相当于我说你推论的结果错了，但是你推论的前提是恰当的，你只要再好好研究从前提推出正确的结论就可以了，但是结果却是，你根本不能从前提中得出恰当的结果，那么问题的关键显然还是在于这个前提之中。

单独地思考"人类中心"，显然我们是无法跳出人类中心的视野的。"没有思考着或想象着的主体这种东西。如果我写一本书叫做《我所发现的世界》，我也应该在其中报道我的身体，并且说明哪些部分服从我的意志，哪些部分不服从我的意志,等等。这是一种孤立主体的方法,或者不如说,是在一种重要意义上表明并没有主体的方法;因为在这本书里唯独不能谈到的就是主体。"①正像维特根斯坦举的眼睛和视域之间的关系一样,视域之中是不包含主体的,主体总是在视域之外。假设主体在视域之中,我们从身体、意志、心灵等对主体进行一一剖析,但是剖析的主体还在这些视野之外,于是对主体的研究只能让我们陷入主体的无限后退之中。正像我们永远无法真正言说主体,因为言说还是主体的言说一样,我们也无法摆脱"以人为中心"的认识前提,于是思维到此困顿不前了,这就是思维的极限。

认识是以人为中心的这个论证是融贯的,但是论证的前提是可以继续追问的。主体确证自我中心的视野,这是建立在对主体的静思基础上的,它把主体放在完全真空的钵中,然后对主体进行慎思明辨。于是越是深入地去思考主体,就越深地陷入主体的视野之中,而主体还孑然独立于他方,就像风筝努力翱翔,却发现所有风景都受制于被人紧牵于手的线。线的长度和韧度决定了风筝翱翔的空间,但是我们不会停留于此,我们会继续追问,如何改善线的品质,使风筝飞得更高更远? 于是就涉及线的制作、加工,新材料的发明等人类的具体活动。也就是说,孤立地追问主体导致思维的极限,但是主体本身并未走向极限,因为主体总是在一定社会历史条件中的存在,主体既受限于主体所处的特定社会历史条件,同时主体又是不断面向未来敞开的存在。正如马克思所说,"教育者本人一定是受教育的。"②也就是说,主体不是真空中的主体,主体是具体的活生生的个人,是人的生活。人的存在优先于抽象主体,而不是抽象主体优先于人的生活,抽象主体的获得正是由于人生活于抽象之中。

发展认识的"人类中心",本质上是理性抽象出来的纯粹化和理想化的主体,"我们是在没有摩擦力的光滑的冰面上,从而在某种意义上说这条件是理想的,但是,正因为如此,我们也就不能行走了。我们想要行走,所以我们需要摩擦力。回到粗糙的地面上来吧!"③纯粹的主体是理想条件下的主体,但是主体却

---

① [英]维特根斯坦:《逻辑哲学论》,商务印书馆1996年版,第85—86页。
② 《马克思恩格斯选集》第1卷,人民出版社1995年版,第55页。
③ [英]维特根斯坦:《逻辑哲学论》,商务印书馆1996年版,第70页。维特根斯坦在《哲学研究》中反思前后期语言观时打的比喻也可以恰切地转引到主体的理解中。"回到粗糙的地面",在维特根斯坦那里是指让语言回归到日常的使用中,而不是对语言进行逻辑分析,语词的意义在于它的使用。

走不出主体中心的牢笼,如何恢复正常的行走?主体是生活在大地之上的,主体是生活在具体社会历史条件中的。主体不再是透明的水晶,水晶的绚烂和美丽散落一地,留下的是真实的世界。

三、发展的新主体观:"社会"

马克思的新主体观立足于现实的具体的人,批判了现代性状况下原子式的抽象个人,指出现代性状况下人的形象正是以往哲学抽象主体观产生的现实基础,进而马克思指出人的应然状态不是抽象的个人,而是个性与共性的统一,是特殊性与普遍性的统一,是人的真正的类生活。这就是马克思所说的"社会","社会"状态"使人的世界和人的关系回归于人自身","社会是人同自然界的完成了的本质的统一,是自然界的真正复活,是人的实现了的自然主义和自然界的实现了的人道主义"①。

马克思根本变革了以往的主体观,马克思认为主体首先是"有生命的个人",而不是理性思维的抽象,主体是具体的生活在社会历史之中的,是带着自己的意志、目的、激情去生活的人。马克思也说要让哲学从天国回到地上,从理性王国回到人的具体的实践活动中。在人的实践活动中,主体才成其为主体。"个人怎样表现自己的生活,他们自己就是怎样。因此,他们是什么样的,这同他们的生产是一致的——既和他们生产什么一致,又和他们怎样生产一致。"②主体是什么样的,这不是一个抽象的理论问题,而是一个实践中不断生成自身的过程,主体就是主体的实践,就是主体的现实的生产活动,在生产活动中,主体的本质得到现实的确证。"人不仅通过思维,而且以全部感觉在对象世界中肯定自己。"③主体就是主体的实践。而在实践中,世界才成为向我们展开的世界。世界不是现成事物的集合体,世界不是缺失了时间维度的现成在场之存在,世界就是在主体的实践活动中向我们涌现,被主体接受又由主体加以能动改造的存在,因此,世界不是凝固的僵死的事物的集合体,而是流动中的事件的集合体。

---

① [德]马克思:《1844年经济学哲学手稿》,人民出版社2000年版,第83页。

② 《马克思恩格斯选集》第1卷,人民出版社1995年版,第67—68页。

③ [德]马克思:《1844年经济学哲学手稿》,人民出版社2000年版,第87页。

作为过程的集合体,世界内在地蕴含着历史性的维度。与黑格尔不同,"在黑格尔看来,自然界只是观念的'外化',它不能在时间上发展,只能在空间上扩展自己的多样性,因此,它把自己所包含的一切发展阶段同时地、并列地展示出来,并且注定永远重复始终是同一的过程。"①于是黑格尔的被限制在时间以外、空间以内的发展实质上是本质同一性的思维展开过程,而马克思建基于实践基础上的发展观剥去了黑格尔的思辨唯心主义体系,使发展成为真正的现实的成长。在人的实践活动中,主体和世界的关系才得到具体的展现。人和世界的关系不是思维抽象中的绝然对立物,而是相互生成相互限制的否定性关系。

立足于具体的主体,马克思具体分析了现代资本主义社会中人的生存境况,指出随着资产阶级的政治解放,社会由传统社会向现代社会转型的过程中,市民社会从国家中分立出来,并获得了自身生存的独立性。而以往哲学中的抽象主体观念实质上是根源于市民社会中的原子式个人。"市民社会中的生活,在这个社会中,人作为私人进行活动,把他人看做工具,把自己也降为工具,并成为异己力量的玩物。"②"实际需要、利己主义是市民社会的原则;只要市民社会完全从自身产生出政治国家,这个原则就赤裸裸地显现出来。实际需要和自私自利的神就是金钱。"③在市民社会中,人只是作为抽象的个体存在,每个人都是封闭的单子式的个人。抽象主体抹杀了人的类本质,人处于金钱、商品拜物教的异己力量的统治之中,人和人之间就是一切人对一切人的战争的状态。人和自然之间的关系就是金钱的关系。"金钱是一切事物的普遍的、独立自在的价值。因此它剥夺了整个世界——人的世界和自然界——固有的价值。"④马克思指出:"在私有财产和金钱的统治下形成的自然观,是对自然界的真正的蔑视和实际的贬低。在犹太宗教中,自然界虽然存在,但只是存在于想象中。"⑤也就是说,抽象主体抹杀了自然的独立价值,自然只是作为人的私有财产才存在。

马克思在揭示了现代性状况下人的处境的基础上,合理地设定了人类发展的价值诉求,即"社会从犹太精神中获得解放","人的世界和人的关系回归人自

① 《马克思恩格斯选集》第4卷,人民出版社1995年版,第229页。
② 《马克思恩格斯全集》第3卷,人民出版社2002年版,第173页。
③ 《马克思恩格斯全集》第3卷,人民出版社2002年版,第194页。
④ 《马克思恩格斯全集》第3卷,人民出版社2002年版,第194页。
⑤ 《马克思恩格斯全集》第3卷,人民出版社2002年版,第195页。

身"，"自然主义和人道主义的统一"，"个性自由基础上的人的全面解放"①等，也就是人的社会状态。正是在这个意义上，马克思说："旧唯物主义的立脚点是市民社会，新唯物主义的立脚点则是人类社会或社会的人类。"②因为马克思的历史唯物主义不再是直观的消极反映论，而是既揭示现状又在此基础上有着对于人类发展的美好价值指向。因此马克思的新主体观的意义在于：马克思实现了对抽象个人的超越，回到了人的具体生活，在实践活动中实现对现实的批判性发展。马克思历史唯物主义的主体就是"社会"！正像主体不是抽象孤立的主体一样，发展不是一个独立的理论王国，发展的具体决策也不是"拍脑门"式的理论抽象。发展是以人为本的，全面、协调、可持续的发展。基于当代人类取得的各项成就基础上，发展是要对人类的缺失进行挽救，从而推动经济社会更好更快地发展！

（本文作者：刘宇兰）

---

① ［德］马克思：《论犹太人问题》、《1844 年经济学哲学手稿》，马克思和恩格斯：《共产党宣言》等。

② 《马克思恩格斯选集》第 1 卷，人民出版社 1995 年版，第 57 页。

主体性及其批判 *

——兼论阿尔都塞哲学

　　哲学不是与人无关的玄之又玄的学说,"人是哲学的奥秘","认识你自己",主体性的自我反思是所有哲学的应有之意。什么是主体性? 主体性和现代性是什么关系? 主体性与现代西方哲学家们的哲学危机、科学危机等危机意识又是什么关系? 谁是主体,主体到底是谁? 这些问题一直在现当代西方哲学家的脑海里徘徊,主体性构成了哲学家脑海中的"幽灵",挥之不去,困惑不止,追问不断。而对主体性的进一步反思正是阿尔都塞哲学的重要内容。阿尔都塞的主体思想在两个维度上实现了对传统主体观的超越:其一是对现代主体性的批判,其二是对主体与意识形态关系的揭示。毋庸置疑,阿尔都塞的思想是具有当代意义的,它是主体思想的又一次启蒙。

一、启蒙精神和主体性的确立

　　从历史上看,人类总是经历着一次又一次的启蒙,但是启蒙的结果却并不如初始宣言和口号所说的那么乐观,正因为启蒙的结果不那么令人如意,人们才继续反思启蒙,霍克海默和阿多诺认为启蒙走向了反面,哈贝马斯主张"现代性是一项未竟的事业",但启蒙则需要重新反思。那么到底什么是启蒙? 启蒙和主体性是什么关系? 启蒙到底产生了什么效果?

　　* [基金项目]教育部人文社会科学研究项目青年基金项目(批准号 10YJC710030),东北师范大学哲学社会科学校内青年基金项目(中央高校基本科研业务费专项资金资助)(10QN052)。

康德说:"启蒙运动就是人类脱离自己所加之于自己的不成熟状态。不成熟状态就是不经别人的引导,就对运用自己的理智无能为力。"①就广义来说,启蒙运动是要使人摆脱外在权威,从不经反思的依赖和听从他人到"未经反思的人生是不值得过的",使人从不成熟走向成熟,其中的关键在于人自己勇敢地运用自己的理智。"要有勇气运用你自己的理智! 这就是启蒙运动的口号。"②

首先,就起源来说,启蒙运动源于反对宗教神学和封建专制,启蒙要求把人从蒙昧中拯救出来,要求凸显人的价值和尊严,张扬人的高贵性,因此启蒙所带来的现代性就是主体性的确立。世界不再是与人无涉的绝对自存的存在,世界是人所观察、思考到的世界。人不再仅仅是世界上与其他事物无差别的一个成员,人是人所注目的世界的基点,人正是以自己的"眼光"来关注世界获得对世界的认知和理解的。世界不再是我之外的外部世界,而是我的周围世界,我不再是无关紧要的世界中一个成员,而是世界得以理解为世界的先验基础。由此,主体性得到了确立。

其次,就启蒙的实质来说,启蒙的目标之一在于获得普遍的真理,这个真理是清晰明白、内在圆融、没有瑕疵的存在的显现,没有瑕疵是说在真理的体系中不存在任何跳跃性的逻辑鸿沟。因此,向外寻求世界本原的古希腊的思维方式已经不能满足人们认知的需要,因为这样的思维方式其前提具有独断性:人们在获得关于世界的认识之先首先独断地认可了主体与客体的同一性,而这个前提却还是未反思的。知识缺乏坚实的基础,人类需要的是找到一个"阿基米德点",从而能认识"整个世界"。真理作为思想体系只有以思为基础才是圆融无碍的,由此,主体就是我思,就是理性,理性是人之为人的本质所在,而人所具有的情感、意志等都被视为非本质的本能冲动,人应该抑制自己的本能,发挥自己的理性,这样人才能把握和理解世界,获得关于世界的普遍真理,而人只要获得了世界的普遍真理,人就获得了解放。启蒙的实质就是反对宗教迷信和救赎式的解放,主张发挥自己的理性获得普遍的真理和人的现实的解放。

最后,就启蒙的效果来说,启蒙运动把一切都放到理性法庭以经受理性的审判,未经理性法庭审视过的一切东西都是可疑的和缺乏合法性的,由此人是理性

---

① [德]康德:《历史理性批判文集》,商务印书馆 1997 年版。
② [德]康德:《历史理性批判文集》,商务印书馆 1997 年版。

的人,社会是理性的社会,世界是理性的世界。所有存在都是有秩序的,这个秩序的根源在于理性。"理性的作用不过是形成具有系统的统一性的观念,形成具有牢固的概念联系的形式因素",理性是一切存有的前提,是存有成为存有的先验基础,"从启蒙的意义来看,思维形成统一的科学的秩序,并且从原理中推导出对事实的认识,从而可以按照意愿得出公理、先天的观念或极端的抽象。"①启蒙使人从外在事物的强制和神学权威中摆脱出来,思想建基于思的基础上形成有根基的并且内在圆融的体系,从思想的秩序中人类可以理解世界、理解社会、理解自身。通过倡导人们勇于运用自己的理性,启蒙运动把人从封建蒙昧和宗教专制中解放出来,思想的解放推动了科学技术的发展和社会合理化的进程,"以启蒙思想为基础的体系,是认识的形式,它可以准确地反映事实,卓有成效地帮助主体支配自然界",就人类社会而言,"体系的原理是维持自我生存的原理。未成熟性就表现在没有能力维持自我生存。在奴隶主中逐渐出现的市民形象、自由的企业家、管理人员是启蒙思想逻辑上的主体。"②在上述含义中,不论是在与自然还是在与社会打交道过程中,人都挺立为独立思想的主体。由此,人作为主体的独立性和高贵性也得到了凸显。

总之,启蒙就是思想解放的运动,通过启蒙运动,主体力图摆脱自己的不成熟状态,摆脱外在世界和宗教神学的束缚,公开运用自己的理性去认识世界和做出决断。启蒙与主体性的确立二者是不可分割的,启蒙精神的实质就是寻找现实世界的普遍真理以获得人的现实解放,其中的关键在于抑制人的本能冲动,磨砺人的理性。启蒙所确立的主体性就是理性,理性是主体的本质。

二、启蒙的背反与"钵中之脑"的幻觉

启蒙是要把人从黑暗和迷信中拯救出来,把人带到光亮中去。然而其结果却令人忧伤。人们力图找到坚实的据点以获得普遍真理和人的解放,然而人们却失望地发现我们必须一次次地重新起步,探寻新的立足点,以获得稳固的立足

---

① 江怡主编:《理性与启蒙》,东方出版社 2004 年版。
② 江怡主编:《理性与启蒙》,东方出版社 2004 年版。

之地。那么启蒙运动怎么走向了它的反面,启蒙到底出了什么问题？为什么会和它的初衷相违背？启蒙运动确立的主体性存在什么困境？

从表层来看,相比于神学蒙昧和封建专制等外在客观强制来说,启蒙带来了积极的效果,其直接效果就是思想解放。启蒙主张人勇于运用自己的理性,从而人不再是湮没无闻的世界成员,而是世界得以向我们展现的先验基础,主体也成为独立思考的主体,主体的尊严和独立地位就显现出来。在理性主义时代,人的形象就是孤独的沉思者,人的理性和精神自由翱翔,赋予世界以秩序和意义。以理性为基础,世界被逻辑地建构为一个体系,在这个体系中一切都是被预先规定了的,事物的规定是先于人的经验而被理性预先规定好了的,事物也只有在理性的视野中才有意义。这种理性化的逻辑化的体系是必然的体系,在必然的体系中偶然性是没有价值的,必然性是理性的真理,偶然性则是本能和冲动的一闪而逝的意见。在必然的体系中,一切都是可预期的,没有偶然,体系或集团的必然是理论的焦点,而偶然只能作为瑕疵被舍弃,即使在个人身上存在偶然,这种偶然也不是理论所要关注的对象。"这种科学并不关心哪个人是否死了,而是关心集体是否遇到意外事故。归结为公式的是巨大数目的规律,而不是个别现象,在理性中也不再包含普遍的东西和特殊的东西的一致,理性一向只把特殊的东西看做普遍东西的状况,而把普遍的东西只看做它所掌握和包含的特殊东西的方面。"①由此,个别和特殊全部被扬弃在普遍性中,人不再是活生生的、个别独特的人,人就是人的普遍,这个普遍就是理性,凡是与理性不相符合的特点都被斥为非本己的必须被磨掉的污点。由此,人就成为了整个形而上学体系中的逻辑链条的一个环节,虽然是一个至关重要的环节,然而人的整个生命却被浸透在逻辑体系中。在理性主义体系中,"一切东西都可以变成可以重复的、可以代替的过程,变成体系概念模式的单纯例子……单个的人也可以变成这样。"②人就是人的概念,除此之外,别无其他,甚至连人的希望也远离了,因为在理性的体系中一切都是合乎理性的必然发展,希望被异化为理性的目的和合乎目的的发展过程。世界上不存在新事物,"产生的事物是预先决定的,所以新生的事物实际上是旧有的东西。没有希望的东西不是定在的东西,而是知识,就是以图像的符

---

① 江怡主编:《理性与启蒙》,东方出版社 2004 年版。
② 江怡主编:《理性与启蒙》,东方出版社 2004 年版。

号标志,或以数学的符号,表示出的和继承下来的作为图式的定在",①我们的认识不再是存有的活生生的展现,而是凝固化了的知识,"从而启蒙精神就倒退为神话学,但它也从未想到要摆脱神话学。因为神话学的形式中包含了现存事物的精华,它反映了作为真实的世界的循环过程、命运和统治,而放弃了希望。明确的神话图像和清楚的科学公式证实了实际东西的永恒性,同时说明了单纯定在失去的意义。"②由此,启蒙发轫于理性的自主运用,但理性的体系却扼杀了人的现实生命和未来希望,一切都成为必然的,"不得不如此的",于是,启蒙走向了自身的反面,与神话的天命类似,启蒙导致的是理性的必然体系,其中活生生的人被抽去水分和营养变成无差别的、干瘪的理性的人。

启蒙力图以自由、进步的观念来引领人类的发展,然而启蒙却倒退为神话学,具体说来表现为两个方面:在主体与客体的关系中,世界不再是活生生的变化发展的世界,世界成为被认识、被控制的世界,人与世界的关系不再是原初的共在于世,不再是生生不息和互动往来的和谐的状态。人在认识论层面上的挺立自身及其盲目扩展导致的直接后果就是,人以自己为单主体,去利用、控制和征服自然,由此导致了人类中心主义的困境:人征服自然,不加限制地开发利用自然,进而带来人生存条件的恶化,人的生命质量的下降。"不仅对自然界的支配是以人所支配的客体的异化为代价的,随着精神的物化,人与人之间的关系本身,甚至个人之间的关系也神化了。"③人是概念的人,人运用理性建造了理性的大厦,然而人却禁锢在理性主义体系之中,这种理论的异化在现实社会中就表现为人的物化,人生产了物却被物所奴役,"工业主义使灵魂物化了。经济结构由于全面计划已变成自动的,商品是按照决定人的行动的价值进行交换的。自从自由交换结束以后,商品就失去了它的经济性质,而具有了偶像崇拜性质,这种偶像崇拜的性质一成不变地渗入了社会生活的各个角落。"④对商品的偶像崇拜及其无所不及的渗透到人生活的方方面面,带来的是传统价值的弱化甚至崩溃,人与人之间的关系不再是自由、平等和博爱的正义状态,而是以物的价值来衡量人的价值,导致了人与人之间的异化。如果说在人与自然的关系上,启蒙和理性

---

① 江怡主编:《理性与启蒙》,东方出版社 2004 年版。
② 江怡主编:《理性与启蒙》,东方出版社 2004 年版。
③ 江怡主编:《理性与启蒙》,东方出版社 2004 年版。
④ 江怡主编:《理性与启蒙》,东方出版社 2004 年版。

主义精神的缺失在于知识的使用缺乏有效的监管,在于"知识就是力量"的无边界的盲目使用,那么在人与人的关系上,启蒙和理性主义精神导致的是知识与权力的联盟,"知识就是权力","这种权力在惩罚个人时所表现出来的野蛮性,完全不能体现出人的真正性质,这一点正像价值完全不能体现出使用的东西的性质。事物和人通过无偏见的认识所采取的无法抗拒的分裂的形象,又反过来证明了精灵神怪中的特殊曼纳所产生的,以及巫师的幻觉和医生诊断中所体现出来的支配力和原则。"①在权力的支配中,人的真正本质消失了,于是"镶入了占统治地位的生产方式,努力削弱而变成压制人民的制度的启蒙精神,自己就慢慢地消失了"②。

那么启蒙精神为什么会走向自己的反面,其内在理路到底出现了什么样的困境? 启蒙和理性精神主张在主客二元分立的基础上,以主体的反思来把握客体,主体在这一边,客体在另一边,主体通过自身的沉思冥想来获得关于世界的真理。这样的思想理路把认识限制在主观主义的领域中达到了思想体系的内在圆融,然而却存在着自身无法克服的困境。主客体二元分立和逻辑静观的方式对于我们把握在我之外存在的具体事物是合宜的,例如牛顿对苹果落地的苦思冥想得出万有引力定律,但是这样的思维方式用于把握世界之整体却是不适宜的,因为我并不是孤绝于世界之外的独立存在,我就是在世界之中的存在。苹果是在我之外的存在,我和苹果之间的关系是外在的,我可以静观、沉思,然后说出某些道理,然而我和世界的关系不是决然的外在的,世界不是我的外部,我就在世界之中,我和世界的关系绝对不等同于我和苹果之间的关系,因此,我和世界之间的关系最本初的并不是静观认识,而是一同存在一同成长,是生存优先于逻辑的,或者说逻辑认识是从人的本原生存中脱落而来的,是对人和世界共同成长的凝固化的认知。显然主客二分的思维方式是观物的思维方式,而不是观人的思维方式,它导致了概念的凝固化,其中存在的原初活力被知性分析为各个具体的规定性。

主客二元分立以获得客观真理的思维方式被普特南称为"外在实在论的真理观",这种真理观中主体成了上帝的眼光,他举了"钵中之脑"来反驳这种真理

---

① 江怡主编:《理性与启蒙》,东方出版社 2004 年版。
② 江怡主编:《理性与启蒙》,东方出版社 2004 年版。

观。在主客二元对立基础上达到主客二元之间的互相符合,不论是主体符合客体,还是客体符合主体,就是真理。这种真理观的获得假设了我思是独立于世界之外的存在,就像"钵中之脑"一样,是个与世隔绝的存在,那么我思得出的所有思想内容就像"钵中之脑"接受电脑脉冲所得到的所有自以为是自己本有的感觉一样都是幻觉。普特南驳斥"钵中之脑"是不可能存在的,因为它与"全部全称命题都是假命题"、"我不存在"这类命题一样是自相反驳的假说,真正的"钵中之脑"是无法说和想自己到底是不是"钵中之脑"的。"可能世界中的人们虽然能够想和'说'我们所能想、所能说的任何话语,但(我认为)他们不能指称我们所指称的东西,尤其是,他们无法想或说他们是钵中之脑(即使通过心想'我们是钵中之脑')。"①由此,主观和客观、思维和存在之间的关系也不是绝然外在的,主体就是在世界之中,世界在人的语言、理论之中得到表达。

启蒙要使人摆脱人的不成熟状态,寻找人生的意义和生存的境界,然而相对于客体性的主体性却在封闭的理性主义体系中成为僵死的无生命的存在,人的现实生命被理性压平为普遍的概念和必然性,人的活生生的丰富多彩的生命没有了,知识取代存在的显现,知识的无止境的利用、掠夺代替了人和世界的共同生长,权力的压制代替了人与人之间的正义和和谐。启蒙走向了自身的背反,其根源在于主客二元分立的思维方式,这种思维方式并不适合于把握无限的世界,不适合把握世界和人之间的关系,不适合用来理解人,从根本上说来,这种思维方式导致的就是"钵中之脑"的幻觉。那么如何从幻觉走向真实的主体性之维度? 这就不得不提到阿尔都塞了。

三、"主体何以可能"取代"认识何以可能"

阿尔都塞的主体思想不再把主体当成隔绝于世的现成存在,而是"个人从来就是主体","主体是被意识形态塑造的",通过揭示主体独立存在和主体运用理性建构同一性体系的幻觉,来回到主体的真实处境—作为表象体系而客观存在的意识形态。阿尔都塞在两个维度上实现了对传统主体观的超越:其一是对

① [美]普特南:《理性、真理与历史》,上海译文出版社 2005 年版。

现代主体性的批判,其二是对主体与意识形态关系的揭示,从而阿尔都塞把主体性从幻觉中拯救出来,这是对主体性的又一次启蒙。

这次启蒙扭转了哲学的提问方式,"认识如何可能"的问题被逻辑地往前推进为"主体何以可能"的问题,"认识如何可能"首先是建基于"主体何以可能的",否则即使我们摆脱了经验的超验使用,摆脱了理性未经审视的僭妄,主体的理性还是没有根基的,因为承载理性的主体性还没有得到批判性考察,由此,我们还只能得出独断的结论。主体不再是现成给定了的存在。例如康德,把主体、理性现成地摆在那里,然后对它加以静观,得出主体理性的不同功能和适用范围。主体存在,人是被抛入世的。在文化层面,主体被意识形态、实践、语言所塑造,同时,在认识论层面,人也能动地创造意识形态、实践、语言。主体不再是世界的一个基点,而是在世界之中的存在。主体就是在世界之中,主体通过理论、语言、实践、意识形态等中介现实地存在。

具体说来,阿尔都塞是在与意识形态的关系中来界定主体性的。意识形态与主体:"意识形态把个人传唤为主体。"[1]意识形态就是意识形态的物质性功能,意识形态只有借助于主体才能发挥功能,主体是意识形态的基本范畴。"主体之所以是构成所有意识形态的基本范畴,只是因为所有意识形态的功能(这种功能定义了意识形态本身)就在于把具体的个人'构成'为主体。"[2]这样个人与主体出于论述的需要被区分了,实际上个人总是作为主体的承担者,与主体同在。通过呼唤和对呼唤的应答:肢体动作或者语言,个体就转换成为主体。"所有意识形态都通过主体这个范畴发挥的功能,把具体的个人呼唤或传唤为具体的主体。"[3]此其一。

其次,就意识形态的功能来说,意识形态具有双重的功能。一方面,意识形态具有承认的功能,即"把显而易见的事情当做显而易见的事情强加于人"[4],因而个体就把显而易见的事情当做事实加以接受,对于主体就是这样。个体把主体当成是显而易见的事情加以承认,"你我从来都是主体,并且就以这种方式不断地实践着意识形态承认的各种仪式;这些仪式可以向我们保证,我们的确是具

---

① 陈越:《哲学与政治:阿尔都塞读本》,吉林人民出版社 2003 年版。
② 陈越:《哲学与政治:阿尔都塞读本》,吉林人民出版社 2003 年版。
③ 陈越:《哲学与政治:阿尔都塞读本》,吉林人民出版社 2003 年版。
④ 陈越:《哲学与政治:阿尔都塞读本》,吉林人民出版社 2003 年版。

体的、个别的、独特的、(当然也是)不可替代的主体"。① 因此,主体实际上是意识形态的后果。另一方面,"意识形态的后果之一,就是在实践上运用意识形态对意识形态的意识形态特性加以否认。"②这就是意识形态的否认功能:意识形态永远不会说自己处于意识形态之中。

最后,人是意识形态的动物,或者说"个人从来都是主体"。③ 个人从出生就是主体,个人是被寄予着家庭的期望和感情出生的,并且将被冠以父姓。个体在家庭的意识形态中被置放在特定的位置,"所以,甚至在出生前,孩子从来都是一个主体"。④ 这就是意识形态与主体的同谋关系,而阿尔都塞试图要打破这种同谋关系,寻找到事情的本真和真实,这就是对意识形态的揭露,正由于意识形态的承认和否认功能,以及意识形态的主体性和主体的永恒性,阿尔都塞给自己提出了一个艰巨的任务,即在个人与社会的意识形态同谋之外,个人能否突破意识形态的樊篱,从而重新塑造个人与社会之间的更加健康有序的关系? 阿尔都塞主张我们要走到意识形态的外部,即在科学知识中揭露意识形态,这就要求我们竭力摆脱意识形态,摆脱任何显而易见的东西,并且没有主体在说话,"所有的科学话语按照定义都是没有主体的话语"⑤,从而显现社会的真实原貌,即没有主体的过程。阿尔都塞正是这样做的,他就是一位意识形态的揭露者和竭力摆脱者——虽然我们都处于意识形态之中,完全摆脱意识形态是不可能的,但是阿尔都塞竭力要成为一个这样的人:清醒地意识到意识形态的存在,揭露意识形态的意识形态性,并与意识形态在内部拉开一定的距离。也就是说对意识形态的揭露就是科学,因为意识形态是不会揭露意识形态本身的。

除了对意识形态与主体的一般性言说外,阿尔都塞还举了基督教意识形态的实例,以此来向我们显示意识形态与主体的具体的传唤与被传唤的关系。这是通过大主体与小主体的镜像结构来实现的:上帝作为绝对主体传唤个人为小主体,小主体在上帝的传唤下认出自己,大主体需要把自己的形象和理念反射到小主体身上,小主体需要大主体的保证以达到主体之间的互相承认和主体的自

① 陈越:《哲学与政治:阿尔都塞读本》,吉林人民出版社 2003 年版。
② 陈越:《哲学与政治:阿尔都塞读本》,吉林人民出版社 2003 年版。
③ 陈越:《哲学与政治:阿尔都塞读本》,吉林人民出版社 2003 年版。
④ 陈越:《哲学与政治:阿尔都塞读本》,吉林人民出版社 2003 年版。
⑤ 陈越:《哲学与政治:阿尔都塞读本》,吉林人民出版社 2003 年版。

我承认。这就是意识形态的结构："所有意识形态的结构——以一个独一的绝对主体的名义把个人传唤为主体——都是反射的,即镜像的结构;而且还是一种双重反射的结构:这种镜像复制是构成意识形态的基本要素,并且保障着意识形态发挥功能。"①在这种意识形态的镜像复制结构中,绝对主体是中心,小主体是绝对主体的镜像反映和臣服者,因而意识形态是一个实心球,②这个球的圆心就是绝对主体,而其他部分都是围绕着圆心并以圆心为马首是瞻的依赖者和顺从者。这个实心球具体就表现为"四重组合体系":"主体落入了被传唤为主体、臣服于主体(指大主体——笔者按)、普遍承认和绝对保证的四重组合体系,他们在这个体系里'起作用',而且在绝大多数情况下都是'自己起作用'的,除了一些'坏主体'时而会招惹(镇压性)国家机器出动某些分支前来干预。"③这就是大主体的传唤和小主体的承认之间的同一性关系,在这种关系中,阿尔都塞的主体与他人所说的主体之自由自觉的主动性不同,还带有意识形态的臣服性,因此是自由地臣服于意识形态的主体。"个人被传唤为(自由的)主体,为的是能够自由地服从主体(指大主体——笔者按)的诫命,也就是说,为的是能够(自由地)接受这种臣服的地位,也就是说,为的是能够'全靠自己'做出臣服的表示和行为。"④这样,阿尔都塞就打破了人们对于主体之出乎自己、为了自己的主动性的幻象,主体的存在是为了主动地臣服,即为了他者。这是阿尔都塞通过意识形态镜像结构所揭示给人看,因此阿尔都塞强调社会关系,强调基于生存实践基础上的阶级斗争。阿尔都塞寄希望于生存实践基础上的阶级斗争来变革意识形态,重塑社会空气,以更健康的意识形态形式来影响人和改造人。

总之,人类对主体性的探索是一项未竟的事业,在这项事业中,我们发现"每一步都是一个进步,都是启蒙的一个阶段。但是一切早期变化,从早期泛神论到神话,从母系制度文化到父系制度文化,从奴隶主的多神论到天主教的教权等级制度,用新的、即被启蒙的神话学代替了旧的神话学,用一大群神代替了母

---

① 陈越:《哲学与政治:阿尔都塞读本》,吉林人民出版社 2003 年版。

② 认知的意识形态是由实践的意识形态所规定的,后者的"实心球"性质决定了黑格尔的同心圆的辩证法也决定了费尔巴哈的人类本质的镜像理论。而只有马克思在揭示意识形态中跳脱了意识形态,或者说对意识形态的批判中得出了科学的认识:通过对同一性思维的批判得出了社会关系的震荡性结构。

③ 陈越:《哲学与政治:阿尔都塞读本》,吉林人民出版社 2003 年版。

④ 陈越:《哲学与政治:阿尔都塞读本》,吉林人民出版社 2003 年版。

系制度的女首领,用对羔羊的尊敬代替了对死者的尊敬,在具有启蒙精神的理性的光辉照耀下,每一个客观的、在事实中有论据的赋予,都成了神话学式的。"[①]于是对主体性的历史性探索就落脚到主体自身处境的批判性考察中了。这种处境包括语言、实践,也包括客观存在的意识形态。主体与意识形态关系是我们以后进一步研究主体性必须注意的重大课题。

(本文作者:刘宇兰)

① 江怡主编:《理性与启蒙》,东方出版社 2004 年版。

城市空间的政治逻辑:进路与走向[*]

　　城市是一个共同体权利和文化的最大凝聚点,城市的实质就是人类的化身,对城市问题进行研究不亚于对人类文明及其宏观进程的一种特殊研究。城市是多样性、异质性、开放性的空间聚集,在资本主义的诞生与发展过程中,城市是最重要的载体和表演场。城市承担着资本积累引擎和社会斗争场域的双重角色,城市的政治功能对资本主义的扩张和消亡都至关重要。城市空间与政治权力融合发展有着久远的历史,"人类文明的每一轮更新换代,都密切联系着城市作为政治孵化器和载体的周期性兴衰历史"[①]。整个人类世界的弃旧图新,离不开城市的进步与根本性变革。20世纪70年代以来,城市空间与政治融合发展的明显趋势是与"新马克思主义"结盟,世界的空间图景和政治生态发生了剧变,结盟与分化、多样与单一、封闭与开放等诸多矛盾表征了当代城市空间正面临深刻的康德式的政治冲突与风险。因此,本文试图通过梳理半个世纪以来城市空间政治理论的发展历程、主要议题与发展趋势来说明城市空间的政治逻辑已经成为当今经济政治实践的重要形式。现有的城市化面临发展理念与路径的转型,既需民主政治的转型也需时代语境的"进化"。一方面,需要对城市空间构建进行政治层面的反思,为城市化厘清和重构政治维度;另一方面,也要对政治进行空间化反思,为政治系统澄清和确立城市底蕴。

　　* [基金项目]国家社会科学基金青年项目"基于人类命运共同体理念的空间正义重塑研究"(18CZX004)。

　　① [美]刘易斯·芒福德:《城市发展史——起源、演变和前景》,宋俊岭等译,中国建筑工业出版社2005年版,第14页。

一、城市空间与政治：历史变迁与逻辑转换

反思城市发展史，城市一般都与政治需求直接相关。在城市文明出现早期，城市与政治就息息相关。在《全球城市史》中作者认为，城市从出现的那一刻起就带有共同的属性——安全、神圣、繁忙是所有城市共同的特征。历史上出现过的名城无一例外地具备了精神、政治、经济三个方面特质，三者缺一不可①。学者普遍认为，马克思的研究存在着空间的"空场"，并未将城市空间与政治的关系研究提上议程，这一工作是在 20 世纪 70 年代"新马克思主义"城市理论兴起以后才开始的。需要明确的是，本文提到的"新马克思主义"城市理论一词指的是当代西方国家运用马克思主义观点进行城市研究的思想家或学者的著述或观点②。这一理论的优势在于它拥有一系列全面系统的、详细阐明的关于整体历史发展主要道路的概念和假设③，在城市研究方面具有一些可供参考的观点。但"新马克思主义"也是一种成分复杂的运动，其不同成分之间的裂缝也像非马克思主义哲学的不同学派之间的裂缝一样宽④，包含了范围极其广泛的各种理论。因此，对其进行研究要本着批判性继承和创新性吸收的原则，采取审慎的态度。从发展历程看，"新马克思主义"城市理论经历了三个不同的发展阶段。

（一）注重多元主义民主对城市空间塑造的阶段

城市空间的政治逻辑受到重视和发展始于 20 世纪 50—60 年代，政治冲突和权力分配的理论在传统政治科学和城市社会学中受到重视。1961 年，美国政治学家罗伯特·达尔（Robert Dahl）出版了名为《谁统治——一个美国城市的民主与权力》的著作，深刻剖析了具有多元本质的地方政治制度，迅速成为城市政治研究的主导分析范式。达尔以多元主义民主理论之父著称，该理论认为自由

---

① ［美］乔尔·科特金：《全球城市史》，王旭等译，社会科学文献出版社 2014 年版，第 8 页。
② 高鉴国：《新马克思主义城市理论》，商务印书馆 2006 年版，第 2 页。
③ ［美］艾拉·卡茨尼尔逊：《马克思主义与城市》，王爱松译，江苏教育出版社 2013 年版，第 26 页。
④ 《新马克思主义人物传记词典》，美国格林伍德出版公司 1985 年版，第 45 页。

民主体制下的权力并不受单一的团体或联盟支配,而是广泛分布于政党、社会组织和城市市民之间①。这种观点发展了民主政治的模式,也有力地反驳了自由资本主义的精英理论。战后时代的政治冲突也表明,政治制度是竞争和开放的新利益集团之间的角力场。城市社会学以生态范式为基础,提出了基本非冲突的城市生活观,这种观点反过来又以自然和物理科学的生物学和机械模型为支撑。从这个角度来看,城市空间的格局和变化,以及种族和阶级分离的变化形式、经济和政治职能的空间分布,在"自然"人口和市场变数的影响下进行与功能相适应的演化,反映了社会、人口和经济力量在空间中的平衡关系。这一理论受到"新马克思主义"理论家的高度关注,并将多元身份主义与阶级分析相结合,构成了城市空间政治研究的逻辑起点。

(二)注重分析日常生活与社会运动对城市空间作用的阶段

20 世纪 70 年代此起彼伏的城市危机唤醒了学者对城市问题的广泛关注,"新马克思主义"正式介入城市问题的研究,为理解城市社会冲突与城市危机提供了更有前景的分析框架。与主流正统观念不同,"新马克思主义"认为冲突、对抗和矛盾不是预示着资本主义体系的崩溃,而是社会变革的"前夜"。尽管这一理论也研究城市冲突,但它更注重调和城市冲突与阶级对抗之间的矛盾。资本主义发展到新阶段,阶级关系也出现了新的时代特征。第一,城市危机不仅仅发生在工作场所,也发生在日常生活的空间;第二,参与城市斗争的市民不仅仅是劳工组织的成员,也不完全是传统意义上的工人阶级,而是具有差异性和多样性的跨阶级或多阶层的综合体。新形势为解决城市危机提出了新的挑战,在城市空间与政治发展中出现了无法容纳的新地带,直到那时还没有得到明确的解答。随着"城市"逐渐成为政治和意识形态冲突的对象和新形态,社会主义政治家们接受了解读这些新的历史现实的挑战。亨利·列斐伏尔(Henri Lefebvre)在《城市的权利》一书中说到,工业社会向城市社会的转变是当代社会最重要的特征②。都市是一种政治挑战,并从社会阶级与空间的关系视角,对阶级进行了

---

① [美]罗伯特·达尔:《谁统治——一个美国城市的民主与权力》,范春辉等译,江苏人民出版社 2011 年版,第 45 页。

② Henri Lefebvre, *Le Droit à la ville Espace et politique*, Tournai and Paris: Casterman, 1974, p.25.

分析①。社会学家曼纽尔·卡斯特（Manuel Castells）最系统地捕捉了左翼的城市挑战，他观察到20世纪70年代末"在城市社区、公共设施、交通等方面，政治干预越来越多。同时，政治行动和意识形态对抗的消费和日常生活，需要新的认知工具，理论的发展必须与日常生活空间中存在的新问题的历史认识相联系"②。

城市理论家在实践中寻觅到了新的研究范式，试图通过论证城市社会矛盾的根源、资本主义社会矛盾的本质，以及这些矛盾在城市冲突和对抗中表现出来的联系来应对城市危机的挑战。首先，"新马克思主义"展示了资本主义经济发展的动力如何创造城市治理的制度和日常生活的模式；其次，展示城市空间如何塑造城市行动者的群体认同和解决冲突的新模式③。城市理论家们缩小了社会矛盾的阶级根源与城市危机的非阶级效应之间的差距。与此同时，所有的理论家们都在不同程度上认识到他们需要一个解决方案，而不是简单地把城市空间问题演变为阶级问题。因此，"新马克思主义"城市理论的定义就可以概括为如何将城市主义（日常生活的空间性）与马克思的阶级问题相结合的问题。

（三）注重城市空间与政治深度融合的阶段

20世纪90年代以来，"新马克思主义"城市理论进入了向纵深发展的完善阶段，对我们理解城市化进程作出了重要贡献。第一，运用了劳动力再生产的概念，揭示了生产空间与生活空间和消费空间之间的结构联系；第二，使用价值和交换价值之间的分析已被应用于社区、邻里和住宅问题的分析中，以阐释当地穷人、少数群体和工人阶级与房地产开发商和土地投机者之间的矛盾；第三，论证了在工作场所和居住社区中能够创造出基于阶层的集体行动而产生的团结；第四，阐明了地方政府在协调消费和生活质量问题上的矛盾。从空间维度对资本流通进行分析，帮助空间理论更好地理解了城市的演化模式，转而认识到危机在资本积累中的作用④；第五，帮助我们了解经济资源和投资的空间分布成因，将

---

① ［法］亨利·列斐伏尔：《空间与政治》，李春译，上海人民出版社2008年版，第8页。

② Manuel Castells, *The Urban Question: a Marxist Approach*, Edward Arnold, 1977, p.438.

③ Erik Olin Wright, *The Debate on Classes*, New York: Verso, 1989, p.207.

④ Neil Smith, *The New Urban Frontier: Gentrification andthe Revanchist City*, London: Routledge, 1996, p.24.

空间发展不平衡和地理正义作为资本主义经济矛盾和危机倾向的一个方面加以研究①。

本世纪以来,城市空间的政治逻辑研究更加兴盛,赋予公民空间权利的呼声越来越高。阿明(Ash Amin)和奈杰尔·苏里夫特(Nigel Thrift)在《城市:再现的都市》一书中呼吁建立一套民主的参与机制,培育积极的、具有成长性的公民身份,将其作为日常生活过程的实质性对等物,以维持"公民政治"②。约翰·弗里德曼(John Friedmann)在《城市的前景》一书中认为广泛的政治力量塑造了城市和生活,以及批判性的乌托邦主义③。他致力于建立一个自我组织的公民社会,旨在将社会权力转化为政治权力,特别是帮助弱势群体、受压迫的人和被边缘化的人实现政治权利。对"好城市"的追求是实现"人类繁荣的权利"和"共同义务的伦理"。梅里菲尔德(Merrifield)在《辩证的城市主义》一书中解决了如何在差异中表达持久共性的问题。在一个多元化社会中,只有"合理的共性"是实现少数民族政治的先决条件,没有它,对资本主义城市化的抵制就会弄巧成拙④。

反观"新马克思主义"城市研究50年的历程,反思城市空间与政治发展的总体历史进程,可以发现如下逻辑与趋势:其一,虽然研究者们研究进路不同,但基本把城市问题与空间的社会性、阶级身份、民主政治问题相联系,在社会关系的视域中研究社会运动和民主政治。这种思路有其必然性,因为它抓住城市的本质是为人类提供更美好生活的栖息之所,城市社会运行的最终趋势是走向所有公民的平等和自由,并符合人们希望在城市中更有获得感、更有幸福感的预期。其二,研究经历了从盲从走向自觉反思,从片面走向全面的发展历程。一开始,"新马克思主义"与城市问题的结盟仅仅体现在对生产方式的解读中,而后扩展到政治、文化和社会的所有领域,人们对城市研究的价值底蕴进行自觉反省,将城市空间与人的全面发展、权益最大化问题相结合,实现了对城市性的全面揭示。其三,学者们逐渐深入到人类文明史的高度对城市空间的政治逻辑进

---

① Merrifield and Swyngedouw,The Urbanization of Injus-tice,London:Lawrence&Wisgart,1995,p. 152.

② Ash Amin and Nigel Thrift,Cities:Reimaging the Urban,London:Polity Press in Association with Blackwell Publishers Ltd,2002,p.87.

③ Tajbakhsh Kian,The Promise of the City:Space,Identity,and Politics in Contemporary Social Thought,Califor-nia : University of California Press,2001,p.87.

④ Merrifield,Dialectical Urbanism,New York:Monthly Review Press,2002,p.63.

行考量,加强了城市发展的合规律性与合目的性研究,拓宽了城市研究的广度和深度,揭示了城市空间与政治问题融合发展的结构、内容和本质。

二、城市空间与政治:核心议题与问题特点

纵观城市发展的历史,政治语境始终在城市发展中扮演着重要的作用,如何认识和把握城市化语境中空间与政治融合发展的新特点是我们要面对的重大课题。城市空间的政治逻辑所具有的新特点隐含于三个核心议题中。第一,在城市命运共同体语境中如何理解政治;第二,如何看待城市生活空间与政治的关系;第三,如何对城市社会结构进行政治解读。这三个主题相互关联,构成了当代社会理论中广泛争议和讨论的主题。这些问题在城市空间发展中发挥着至关重要的作用,力图表明城市空间的变化如何影响了当代阶级身份形成和政治生态的模式,进而有助于说明城市空间的政治逻辑正在重塑资本主义城市的发展进程。

(一)城市命运共同体与政治

21 世纪初,城市社会日益成为区域性和全球化的命运共同体,世界上不同肤色、种族和信仰的人群在构建新型文明样态和政治生态的过程中相互融合、和谐相处,表现出与 19 世纪社会政治截然不同的特点。资本主义的全球化市场,创造出了新的资本和劳动力的流动,从而削弱了民族国家的调节能力,通过反对动态政治,它破坏了对统一平等公民国家的认同。这种差异性和本土民族、种族、语言、宗教的强调,引发了诸多不稳定。在碎片化和多元化之间,失去组织权力的居民社区和城市,存在着整体形象的焦虑,推动了当代社会思想重新融入政治议程。"通过政治组织,复杂社会可以在一个广泛的地域内塑造人们的生活"①。当前,许多政治主题已经坚定地进入了时代的社会理论意识,政治被认为是流动性、多重性、重叠性、交替性和混合性的综合体,而不是固定性、自然性和非历史的本质,这是许多所谓后现代理论经常使用的术语②。面对来自外部

---

① [美]杰里·本特利等:《新全球史》(上),魏凤莲等译,北京大学出版社 2007 年版,第 2 页。

② Arantes,A,*The War of Places:Symbolic Boundaries and Liminalities in Urban Space*,Theory,*Culture and Society*,1996(4):81-92.

（全球经济）和国内（政治）的挑战，以及民族国家的弱化，民主的地位再次受到质疑。但它并没有降低对所有拥有共同领土和政治目标的人的道德要求，而是使他们以某种统一的价值观和信念进入一个公共领域。这一民主面临重构公共领域和城市命运共同体的问题，以及与共同体命运进行相互对话。这种规范性和必要性继续影响和构成当今多元文化民主。无论是单一的、普遍主义的善的概念，还是支离破碎的政治，都不能充分反映集体决策和解决问题的紧迫性，而这些问题是在认识到多重身份的不可简约性的前提下解决的。由于各国政府尽量减少其社会职能，这种困境在城市和区域的次国家层面日益凸显。"新马克思主义"对这些困境的应对采用一种将社会认同进行复杂化认识的观点。首先是解构在政治话语中嵌入的所谓的本质主义预设，以便更清楚地揭露身份的分裂性、超越性，从而构建围绕政治的话语体系。

（二）城市生活空间与政治

人们生活在作为自然环境与人类创造物之产物的空间之中。在异质性和多样性为前提的城市生活空间中，人们遵守社会秩序，经历社会变革，并为改良政治和经济境遇而进行着努力。"城市生活"是"后现代性体验"的主要方式，它命名了城市的日常空间，阐释了城市空间的多样性，表达了多重忠诚的重叠世界、网络和身份。城市生活的空间代表了审视政治的第二个维度。城市空间不但表征了经济现象，而且是个政治现象，城市和社区作为理解个人和群体身份的主要尺度，其有界的、物理的空间正在弱化，物理主义的概念已不再适合于当前的政治或权力空间，城市生活空间孕育具有革命性的政治联合体。在这方面，当代社会和地理思想的许多要素都极具启发性，其中最重要的是对边界的重新概念化，即不可判定性、矛盾和霸权的空间①。对内在/外在的二元论、自我/他人等概念假设的批判，提供了许多新的方法来克服非渗透性空间的传统观念。有界性的空间并不是一种预先存在的政治表达，它构成了外部的话语、表象或权力。重新思考城市的相互渗透性和不确定性，通过对城市生活空间的重塑确定政治的属性可以帮助我们走向世界主义的政治道德观。

---

① Patrick Dunleavy, *The Urban Basis of Political Alignment: Social Class, Domestic Property Ownership and State Intervention in the Consumption Process*, British Journal of Political Science, 1999(9): 409.

(三)城市社会结构与政治

尽管存在更多潜在的流动和开放的身份可以选择,但这些选择不能在真空的无约束条件中发生,城市社会的范畴既是社会的和政治的,也是经济的。马克思试图解释影响个人和集体行动可能性的宏观结构,许多观察人士追随他,认为政治是意义和行动最重要的缔造者。马克思对于政治在形成意识、行动和社会变革可能性方面所起的作用进行了深入研究,并试图将现代社会的两个方面联系起来,即经济危机和政治行动。资本主义经济,脱离了对个人和社区的直接控制,它的运动和规律显然遵循着一种独立的、看不见的逻辑。与此同时,他将工人运动的兴起与经济危机联系起来,解决了当今我们所称的社会结构与政治之间普遍关系的问题。他展示了政治的抽象结构逻辑,由于扰乱了日常生活的公共基础,带来了抵抗、抗议,还有潜在的变革。在过去的 50 年里,经济的概念化以及与政治、文化和意识形态的关系一直被广泛讨论。没有任何问题可以保持一种简化的拓扑结构,经济甚至以一种复杂的方式决定了社会结构和制度的上层结构。没有任何关于社会变革的障碍和可能性的解释可以忽略这样一个事实:存在着具有强大塑造能力的宏观结构。巨大的资本、劳动力、金融和资源集聚,正在重新创造我们必须生活的城市和空间。资本主义经济在全球范围内转换与强化构成了重新安排政治运行模式、劳动力流动和群际关系的方式,对新形式的都市生活与政治重组产生重要影响。

综上所述,城市生活的空间、社会结构和城市命运共同体三个维度为我们提供了理解政治逻辑的重要视域,阶级构成及其改变社会秩序的能力成为理解空间政治的一根红线。普通市民解读城市的方式,不但受到空间中资本主义发展模式的控制,而且与公民权、选举权、公共政策塑造城市空间与社会关系的方式息息相关[①]。劳动人民意识的独特城市维度,是内在于资本主义的革命潜力。随着城市空间的转型,政治的范围不断扩大。政治不仅与劳动和资本直接对立的问题关联在一起,而且与城市事务的联系也愈加紧密,城市空间与城市政治的双向重塑构成了城市研究的重要时代议题。城市空间的政治逻辑有突出的几个特点:第一,由于现代城市是资本主义社会结构的重要分支,理解城市空间存在

---

① 王志刚:《马克思主义社会理论与城市问题——兼评卡茨尼尔森的都市马克思主义》,《内蒙古社会科学》2017 年第 6 期。

的矛盾和对立的最佳方式是运用阶级斗争和政治视角,而不是围绕着经济问题或者生产关系;第二,城市资源和权力在不同阶级、种族或民族的人群中分配不均,导致了政治权利的不平等,这是城市危机的重要根源;第三,通过展示投资的逻辑与资本流通的过程,以及城市政治和日常生活的空间组织在劳动力再生产方面的表现,缩小非阶级角色与问题之间的差距。

三、城市空间与政治:未来走向与局限

自空间转向以来,政治经济学在城市批判理论中起着主导的作用,是资本主义社会、政治和意识形态关系的"基础"。但事实上所有社会阶级方法都创造了基于技术和社会生产关系分析基础之上的定义和范畴,工人阶级不断抗争的历史雄辩地证明了工人阶级的团结可以抗衡城市生活的分裂,而且工人阶级是城市空间的主要塑造者。当前,城市理论将研究的重点转向了城市的"政治"领域,一些观察人士认为,这种新范式的出现,使更广泛的社会理论得到发展,都市生活已经更加重视政治维度,重视持久性的种族、民族和其他形式的身份政治,强调政治目标和社会认可、经济再分配之间的关系。作为一个科学的研究对象,城市被看作是一个发展的运动定律,而不是相互冲突的政治和经济话语。这种转变的后果是积极的和具有启发性的。对于空间问题,人们已经有了更明确的关注:如何概念化空间问题,空间在我们的概念框架中应当扮演什么角色,空间术语隐喻维度的重要性。这些新观点的一个重要指向是,将城市作为一个统一的解构对象。与此同时,经济结构和资源的物质分配问题并没有被忽视,而是通过政治视角被重新解读。正如克莉丝汀·波耶(Christine Boyer)在《理性城市》中所建议的那样,这座城市不仅被视为政治权力被部署的地方,也被视为政治权力的对象和影响①。

另外,城市理论又衍生出了很多新的研究视角,内容不断丰富。卡斯特(Manel Castells)为我们描绘了新的城市形象,将城市作为一个全球网络或信息

① Cohen, Jean, *Class and Civil Society—The Limits of Marxian Critical Theory*, Amherst: University of Mas-sachusetts Press, 1982, p.45.

流动空间中的一个节点,与信息贫民窟的"黑洞"相结合①。弗雷德里克·詹姆逊(Fredric Jameson)指出当代城市的美学和现行的资本和权力体制之间的密切联系②。戴维·哈维(David Harvey)展示了城市主义、资本主义、生态和环境问题之间的紧密联系。迈克·戴维斯(Mike Davis)重新燃起了人们对政治经济学的兴趣,使其能够对当地的自由民主政权的政治机构施加压力,这将带来新的政策和规范的见解。从另一个方向来看,像爱德华·索亚(Edward Soja)和德里克·格里高利(Derek Gregory)这样的批判型人类地理学家,利用后现代理论,从构成主体空间的多重历史地理视域中开辟了解读城市的新方式。他们主张将城市视为一种不能从某一点被理解的对象。地理位置和边缘的政治是当代文化政治的中心。另一些人则寻求从现象学、诠释学、符号学等角度剖析城市。如本杰明(Benjamin)、列斐伏尔(Lefebvre)、福柯(Foucault)和米歇尔·德·塞托(Michel de Certeau)等人。这些新的出发点,为批判城市社会理论提供了许多重要的见解和方向。

虽然城市研究成果呈爆炸式的增长,但是对于城市空间的政治逻辑研究仍然存在局限性与不足。其一,在城市批判理论中,对空间、社会结构和政治之间关系的研究仍然有待加深。事实上,由于拒绝了还原主义和本质主义假设,这个更广泛的议程也被抛弃了。在某种程度上,它反映了对所有形式的累加知识的怀疑,我们缺少对当代社会结构的系统性和压迫性特征的认真描述,也没有对三种维度相互影响和相互制约的认识。其二,将科层化作为当代城市生活的一个构建阶段,存在理论不足。国家权力的概念及其与经济、身份、文化的关系都没有得到充分的研究。更多的研究只将注意力集中在经济上,使政治成为派生领域。当然,现在人们普遍反对寻找单一理论来源的思想。片面强调经济影响,往往导致了经济决定论,而降低了其他因素在城市研究中的重要性,是对国家/社会二元结构进行了不适当的解构;另外,几乎所有关于身份政治的探讨都没有描述自我意识或者空间意识。在纯粹的后现代政治中,多元化和差异性主题是沿着完全有意的路线来构思。相比之下,沃尔特·本雅明(Walter Benjamin)研究

---

① [美]卡斯特:《网络社会的崛起》,夏铸九译,社会科学文献出版社 2000 年版,第 358 页。

② Fredric Jameson, *The Culture of Globalization*, Durbanand London:Duke University Press,1998, p.123.

的吸引力在于,他认为"阅读城市文本并不是一种对景观进行理性审视的问题;相反,这是探索我们对城市认知的幻想、愿望过程和梦想的问题"①。本雅明通过空间化和社会化的方式,提出了一种以全新的、有启发性的方式将主体、社会结构和空间结合在一起的生活环境。

四、小 结

与后现代主义的方法截然不同,城市空间的政治逻辑构成了城市研究的最新议程。"新马克思主义"城市理论在过去 50 年的发展中还没有很好地将城市与理论有机结合,没能解决经济基础与上层建筑、结构与能动性之间的关联问题。而当前的研究正是要回到理论所提供的答案背后,找到它所提出的重要问题,以一种新的方式克服困难,从而寻找一种更加令人满意的城市理论。城市理论的最新议程是在都市生活中链接工薪阶层的形成与变化过程、物理空间与城市形态变化的关联、资本主义发展的动力等问题。笔者认为,当下城市研究更重要的是关注集体身份的变化、日常生活的空间与城市政治的关联,找寻城市发展系统性、合理化的动力机制。

（本文作者:赫曦滢）

---

① Jürgen Habermas, *Autonomy and Solidarity*: *Interviews*, Peter Dews, Verso, 1986, p.46.

马克思主义空间理论语境中的
当代城市权利研究[*]

城市是理解现代性的重要途径。从一开始城市便是人为的产物,它产生于人类劳动分工,是社会共同体的象征,因此也构成了独特的多维研究视域。城市不仅仅是构成各个文明形态的重要参与元素,而且为多种元素得以共同塑造现代世界提供了重要的物理场域。城市权利不平等是当今资本主义城市的主要特征之一,也是马克思主义社会批判理论的核心论域之一。从广泛意义上看,城市权利是亨利·列斐伏尔城市空间中可实现乌托邦的具体化。城市权利不仅仅是现有城市的共享,还是一种全新的创造,正如戴维·哈维引用罗伯特·帕克的"心愿之城"所构建的那种拥有平等权利的城市。呼吁实现城市权利,不仅仅是一个政治口号,还已经成为城市生活的新愿景,成为世界各地积极要求社会变革的主要模式,具有可能性和可行性。

一、当代城市权利的空间语境

伴随着全球化、城市化和网络化进程的深入,时空问题被赋予了新的时代语境和内容。20 世纪 70 年代以后,空间问题开始凸显,并作为一个曾经被忽视的范畴和领域得到了学术界的高度重视,西方社会科学出现了整体的"空间转向"(space turn)。与此同时,马克思主义的复兴深刻影响着空间理论的发展方向,

---

* ［基金项目］教育部人文社会科学规划项目"当代中国政治发展视界下制度治党理论研究"(16YJA810005)。

从福柯的"异托邦"到列斐伏尔的"空间的生产",从哈维的"时空修复"到索亚的"第三空间"再到詹姆逊的"后现代空间理论",在全球化飞速发展的背景下,空间一词迅速蹿红,不断影响和更迭着当代城市理论研究的阐述视野。在空间复兴语境下,城市权利问题成为了马克思主义空间理论的关注焦点,凸显出重要的学术和现实价值。

(一)马克思主义的空间转向

马克思和恩格斯并未意识到城市时代是世界发展的趋势,仅仅认为生产方式的改变可以从根本改变资本主义的面貌,克服一切社会矛盾和危机,其中也包括城市问题。因此,他们仅仅是将空间看作容纳生产方式的空间,而并未对其专门研究。这种状况使得后人在现代城市问题上解释和阐述马克思主义著作具有很大的伸缩性、多样性。从研究内容来看,不同国家马克思主义学者研究的侧重点不同,其中许多著作反映了各自的知识传统,反映了城市发展和国家政策的差别。① 在这样的背景下,20 世纪 70 年代以后,在西方涌现出了一批马克思主义空间理论家,他们将城市研究的目光投注于人类社会的"一般",将空间的社会性作为研究的核心,并催生出了"空间转向"的潮流,进而为马克思主义空间理论的构建提供了重要的理论资源。

"空间转向"作为 20 世纪下半叶西方马克思主义研究重大事件之一,迅速成为研究的热点。马克思主义空间理论转变了社会批判理论的视域,这意味着空间语境在当代马克思主义研究中引起的广泛关注并非偶然,马克思主义空间理论的构建具有极其重要的理论和现实意义。更重要的是,它意味着马克思主义成为空间研究的重要理论支撑,马克思主义空间理论与传统马克思主义之间保持着继承、反思和批判性吸收的关系。马克思主义空间理论为当代城市权利问题的发展提供了重要的理论基础,为城市权利实现提供了新的途径,在当代西方哲学史上占有重要的地位。

(二)马克思主义空间理论与城市权利的内在关联

对于城市权利问题的探讨由来已久,从古希腊到现当代,如何实现人的权利

---

① 高建国:《新马克思主义城市理论》,商务印书馆 2006 年版,第 282 页。

平等与正义从未停止。马克思主义空间理论的出现为城市权利实现提供了新的可能,它为城市权利问题提供了深厚的理论基础、犀利的批判武器、辩证的思维方法和广阔的研究视野,城市权利的研究同时也丰富了马克思主义空间理论的内涵与外延,两者精神高度一致、对立统一、同步"进化",共同支撑马克思主义研究新的理论增长点。

马克思主义空间理论为城市权利问题提供研究的逻辑起点。马克思主义空间理论具有鲜明的马克思主义传统,延续历史—地理唯物主义、总体辩证法、资本批判等传统方法,主张"将城市性模式与更广阔的社会结构相联系,而不是将城市作为自我存在的进程;说明人们在城市所创造和发展的生活方式中,表达了工业资本主义发展的广泛特征"①。城市权利问题研究在社会历史观、研究主题和研究方法方面都继承了传统马克思主义空间理论的研究特色,沿袭了马克思主义空间理论的精神追求。城市权利问题研究以马克思主义空间理论为逻辑起点,可以从以下几个方面加以认识:首先,空间理论是城市权利问题分析的起点,空间是社会关系的直接载体和表现,通过改造空间可以实现权力的更迭和权利的最大化;其次,空间是特定阶级和生产关系的产物,空间更新和改造是实现城市权利的最直接方式;最后,空间是社会整体结构的一部分,反映的是社会整体结构中经济与其他力量之间相互博弈、相互斗争、相互矛盾的结果,只有重构空间才能实现城市权利。

马克思主义空间理论为城市权利提供理论基础。首先,马克思主义空间理论强调社会整体系统,空间既可以解释整个社会的运转过程,又能解释局部结构的发展变化,为城市权利的整体性研究提供了理论依据;其次,马克思主义空间理论重视理论与实践的辩证关系,将对资本主义社会现实批判作为自己的立场,将转变和改造社会作为研究的最终目标,为城市权利问题提供了实践依据;最后,马克思主义空间理论不仅可以作为理解城市社会的重要工具,也可以指导政治和社会实践,成为改造和重构社会的重要武器,为城市权利提供了犀利的批判武器。

关注城市权利问题是空间理论的重要构成部分。马克思主义空间理论研究的主要对象是资本积累和阶级斗争的辩证关系,通过探讨资本主义全球化视域

---

① Anthony Giddens, *Sociology*, Oxford: Blackwell Publishers Ltd., 1997, p.498.

下的城市问题,尝试对资本的全球积累以及城市化进程展开一种以社会性为维度的阐释,并且鲜明地提出城市具有社会性。因此,城市权利问题是空间理论不可或缺的组成部分,是空间理论形成与发展的重要动力。同时,城市权利实现是空间变革的根本出路。马克思主义空间理论研究的最终落脚点是通过城市革命实现人民权利最大化和空间变革,城市权利问题通过将实践引入城市分析,使空间理论不再是外在于社会历史活动的封闭、静止和单一的物体系,而是被有目的的社会实践所构建起来的社会空间秩序,这赋予了空间理论与时俱进的解释力。另外,通过对城市权利问题的探讨,开拓了空间研究的新领域,使空间研究更加丰满和具体化。

二、城市权利的基本质态

争取城市权利就是努力挖掘城市转变的潜能。首先需要了解日常现实,其次寻求一种方法重塑城市生活,进而想象新的生活。因此,城市权利是一个动态的表达与实现过程,需要构建概念的体系,进而确定基本的视域和实现途径。

(一)城市权利的内涵

人是一种权利的存在,人的社会属性决定了人具有社会身份与享受权利。因此,要重视研究城市权利的逻辑与历史的必然性。列斐伏尔是最早思考城市权利的学者之一,他重新确立了寻求正义、民主和公民权利的城市基础。他研究的最大特点是将社会阶级以及不同阶层间的权利关系嵌入空间的视域中考察,通过批判城市空间的异化和压迫,提出城市权利的基本概念。列斐伏尔认为城市权利的基本内容是公民享有对空间进行生产的权利,这种城市权不是对传统城市的简单返回,而是对城市生活的转型与更新。① 正如哈维所阐释的那样,列斐伏尔认为日常城市生活的正常运作导致不平等的力量关系,表现为城市空间中不平等、不公正的社会资源分配。处于不平等、不公平地理空间的弱势群体要

---

① [法]列斐伏尔:《空间政治学的反思》,包亚明:《现代性与空间的生产》,陈志梧译,上海教育出版社2003年版,第25页。

求取得更大的社会权力和更多的资源,界定了夺回各种城市权的斗争,其目标是要寻求对塑造城市空间的更大控制权。换言之,是向那些以民主的手段维护其地位的既得利益群体要民主。① 城市权的寻求是一种持续的、更加激进的空间再分配,它要求在资本主义制度下积极参与全方位的城市生活。

戴维·哈维曾经这样定义城市权利:这是一种按照我们的意愿改造城市同时也改造我们自己的权利。② 在哈维看来,当我们提及人权概念时,我们的指向仅仅是以个人权利和私人物权为基础的权利,而没有深入到新自由主义霸权和市场逻辑的层面,因此也就没有从根本上挑战新自由主义的合法性和国家行为的合理性。所以,他一直在探索迄今为止被人们所忽视的人权之一——城市权利。城市权利可以从广义和狭义两个层面上去理解,广义的城市权利泛指一切与城市和城市发展有关的权利,比如土地权、居住权、道路权、生活权、发展权、参与权、管理权、获取社会保障的权利、主体资格等;狭义的城市权利特指由于城市发展所产生或带有鲜明城市性的权利,比如获得城市空间、参与城市管理、拥有城市生活的权利。③ 从实质上看,城市的基本关系之一是权利关系,没有城市参与者与管理者之间基本协调的权利关系,就不会有城市发展的和谐,更谈不上城市的正义与社会的公平及效率。

城市权利是一项集体权利,哈维之所以认为它重要,是因为人在建设城市的过程中一直都间接地改造着自身。换言之,由社会力量所推动的城镇化进程在不知不觉中改造了人类。正如城市社会学家罗伯特·帕克(Robert Park)所言,城市是"人类最终始终如一坚持的,并基本上最成功地按照他的意愿去改造他所生活世界的尝试。另一方面,如果这个按照人的意愿改造而成的城市是人所创造的世界,那么这个城市也注定是人要生活的那个世界。这样,城市居民在没有明确意识到改造城市也是在改造自己的情况下,在城市建设中间接地改造了自己"④。所以,当我们思考要生活在一个什么样的城市中这个问题时,我们首先要回答我们究竟要做什么样的人,我们寻求怎样的社会关系,我们要和自然构

---

① [美]爱德华·苏贾:《寻求空间正义》,高春花、强乃社译,社会科学文献出版社 2016 年版,第 92 页。

② [美]戴维·哈维:《叛逆的城市》,叶齐茂、倪晓辉译,商务印书馆 2014 年版,第 3 页。

③ [美]戴维·哈维:《叛逆的城市》,叶齐茂、倪晓辉译,商务印书馆 2014 年版,第 4 页。

④ Robert Park, *On Social Control and Collective Behavior*, Chicago University Press, 1967, p.3.

建怎样的关系,我们需要怎样的生活方式,我们要坚持怎样的价值观等问题。因此,城市权利远不止我们所说的获得城市资源的个人权利,而是对城镇化进程的某种控制权,对建设和改造城市的某种控制权。

美国学者爱德华·索亚将城市权利与城市社会生活有机地结合在一起,进而将其提升为城市和空间的正义问题,他始终坚持城市研究要从空间入手,认为空间不是一个消极和被动的因素,不是政治和社会发展的副产品,而是城市发展的能动性因素。在索亚的论述中,城市化过程的宽广视野,联系着寻求空间正义和称之为追求城市权的斗争,这是一个政治的理念,是城市语境中的人权努力。① 随着经济危机和城市运动在世界范围内的迅速发展,为地理而斗争的意识正不断加强,民主权利的实现正围绕着城市化空间和空间正义不断发展,人们越来越意识到空间发展不均衡才是导致个体与社会不平等的主要根源,是导致民众丧失城市权利的主要因素。这也印证了权利具有空间属性,权利的形成与实现都不能逾越地理学的维度。索亚对这一问题的深刻洞察,不但对权利的内涵进行了重构,而且改变了目前人们对社会整体、尤其是对权利的基本理解。他让人们看到了权利去空间化的重要性,权利普遍化的根本途径是实现空间的均质发展。

(二)城市权利问题产生的根源

本世纪以来,城市权利的概念越来越多地出现在我们的视野中,城市权利的当代复兴成为理论界的新热点。正如世界城市权宪章所说,城市是一个隶属于全体居民的富有的多元文化空间,每一个人都享有城市权,不因性别、年龄、健康状况、收入、国籍、种族、移民,也不因政治、宗教或性取向,更不因保留的文化记忆与认同而受到歧视。② 城市权利与城市正义的概念边界越来越模糊,进而融为一体。构建系统化的城市权利理论还需要理论与实践的不断深入,加强对正义和权利的认识及理解。

在马克思主义看来,大众的城市权利一直处于被剥夺的状态,我们生活在一个日益被分割、散碎且易发生冲突的城市里。哈维认为城市化一直是一种阶级

---

① Emily Talen, *Charter of the New Urbanism*, McGraw-Hill, 2016, p.25.

② 强乃社:《空间视野中的当代城市哲学》,《学习与探索》2015 年第 9 期。

现象,无论是在封建社会或者资本主义社会,城市始终是通过生产剩余产品的地理和社会聚集得以发展的,只是它们的发展动力有所不同。在资本主义社会,剩余产品总是来自某些地方和某些人,但一般只有少数人可以控制其使用。资本主义的目的是无休止追逐剩余价值,这意味着资本主义会永恒生产城市化需要的剩余产品。反之,资本主义也需要城市化来吸收它无止境生产出来的剩余产品。因此,资本主义发展与城市化之间呈现出一种内在联系。①正如我们所看到的,资本主义产出的时间序列增长曲线与世界人口城市化的增长曲线大体平行。城市空间形式和城市运行的社会进程导致了个人收入的改变。城市体系的改变创造了一些"附加效益",但这些效益在城市人口中的分配并不均衡。通过"附加效益"这一概念,哈维处理了城市人口中无价资源的分配问题。

索亚也认为追求城市权利的斗争需要依托空间的范畴,正义的地理学是一种构成性和整体性的要素。在城市实践中,正义与非正义是衡量城市空间发展的关键指标。"地域权是具有普遍性的术语,虽然它包含着诸如主权、财产权、行为准则、监督和权限等列举的概念的各种暗示,但主要是指各种空间范围的生产和再生产。"②他的观点与哈维如出一辙,都着重强调了资本在城市权利中扮演的重要角色,城市权利既是资本塑造的重要结果,也是资本主义政治意志的核心产物。

综上所述,导致城市权利不平等的因素是多样的,来自于我们生活的方方面面。从本质上看资本主义制度将弱势和边缘化群体禁锢在资本流通和积累的链条上。城市权利不平等是必然的,因为它是资本主义制度本身的必然产物。如何改变现状?马克思主义者对这个问题进行了思考,当前唯有加大对生产和剩余资本的民主管理才能缓解这种不平等。城市发展是剩余价值使用的主渠道,只有通过城市化过程中民主管理剩余价值,才能建立起城市权利。当然,这不是一个彻底的改造方案,我们需要一个建设性摧毁的时刻,使用暴力的经济掠夺来实现财富的再分配,以被剥夺者的名义宣称他们的城市权利——改变这个世界的权利、改变生活的权利,以及拥有按照他们的意愿彻底改造城市的权利。

---

① [美]爱德华·苏贾:《寻求空间正义》,高春花、强乃社译,社会科学文献出版社 2016 年版,第 47 页。

② 包亚明:《现代性与空间的生产》,上海教育出版社 2001 年版,第 4 页。

三、城市权利的实现方式与深层走向

城市是生活意义的载体,最终存在于历史和文化的关系当中。实现城市权利需要回归生活与历史,回归文化与政治,需要从城市概念本身解释和重构。人们常常将城市看作一个有限的、复杂的、是已经完成了的事物,而实际上它永远不会静止,每天都有无数人的行为改变着它。因此,实现城市权利需要从唤醒民主意识入手,通过回归日常生活的方式来争取权利,从而实现新型城市发展理念的传播,从根本上改变人们对城市的理解。

(一)城市概念的重构

"城市"是一个太古老的词汇,对于当代读者而言,它是一个非常有限和多余的政治管辖权术语。同样,"城市"也是一个有问题的现代公民概念的基础。尽管如此,探讨城市概念还是有意义的,但前提是它的概念需要重新考虑,甚至需要重新规范。在这个意义上,当代的城市主义者、城市元哲学家可能会重新调整卢梭的观点:"大多数人认为资产阶级就是市民"(卢梭在这里用的是充满政治意味的"资产阶级",而不是温和的"城市居民",因为他知道,城市的一切都是由一群富有的、有影响力的人构建的,而不是真正的公民)。卢梭反复强调人们只知道房屋构成了一座城市的外观,但不知道市民才构成了一座城市的灵魂。卢梭已经把这个暂时没有翻译的概念留了出来,因为它需要一个全新的词汇表,一个当代语境下的重新加载。

城市的概念应该更准确、更彻底地满足一个具有政治意味的公民身份,它超越了国籍和疆界的限制。对于城市景观的物理和社会表现,我们已经拥有大多数人认为的"城市"。但作为一种政治理想,作为一种新的社会契约,公民可以参与其中的城市,我们还需要一些可以称为"城市"灵魂的东西,一个更广阔的领域,不需要护照和国界,世界各地的人们都可能会联合起来的地方。在这里,公民身份可能被认为是一种城市所固有的东西,是一个没有国界的领土的公民身份概念。

因此,也许"城市"这一概念既现实又理想,满足了卢梭社会契约的司法理想：现代民主的生存空间。这就是为什么卢梭构想城市里的公民没有护照，因为那些知道自己住在某个地方的人却不属于任何地方。这种认知和感觉的结合是一种移情的感觉，它可能是真正的公民身份，我们可能会把"居住"这个概念放在最广泛的意义上，作为一个现在属于政治和经济空间的整体中去理解。城市帮助亲和力成长，帮助城市中的市民意识到世界上其他有亲和力的人能够遇到彼此，对于想要了解彼此的平民而言，可以在一个社交网络中连接一个特定的组织。房屋仅仅构成一座城市的物理结构，但是公民才构成了一座真正的都市。

今天，人们的"一般意愿"只能在城市的隐喻语境中表达自己。一般的意愿形成一种关系的总和，一种不满的表达，也许一开始就知道它会不喜欢什么，它反对什么，而不是它实际上是什么。公民的普遍意志是正确的，也是错误的，因为大众意志总是正直的，总是倾向于公共利益；但这并不意味着人们的深思熟虑总是有相同的正直。我们的意志永远是我们自己的好东西，但我们并不总能看到它是什么。人们从来没有堕落过，但它经常被欺骗，在这种情况下，它似乎只会让我们看到什么是坏的。但是，要如何解决这个问题呢？如何使人们团结在一起呢？这些亲密关系，以及这种普遍的意志会在哪里出现呢？具体的意志是如何被认为是更普遍的？对这些问题的直接回应可能是：在市民的城市广场中，在城市的空间里，在大众可能聚集在一起的公共领域中，公民表达自己的意见。

（二）城市权利的实现方式

公民的城市广场不仅仅是城市的公共空间，甚至比我们曾经知道的公共机构还要多。在我们的时代，公共领域并没有从优雅堕落到完全的混乱。在《社会契约论》发表 80 多年后，马克思在《共产党宣言》中，展示了自由资产阶级民主制度给我们留下的东西："人与人之间的关系，除了赤裸裸的个人利益，还有无情的现金支付。淹没了最神圣的……在自我中心的冰冷的水里，有侠义的热情，也有庸俗的感伤主义。"① 马克思认为，资产阶级社会已经以交换价值取代了公共价值，并把各种各样的光环都消除了，把以前神圣的领域，包括公共领域，变成了另一个金钱领域，变成了另一种积累资本的方式。但马克思仍旧希望能在未来的共产主义社会重建公共领域。

① ［德］马克思、恩格斯：《共产党宣言》，人民出版社 2014 年版，第 26 页。

随之而来的是需要重新定义一个不是共同拥有和管理的公共领域,而是一个公共领域的城市,城市在某种程度上表达为人,也可能表达为一般的愿望,这个愿望将可能包含一个共同概念的密切关系。斯宾诺莎坚持认为没有普遍的观念,不存在普世权利。斯宾诺莎反对这种抽象的普遍性概念,他认为这是一个不充分的想法。一般的概念是通用的,而不是抽象的,一般的概念是实用的和有上下文适用性的。①

21 世纪的城市空间将成为公共空间,而不是纯粹的实体或中心。这不是因为土地的使用权所决定的,而是因为空间在虚拟与现实世界之间、线上与线下的对话和相互鼓励中具有了公共性质。空间不会被分为公共和私人部分,被动或主动空间。这个空间鼓励积极接触而反对被动接触。被动空间存在于毫无生气的背景下,在砖和砂浆、混凝土和钢的禁锢中。另一方面,城市空间从被动建构变为了主导参与,表达着动态的人与人之间的社会关系,在不同的城市空间之间交互式的流动也愈加频繁,将固化的生活空间变成了真实的生活,进而创建一个生活的网络,构建有机的空间。

因此,在这些主权空间里的人们可能会聚集在一起,创造一个交谈和见面的地方。有时他们会来抗议,用愤怒方式表达自己的观点。很明显,我们努力的重点应该是对权利的伸张,而不是对空间的创造。但是空间对于行动和表达来说是不可或缺的。人们通过空间行动来创造政治参与的机会,来争取市民对公共空间的占有和支配权利。争取城市权利的斗争在政治上没有任何普遍的意义,也没有任何机构的基础,也没有对任何道德或法律的争论作出回应。争取权利的斗争并不完全由占支配地位的人进行仲裁或者认可。相反,那些没有权利的人,必须授予城市的权利。

四、结 论

城市权利不仅仅是一个空的符号,其中充满了诸多可能性。它是城市生产和再生产的劳动者所拥有的集体权利,不仅是对产品的支配权,还是对城市生活

---

① [荷]斯宾诺莎:《斯宾诺莎文集》第 1 卷,顾寿观、贺麟译,商务印书馆 2014 年版,第101页。

的决定权。如果人们打算复兴城市生活,在主导的阶级关系之外重构城市的话,就有必要更新民主载体。正如穆雷·布克金和刘易斯·芒福德所指出的,资本主义城市化过程已经摧毁了城市作为一个政治体制本可以形成一个文明的反资本主义基地的可能。① 因此,城市权利一定不是某种已存的权利,而是一种全新的创造,是将城市重新改造为社会主义政治体系的权利。构建城市权利有必要制止永恒资本积累的摧毁性,不断扩充和发展城市权利的内涵,树立更加深远的目标和主张,同时践行城市权利。

作为一个空间意义上的概念,城市化并非一个单一的过程和结果,它处处充满了抵抗和冲突,而建立一个全新的城市世界也需要漫长的抗争。因此,作为理想的"可能性的世界"要想得到广泛的认同,就需要获得发展的合理性,而这种合理性并不是学者们关在书房里冥思苦想出来的,而是来自于他们对现实生活严谨的、批判性的思考。马克思曾在1843年致卢格的信中写道:"新思潮的优点又恰恰在于我们不想教条地预料未来,而只是想通过批判旧世界发现新世界"②,"新世界"只有通过批判旧世界才能被发现。因此,唯有深入研究现实世界,回归微观的日常生活,把握资本主义空间变革的客观规律,才能提出关于另一个世界或者新世界的合理模型。

因此,开展城市权利研究要加强对马克思主义空间理论的分析和阐发,用空间理论指导构建城市权利的新样态。马克思主义空间理论的诞生是哲学发展史上一次重要的变革,它以近代西方哲学终结者的姿态登上哲学舞台,对城市权利问题研究有重要的指导意义。空间理论具有鲜明的批判性,实现城市权利是资本主义批判的重要维度,空间理论对城市权利分析始终与对资本主义的批判结合在一起,通过城市权利非正义的批判,揭示了资本主义城市的内在矛盾并展望了人类城市发展的趋势和理想形态。之所以说空间批判实现了西方哲学的变革,并不仅因为新城市观以科学的实践范畴为核心构建的理论打破了长期存在于旧哲学中的主、客二元对立,更在于新城市观从科学的实践出发展开对"城市、资本、权利"的认识更新与言说,最终实现了资本积累理论与历史唯物主义的相互构建,使当代西方城市哲学不断完善与重构。

---

① Murray Marcuse, *Two Word Forums*, *Two Word Apart*, www.Plannersnetwork.org.
② 《马克思恩格斯文集》第10卷,人民出版社2009年版,第7页。

　　总而言之,城市权利与马克思主义空间理论处于同步"进化"的状态,推进城市权利问题研究需要空间理论的发展,空间理论的不断完善也需要通过纠正城市权利的非正义才能实现,两者不可偏废。只有在马克思主义空间语境下把握城市权利问题,才能最终实现城市的公平与正义。

（本文作者:赫曦滢）

逻辑实证主义与关系辩证法的双重变奏[*]

——兼论戴维·哈维城市理论的研究价值

　　纵观当前的城市学研究,城市生态学、地理学和经济学构成了西方的传统城市分析方法。除此之外,近年来马克思主义城市学、新韦伯学派、城市政治经济学和空间的生产分析等也在蓬勃发展,显示了近50年以来密集的城市反思和研究的广泛存在,同时也暴露出主流城市科学研究的不足。马克思主义的城市构想是对主流倾向的一种否定和对新的可能性的尝试。随着马克思主义理论对城市问题研究的不断深入,所谓的马克思主义替代性选择已经从一种独特视角的学术争辩向一种广泛的学术批判发展,越来越多的人参与其中,并对主流观点构成挑战,形成了一股新马克思主义城市学研究的热潮。在这股城市研究方法论的"变奏"中,戴维·哈维的城市理论应运而生。他的城市理论承载了21世纪城市理论的诸多命题,充分融合了马克思主义哲学的方法论,亲历了20世纪城市研究从"哲学"到"理论"的转型之路。他敏锐地把握了关系辩证法和历史—地理唯物主义的精髓,成功地为自己的城市理论架起了一条"辩证之径"。

一

　　在传统的城市研究中,始终延续着历史和社会的"二元"认识论传统,空间被边缘化,正如迪尔所言:"我始终不明白,为什么历史总能成功地诉诸通俗的

　　* ［基金项目］国家社科基金重大项目"我国传统价值观涵养社会主义核心价值观研究"(15ZDA037)的阶段性成果。

想象,而地理却不能。"①空间的"贬值"掩盖了资本主义社会关系在周而复始的危机与重建中所产生的空间定势,导致了资本主义内在矛盾在一定程度上被掩盖。用时间摧毁空间的最大危害是导致了传统社会理论在方法论上的失衡。为此,一批马克思主义者为了恢复"空间是人类生活的第一原则"的认识论而进行了长期的努力。

马克思主义对城市的认识始终延续着社会面向的原则,将城市的物理构建与经济、政治和文化问题进行认识论的统一,用"历史—空间—社会"三位一体的辩证法构筑城市问题研究的擎天大厦。马克思对城市的论述虽然不多,但最大的贡献在于对资本主义生产力、生产关系的深刻阐述,这为此后的城市研究提供了至今仍有巨大生命力的理论基础。随后,斯大林主义者认为经济生产模式或者基础决定了政治和文化进程,在这个模式中,国家已经成为资产阶级的代言人,权力是造就城市的核心力量。20 世纪 30 年代时,法兰克福学派用辩证推理取代了决定论、庸俗唯物主义的因果模式,力图在一种更加互为支撑的角度展开马克思主义政治经济学研究。尤其是它们强调的"新黑格尔学说"(neohegelian)的批判性思维,提出了"整体"分析的概念。这一社会行为及其所有的因素都作为总体或者辩证法的"契机"(moment),将经济与政治和文化联系到了一起。同时,法兰克福学派阐述了作为一种资本主义制度存在的社会形态,通过某种方式揭示上层建筑如何像经济基础一样运行,刻画了社会形态的整体特征。自我解放的个人行为被整体地封装进资产阶级的生产模式并不断被迫转型,支配性的运作不仅通过生产关系,而且通过意识形态,通过机制的异化抽取了可能威胁到制度运行的潜在风险,进入到个人化破坏形式的日常生活中。这种全新的地理学研究方法和帝国主义理论中重要的地理关注主要是被列宁发现的,但是被葛兰西在《监狱笔记》中发扬光大。他的作品围绕着意大利的地区委员会的发展,强调日常生活和 20 世纪二三十年代西方资本主义社会的文化水平。一方面,城市可以提供"再生产"或合法地确立资产阶级的生产关系;另一方面,市民可能通过集体斗争的行动来战胜制度。随后,阿尔都塞学派主张当前的城市发展契机能够通过思想并能以基于这种分析的彻底干预来把握,他们倾向于用历史主义的意识形态来考虑城市问题。在他们之后,20 世纪 60 年代的

---

① [美]迪尔:《后现代都市状况》,李小科译,上海教育出版社 2004 年版,第 2 页。

依附理论(The Dependency Theory)关于国际政治经济学的研究和恩赛·曼德尔(Ernset Mandel)关于晚期资本主义政治经济学的地区不平等分析都代表了 20世纪马克思主义的主要空间维度,构成了城市研究的主要方法论。但他们的研究并没有将研究的对象直指城市问题,真正关注到这一问题的是亨利·列斐伏尔。他在第二次世界大战后开始关注日常生活的批判,随后将研究的重点转向农村社会学,在 20 世纪 60 年代后,他最先关注到了特定的城市空间问题和资本主义空间生产,并将生产关系的再生产视为资本主义生存和发展的核心问题。这个问题直到今天仍然是卡斯特、哈维以及其他理论家争论的焦点。这些早期理论在苏联加入了"新社会空间组织"的讨论,福柯(Foucault)将之加入了结构主义的"空间力量",建立了"地点和关系的异质空间",构建了"异托邦"思想。安德森(Anderson)和阿郎索(Alonso)两人通过对城市和系统城市的研究都意识到传统空间崇拜思想的主要特点。因此,马克思主义者认为,城市分析与资本积累和阶级斗争所驱动的社会生产的演变有着直接密切的联系。这种方法可以把一种空间分析具体阐述为"一种社会结构的表达",而不是作为一种独立的或相对独立自主的一系列空间关系来理解。

20 世纪 60—70 年代以来,马克思主义的城市分析都是通过学者间不同立场批判和相互影响得到发展的。这一过程在深层次上促进了马克思主义城市理论的发展,使之不断寻求理解社会发展和空间变化之间深层次的关系。因此,马克思主义城市思想是一个动态和整体的阐释。在美国,关于城市研究一直盛行着两条不同的研究线索:政治经济学和集体消费理论。支持第一条线索的人,未能突破实证主义哲学和概念化的束缚,将新古典主义思想始终作为研究的基点;而支持第二条线索的人,则限制了城市领域在社会再生产中的作用。戴维·哈维在审视了这两者之间的优劣之后,提出马克思主义的分析需要重写,有必要采用一种充分的空间思考的分析,推进马克思主义的分析。不但要研究社会行为和社会关系在空间—时间范围内的相互关系,还需要超越马克思主义的分析范畴。但这并不意味着放弃马克思主义思想,或者是辩证法,而是超越马克思主义政治经济学,用现实主义者的方式向前推进,并评价马克思主义空间范式的解释能力。他回到了马克思的"三位一体"(The Trinity Formula)的概念,将空间带进了马克思主义的分析框架。马克思主义研究一向讲求研究方法的科学性,如果没有理论范式和研究方法的支撑,便不能成为一门严谨和科学的理论。因此,戴维·哈维也十分注重研究方法的规范性和可行性,并以自己的理论研究实践抵制了那种认为只有实证研究才是科学研究的偏见。

二

最初,人们看待理论的基础是人为地将方法论从哲学中剥离,认为现实是从价值中分离出来的,客体是独立于人类观念和行动的,发现的个人进程是从公共交流进程中分离出来的结果。这两者是分开的,而不是《地理学中的解释》中所展示的辩证的逻辑实证主义思想,哈维认为为了方便分析是不应该进行这种区分的。哈维在回答社会思想和道德哲学如何与地理学的调查发生联系这个问题时,首先想到的就是找到一种可以在自然科学和社会科学中通用的方法论,并一直为社会思想和道德哲学与规划和地区科学等领域进行联系而努力。在著作《社会正义与城市》中,他开篇就说到一个压倒一切的中心问题就是方法论问题,在书中,"这个问题的演进通过深思被构想和解决。"①空间和社会的概念以如下方式发生联系:空间形式是无生命的客体,它在社会进程中展开,但是作为包含在相同社会进程的东西,社会进程是空间化的。

正如历史所表征的,在哲学的发展进程中,逻辑实证主义可以分为两个重要的发展阶段,第一阶段以卡尔纳普(Rudolf Carnap)和石里克(Moritz)为主要代表,将哲学视为科学逻辑的一个组成部分,将哲学问题等同于语言问题。正如克拉夫特(V. Victor Kraft)所说的:逻辑实证主义者的重要信条之一就是认为哲学应当科学化,它的目的是直接取消所有的"形而上学"。第二阶段的逻辑实证主义以亨普尔(Carl Gustav Hempe)和波普尔(Karl Popper)为代表。他们通过对卡尔纳普的早期实证主义观进行分析,提出了批评和修正,强调科学的起点是问题,它不仅可以证实,还能证伪。因此,哈维在《地理学中的解释》一书中选择了第二阶段的逻辑实证主义观点,并将其进行了重构,形成了哈维自成体系的逻辑实证主义。采取这种方法论视角,哈维拒绝对地理学做简单的整理和补充,而是对地理学知识进行重新定义和创新,经过脱胎换骨的改造,"地理学"可以阐释

---

① David Harvey, *Social Justice and the City*, London:Edward Arnold, 1973, p.122.

空间的重要性,这也是他会把自己的第一本著作命名为《地理学中的解释》的原因之一。他在书中也对逻辑实证主义进行了再定义。

关于逻辑实证主义理论的抽象概念,他是这样阐述的,"开始,我也支持这种观点,结构理论需要生产出足够和适当的语言,带有固定的定义和方式,可以以逻辑一致的方式来说明现象。定义可以控制推论,并且思想体系可以以这种方式表现而不是增强我们理解世界的能力。但是,类别行为是理解类别如何成立的有效方式,特别是它们是如何呈现含义并通过使用发生转变的"①。证明通常不能从社会实践中分离出来。有很多理论在一个社会背景中区分功能,并且每种形态有特定的证明程序。证明通过实践完成,意味着理论在很重要的意义上是实践。当理论通过使用变成实践,它才是真正的证明。在哈维的著述中,有从"哲学理想主义"转向"在特定历史背景中的唯物主义解释的迹象"。

20 世纪 60 年代末 70 年代初,哈维的方法论发生了重要转变,他摒弃了实证主义转向了马克思主义或者结构主义,明确地反对用实证主义方法论取代马克思主义方法论的研究方法。他认为"将实证主义的标准强加给马克思主义,意味着将实证主义而不是马克思主义作为研究基础"②。在这种方法论的指导下,他对空间、城市和社会本质的认识都发生了重大转变。

三

在摒弃了逻辑实证主义之后,哈维开始思索新的城市研究方法论。他的著作《社会正义与城市》全书都在坚持相同的主题,即寻找合适的方法和合适的理论概念分析城市与正义。哈维指出了一些对所有科学领域都正确和有效的东西。理论并不是在主题开始就已经被使用或给定的,而是需要一些案例研究或理论上的经验使用才能得到。理论与实践是共存的或者至少是彼此相随的。哈维在《社会正义与城市》中最后回归了理论,打开了理论问题并开始了全面介绍城市理论。在资产阶级传统中,理论是始终具有张力或者是实践的指导。

---

① [美]戴维·哈维:《地理学中的解释》,高泳源译,商务印书馆 1996 年版,第 42 页。

② David Harvey, *The Urban Experience*, Oxford UK & Cambridge USA:Blackwell Publishers,1989, p.13.

对于哈维来说，马克思著作中最宝贵的财富就是其方法论。马克思在很多方面与他的先驱相近。莱布尼茨和斯宾诺莎提供了相关的理论思考方式和总体性概念，黑格尔提供了辩证的视角，康德提供了数不清的辩证法，另外英国的政治经济学家提供了调查社会中物质生产生活的实践方法。马克思将这些混乱的因素重新梳理，构建了自己独创的方法论，通过抽象理论和实践相结合，创造了理论的实践。这是人类创造历史，而不是被历史创造。马克思认为在他之前没有人看到，只有通过研究和人类实践创造，西方思想中数不尽的辩证法问题才可以被解决。

哈维对于城市研究方法论的著述散见于不同时期的不同著作中，表述也存在前后不一、顾此失彼的问题。在本文中笔者希望能够对城市的理论与实践之间的关系，城市的本体论、认识论和方法论等一些核心观点做出系统梳理和适当总结，对这个具有挑战性的问题做一些解释，并指出一些逻辑的延伸，以及一些修正。哈维主要从以下九个方面论述了城市理论与实践，本体论、认识论和方法论的关系问题：

第一，哈维对所谓"西方思想"含义的认识。在哈维的著述中，西方思想一词出现多次，但并未进行严谨阐释。笔者认为哈维所指的"西方思想"事实上是指从 19 世纪中叶以来的非马克思主义传统的社会和政治科学。在塞因特·西蒙尼亚(Saint Simonian)提出社会思想之后，社会思想被分割为两种相互竞争的传统。一种是社会学，另一种是历史唯物主义。所有二元论都发现它们被社会学学科所支配，尤其是在欧洲和美国，通过拉穆特(Lomte)、韦伯(Weber)、佩斯坎(Parscons)等人的理论社会学得到了长足的发展。所以，我认为，社会学和历史唯物主义有明显的区别，这种区别是从马克思主义文本中起源的。

第二，在哈维看来只有通过理论——实践相结合的方式，人类才能创造历史。否则，历史和社会会成为压制人类的异化力量。

第三，自然以及后来的社会力量、事实、可能、身体和行为都是客观的存在。只有给予历史背景和环境，通过人类、价值、主观、自由、思想和思考才能发现它们的物质基础，才能表达和理论化这些概念自身。

第四，本体论、认识论等基本的哲学问题，以及所有外在于自然和社会问题都转向了生成的问题。换言之，认识论问题存在于理论的生成中。

第五，所有的二元论只有通过实践才能彼此发生关联与转化，只有通过革命理论的实践才能解决现实中存在的问题。主体可以变为客体,可能可以变为自由,行动可以变为思想。

第六,在马克思主义理论中,本体论、认识论和方法论的分离只有服务于分析目的才是有效的。它们暗示自己只是为了理论表述而存在。理论的生产过程被认为是历史压迫时代政治发展不充分的结果,这会强化理论构建的分裂。

第七,理论与实践的完美结合,只有在革命时代通过实践才能变成可能。换句话说,历史作为人类结构的组成、改变的可能和作为政治思想理论需要彼此结合。理论与实践需要时空的一致性。理论必须发端于实践,实践必须满足理论需要。

第八,辩证的思考是由于存在于本体论和认识论才得以发展。矛盾是客观的,并结合在一个无所不包的主题中。所谓基础的政治经济学问题范畴,必须与思想、法律、文学、个人心理学、国家行为等上层建筑相联系才有探讨的价值和意义。经济基础和上层建筑的本体论是分离的,但是在马克思主义认识论中,认识论的范围超越了这种实际的分离。

第九,只有通过有意识的政治行动,理论才能成为实践,行动通常试图改变含义,并且行动只有合并本体论问题的基础和认识论问题才能成功。

综上所述,哈维认为都市社会已经成为主宰工业资本主义的基本假设,在社会组织中存在着一种巨大的革命性力量,城市的本体论、认识论和方法论基于辩证的形而上学而不是实证的基础存在。在此基础上,哈维提出了马克思主义城市理论的三个基础:首先,城市已创造出的空间不是来自于城市的内在逻辑,而是与异化感和创造性的空间有关;其次,都市化是资本的再生产创造有效需求的必要条件,因此城市化仍然受到工业资本主义的必要条件的驱使;最后,产品、价值和占有的循环没有屈服于城市主义的内在动力,但是受到来自于工业社会条件的调节。

四

在哈维看来,辩证法能够加深对社会——生态过程的理解,而无须完全拒绝或抛弃由其他手段得出的结论。哈维强调一种关系和总体性的辩证法,来反对那些鼓励的因果链以及无数孤立的且有时矛盾的假设,这些假设只是在微不足道的统计学意义上才具有正确性①。关系辩证法在女性主义理论中获得了广泛的认同,如弗里德曼(Friedman)所说:"关系未知的文化叙事"使女性主义者能够跨越拒绝、谴责和忏悔书写的那种边界,这些"书写"依赖简单的二元论以及本质主义的范畴。在关系框架中,身份随着不断变化的语境而转变,这取决于参照点的不同。所以,不存在本质或绝对。身份是各种流动的地点,人们可以根据形势和功能之有利位置来作出不同的理解。这也正是哈维所坚持的思维方式,因此他的论证也常常在各种对立的潮流中小心地穿梭。哈维将工作的重点放在翻译和转化不同研究结构积累起来的知识体系上,并通过一系列的案例揭示这种转化和翻译如何表现出新的且往往有趣的问题。尽管,他做出了有说服力的解释,但是还存在一些对认识过程的限制,产生一些不可能或者很难解释的难题。比如,空间、时间和自然这些基础的概念,就存在着根本性的理解困难。哈维抓住了这些主题,并对其进行了集中的探讨,对辩证法的发展和实践活动产生了非常显著的指导作用。

哈维认为,把万物还原为洪流或者潮流(fluxes and flows),进而对全部形式或位置的短暂性进行强调会对事物自身的发展产生限制。事物本身就是总在改变的,可能转瞬间便会消失,如果思考的时间太短,我们就很难做出正确的决策,因此很多学者回到了简单的基本信仰,即抛弃对无法控制的过程进行分析,在哈维看来这样的决定是错误的。哈维认为,在理解世界时,应该给予过程、洪流和潮流的本体论以优先的地位,为此他坚持不懈地寻找着所谓的"永恒"之物。这个"永恒"之物是始终存在于我们身边的,人类通过实践将其构造并放置于生活中,并赋予其特定的意义。这个万物甚至包括怀特海口中的克利奥帕特拉之针和斯芬克斯,都可以还原为洪流或者潮流。但是,在现实生活中,我们却总是被各种有形的物、制度、话语所包围,真实被那些相对永恒和有力量的信仰所禁锢,拒不承认真正的永恒和力量,因此很少有人主张所有永久和永恒都将会瓦解。人们往往习惯于强调,辩证法不能被理解为外在于具体物质条件的东西,我们将思维限定在"具体"的事件之中,那些具体的条件往往是恒久不变的真理,以至

----

① [美]戴维·哈维:《正义、自然和差异地理学》,胡大平译,上海人民出版社 2010 年版,第7、56 页。

于我们必须承认这些东西的永恒性、意义和力量。

为了寻找一种纯粹的辩证法,学者们做过多次尝试。例如,在《马克思的幽灵》一书中,德里达的奇特幻想被视为完全是激进与革命的。这之所以成为可能,是由于他将辩证法同历史——地理条件的全部确切意义以及具体的和组织化的政治学之间的联系完全切断。这样,德里达就能够想象一种无形态、无名字、无政党、无国家、无民族共同体的新国际。伊格尔顿为此进行了这样的评论,这是"后结构主义的最终幻想;一种没有枯燥体系或乏味正统作为资深反对立场的反对立场;一种任何话语都不能表达的不同意见;一种在实现行动中背叛自身的诺言;一种永远激动不已的朝向救世主的开放性,那个救世主最好不要作为某种确定的东西降临,以免让我们失望"①。

为了找到改变世界的确定和可行的道路,哈维认为不仅需要理解永恒,还需要创造一种组织、制度、学说、计划和形式化的新的永恒结构。而且,在这一点上,他所谓的辩证法与那种成为纯粹化唯心主义的关系辩证法类型存在本质区别。他试图在人类行动得以展开的具体的历史和地理条件中为政治寻求坚实的基础。因此,他强烈反对建在辩证的和关系思维方式之上的"新唯心主义"。这种唯心主义认为,思想和话语是塑造社会——生态和政治经济变迁历史的根本原因。哈维则强调,只有辩证理解的历史唯物主义研究才能够把空间、地方和环境等主题整合进社会和文学的理论之中。而科学方法的原则是根据科学之外的需要进行调整和确认的。科学要能够表达社会思想,传达社会价值。对激进地理学的批判必然导致对马克思主义的诉求,因为"唯一的能够用综合的、动态的方式处理诸如人口—资源关系等问题的方法,一定是建立在马克思辩证唯物主义基础上的"②。

哈维的关系和总体的辩证法是一种实证和思辨相结合来探讨哲学问题的方法。他认为辩证法是一个渐进的发展阶段,可以分为三个核心阶段:第一阶段是认识论的辩证法阶段,通过对城市问题的剖析透过现象折射真理;第二阶段是本体论的辩证法阶段,通过实证研究揭示城市发展的规律和本质;第三阶段是前两个阶段的升华和综合,达到思辨与实证的辩证统一,即本体论与认识论相统一的

---

① Eagleton,T,Jacques Derrida:Specters of Marx,Radical Philosophy,1995,(73):35-37.

② [美]理查德·皮特:《现代地理学思想(概述)》,周尚意等译,商务印书馆 2007 年版,第84—85 页。

对称辩证法,这也是其辩证法的最高阶段。他强调一种共性和差异的辩证法,主张历史唯物主义应当更具有地理性质,对生态保持高度敏感。他对辩证法的构建吸收了奥尔曼的观点,认为"通过以过程和关系的观念代替有关物的常识观点——过程包含着自身的历史和可能的未来;而关系则包含着我们有关现实的思考,它把现实解释成具有历史并与他物具有外部联系的某种东西"①。因此,哈维的辩证法不是某种物而是一个过程,而且在物与思想和行动之间,意识与物质之间、实践与理论之间都不存在二元对立与分裂。构建辩证法的初衷是围绕日常生活所遭遇的现象进行抽象和论争,为进一步的研究提供初步的讨论。因此,辩证法也包含着伦理、道德和政治选择的创建与整合,包含价值创造的整个过程,在辩证法构建过程中产生的构建性知识视为在具有某种目标的权利作用下的话语。价值和目标都不是通过普遍的抽象从外部强加的,而是通过过程获得。哈维对马克思主义的回溯给城市研究带来了异常丰富的内容和广阔的发展前景,在学界引起了广泛的反响。

五

哈维的城市理论有着自成体系的特点,在研究的内容上有以下几个特色,对中国城市研究有重要的学术参考价值。

第一,重视社会进程与空间的关联。在哈维的著述中都力图证明社会进程与空间形式在城市分析中同等重要,共同构成了城市行动的指南,两者之间相互渗透,对立统一。空间形式可以整合进社会进程的洪流中,而所有的社会进程也反映着空间的演进过程。空间不是一个形而上的范畴,而是一个既塑造人的能动性,又为人的能动性所塑造的社会维度,"空间形式……不被看成是社会形式在其中展开的无生命的物体,而是以社会进程使空间的同样方式容纳社会进程的万物"②。第二,通过追踪城市发展与资本流动之间的关系,解释了城市结构与阶级形成的模式化进程之间的关联,并且剖析了意识的城市化、社会空间的生

---

① [美]戴维·哈维:《正义、自然和差异地理学》,胡大平译,上海人民出版社 2010 年版,第56 页。

② David Harvey, *Social Justice and the City*, London: Edward Arnold, 1973, pp.10-11.

产、意识形成的不同场所之间的特殊关联性结构,最终阐释了资本主义社会制度下的新人性。意识的城市化是一种对传统马克思主义的挑战,因为它的性格和集体行为的模式化过程既没有以不加调节的方式从积累过程中出现,也没有反映传统马克思主义的阶级范畴,因此造成了与传统马克思主义的悖论,也使得哈维的城市研究具有突破传统马克思主义的风格。第三,深入阐述了正义的城市化,丰富了城市的内涵和正义理论的研究范畴。哈维摒弃了对结果正义的强调,深入关注了正义产生的过程,持有正义被认为是一个内在的地域问题,由此与城市的发展有重要的关联。城市进程的结果必定是不平等和不公正的,正是这些基本的结构和过程塑造了资本主义社会的城市生活和城市地理,同时出现了城市危机。因此,需要确立城市权,将城市化与剩余价值生产和使用之间联系起来,通过将城市权利民主化,通过动员广泛的社会运动实现正义、民主和公民权利。

哈维的城市理论对当今中国的城市化发展有着重要的研究价值和启示。第一,哈维的城市理论为我们处理中国新型城镇化进程中的地域发展不平衡与空间矛盾提供了有益的思路。中国城市发展的区域空间不均衡现象十分突出,主要表现在东部沿海发展水平高于内地,大城市发展水平高于中小城市,城市发展水平高于农村。哈维也关注到了空间发展不平衡问题,虽然他是放眼于全球范围内进行探讨,但是放置于一个国家也同样适用。区域的不平衡发展往往会导致发达的中心地区对边缘地区的剥削,致使发达地区成为资本积累的中心,而边缘地区则成为被掠夺的对象。区域不平衡发展的局面会不断加剧,导致国家的不均衡发展。因此,在制定规划时,中国要控制好大、中、小城市的规模和数量,保证城市间的协调、均衡发展,避免贫富差距过大,促进经济、社会的快速、健康发展。

第二,哈维从全球的视野出发,分析了资本流动的特点以及资本积累的模式,对中国在全球分工中取得有利位置提供了参考和方向。当今世界,资本流动早已超越了国家和区域的范围,资本的全球性流动给中国带来了新的机遇,同时也带来了不可预计的潜在威胁。在哈维看来,资本的本性就是生产剩余价值,创造利润,因此它会为了避免过度积累导致的经济危机,将资本输入到非资本主义地区,开拓资本积累的新空间,通过利用当地廉价的劳动力和原材料,创造新的剩余价值以维持资本主义的发展。全球化是一把双刃剑,一方面为各国发展提供了更加广阔的空间,另一方面作为资本主义的空间扩展策略,它也将全球生产体系都纳入到了资本主义的生产体系中,加大了资本主义对世界的控制。因此,我们也要清醒地认识到,资本主义国家大量资本的涌入,除了为中国的发展提供资金以外,也在无形中剥削和掠夺了中国的空间资源和劳动力。当中国的城市发展到一定程度,不能满足资本积累的需要时,这些资本就会流向更加落后的国家,造成中国城市的衰落。这种情况在资本主义的发展史中屡见不鲜。因此,要在全球化的空间中实现又快又好的发展,中国要注重自主创新,同时大力调整产业结构,淘汰落后产能,发展高新技术产业和高附加值产业,努力改变在全球劳动分工空间布局中的不利地位。

第三,哈维关于城市公平与正义的思考为中国城市正义理念的确立与实践提供了重要的思维起点。当前,中国的城镇化还处于低级阶段,并未实现公共服务和社会权益的均等化。公民在空间资源和空间产品的生产、交换、分配和消费中仍存在诸多的不平等、不公正现象,这在以农民工为代表的城市弱势群体中表现尤为突出。从某种意义上来说,中国社会的阶层分化和矛盾正在加剧。因此,积极化解空间资源占有和使用中的紧张关系,合理分配空间使用权,也是我们面临的严峻挑战。哈维在《城市与正义》一书中曾经详细地描述了发达资本主义国家空间不平等的社会现象,社区隔离、种族不平等等社会现象,严重制约了城市的发展,他提出把空间和地理学原则应用于空间资源配置和空间生产领域,以保证公民在空间权益方面的社会公正与公平。哈维对构建城市的空间正义提出几点有建设性的建议,即"减少劳动力剥削、解放受压抑人群、赋予弱势群体权力、消除霸权主义、合理的社会控制、削减社会工程的负面影响"①。这对解决中国城市问题也提供了有益的思考,我们应当在优化空间生产和分配机制方面做出更多努力,使发展的成果惠及全体国民,协调好空间资源关系上的矛盾,促进社会各阶层协调、同步发展。

总而言之,哈维对城市的反思和批判为我们认识城市开辟了新的视角。他突破了空间的狭隘性,将城市纳入到社会关系中,将其看作国家和社会发展的能动力量,而不是被改造的对象,这对中国城市发展和现代化建设具有重要的借鉴

---

① David Harvey, *Social Justice, Postmodernism and the City*, International Journal of Urban and Regional Research, 1992(16):588.

意义。在中国城镇化建设的过程中,我们既要肯定资本对改造城市面貌的重要性,又不能过度依赖资本驱动,而要更加注重城镇化的质量和可持续发展,维护城市的空间和社会正义,构造健康、协调、生态的城镇化体系。

(本文作者:赫曦滢)

现代性新时空观对唯物史观的承显

——基于戴维·哈维《后现代的状况》

"现代性"在当下仍是一个尚无定论的哲学话题,但这丝毫不影响我们生逢其时、身处其境,正因为如此,促使我们不断地围绕这一社会现实跳脱不开的时代气质而开挖其形而上的本真性状,以求寻找某种现实的方式,回复或者超越地解释为现代性负面效用所累的现代人的真正本质。基于这样的价值追求,研究者围绕现代性挖掘出包括具有突出影响力的经典理论和具备独特视角的新近思想在内的现代性理论形态。以戴维·哈维为代表所提出的历史—地理唯物主义是其中一个典型代表,他打破以往侧重于时间维度的现代性批判视角,而倾向于对空间维度的开显和分析,是理论界的重要创新。同时,哈维的空间理论与唯物史观形成呼应,对马克思唯物史观从"资本"的时空运作角度进行新的解读,这种经典理论与当代思潮彼此交相辉映、交互作用的过程,使现代性理论研究超越时空界线,在逻辑上达成一种"互文"的共在,彰显理论张力的同时,在"交流"中为真理的追寻增添了时代的新砝码。围绕现代性的主题对哈维的空间理论进行探讨,有助于加强对现代性理论认识的深刻性和新颖性,并且,在与马克思唯物史观的比较中,突出历史唯物主义的真理性力量。

一、哈维对后现代的现代性重识

通常认为,后现代的出现是自艺术和文化领域的转向而来,哈维同样是从现代文化变迁的多种表现形式入手来为我们提供后现代主义的感觉经验。他一览艺术文化在 20 世纪 70 年代以来形成的后现代主义特征:建筑风格方面,为满足多元需求在同一城市空间中得到实现,对城市统一规划加以否定,整体布局有交错多元的结构性变迁;绘画风格显出交叠的"拼贴"式,试图将异度空间和多维空间在同一时空中实现共存;哲学流派的"解构主义"泛滥,强调承认差异性而贬低同一性的可能;文学评论呈现没有定论的"互文性",给予每个人对作品的充足评论空间与权利;而小说、影视等文化表现手法同样具有"拼贴"的特征,打破历史连续性,以碎片残篇的方式将表达对象置于一定时空之中,从而带给现代人以强烈的视觉冲击,彰显后现代主义的基本特点……由此可见,后现代主义是人们对时间与空间的感知变化做出的体验式表达,在深刻性上比传统肤浅,在持续性上比古典短暂,在呈现方式上是断章残篇、断壁残垣。波德莱尔曾指出"现代性就是短暂、流变、偶然事件;它是艺术的一半,另一半则是永恒与不变"。后现代主义很准确地诠释了这一表述,更确切地说,它很精确地诠释了艺术的前一半,而似乎抛弃了艺术的另一半。但是,就表达时空体验的角度而言,后现代所彰显的永恒就是变动不居本身。正如马克思所言:"一切坚固的东西都烟消云散了",就连后现代主义产品、作品的产出和更替本身也同样呈现出后现代主义的特点。

但是,与其他学者所认为的后现代是一种根本性的社会变革的观点不同,哈维认为后现代主义的这些特征实际上是现代主义的一种延伸,而并非某种社会形态的本质变化。后现代主义只是人们对时空感知变化的新体验的新表现方式。首先,哈维通过现代主义与后现代主义的对比来说明这一观点。他指出:"(后现代主义)是对差异的关注,对交流之困难的关注,对利益、文化、场所及类似东西的复杂性与细微差别的关注……现代主义的元语言、元理论、元叙事(尤其是在其后期的各种宣言中)确实倾向于掩饰各种重要的差异,而且没有能注意到一些重要的分离和细节。"①哈维抓住现代主义始终秉持的特征,即理性的规划性、支配性、统一性,这是自启蒙确立理性原则以来现代社会始终体现的特性,而后现代主义不过是基于对这一具有本质主义、真理要求、永恒价值、同一性规约取向的反叛所形成的一种文化上的转移,在实质上并不构成或意味一个全新社会的出现。因此,他鲜明地提出:"在现代主义广泛的历史与被称为后现代主义的运动之间更多的是连续性,而不是差别。在我看来更明显的是,把后者看

① [美]戴维·哈维:《后现代的状况》,阎嘉译,商务印书馆2013年版,第151页。

成是前者内部的一种特定危机,一种突出了波德莱尔阐述的分裂、短暂和混乱一面的危机……同时又表达了对于一切特定处方的深刻怀疑态度,正如怀疑应当如何设想、表达,哈维通过历史表现永恒与不变一样。"①其次,哈维通过历史阶段性划分的方式来说明后现代并不代表社会本质的更变。他将现代主义历史进程分为四个阶段,并认为自 20 世纪 70 年代以来,文化实践和政治—经济实践中出现的系列性剧烈变化彰显并推动人们对时空产生新的感觉体验,标示着后现代的来临。但是,哈维认为,后现代只是现代分期中的一个阶段而已,在文化上源于对以往现代主义文化的新反叛,基于对时空的新体感表现出打破连续性、空间重构的形式,在政治—经济上源自资本在周期性危机的自省更新中的运作带来新一轮烈度强劲的时空压缩。后现代并非一个本质有所更变的全新的与以往有明显断裂标志的新社会或新时代,而只是由于其烈度的强劲,才会对人们造成一种社会时代根本转向的错觉。因此,在这个意义上,对后现代主义文化艺术的理论分析,可以有效提炼现代性的表征、内涵与特性。马克思曾说:"人体解剖对于猴体解剖是一把钥匙。反过来说,低等动物身上表露的高等动物的征兆,只有在高等动物本身已被认识之后才能理解。因此,资产阶级经济为古代经济后现代主义作为现代经济等等提供了钥匙。"②后现代主义作为现代主义的延伸与发展,其自身内蕴着对现代主义的自我解释与自我否定,其内核始终逃离不了现代性,对后现代主义的剖析甚至能够更加清晰地辨认现代性的根本特征与机理。因此,对后现代主义文化变迁的研究构成了哈维的现代性批判理论视角。而由于哈维对后现代主义的探索出于"时空压缩"的中介,因此,他的现代性理论提供了一个独特的时空观视域。

二、"时空压缩"之现代性新体验的资本诡计

哈维强调,对后现代主义文化变迁的感觉经验并非重点,对这种转变和转变的激烈程度的原因分析才是关键所在。而他认为,资本逻辑对人的时空体验的

---

① [美]戴维·哈维:《后现代的状况》,阎嘉译,商务印书馆 2013 年版,第 55 页。
② 《马克思恩格斯选集》第 2 卷,人民出版社 2012 年版,第 705 页。

影响就是众多原因中最为根本性的一个。归纳起来主要可以从三个方面加以展开:其一,资本通过对时间的消亡以达到空间结构的占有;其二,资本逻辑在地理政治上对空间的控制;其三,资本增殖原则对文化商品化与产业化的虚假消费需求扩张导致的空间重叠与消失(创造性破坏)。

首先,哈维指出:"在一般的金钱经济中,尤其是在资本主义社会里,金钱、时间和空间的相互控制形成了我们无法忽视的社会力量的一种实质性的连结系列。"①现代社会是资本主义社会,资本主义社会是金钱关系的社会,资本主义社会的时空构成方式与体验形式都为资本增殖目的而服务与存在,资本与利润成为时间与空间变化的动力与依据。现代社会之所以会有"时空压缩"之体感,原由之一便在于资本主义生产方式对时空的全新占有模式的更变。经过周期性危机和世界性大战的洗礼,资本主义在新发展阶段寻找到福特主义流水线式大规模的生产方式,这种资本主义机制的自我调节对时间与空间的现实感受起到巨大的影响,它导致一种以消亡时间来彰显空间结构的社会效果。哈维指出:"他把任务打散,分布到空间里,为的是使生产中的效益最大化,使流动的摩擦最小化。实际上,他把空间结构的某种形式运用到了加快生产中资本周转的时间。那时,时间的加快(加速)可以依靠通过组织和分散生产的空间秩序而确立的控制。"②可见,福特主义的生产方式一方面将通过时间流动确证自身的活的劳动者视为僵死的物的存在,使个体的时间被某种确定的空间所拴锁;另一方面,作为以时间为依据的过程性的劳动本身被碎片化地切割成所谓专业化的分工,使劳动在时间流中的整全意义在空间结构的瓜分中破裂。因此,福特主义某种意义上开启了空间优于时间以决定社会存在方式的现代性体验,而这完全归咎于资本逻辑的运作与要求。

其次,资本对市场的开辟在地理上的空间占有。资本逻辑向来都是帝国主义的以及殖民主义的,它对市场的需求要求对外扩张,必然引发的是资本对世界市场在地理上的空间性吞噬。自地理大发现伊始,资本主义就找到了通过空间占据而快速获利的方式,他们通过对新地域的占有而获得支配资源的主导权力,把贸易主动权掌握在自己手中,经济利益随之源源不断地落入囊中。随着资本

①　[美]戴维·哈维:《后现代的状况》,阎嘉译,商务印书馆2013年版,第282页。
②　[美]戴维·哈维:《后现代的状况》,阎嘉译,商务印书馆2013年版,第332—333页。

主义生产方式在克服周期性危机中的不断自我更新与调整,资本主义发展从空间占有向空间控制转移。也就是说,在资本逻辑的作用下,资本周转要求消耗过剩的生产力,对地理场域的纯粹空间性占有已不再是首要任务,而通过隐性方式获取区域性空间控制力成为资本周转和获利的关键。这种对空间的不同作用需求造成了福特主义向灵活积累的现实转变。哈维在分析资本主义通过时空转移而吸收过度积累时指出:"空间上的转移必需吸收地理上扩展的过量资本和劳动力……资本主义扩张到抢先占有的空间里去的方式以及在那些方面碰到的抵抗的程度,可能具有意义深远的后果……由于资本主义跨越地球表面的逐渐移植把空间延伸进了可能出现过度积累问题的地方,所以地理上的扩张充其量只可能是过度积累问题的一种短期解决办法。长期的后果始终肯定是加剧了的国际和地区间的竞争,以及最不发达国家和地区所遭受的最严重的后果。"①福特主义是利用时空转移来消耗过度积累的典型,但当地理上的转移被耗尽之后,资本主义无法解决过剩劳动力与空闲生产资料并置的悖论,它就陷入了新一轮的危机,此时,灵活积累对时空作用力的新模式成为资本主义自我解救的新途径,但也造成了对时空的进一步压缩。灵活积累减少了劳动力的空间束缚,在对劳动力更多的自由承诺中实现剥削的目的。以地理上分散、小规模生产、追求买方市场的生产力等为标识的灵活积累,改变了以往大规模生产所需要的规划性、理性预测性的"元设计",在变动不居、瞬息万变的条件下实现区域性甚至点位式的资本积累,它一方面满足了劳动力对自我时空可调性的需求,另一方面能够在较短时间内有效集聚大量财富。这种资本积累模式成为资本主义社会新的运行机制以及对空间的新型管控体制,为资本主义的发展再次延续了活力并拓展了自我空间。而其带来的时空压缩体验则是前所未有的。

最后,资本主义通过对社会意识形态控制达到制度长效的目的,主要表征为政治的美学化与文化的商品化。哈维指出:"如果可以使工人们相信空间是资本游戏的一个开放场所而对他们自己来说则是一个封闭领域的话,那么对资本家们来说一个关键的优势就增加了。"②毫无疑问,重点在于让劳动力相信资本

---

① [美]戴维·哈维:《后现代的状况》,阎嘉译,商务印书馆2013年版,第232页。
② [美]戴维·哈维:《后现代的状况》,阎嘉译,商务印书馆2013年版,第292页。

主义空间挤占与控制的必要性、合理性与有利性。要达到这一目的,统治阶级采取政治美学化的方式对大众进行政治言语上的承诺,而实际行动却相隔万里。这就使资本主义国家的政治舞台总出现一些意料之外而情理之中的状况,比如,代表两个相异党派的国家首脑候选者的经济规划与政策措施如出一辙,或者政府向民众做出的经济策略与经济现状所需完全相悖,却在经济运行的现实中发挥出了一定的效果……这种政治美学化的结果并非总是给人带来意外的惊喜,相反,它带来的必然是不稳定与不可测的威胁。而资本主义商品经济的普遍化对文化领域的空间侵占影响更甚,文化通俗化和大众化建立在资本增殖的需求上,资本逻辑运作要求资本对空间的占领,文化作为一个领域,在商品经济普遍化的过程中被纳入侵占的目标范围。事实也正是如此,在资本逻辑主导的社会中,文化被作为商品以各种方式生产出来,文化以消费品的身份得以传播,这一过程早已粉饰和润色上了资本主义的价值外衣,从而使受众得以在产生"愉悦感"的消费过程中认同统治阶级的价值观。消费主义的文化承载着资本主义的价值内涵,但同时也反映出资本逻辑带来的对时空体感的新改变。所有的空间都被史无前例地置于时间之先而彰显尽致。原来由空间对时间的依附关系被日益迅猛的电子科技水平和传播媒介通信技术所打破,通过电视电影,可以接受地球上任何空间的实时信息,通过日益完善的交通工具和网络,地理空间障碍在时间缩短中再无可能。人们对时间的感受越来越快,达到一种"瞬间即所有"的体验,对空间则失去了特殊而具体的地理方位所带来的标志性认知,呈现在眼前的是一种碎片和虚幻。历史连续性被打散,在片段式的残篇中成为模仿式的"演出"。这一切都在后现代主义的文化作品中得以表达与凸显。现代资本主义的不断自我更新带来的剧烈时空压缩,即共时性的空间叠加,使现代性的自我表达愈发困难,使发轫于启蒙的现代性所内蕴的理性目标规划和预测能力失去效力,日显式微。这样的现代性剧烈变迁,并未迎来一个全新的社会存有形态,反而带来了更严峻的矛盾格局。资本主义只是在形式机制上进行自我更新与调整,资本逻辑本质的存留必将使资本主义社会陷入新一轮的竞争冲突和周期性危机之中。而我们无法预见,未来的时间与空间是否还留有为资本主义提供自我修复的间隙与空白。

三、哈维的现代性时空观对历史唯物主义的继承与开显

哈维通过对空间的挖掘试图建构一种历史—地理唯物主义,但这一建构尚未成立。他始终强调,对历史—地理唯物主义理论表达的目的在于方法论的探析与更变,对历史唯物主义提出空间维度的视角开拓。在围绕人们对时间与空间的体验变迁的表达中,探索现代性社会的阶段性更变和现代性问题的根源,这构成哈维的历史—地理唯物主义的理论期待和方法论预判。哈维在某种程度上对马克思历史唯物主义进行某种继承与开显,但同样存在着不可忽视的理论局限,致使其历史—地理唯物主义仅有立体的空壳,而无立体的实质。相反,马克思的现代性理论却在主客体统一、理论与现实结合中,实实在在地构成一种"时间—空间—社会存在"的立体范式。

作为新马克思主义者,戴维·哈维在很大程度上对马克思历史唯物主义进行了继承与发展。正如苏贾所言:"戴维·哈维在学术方向上的戏剧性转变,起到了开路先锋的作用,并产生了特殊的影响……历史唯物主义因此成为联结空间形式与社会进程的首选方式,也因此成为将人文地理学与阶级分析方法、对地理结果的描述与马克思政治经济学所提供的解释结合在一起的首选路径。"①哈维的空间思想建立在历史唯物主义基础之上,首先,体现为对社会现实存在的根基性的认识。哈维指出:"时间和空间的客观概念必定是通过服务于社会生活再生产的物质实践活动与过程创造出来的。"②时间与空间是主体表达社会生产的客观形式,依赖于社会实践活动的创造与主体的表达。时间与空间不是一个概念框架或理念悬设,而表现为一种社会存在的特殊属性,并同社会存在建立某种互动联系,社会生产实践创造时间的形态与空间的结构,而时间与空间的客观描述则反映特定的社会现实。因此,在哈维那里,资本主义的现行社会运行机制和实践内容创造了相应的现代性的时间消亡态(具有转瞬即逝、变动不居特点的)和相互"异位"、彼此叠加的现代性多维并置的空间构造。这种现代性的时

---

① [美]爱德华·W.苏贾:《后现代地理学》,王文斌译,商务印书馆2004年版,第81页。

② [美]戴维·哈维:《后现代的状况》,阎嘉译,商务印书馆2013年版,第255页。

空表征通过后现代主义文化产品得以充分凸显,也就是通过文化的现实表现手段反馈给社会存在,从而在逻辑上完成某种回路。但是,哈维的理论论述缺少了这一过程中主体所占据的关键地位和环节,他没有看到,无论在社会生产还是时空表达的反馈方面,恰恰是主体在其中起到了扭结和决定性作用。因此,其关于历史—地理唯物主义的整体架构缺失实质内涵而成为虚设。相反,唯物史观之所以能确立起具有立体性特征的理论有机体系,是因为其始终围绕着活生生的人来进行理论分析与建构。无论是关于人的生存处境的劳动异化问题研究,还是关于人的全面自由发展的应然状态的探索,抑或是对阶级联合体的可能路向的表达,马克思始终是以真正实现人的解放为目的的。同时,他对人的本质的追索也并非概念安插,而是将有意识的生产劳动,即饱含对自然力的否定和能动力的肯定与二者相互作用的否定之否定的实践活动看作人的现实的本质,不仅视人为社会关系的存在,也将人视为具体的完整的存在。马克思一以贯之地运用辩证法思想始终强调主客体统一的观念与原则。马克思曾指出:"自然界的人的本质只有对社会的人来说才是存在的;因为只有在社会中,自然界对人来说才是人与人联系的纽带,才是他为别人的存在和别人为他的存在,只有在社会中,自然界才是人的存在的基础,才是人的现实的生活要素。只有在社会中,人的自然的存在对他来说才是自己的人的存在,并且自然界对他来说才成为人。因此,社会是人同自然界的完成了的本质的统一,是自然界的真正复活,是人的实现了的自然主义和自然界的实现了的人道主义。"①人发展的出发点和归宿是由主体通过现实的能动的实践活动与外界客体进行物质交换的自我规定的结果。这一结果取决于主体在实践中如何实现自身、如何开显自身、如何在社会关系中创造自身。因此,唯物史观从来不是空泛无根的理念设想或玄而又玄的概念辨析,而是真正立足于解决现实问题的批判武器,并且,唯物史观要求这一武器必须掌握在人民群众手中,才能发挥出现实的、革命的力量。

其次,哈维对马克思思想的推崇还表现在,把对空间的体认建立在历史(时间)之基上。不同于"空间本体论"提倡者的路向,哈维无意以空间为基建构某种虚幻的理论体系,他对空间的重视目的在于方法论的开新与视角的去蔽。当就现代性危机和现代社会现实具体问题进行分析时,他依然愿站在马克思唯物

① 《马克思恩格斯文集》第 1 卷,人民出版社 2009 年版,第 187 页。

史观的立场上加以批判。哈维并不像其他重视空间维度的理论家那样为空间的现实效用下独断性的定论:"对事物的预知现在牵涉到地理的投射,而不是历史的投射;藏匿各种结果使我们无法看见的,是空间,而不是时间"(约翰·伯杰语),他强调历史与时间的基础性意义,这一点可以从他对破坏了历史连续性和将空间视为脱离社会存在和时间而具有独立地位的后现代主义的批判态度中得以显现。自我标榜为后现代主义对现代性所做的"时空压缩"的描述极其形象生动,但空间的"异位"与凸显并非自我运动的结果,而是在时间的体感消亡与式微中产生了相对位移,这一切又是拜社会历史发展过程必然经历的资本主义生产方式主导所赐。所以,对空间的表达始终不能脱离社会实践与历史连续性的证明。时间与空间是相互依存的,不能因空间的凸显而丢弃时间的维度。

最后,哈维对历史唯物主义加以空间维度的开掘。人们将马克思在哲学上所实现的思维方式根本性变革而发现人类社会历史发展规律的成果总结为历史唯物主义,这一命名本身就蕴含着对时间维度的侧重。长期以来,在后马克思的时代,无论是人文主义者还是实证主义者,对马克思的解读大多都偏重于历史的视角,而多少忽略了其中的空间内容。而事实上,马克思的唯物史观是深蕴着对空间的关注的,只不过是通过"资本"这一媒介才得以彰显。"美洲的发现,绕过非洲的航行,给新兴的资产阶级开辟了新天地。东印度和中国的市场、美洲的殖民化、对殖民地的贸易、交换手段和一般商品的增加,使商业、航海业和工业空前高涨,因而使正在崩溃的封建社会内部的革命因素迅速发展。"[1]马克思指明了资本主义工业文明发生背景下社会空间发生的必然性变革,同时也指出,正是对社会空间的开拓,即对市场的扩大,为资本主义工业文明带来发展的历史条件——"形成工场手工业的最必要的条件之一,就是由于美洲的发现和美洲贵金属的输入而促成的资本积累"。[2] 唯物史观的中心工作是分析资本主义社会的运行机理和历史发生原因,马克思以其宏大的视野不仅捕捉到资本运动的历史逻辑,而且也关注到了资本在空间中的扩展弥散所带来的生产方式的根本变化。因此,对唯物史观的把握自然不能仅限于时间维度上对人类社会历史规律进行唯物主义解读这样的片面视角。哈维在《希望的空间》中曾指出,在读马克

---

① 《马克思恩格斯选集》第2卷,人民出版社2012年版,第401页。
② 《马克思恩格斯选集》第2卷,人民出版社2012年版,第244页。

思的《共产党宣言》时,"敏锐的地理学家立即会察觉到这一论点有特定的空间和地理维度。仔细考察就会发现,关于地理转型、空间定位和不平衡地理发展在资本原始积累的漫长历史中的作用,《宣言》包含了一个独特的论证。既然《宣言》详细地说明了资产阶级如何既创造又毁灭它自己活动的地理基础(生态的、空间的和文化的),并按照自己的面貌来创造一个世界,那么对其空间和地理维度的进一步详细审查非常值得"。于是,哈维在空间理论上所做的工作基本围绕"资本"的空间功能展开,并且始终立足于历史唯物主义对社会存在和社会实践根基性强调的基本原则,哈维不仅在论证时间与空间的存在根基是社会实践时指出"时间和空间的客观概念必定是通过服务于社会生活再生产的物质实践活动与过程创造出来的",①而且在描述他所希望建立起来的历史—地理唯物主义理论体系时强调:"历史—地理唯物主义是一种无限制的和辩证的探索方法,而不是一种封闭的和固定的理解实体。元理论并不是对总体真理的一种陈述,而是与历史的和地理真理达成协议的一种努力,那些真理在总体上和在现阶段赋予了资本主义以特征"。② 因此,哈维在一定意义上实现了对马克思唯物史观的理论继承与空间维度的开显。虽然他在理论联系实际、主客体统一等原则上仍然有所缺位,却为我们重新认识唯物史观打开了全新的视角和逻辑路向。但在比较中我们已能看到唯物史观的整全性、立体性特征。如果在时空的视野下去重识马克思思想,可以看到,马克思对资本及其逻辑的揭露与批判作为现代性理论空间上的新场域,构成崭新的空间结构与空间实践;马克思对资本主义时代特征的把握和唯物史观对历史发展规律的深刻洞见与未来人类社会发展形态的合理构想,能够充分彰显时间维度上对历史连续性与发展必然性的关涉;加之对社会现实存在和活生生的人的本体论意义上的关照,马克思唯物史观才是能够真正形成"时间—空间—社会存在"的立体性特征,并在共产主义事业伟大实践中发挥现实性效用的科学的现代性理论。

(本文作者:孙颖)

---

① 《马克思恩格斯选集》第2卷,人民出版社2012年版,第255页。

② [美]戴维·哈维:《后现代的状况》,阎嘉译,商务印书馆2013年版,第441页。

人的生存方式的现代性批判[*]

——基于马克思、尼采、海德格尔

"现代性"问题作为一个重大时代问题,当然更作为一个重大哲学问题,久已为思想家们所关注和批判。但是,无论将"现代性"问题看作理性主义问题而以非理性主义对之进行一味消解,还是将其看作虚无主义问题而以新的理论建构对之进行坚决拒斥,都难免仍旧局限于从宏观视域中将"现代性"问题仅仅把握为"宏大叙事"问题,不仅如此,此种审视"现代性"问题的视域本身就依然是一种"宏大叙事"。当然,一般而言,对一些重大哲学问题的探讨,往往需要在宏观视域中来对之加以整体审视和把握。但若仅仅局限于此而缺少基于微观视域的深层揭示,则终将难免失之于偏颇,也就还不能真正把握"现代性"问题的微观本质,见微而知著,尤其是对于"现代性"问题这样向来被当作一个"宏大叙事"的宏大问题而言,开启一种审视"现代性"问题的微观视域就显得尤为必要。人的生存方式作为一个审视人的现代性生存境况的独特视角,可将所有现代性问题甚至所有哲学问题都纳入其视野之中。回顾哲学史,我们不难发现,在追求终极本体的传统形而上学和信奉至高无上之神的中世纪经院哲学中实际上并没有为人留下位置,因而也就不可避免地造成了人的失落;由笛卡尔所开启的近代主体性形而上学以及紧随其后的启蒙理性主义奉人为"神",却进而又将人与世界对立起来,致使人与世界陷入了敌我关系之困境;非理性主义和后现代主义对理性主义的极端反拨又不可避免地令其陷入了现代虚无主义的窘境。在以上三种情况下,真实的人亦即生存论意义上的人的地位,始终都没有得到应有的重视

* [基金项目]教育部哲学社会科学研究重大课题攻关项目"马克思主义意识形态理论研究"(16JZD004)阶段性成果。

和彰显。本文之所以选择从人的生存方式视角切入"现代性"问题,就是为了能够既使人的尊严得以真正恢复,又能将人与世界紧密关联起来,从而避免人与世界陷入极端对立之中。在人的生存方式的视野中,人是生存论意义上的人,而世界也是生存论意义上的人的世界。正因为如此,世界才能成为真正意义上的属人世界,而人也才能成为真正意义上的世界中的人。究其实质,人的生存和人所生存于其中的世界乃是一回事。以人的生存方式作为审视现代性问题的基本视角,绝不是为了标新立异而另辟蹊径,而是为了能够将哲学关注"现代性"问题的焦点和重心始终保持在现实的人身上,始终对人的现实生存境况保持着高度的关注。这样才能使哲学既避免陷入远离了具体之人的虚幻的"宏大叙事"之中,又能够使哲学避免沦为远离世界而只关乎抽象的"孤独个体"的琐碎呓语,更能够防止关于"现代性"问题的哲学批判最终陷入现代虚无主义之中而无所适从。

就此而言,"现代性"问题绝非是凭空产生的超越历史时空而与历史无缘、与人无关的空洞而抽象的、单纯的哲学概念思辨问题,而是关乎人之本质和世界本质生成的具体而现实的人的生存方式问题。只有从作为一种微观视域的人的生存方式出发来审视"现代性"问题,才可能在根本上将围绕"现代性"问题的探讨推向深入,也才可能真正揭示"现代性"问题的本质真相。

面对人的现代性生存境况,为了克服现代性危机,在以人的生存方式为基本思想而对"现代性"本身进行批判的众多现代思想家当中,尼采、海德格尔和马克思无疑最具代表性。虽然无论是从各自的具体理论旨趣还是从理论的具体展开方式来看,三位思想家在对现代性进行批判时确实存有较大差异,但无论各自的理论特质和致思取向如何不同,就三位思想家对于一个根本的哲学问题即人的生存方式问题都曾给予了莫大关注这一点而言却是甚为相同的。在三位思想家的现代性批判思想中,几乎都涉及"存在"、"生成"、"生存"、"生命"、"人的本质"、"世界的本质"等与人的生存方式根本相关的重要哲学概念,都有着对遮蔽人与世界的根本关联、人的本质和世界的本质生成的现代性生存方式批判的微观视域。因此,对现代性的批判,也就可以自然而然地转换成为对人的现代性生存方式的批判。

一、人的生存方式:现代性批判的微观视域

"现代性"问题,究其实质,乃是现代人的生存方式问题。一般说来,人的生存方式是指人与世界的关联方式,其根本点就在于人通过其"生存"而与世界根本关联。人在其生存方式中既确证着人之为人的本质,又确证着世界之为世界的本质。所有的哲学问题都可以从宏观视域回落到微观视域,都可以归结为人的生存方式问题。"现代性"问题自然也不例外。不过,人的现代性生存方式显然并不是凭空在某个历史时期横空出现而与人的传统生存方式无涉的超越历史时空的孤立的现代"实事",而是从人的传统生存方式演变和转换而来的,因而便与人的传统生存方式有着不可分割的内在历史勾连。基于形而上学传统即柏拉图主义传统的人的传统生存方式主要可分为两种:一是由存在论(或本体论)所显现出来的先验的本质主义生存方式或"存在论"生存方式;二是被中世纪基督教神学所统摄的超验的实存主义生存方式或"神义论"生存方式。在人的传统生存方式中,生存的"人"与人的"生存"始终被压制。经由笛卡尔所确立起来的主体性形而上学和18世纪的启蒙运动对人的传统生存方式的强烈冲击,表面看来,决定人类命运的传统"本体"与昔日"上帝"已逐渐丧失其对人的影响力。与此相应,"存在论"生存方式与"神义论"生存方式似乎也已逐渐土崩瓦解,而"人义论"生存方式和"物义论"生存方式作为人的现代性生存方式则开始逐渐形成和显现。这两种人的现代性生存方式既否定了"存在论"生存方式的中心即先验的"存在"或"本体",又否定了"神义论"生存方式的中心即超验的"神"或"上帝"。去"本体化"与去"神化"的两条路向并行不悖,从而在世界上确立起人之前所未有的中心地位或主体地位,人的力量得以空前凸显,人的尊严得到空前维护。

不过,我们需要特别注意的是,人的传统生存方式的"中心"虽被替换,但"存在论"生存方式中的本质主义与"神义论"生存方式中的实存主义却并未就此得以消解,而是相应地以崇尚笛卡尔主义、启蒙理性主义以及人类中心主义的"人义论"生存方式和推崇资本逻辑、商品拜物教以及技术理性主义的"物义论"生存方式这两种"现代性面目"继续发挥着其对现代人和现代世界的强大宰制

作用。柏拉图主义传统在人的现代性生存方式中的"死而不灭",正是包括尼采、海德格尔和马克思在内的众多现代思想家在进行现代性批判时,为何都要首先对西方形而上学传统进行批判的根本原因所在。由于人的生存方式的这种"现代性面目"如此地彰显出了人对世界的强大主宰能力,有如神助的人似乎就已成为无所不能的"今日之神",以至于对尚未被克服掉的"传统危险"缺乏必要的警觉和反思能力。因此,一种空前的现代乐观主义便开始弥漫于现代社会之中。一切外在于作为主体的人的对象,都通过人的理性表象活动而被化为客体,以此方能获得其在主体之人面前存在的合法性,这就为狭隘的人类中心主义的出现埋下了隐患。不仅如此,作为主体的人在其表象客体的具体活动中竟也逐渐为客体所统摄,唯"技术"是从,为"技术"所役,唯"物"是从,为"物"所化。现代人的生存方式呈现出严重的"物化"现象。因此,"人义论"生存方式与"物义论"生存方式作为人的两种现代性生存方式,同时也昭示着人的现代性生存方式的双重危机,这便是所谓的"现代性危机"。

面对现代性生存方式危机,尼采、海德格尔和马克思都不约而同地将其现代性批判的矛头对准了现代性生存方式得以产生的思想史根源——柏拉图主义传统。对柏拉图主义传统的批判,就是对人的传统生存方式的批判,即对先验的"存在论"生存方式和超验的"神义论"生存方式的批判。要解决人与世界的根本关联、人的本质、世界的本质这三个方面的问题,都必须以对人的"生存"进行"去蔽"为前提,即去"生存之蔽"。

在柏拉图主义传统和中世纪经院哲学中,人的"生存"问题是始终被忽视的,而人的现实而主动的"生存"更是被极度压抑的。如果我们将人的"生存"看作由"生成"和"存在"两个方面构成的统一体,或者我们将人的"生存"看作在"生成"和"存在"之间始终应该葆有的一种张力,那么柏拉图主义传统和中世纪经院哲学则是舍弃了"生成"而取"存在",这便破坏了"生成——存在"之张力,因而无疑是解构了人的"生存"。这就导致了哲学见理、见神,却不见人。因此,若对人的两种现代性生存方式进行批判,首先就必须对"存在论"(或本体论)和"神义论"进行批判,以恢复一直被"本体"和"神"所遮蔽的人的本质的"生成"向度,进而恢复一直被"本体"和"神"所压制的人的"生存"维度。唯有如此,才可能真正瓦解"存在论"生存方式与"神义论"生存方式的传统"同谋"关系,并进而瓦解"人义论"生存方式和"物义论"生存方式的现代"同谋"关系,从而使处于"存在论"与"神义论"、"人义论"与"物义论"之夹缝中艰难求生的"生存论"得以恢复其在现代性生存境况中的话语权和言说空间。然而,在此过程中,我们尤须警惕非理性主义和后现代主义所走向的另一个极端,即一味强调"生成",却坚决地拒斥了"存在"。这实际上是对人的"生存"的另一种误解和解构,其后果就是无法避免地陷入现代虚无主义之中。在这里,我们可将非理性主义和后现代主义看作对由柏拉图主义传统所统治的传统形而上学和中世纪经院哲学的极端反拨,自然也是对人的传统生存方式的极端反拨。正是基于此种考虑,在本文中,我们首先还是要将探讨的重心放在如何有效地批判、解构乃至终结人的传统生存方式的问题之上。如果终结了人的传统生存方式,那么,非理性主义和后现代主义对人的传统生存方式的极端反拨也就彻底失去了靶子,因而也便丧失了其原有的批判效力。

二、人的传统生存方式的三位"终结者": 马克思、尼采、海德格尔

马克思、尼采、海德格尔在人的生存方式视域内进行现代性批判时,都是以柏拉图主义传统所统摄的人的传统生存方式的"终结者"的面目而出现的。作为柏拉图主义的坚决反叛者,马克思、尼采、海德格尔都通过对先验本质主义与超验实存主义这两个形而上学基本路向的批判而体现出了向人与世界最为源始的"根本关联"——人的"生存"的积极回复的努力,进而对人的生存方式进行积极重构,并由此展开对人的本质和世界本质的现代追问。由此,三位思想家才可能真正实现对由笛卡尔主义与启蒙理性主义所代表的现代主体性形而上学的批判,也才可能真正实现对人的两种现代性生存方式即"人义论"生存方式与"物义论"生存方式的有效批判。可以说,马克思、尼采、海德格尔都试图通过颠覆和解构柏拉图主义传统来批判现代性和重建现代性。

马克思通过对始终具有传统"同谋"关系的"存在论"与"神义论"的批判,展开了对人的传统生存方式的批判。在马克思看来,无论是传统形而上学的存在论,还是宗教神学,其产生和形成都有着可以为人所确知的现实的实践根源。因此,马克思无论是对传统形而上学所追求的作为本体的"存在",还是对中世

纪宗教神学所崇尚的至高无上的"神",都持坚决的否定态度。可以说,马克思以"实践"对"存在"和"神"进行了祛魅,使之恢复了其在俗世中的真面目。对此,在《关于费尔巴哈的提纲》中,马克思曾作出过明确论断:"全部社会生活在本质上是实践的。凡是把理论引向神秘主义的神秘东西,都能在人的实践中以及对这种实践的理解中得到合理的解决。"①马克思在这里所提及的"实践"就是指人的现实的生存实践活动,而人的生存实践活动方式就是马克思哲学意义上的人的生存方式。将人的"生存"看作人的"活动",而将人的"活动"首先看作"实践活动",这也是马克思哲学与传统形而上学和宗教神学的根本分野所在,更是马克思由以实现哲学革命的根本视域。自马克思之后,所有与人相关的哲学问题就都可以被纳入到人的生存方式视域内进行审视和批判,因此传统形而上学的存在论和宗教神学归根结底都可以看作是人的传统生存方式在哲学和神学上的显现。不过,在人的传统生存方式中,人却始终是以"本体"的"衍生物"和"神"的"创造物"的卑微身份而出现的。人在原本应是属己的生存方式中却失落了自己的创造性和行为主动权,沦为先验"本体"和超验"上帝"的附庸。人在终极"本体"和至高无上的"上帝"面前完全丧失了言说自己生活的话语权。因此,人与世界的关系长期被颠倒,人的现实生存长久被遗忘,人的本质始终被抽象化和凝固化。人被长期看成是与在现实生活中的活生生的人大相径庭的具有先验本质的、机械的、死气沉沉的"非人"。在《德意志意识形态》中,马克思在与恩格斯一道对继承了柏拉图主义传统的现代德国哲学进行批判时极具针对性地强调:"我们的出发点是从事实际活动的人",②将从事生存实践活动的现实的人和人的现实的存在实践活动看作他们对柏拉图主义传统进行批判的基本理论出发点和理论立足点。在马克思看来,是人在自己的生存实践活动中创造了人类社会的历史,构建起了具有属人意义的世界,而不是由抽象的终极"本体"和至高无上的"上帝"决定人类社会历史的走向和人类的最终命运。马克思与恩格斯深刻地指出:"全部人类历史的第一个前提无疑是有生命的个人的存在。"③这里的"个人"并不是费尔巴哈所想象的那种脱离具体人类历史的抽象个人,更不是由终极"本体"和至高无上的"上帝"所创造的作为"被造物"的个人,而是

---

① 《马克思恩格斯文集》第 1 卷,人民出版社 2009 年版,第 501 页。
② 《马克思恩格斯文集》第 1 卷,人民出版社 2009 年版,第 525 页。
③ 《马克思恩格斯文集》第 1 卷,人民出版社 2009 年版,第 519 页。

现实中的个人——是"以一定的方式进行生产活动的一定的个人"，①是具有社会属性的个人。从事生存实践活动的个人，通过属己的生存方式生成自己的本质，并构建起人与世界的关系，创造出世界的属人本质。所以，人的生存方式首先就是指现实中的个人的生存方式。人的生存方式原本就应具有区别于柏拉图主义传统所追求的先验同一性和超验同一性的个体差异性。只不过，这种个体差异性长久以来一直被抽象同一性所遮蔽甚至抹杀。

在《〈黑格尔法哲学批判〉导言》中，马克思指出："对宗教的批判是其他一切批判的前提"，②应立足于人的生存实践活动揭示出宗教的现实根源。马克思将宗教视为"人民的鸦片"、"人的本质在幻想中的实现"。在基督教神学话语中，在此岸世界，人的本质是抽象同一的，人都是生而有罪的。基督教神学通过许给世人一个只可能存在于幻想中的完美的彼岸世界而否定了人在此岸世界中"生存"的意义。与对基督教神学的批判同步，在对传统形而上学的批判中，马克思将柏拉图主义传统的集大成者黑格尔及其抽象的思辨哲学当作主要批判对象。马克思批评黑格尔关于现代国家的思辨的法哲学所关注的仍是远离现实的人及其生存实践活动的彼岸世界，因而依然是一种抽象的、远离人的现实生活的传统形而上学的思维方式。黑格尔虽然也关注"历史"，但在马克思看来，黑格尔哲学归根结底只承认抽象的"自我意识"的辩证运动所创造的"精神历史"，却无视由现实的人在其生存实践活动中所创造的"现实历史"，至多也只是将"现实历史"当作"精神历史"自我扬弃的一个阶段或步骤而已。虽然黑格尔哲学中蕴含着可贵的辩证法因素，但是黑格尔哲学通过辩证法最终确证的却是抽象的"作为宗教的宗教"的"精神世界"，而不是"作为现实的人"的"现实世界"。因此，在辩证法可贵的"扬弃"作用下，黑格尔哲学却在最大程度上远离了现实的人和人的现实的生存实践活动。马克思在《1844年经济学哲学手稿中》尖锐地指出，虽然黑格尔也将劳动看作人的本质，但"黑格尔唯一知道并承认的劳动是抽象的精神的劳动"。③ 黑格尔以人的抽象精神活动取代了人的具体的实践活动。因此，黑格尔眼中的"世界"只能是与宗教神学许诺给世人的"天国"一般无二的

---

① 《马克思恩格斯文集》第1卷，人民出版社2009年版，第523—524页。
② 《马克思恩格斯文集》第1卷，人民出版社2009年版，第3页。
③ 《马克思恩格斯文集》第1卷，人民出版社2009年版，第205页。

"彼岸世界",黑格尔眼中的"人"也只能是不食人间烟火的居于彼岸世界的"人"。

通过对柏拉图主义传统的双重批判,马克思斩断了人与世界之间"存在论"的先验本质主义关联和"神义论"的超验实存主义关联,重新在人与世界之间建立起了"生存论"关联。由此,马克思便从根本上否定了柏拉图主义传统对人的生存实践活动世界的颠倒,也就从根本上否定了人的传统的"存在论"生存方式和"神义论"生存方式,将哲学对"先验本质"和"超验实存"的关注目光转而投向了从事生存实践活动的人和人的现实的生存实践活动。马克思正是通过揭示传统形而上学和宗教神学的"生存论"根源——人的生存实践活动,从而去除了传统形而上学的"本体"的抽象性和宗教神学的"上帝"的神秘性,并将具体性和历史性归还给了从事生存实践活动的人。这就在根本上废黜了"存在论"生存方式和"神义论"生存方式的合法性,为对人的现代性生存方式进行深入批判奠定了坚实的"生存论"根基。尤其是通过确立起这个"生存论"根基,马克思才得以真正恢复了从事生存实践活动的现实的人的真实历史地位,也为其后与恩格斯一起创立历史唯物主义奠定了坚实的理论基础。

与马克思颇为相似,尼采也将其批判的锋芒指向了代表着柏拉图主义传统的"存在论"和"神义论"。在马克思写作《1844年经济学哲学手稿》这一年出生的尼采向来以柏拉图主义传统的极端反叛者的面目而为人们所熟知。作为"敌基督者"和"非道德论者"的尼采通过宣告"上帝死了",一举废黜了由"存在论"传统和"神义论"传统所悬设的超感性或超验的彼岸世界。同样,基于"神义论"与"存在论"的传统"同谋"关系,尼采将基督教看作神学中的柏拉图主义,认为"'上帝'概念是对生存的最大抗议"。[①] 如果说柏拉图主义传统主要就是追问"存在"的历史,那么,尼采作为柏拉图主义传统的极端颠覆者,则决绝地否定了"存在论"对"存在"之先验本质的追问。深受赫拉克利特的"生成"思想影响的尼采认为,"'存在'乃是受生成之苦者的虚构",[②]人的生命"并非作为一种'存在',而是作为一个过程,一种生成"。[③] 可见,尼采哲学的核心概念不是"存在",而是与"存在"相对立并表征着作为人的自然生命以及其他一切存在者的

---

① [德]尼采:《偶像的黄昏》,李超杰译,商务印书馆2013年版,第41页。
② [德]尼采:《权力意志》(上),孙周兴译,商务印书馆2007年版,第136页。
③ [德]尼采:《权力意志》(上),孙周兴译,商务印书馆2007年版,第165页。

基本特征的"权力意志"的"生成"。尼采以人的生命的不断"生成"破除"存在"的持存幻境。尼采将柏拉图主义传统对关于"存在"的永恒"真理"的追求看作是对人不断"生成"的生命活力的扼杀,认为不应追求原本就不"存在"的永恒不变的先验本质主义的"真理",而应该"赋予生命以活力,使得生命成为一个生成者并且作为生成而生成着,而不只是作为存在者而存在,也即不只是作为固定现成之物而确定下来"。① 如此一来,尼采也就从根本上否定了由"存在"所决定的事物的"本质"和"真理",认为所谓"本质"和"真理"只不过是人关于事物的一种意见和一种"惰性"的体现而已,是作为人的自然生命的基本特征的权力意志的衰败。尼采对"生成"的极度推崇,打破了柏拉图主义传统对终极确定性的寻求。"存在论"的先验本质和"神义论"的超验实存都要在不断生成的权力意志之下接受价值重估。置身于"存在论"生存方式和"实存论"生存方式中的人皆被尼采视作颓废的庸人、畜群、贱民,而他则呼吁要以至高无上的权力意志"碾碎贱民"。虽然尼采对柏拉图主义传统的批判激烈至此,但由于尼采将"生成"仅仅是看作"权力意志"的"生成",因而并未能真正切入人的现实"生存"境遇,也未能真正克服为他所激烈批判的现代虚无主义。但是,不可否认的是,尼采为我们继续进行的现代性批判提供了一种难能可贵的文化维度。

在马克思和尼采之后,海德格尔也从"存在论"和"神义论"两个路向展开其对柏拉图主义传统的批判。海德格尔基于对"存在与存在者之间的差异(Differenz)"②即"存在论差异"的认识和判断,认为"存在"应该在"差异"中被追问,甚至认为"差异"才是真正的"存在"。这种原秉"差异"的"存在"就是赫拉克利特哲学中的"逻各斯"。海德格尔认为,有一种"存在——神——逻辑学(Onto-Theo-Logie)"③机制贯穿于柏拉图主义传统的始终。但是,在传统形而上学中,原本包容"差异"的"逻各斯"蜕变成了"逻辑学",因而,"存在"和"神"之间的差异仅仅是作为一种普遍存在者和最高存在者之间的差异,就二者都被逻辑理性所规定而言,二者均为"存在者",而并非"存在"。与此相应,人的传统的"存在

---

① [德]海德格尔:《尼采》(上),孙周兴译,商务印书馆2010年版,第574页。

② [德]海德格尔:《同一与差异》,孙周兴、陈小文、余明锋译,商务印书馆2011年版,第55页。

③ [德]海德格尔:《同一与差异》,孙周兴、陈小文、余明锋译,商务印书馆2011年版,第59页。

论"生存方式和"神义论"生存方式之间的差异也并非真正的"存在论差异",而只是"存在者差异"。这也正是在柏拉图主义传统中,"存在论"与"神义论"之所以会建立起"同谋"关系的根本原因。因此,在海德格尔看来,传统形而上学的存在论始终在"存在者"层面追问"存在"的历史是"存在之被遗忘"的历史,也就是"存在论差异"之被遗忘的历史。在海德格尔看来,"历史"应是"存在历史",但在其中,"存在"却始终未被问及。因此,遗忘了"存在"的"存在历史"是谋求终极确定性和抽象同一性的理性为王的历史,而"千百年来被人们颂扬不绝的理性乃是思想最冥顽的敌人"。① 逻辑理性对终极确定性和抽象同一性的寻求遮蔽了原有的"存在论差异",扼杀了思想的张力,以至于只见"存在者",而不见"存在"。海德格尔指出,在这种"存在"缺席的"存在历史"中充斥着虚无主义,而虚无主义的本质也就植根于"存在之被遗忘"的历史之中。因此,海德格尔断言:"形而上学本质上就是虚无主义"。② 为了克服虚无主义,海德格尔主张通过"返回步伐"返回到前苏格拉底思想家如巴门尼德和赫拉克利特那里寻找形而上学的另一开端,重新追问存在意义。

海德格尔将人这种存在者称为"此在",认为"此在"与其他存在者不同的地方就在于"这个存在者在它的存在中与这个存在本身发生交涉"。③ 海德格尔试图通过对人之"存在"的追问来实现一般"存在"的追问,因而试图首先构建起"基础存在论"。海德格尔将"此在"无论如何都要与之发生交涉的"存在"称之为"生存(Existenz)"。④ 可以说,海德格尔在相当大的程度上恢复了在"存在论"生存方式和"神义论"生存方式中始终被遮蔽的人的"生存"向度。由于海德格尔将人的"生存"仅仅当作领悟"存在意义"的一个途径,人的"生存"始终是为"存在"服务的,就此而言,他对柏拉图主义传统的批判并不彻底。但是,继尼采之后,海德格尔在他的哲学中所展现出来的生存论情怀无疑为我们今日所进行的现代性批判工作提供了可资借鉴的重要理论资源和理论动力。

马克思、尼采、海德格尔虽然是在同一思想地平即人的生存方式视域内开始

---

① [德]海德格尔:《林中路》,孙周兴译,上海译文出版社 2014 年版,第 256 页。
② [德]海德格尔:《林中路》,孙周兴译,上海译文出版社 2014 年版,第 253 页。
③ [德]海德格尔:《同一与差异》,孙周兴、陈小文、余明锋译,商务印书馆 2011 年版,第16 页。
④ [德]海德格尔:《存在与时间》,陈嘉映、王庆节译,商务印书馆 2015 年版,第 17 页。

其现代性批判的,而且马克思、尼采、海德格尔都通过对柏拉图主义传统的批判,在不同程度上实现了对人的传统生存方式以及贯穿于其中的先验本质主义和超验实存主义的批判,显现出了各自向人的"生存"回复的致思努力,但是由于他们对人的"生存"的理解不同,因而在对人的现代性生存方式进行批判并对现代人的生存方式进行重构时便呈现出三种不同的维度。而三位哲学家的三重批判维度恰好形成了一个三位一体式的立体批判视域空间,从而通过对人的现代性生存方式的三位一体式批判实现了对"现代性"本身的全方位批判。

三、马克思:现代性生存方式的制度批判

马克思通过对异化劳动和资本逻辑的批判展开了其对"人义论"和"物义论"的人的现代性生存方式的批判。在马克思看来,人与世界的根本关联就在于人的生存活动,亦即人的生存实践活动。人的生存实践活动就是人的"生存"。关于人的本质的"生成",马克思主要将其理解为人的现实本质在人的生存实践活动中的"生成"。在马克思那里,"存在"并不是柏拉图主义传统意义上的"存在",而是基于人的生存实践活动的"社会存在"。因此,马克思将人看作社会存在物。就此而言,人的"生存"也可以称为"社会存在"。实际上,马克思也确实将人的生存实践活动能力即生产力和人与人在生存实践活动中所形成的交往关系即生产关系看作是与社会意识相统一的社会存在。生产力就是人的本质力量,生产关系则是人的社会关系,而且人的本质力量规定着人的社会关系。因此,马克思认为,"人的本质不是单个人所固有的抽象物,在其现实性上,它是一切社会关系的总和"。① 马克思看到,人的本质力量在现代性生存方式中得以空前凸显。同时,马克思也敏锐地洞察到,在资本权力的作用下,出现了以"物的人格化和生产关系的物化"②为主要特征的商品拜物教和异化劳动。

在异化劳动中,人的本质发生异化,以至于人与自然、人与社会乃至人与自己都陷于敌对状态之中。实际说来,人的现代性生存方式中存在着两个力量中

---

① 《马克思恩格斯文集》第1卷,人民出版社2009年版,第501页。
② [德]马克思:《资本论》第3卷,人民出版社2004年版,第940页。

心或两个世界：一是以资本及资本权力为中心的世界，即资本世界；二是以人的本质及人的本质力量即实践力量为中心的人的生存世界。资本世界就是资本家运用资本创造利润活动的世界，凸显的是资本的"主体性"，而人的生存世界则须彰显人的本质力量即人的生命活动的力量或实践活动的力量，彰显的是人的真实主体性。资本作为利润的源泉规范和统治着人的生存世界，将人的生存世界变成了物的世界即资本世界。一切事物只有能够化作资本才是有价值的，除此之外都没有价值，甚至就连作为资本的所有者和实际操控者的资本家也在资本的淫威下变成了"人格化的资本"，①因而资本家作为人的价值充其量也只能用一种"身价"来加以衡量罢了。资本家和雇佣工人"本身不过是资本和雇佣劳动的体现者"。② 在此意义上，资本家和工人可以说是同病相怜，都是资本的奴隶。资本创造利润的活动使人失去了与世界的根本关联，人不再能够从人与世界的根本关联之处获得生命的滋养。在与人的生存世界相敌对的无生命的资本世界中，人与自己的劳动过程、劳动产品相异化，与自己相异化，与他人相异化，与整个人的生存世界相异化。在资本世界中，由于资本对利润的追逐而使得人与生存世界、人与生存处于对立或敌对状态，从而"使人的世界分解为原子式的相互敌对的个人的世界"。③ 在资本逻辑的统治下，"物的世界的增值同人的世界的贬值成正比"，④人的本质的"生成"让位于资本的利润的"生成"，人的"生存"让位于物的"生产"和物的"存在"。在马克思看来，异化劳动和资本逻辑的根源在于资本主义制度。因此，若要在现实中或从根本上克服现代性生存方式危机就必须付诸实践，彻底变革资本主义制度。马克思认为，"理论的对立本身的解决，只有通过实践方式，只有借助于人的实践力量，才是可能的"。⑤ 因此，只有从人的生存实践活动中根本变革导致人与世界处于敌对状态的资本主义生产关系即资本主义经济、政治制度，才能实现对"人义论"和"物义论"这两种现代性生存方式的有力批判；也才能真正解放人的本质力量，促进人的现实本质的不断生成，从而将人从作为一种"物"的资本和商品的统治下解放出来。所以，

① ［德］马克思：《资本论》第 3 卷，人民出版社 2004 年版，第 927 页。
② ［德］马克思：《资本论》第 3 卷，人民出版社 2004 年版，第 996 页。
③ 《马克思恩格斯全集》第 3 卷，人民出版社 1995 年版，第 196 页。
④ 《马克思恩格斯全集》第 3 卷，人民出版社 1995 年版，第 267 页。
⑤ 《马克思恩格斯全集》第 3 卷，人民出版社 1995 年版，第 306 页。

从人的生存方式视域来看,马克思所实现的哲学革命就体现为对人的现代性生存方式的变革。马克思通过引入"实践"概念而切实关注并力图改变人的现实"生存"境况。但是,我们还应该看到,在当时马克思所推崇的"实践"主要还是一种"制度实践"。而这主要是由当时马克思所处的历史背景和亟待解决的历史任务决定的。但是,当今时代的"现代社会"毕竟已与马克思所处时代的"现代社会"有了很大的不同。在当今经济全球化的大趋势下,人们对国与国之间制度性差异的关注已经逐渐弱化了,人们更为关注的是个人在现代社会生活之中遇到的一些个体生存问题,比如,极具现代性特征的生存性焦虑,虽处繁华之世,但却生发出无家可归之感的物化困境,而这焦虑和困境实际上都已经与马克思所批判的私有制下的人的异化境况有了明显的不同。面对这种新情况和新问题,我们理应对马克思的"实践"概念进行重新理解和适时发展,使之能够更好地契合当今我们所面临的新的现代性状况,并继续发挥其理论应有的洞察力、穿透力和批判力。也只有如此,我们才可能充分激发出马克思哲学在新的历史条件下的理论生命力。

四、尼采:现代性生存方式的文化批判

尼采将现代性把握为一种颓废的虚无主义文化,因而对现代性生存方式的批判主要表现为对颓废的虚无主义文化的批判。尼采认为,虚无主义是"没有目标;没有对'为何之故'的回答。虚无主义意味着什么呢?——最高价值的自行贬黜"。① 因此,既然最高价值已经失去对人的生存方式的规范效力,要克服虚无主义就必须对一切传统价值进行重估,进而重新为人的生存确立起最高价值——权力意志。在尼采看来,唯有通过权力意志的不断生成,人类才能够忍受上帝的缺席,才能够真正克服虚无主义的侵袭。尼采将"生成"理解为"权力意志"的"生成",将"生存"把握为人的自然生命。在尼采看来,与"权力意志"的"生成"相对立的现代性文化就是因"理性"对人的生命本能或权力意志的生成的扼杀所呈现出来的"颓废"文化。

---

① [德]尼采:《权力意志》(上),孙周兴译,商务印书馆 2007 年版,第 400 页。

在尼采的视野中,代表人的现代性生存方式的现代文化的颓废典型主要有三种:一是作为柏拉图主义传统发源地的苏格拉底的科学乐观主义文化;二是基督教文化及其道德;三是瓦格纳的歌剧文化。而后两者又都可以归结为第一种文化类型,不难看出,尼采所反对的依然是与柏拉图主义传统有着深厚渊源的"人义论"和"物义论"的生存方式。只不过,尼采所反对的"人"是苏格拉底式的人,是基督教教徒式的人,是瓦格纳式的人;尼采所反对的"物"是与生成之物即权力意志相对立的颓废的、衰落的意志。尼采将苏格拉底看作具有"极度发达的逻辑能力"而"使理性成为暴君"并仇视生命本能的"颓废者",因而将其视作"现代性"的始作俑者。所以,在尼采看来,"现代性"的颓废归根结底就是一种"苏格拉底式的颓废"。作为"敌基督者"的尼采认为,基督教道德对人的权力意志不断生成的世界充满敌视,是一种"违反自然的道德"。基督教的神学家"借助于'道德的世界秩序'概念继续用'惩罚'和'罪责'玷污生成的清白"。① 在艺术领域,尼采将瓦格纳看作"欧洲颓废的主角",认为通过瓦格纳及其歌剧,"现代性说出它最隐秘的语言"。② 在尼采看来,瓦格纳的歌剧是对苏格拉底的乐观主义和基督教教义的积极响应,所以,"瓦格纳一生都是'理念'(Idee)的注解者",③以至"成了黑格尔的继承人"。④

值得注意的是,从表面看来,当尼采在强调权力意志的"生成"时,似乎完全不给"存在"留以空间,但实际上却并非如此。尼采在其"相同者的永恒轮回"思想中,明确强调要"给生成打上存在之特征的烙印",⑤并将之看作最高的权力意志。"相同者的永恒轮回"思想在尼采哲学中具有至高无上的地位。对此,尼采曾评价说:"一切皆轮回,这是一个生成世界向存在世界的极度接近——此乃观察的顶峰。"⑥可见,尼采明确认识到,若将"存在"完全废黜,"生成"则无以为继,因而不得不将"存在"当作一种"权力意志"暂时"保存",以使权力意志能够以之为基础而不断得以"提高"。实际上,在尼采哲学中,将"生成"与"存在"统一起来之端倪,早已有之。尼采在其第一部著作《悲剧的诞生》中对由酒神狄奥

---

① [德]尼采:《偶像的黄昏》,李超杰译,商务印书馆 2013 年版,第 40 页。
② [德]尼采:《瓦格纳事件　尼采反瓦格纳》,孙周兴译,商务印书馆 2011 年版,第 5 页。
③ [德]尼采:《瓦格纳事件　尼采反瓦格纳》,孙周兴译,商务印书馆 2011 年版,第 42 页。
④ [德]尼采:《瓦格纳事件　尼采反瓦格纳》,孙周兴译,商务印书馆 2011 年版,第 43 页。
⑤ [德]尼采:《权力意志》(上),孙周兴译,商务印书馆 2007 年版,第 359 页。
⑥ [德]尼采:《权力意志》(上),孙周兴译,商务印书馆 2007 年版,第 360 页。

尼索斯文化和日神阿波罗文化所构成的古希腊前苏格拉底时代的悲剧文化极度推崇,并以此奠定了其哲学的主要基调。日神阿波罗作为"个体化之神",守护着"个体化原理",而酒神狄奥尼索斯则作为个体破碎之后所形成的"个体与原始存在(Ursein)的融合为一"①的"生命体之神"守护着"生命体原理"。如果说,悲剧文化中的日神阿波罗因素代表着一种有形、有序、节制、明朗的梦的世界,那么,酒神狄奥尼索斯因素所代表的就是一种无形、无序、充盈、混沌的醉的世界。日神阿波罗元素就是对"存在"的隐喻,而酒神狄奥尼索斯则是对"生成"的隐喻。只不过,无论代表"存在"的日神阿波罗的梦幻世界如何美妙,最终都要破灭并归于代表不断"生成"的酒神狄奥尼索斯的生命世界。因此,在尼采的哲学中,人的真正本质就是权力意志的不断生成,而人的真实世界是酒神狄奥尼索斯式的不断生成的"混沌"世界。在面对"人义论"和"神义论"的现代性生存方式时,尼采选择以"权力意志"重新规定人的本质,以狄奥尼索斯这尊新神和与这尊新神近似的超人来填补上帝死后的空白,以此来对抗令人恐惧和焦虑的现代虚无主义。

五、海德格尔:现代性生存方式的技术批判

按照海德格尔的观点,人的现代性生存方式完全被现代科学和技术所统摄,而现代性的本质就在于将现代主体性形而上学通过现代科学技术加以集中展现。在"人义论"生存方式和"物义论"生存方式中,现代科学和技术通过表象活动将一切对象都"摆置"或"集置"成为客体,致使在根本上"世界成为图像"。决定现代本质的两大进程是"世界成为图像和人成为主体——的相互交叉"。②在现代主体性形而上学的笼罩下,世界确实成为被主体所任意表象和筹划的"图像",但作为主体的人实际上却并未真正成为自己的主人,而是被连根拔起,以至于"无家可归状态变成一种世界命运"。因此,对人的现代性生存方式的批判就是对现代主体性形而上学和现代科学及技术的批判。

---

① [德]尼采:《悲剧的诞生》,周国平译,商务印书馆 2012 年版,第 66 页。
② [德]海德格尔:《林中路》,孙周兴译,上海译文出版社 2014 年版,第 87 页。

在海德格尔看来，人作为一种特殊存在者，其存在方式就是人的"生存方式"，而人的"生存方式"就是"在世界之中存在"。人的本质就在于"存在之领悟"，也就"绽出之生存"。海德格尔十分注重"存在"与"生存"之间的张力，强调："'生存活动'在希腊人那里恰恰指的就是：不——存在。"①海德格尔反对将"生存"与"存在"混为一谈，他认为："人们在思想匮乏和斑驳消退之际才会将'生存'和'生存活动'用来标明存在，而此思想匮乏和斑驳消退则又重新说明对存在以及对关于存在的原初强有力且确定的解释活动之疏离。"②因此，海德格尔主张，对现代性问题的沉思和揭示必须通过与古希腊哲学家进行"对话"的方式才能得以展开。于是，海德格尔迈着"返回步伐"行至赫拉克利特的"逻各斯"，并将其确定为形而上学的另一开端。在海德格尔看来，赫拉克利特的"逻各斯"才是生成与存在的源始统一，也是"存在论差异"得以产生的源泉。在海德格尔哲学中，"存在论差异"始终处于一种十分重要的地位。

在海德格尔看来，柏拉图主义传统遮蔽甚至遗忘了"存在论差异"之为"差异"，因而无视差异，强求抽象同一；自笛卡尔以降的主体性形而上学走的依然是柏拉图主义传统的路线，对理性极度推崇，因而不可避免地陷入虚无主义。对海德格尔而言，"存在论差异"被遮蔽甚至被遗忘就是虚无主义。因此，对现代主体性形而上学的批判就是对虚无主义的批判，就是对"存在论差异"的去蔽。海德格尔将尼采视为西方的最后一位形而上学家，并将其为克服虚无主义所作出的思想努力作为主要的批判对象。海德格尔认为尼采尚停留于在权力意志意义上去规定存在者之为存在者，"存在"本身和"存在论差异"依然被遮蔽和遗忘。所以，尼采并未克服虚无主义，只不过是将虚无主义推到了极致，进而完成了虚无主义。从海德格尔的后期思想来看，海德格尔曾在语言、诗、思等方面作出过很多致思努力，试图以此来克服现代虚无主义，以谋求改变人被连根拔起和无家可归的窘境。但是，因后期海德格尔对人摆脱现代技术困境渐趋绝望，竟然逐渐转向了为马克思和尼采甚至海德格尔自己所曾坚决批判过的柏拉图主义传统的"神义论"。所以，在海德格尔的后期思想中，对"人义论"生存方式和"物义论"生存方式的批判逐渐由向"神义论"生存方式的回归所取代。因此，海德格

---

① ［德］海德格尔：《形而上学导论》，熊伟、王庆节译，商务印书馆2015年版，第71页。
② ［德］海德格尔：《形而上学导论》，熊伟、王庆节译，商务印书馆2015年版，第71页。

尔的现代性批判思想的批判力也便大打折扣了。于是,当晚年的海德格尔于1966 年接受德国《明镜》周刊采访时,面对人的现代性生存方式危机,也就只能无奈地发出"只还有一个上帝能够救渡我们"①的生命喟叹了。

六、解放和提升人的本质力量:开显现代性批判的生存论之维

以人的生存方式而不是以衍生和创造世界的本体和神,更不是以对理性主义世界进行坚决拒斥和粗暴解构而两极震荡、非此即彼的虚无主义作为审视和诊断现代性病症的基本思想地平和根本视域,就是为了能够避免误入现代性批判的"死胡同",并进而将久已被遮蔽、遗忘乃至错误阐释的人的真正的生存论维度开显出来。而这也正是衡量现代性批判成功与否的不二标准。可是,衡量生存论维度是否得以开显的标准又是什么呢? 尤其当人类社会步入 21 世纪,现代性生存方式给人类所带来的种种迷惘和困惑无疑愈加繁复,这就需要我们进一步追问:现代性生存方式究竟为什么会给现代人带来如此多的生存重负? 若要对以上两个问题进行有效回答,就还需回到人本身。

如果说"人是哲学的奥秘",②那么依据马克思的观点,人的奥秘则在于实践。而实践的奥秘正在于人的本质力量的不断生成。因此,实际上,现代性生存方式对现代人所构成的诸多困境,归根结底,都源自人的本质力量在现代性生存方式中受到压制而难以得到有效提升。因此,现代人始终感觉到在开放性的现代社会之上又存在着一种封闭性的异己力量统治着自己,在追求独立和自由的过程中又始终感觉到无法获得真正的独立和自由。这种挣扎和纠结的生存境况本身就已经表明,人的本质力量尚未得到真正的解放和提升。而只有关注和提升人的本质力量,才能真正开显出现代性批判的生存论维度。在马克思、尼采、海德格尔各自从不同的视角所进行的现代性批判中,实际上都有着各有侧重但却明显的从谋求社会制度的变革到谋求人自身本质力量的提升或从宏观至微观

① [德]海德格尔:《路标》,孙周兴译,商务印书馆 2000 年版,第 400 页。
② 高清海:《高清海哲学文存·续编·卷一:思想解放与人的解放》,黑龙江教育出版社 2004年版,第 264 页。

的重要转变。这种转变,在马克思那里体现为:制度变革是以实现人的自由个性为旨归的;在尼采那里则体现为:当上帝已死、最高价值自行贬黜之后,唯有具备权力意志的超人才能真正挺立起人本身;在海德格尔那里则体现为:从对具有同一性"存在"的不懈追问到对个体性"诗意地栖居"的无限向往。这种关键性的转变,既反衬出了现代性问题的复杂多变,实际上又为现代性批判提供了一个三维一体式的立体批判空间。不仅如此,三位思想家还都对同一种"力量"情有独钟,而这种力量正是人的本质力量,亦即使人成为人的力量。无论是尼采以狄奥尼索斯和阿波罗为名所指代的两种力量,还是海德格尔所思考的"诗意地栖居"与"技术座架"这两种相互抗衡的力量,以及马克思所批判的在资本主义制度下的异化力量与在实践中使人成为人的力量的相互抗衡,实际上最终都共同指向了人的本质力量。人的本质力量并不是外在于人的,而是就在人的生存实践活动中不断生成并不断轮换或转换。"人的本质力量"这一提法是在经历了近代笛卡尔的"我思故我在"、培根的"知识就是力量"和作为启蒙思想家的康德的"人为自然立法",直至黑格尔的"绝对精神",再到马克思在《1844 年经济学哲学手稿》中正式提出而出现于思想界的这一概念的提出,不仅昭示了人的本质不应再被看作一种单个人所固有的、僵化的抽象物,而是应被看作一种通过处理人与世界的关系而不断生成和展现出来的多变的动态力量。之前本文所涉及的制度、文化、技术这三个现代性批判的维度,其实都是人的本质力量得以展现的具体实践领域。不过,根据具体情况的不同,人的本质力量得以展现的方式也便有所不同。一方面,人的本质力量可能会得到充分的正面展示;另一方面,人的本质力量则可能会得到异化的负面展示。因此,可以说,三位思想家对现代虚无主义的批判主要就是针对人的本质力量异化的负面效应而进行的。

在人的现代性生存方式中,人的本质力量受到压制,而要从根本上改变这种现代性境况,就仍需要从探讨如何激发人的本质力量入手才行。而人的本质力量的动态性和多变性则要求我们既要紧紧围绕制度、文化、技术进一步探索解放人的本质力量的具体方式,又要探索人的本质力量在新的历史条件下的生成方式。而所有这些目标,实际上又要求我们必须坚守在人的生存方式的视域中才可能完成。人的生存方式是由人的本质力量建构起来的,而人的本质力量也正是通过人的生存方式彰显出来的。因此,若要对现代性问题进行有效批判就必须对人的现代性生存方式进行批判,而要实现对现代性问题的有效克服就必须首先解放和提升人的本质力量,只有这样,才能建构起真正属人的、能够充分实现人的自由个性的生存方式。

（本文作者:杨宏祥 庞立生）

下编:现代性理论研究的中国意义与当代价值

西方马克思主义现代性批判理论
及其在当今中国的意义

西方马克思主义与后现代主义在现代性批判理论上有着相似的渊源和相同的情绪,他们都源于对现代性理念和现代化运动的负面效应的愤然不满,并对这种负面效应进行了严厉的批判。但是,二者走的却是截然不同的批判路径与理论旨向。不同于后现代主义对现代性的全盘否定态度,西方马克思主义继承了马克思主义的辩证性特征,认为应该以开放的态度和发展的眼光辩证地看待现代性问题。源此,哈贝马斯指出现代性是一项"未完成的工程"。西方马克思主义提倡直面现代性的负面效应,它通过对现代资本主义运行方式所造成的现代性困境的"治疗方案",把对现代性和现代化运动负面效应的批判最终变成了对社会主义价值目标追求的必然性的论证,正是这样的理论向度与旨趣,为当代中国道路的正确性与优越性提供了可能的依据和有效的理论借鉴。而该理论依据的可能性和有效性,只有当对马克思主义做以两大发现为核心的理解,才能得以充分体现。因为,只有从历史唯物主义的角度认识马克思主义,才能准确把握马克思理论的"真精神",才能从继承和发展的意义上认识西方马克思主义的现代性批判理论与马克思主义的关系。

一、西方马克思主义的现代性批判
理论与后现代主义的区别

长久以来,学术界对西方马克思主义现代性批判理论的研究往往偏重于它与其他人或思潮批判的那些共同点上,却很少关注或分析它与其他现代性批判理论的差别点,这就使西方马克思主义现代性理论的积极意义被淹没,阻滞了其现实价值的发挥。后现代主义对现代性的驳斥最为激烈,同时,它与西方马克思主义有着千丝万缕的话语背景与问题渊源,二者是现代性批判理论的杰出代表。在此,我们将西方马克思主义现代性理论与后现代主义之间进行对比分析,主要突出两者的区别点,从而深度挖掘西方马克思主义现代性批判理论的真正特点。

首先,西方马克思主义与后现代主义对待现代性的态度截然相异。后现代主义从批判现代化的各种负面效应开始,进而否定整个工业文明的发展观和价值观。后现代主义把现代性引发的一系列社会问题归罪于现代性理念本身,从而要从根本上否定之。美国的后现代主义者格里芬就提出后现代主义是"一种认为人类可以而且必须超越现代的情绪"。① 与之相异,虽然西方马克思主义同样对现代化的种种负面效应提出了尖锐的批评,但是却不否定现代化本身。作为西方马克思主义最新形态的生态理论,对后现代主义首先不满的就是上述"超越现代的情绪"。高兹在其著名的《经济理性批判》一书中提出要为现代化确定一个界限,认为现代化的问题不是出在自身,而是出在越出了自己的范围。他说道,"当前的危机并不意味着现代化的过程已经走到了尽头,而我们必须走回头路。倒不如说具有这样一层含义:需要对现代性本身加以现代化"。② 当代最有影响的西方马克思主义的代表人物哈贝马斯则直言:"不屈尊于后现代主义和反现代主义。"③他认为,现代性是不能抛弃的,需要的是救助它。他向世人公开宣称自己"不放弃现代性计划",他主张我们要像马克思对待黑格尔那样对待现代性,"务必小心翼翼,切莫将婴儿和洗澡水一起倒掉,然后再翱翔于非理性的天空"。④ 西方马克思主义的开创者和法兰克福学派则认为现代性理念之所以在现实中困境重重,是因为资本主义的社会结构无法完全释放现代性的理性潜能,现代性危机是资本主义形式对理性的内在价值禁锢的结果。卢卡奇曾指出:"时间就失去了它的质的、可变的、流动的性质:它凝固成了一个精确划定

---

① [美]大卫·格里芬:《后现代科学——科学魅力的再现》,马季方译,中央编译出版社1995年版,英文版序言。

② A.Gorz, *Crique of Economic Reason*, London, 1989, p.1.

③ 包亚明主编:《哈贝马斯访谈录》,上海人民出版社1997年版,第56页。

④ 包亚明主编:《哈贝马斯访谈录》,上海人民出版社1997年版,第37页。

界限的、在量上可测定的、由在量上可测定的一些'物'充满的连续统一体",①
在他看来,现代性的逻辑就是资本的逻辑,资本主义正是通过"时间空间化"使
工人阶级浸入"物化"当中而丧失阶级意识,从而使资本主义制度和资本主义社
会成为一种"终结"的存在。西方马克思主义并不像后现代主义那样否定工业
社会,主张反增长、反技术、反生产。他们不对现代化和现代性带有偏激的情绪。
他们具有强烈的修复已经崩溃的现代性,继续追求文化、社会和经济领域的现代
性可能性的动机。

其次,西方马克思主义与后现代主义在理性主体性原则的认识论立场上有
着明显差别。在进行现代性批判时,后现代主义的一个显著特征就是消解主体
性。后现代主义者认为,主体的存在不仅意味着"主—客"二分的存在,也反观
了现代性的缺陷。代表后现代主义的生态中心主义者把反主体性作了系统的发
挥。他们从反对工业化对自然的掠夺出发,进而反对人类中心主义,提出要用生
态中心来取代人类中心。相反,西方马克思主义则充分认可"人类尺度"。卢卡
奇的主客体辩证法说到底是为了从主体与客体的相互作用而展开全部历史,论
证人在历史上的能动作用,从而高扬人的主体性。葛兰西更是把自己的"实践
哲学"称为"历史的绝对的人道主义"。他认为所谓"客观"就是"从人的角度客
观",是"历史地主观"。② 西方马克思主义的开创者们在反对以主客体分离为
特征的主体性的同时,又致力于建立以主客体同一为特征的新的主体性。这种
对待主体性的基本立场,又被法兰克福学派所承继,后来发展到马克思主义的生
态理论,仍然继续保持着,他们反对后现代主义在一般意义上对主体性、对人类
中心主义的直接消解的理论。他们认为是人类中心主义的资本主义形式存在
弊端。

后现代主义在消解主体性的同时,把矛头直指理性主义。后现代主义者将
现代社会的所有弊端都归罪于理性尤其是科技理性的恶性膨胀和形而上学的思
维方式对人们的左右,进而主张消解理性。生态中心主义者就认为现代社会中
的自然的严重破坏始于启蒙理性的得逞。而西方马克思主义尽管也从各个角度

---

① [匈]卢卡奇:《历史与阶级意识》,杜章智、任立、燕宏远译,商务印书馆 1999 年版,第
154 页。

② A.Gramsci,*Selections from the Prison Notebooks*,London,1971,pp.445-446.

尖锐地批判了工具理性、科技理性、经济理性,尽管也深刻地揭露了启蒙理性给现代人类带来许多不幸,但却不对理性从根本上否定。他们强调理性是人所特有的,理性本身并没有过错,理性也不可能被消解。无论是霍克海默尔的《传统的与批判的理论》等早期著作,还是马尔库塞的《理性与革命》,都是竭力推崇理性,甚至把理性视为与革命同义,他们对实证主义的批判也完全是站在维护理性主义的立场上进行的;由霍克海默尔和阿多诺的《启蒙辩证法》开始的对启蒙理性的批判,实际上主要是对启蒙理性蜕变为工具理性、科技理性的批判,而把价值理性、批判理性作为其对立面加以弘扬。马尔库塞则在推崇爱欲时,反复申明要沟通爱欲与理性的关系,建立一种新的理性,即满足的理性。① 因此,法兰克福学派在批判理性滥觞带来的现代社会问题时,充分肯定了理性的价值意义。哈贝马斯更是直接指出:"现代性本来就是与理性主义有着内在的联系。"②在他那里,对现代性的拯救与对理性的拯救密不可分。他提出"把研究的重点从认识的—工具的合理性转向交往的合理性",③在交往理性和工具理性的平衡下解放理性,解救现代性危机。

再次,西方马克思主义与后现代主义在针对科学的观点上有所差异。在后现代主义者那里,敌视理性与敌视科学是一致的。在他们看来,理性与科学结盟,演变成单纯的"工具理性",才给现代人带来如此多的灾难。生态中心主义者甚至得出解决生态危机的唯一出路是倒退到前技术状态去的结论。不同于后现代主义对科学的敌视和对前技术状态的回归期待,西方马克思主义在科学技术问题上有自己的独到见解。马尔库塞一再强调,科学技术执行意识形态职能变成统治工具与科学技术本身没有必然的联系,科学技术完全有可能在新的历史条件下成为一种解放手段。他认为,当科学技术已变成统治或控制工具的时候,革命的理论家应当探讨使科学技术变为解放手段的必要性和可能性的问题。革命的理论必须承担一种新技术和新科学的纲领。④ 马尔库塞的"新科技观"清楚地表明,他并不认为科学技术产生的消极的社会作用是科学技术本身固有的属性。霍克海默尔也曾强调,不能离开运用科学技术的客观条件来谈论科学技

---

① [美]马尔库塞:《爱欲与文明》,黄勇、薛民译,上海译文出版社 1987 年版,第 165—166 页。

② J.Habermas,*The Philosophi Discourse of Modernity*,Cambridge,MA:MIT Press,1987,p.1.

③ J.Habermas,*The Oriedes Kommunikativen Handelns*,Suhrkamp Verlag,1988,p.525.

④ H.Marcuse,*One-Dimensional Man*,Boston,1964,pp.204-205.

术的正效应与负效应,科学技术之所以产生一系列的"副作用"主要在于运用科学技术的外在环境不当。① 马克思主义生态理论继承了法兰克福学派关于科学技术的理论,始终围绕社会生产关系和政治制度来谈论科学技术带来的生态环境恶化问题,将环境破坏的原因归结为社会生产方式的错误和使用科学技术的方式不当,得出只有改变社会环境才能改变目前这种科学技术对生态环境严重破坏局面的结论。

最后,西方马克思主义与后现代主义在审视哲学本体论时也存在着鲜明分歧。后现代主义最为引人注目的理论观点是其反逻各斯中心主义、反基础主义、反本质还原主义。他们把本体论问题虚无化,秉持从根本上取消本体论问题存在的观点。后现代主义首先视现代性为一种"元叙事",然后以解构一切"元叙事"的方式全盘否决现代性的一切。利奥塔直言:"我认为后现代就是不相信元叙事。"德里达则在为"解构哲学"的辩白中达到反逻各斯中心主义的目的。后现代主义从反本质、反基础出发,也反对建立在基于这种基础、本质而提出的各种社会理想。由于科学社会主义是以马克思主义的"反缚于逻各斯中心主义"的本体论为依据而形成的,从而科学社会主义理所当然地成为后现代主义的攻击对象。因此,他们必然反对通过社会主义制度对资本主义制度的取代来破除现代性困境的办法。

与之断然对立,西方马克思主义则在对本体论根基的坚守中,最终将对现代性的批判指向对社会主义必然性的论证上。西方马克思主义的早期代表人物虽然激烈地反对传统的形而上学的思维方式,但并没有从根本上取消"基础"、"原则"等问题的存在。卢卡奇在晚年的《社会存在本体论》一书中提出了"返回到存在去"的口号,强调马克思主义必须"以本体论为先决条件"。葛兰西更是个研究本体论的专家,他开创了对马克思主义哲学作"实践本体论"的理解。我们从西方马克思主义开创者的著作中,看到的是在否定传统本体论的基础上,对新的本体论,即"实践本体论"的重建。这一基本立场中经法兰克福学派。在霍克海默看来,唯有哲学形而上学才能探索存在的本质,为人们找到生活和生命之谜的答案。由此他提出一种生活实践和生活方式的唯物主义观。② 弗罗姆则坚决

---

① [德]霍克海默:《批判理论》,李小兵译,重庆出版社1989年版,第2页。

② 参见[德]霍克海默:《批判理论》,李小兵译,重庆出版社1989年版,"唯物主义与形而上学"章。

反对把马克思的历史唯物主义非本体论化、心理学化,他强调马克思的历史唯物主义就是一种认为人们的生产方式决定人们的思想和欲望的哲学本体论。① 马尔库塞的本体论情结更为强烈,他千方百计地说明他的爱欲论不仅是一种激进的社会批判理论,也是一种哲学本体论。② 沿着法兰克福学派的哲学路向,一些马克思主义生态理论坚持从本体论的基点上研究生态危机问题,把对生态社会主义的设想建立在存在论的根基上。他们把对意义的追寻与论证社会主义的必然性紧紧联系在一起。高兹所有著作的主题就是说明"保护环境的最佳选择是先进的社会主义"。

总而言之,后现代主义的现代性批判理论具有虚无化、消极性、荒谬性的特点,他们从否定形而上学到否决现代性理念再到彻底摒弃现代化成果,最终竟将落脚点放在了倒退到前技术时代的苛求上。后现代主义在激烈批判现代性的同时,将自己也根本上置于碎片化的状态,貌似超前的理论却毫无现实根基与实现可能性,他们消解一切的同时也消解着自身,正如韦尔默尔对后现代主义的评判:"(后现代主义)要宣告这样的历史设想的终结:现代性的设想、欧洲启蒙运动的设想,最终也是希腊和西方文明的设想。"③ 与之相对,西方马克思主义的现代性批判理论则充分体现了马克思理论所具备的辩证性、现实性、开放性的特征。在面对现代性理念指导下形成的现代化运动的诸多负面效应时,西方马克思主义者始终保持着清醒的意识,他们通过充分认可形而上学哲学世界观的思想价值,来高扬以此引申出的现代性理念的积极意义。西方马克思主义及时地扭转了后现代主义敌视理性、敌视人类,在人类历史上为害最甚的理论倾向。西方马克思主义认为,尽管以理性和主体性为标志的现代性出了问题,但现代性并没有完成,人类只有通过不断地纠正现代性的偏差来完成现代性这一尚未完成的方案。由此,他们将研究由面向脱离现实的抽象的自然界或观念世界改变为面向人的现实生活世界、面向人的感性实践活动,关注如何真正恢复人之为人的本质特性,如何使理性健康地发展和发挥作用上。沿此路向,在剖析现代性理念下生发的现代化运动时,西方马克思主义讴歌现代化运动给人类带来了物质文

---

① E. Fromm, *Marx' Concept of Man*, New York, 1965, pp.12–14.

② [美]马尔库塞:《爱欲与文明》,黄勇、薛民译,上海译文出版社 1989 年版,第 89—90 页。

③ 汪行福:《走出时代的困境——哈贝马斯对现代性的反思》,上海社会科学院出版社 2000 年版,第 1 页。

明,使人类摆脱各种自然和历史的束缚,同时,他们有力地指出现代化运动中所出现的所有问题是由目前的社会环境,特别是社会制度所造成的。因此,西方马克思主义者强烈要求使现代化运动不是与资本主义而是与社会主义结合在一起,于是,他们就把对现代化运动中负面效应的批判变成了对社会主义目标追求的必然性的论证。总之,比起后现代主义对现代性的消解态度和消极结论,西方马克思主义对现代性的批判更多地充盈着积极意义和现实期待,而正是西方马克思主义自身价值的实现可能性与对现代性的未来开放性解读,才对当代中国的现代化道路产生多元的理论启示。

二、西方马克思主义的现代性批判
理论在当今中国的意义

从上述对比分析中,我们已经很清晰地看到,西方马克思主义现代性批判理论具有鲜明的辩证性、现实性、开放性的特征。西方马克思主义对待现代性理念,采取的是辩证的态度;对待在现代性理念下生发的现代化运动对社会现实造成的负面效应,采取的是现实性的批判理路;对解救现代性危机的"治疗方案",采取的是真切而坚定地开出将现代化运动与社会主义制度相结合的"药方"。此外,西方马克思主义能够背靠西方哲学广博的理论资源与问题导向,并在解救现代性困境时,充分挖掘马克思主义理论的"真精神",将西方哲学与马克思主义理论以独特的方式融涵取并,从而实现对马克思主义非僵化的开放性解读,为社会现实问题寻求理论出路。西方马克思主义现代性批判理论的以上特点与旨向,都对当代中国道路有着不可忽视的借鉴意义与启示作用。

首先,对现代性采取辩证态度的西方马克思主义现代性批判理论,为当代中国道路提供合法性合理性确证的理论资源。当今,随着改革开放进入深水区,中国特色社会主义道路也进入新的"历史拐点",而在这个新"历史拐点"上,中国所要探讨的问题实际上就是在现代化负面效应日趋显明的当代,如何进一步确证中国特色社会主义道路的合法性、合理性的问题,如何对待"现代性"、如何面对"现代化"的问题。面对这样的问题,以往的经验似乎只给我们提供了以下两种选择:其一,由于现代性给我们带来了磨难,所以干脆放弃对现代性的追求。

有些人开始主张中国停止始于 20 世纪 70 年代末的西方化、现代化的历程。其二,现代性是人类的必由之路。我们只能置现代化所带来的种种负面效应于不顾,让中国彻底经历一次西方式的现代性"洗礼"。只有等到中国的现代化过程基本完成了才有可能解决这些负面问题。显然,上述两种观点都带有鲜明的极端化特征,都是"死路",极不可取。前者要中国重新走回头路,后者则迟早会使负面代价葬送中国。我们希望和需要走的是一条既能充分享受现代文明成果,又能使现代化过程中所出现的那种负面效应降到最低限度的道路,这条道路在现实中的表现形态就是中国特色社会主义道路。而西方马克思主义现代性批判理论则为这条道路寻找到了实现可能性,并为确证它的合法性合理性提供了有效的理论资源。

上文已反复提及,西方马克思主义的现代性批判理论的特点在于,它在激烈而愤怒地揭露现代性的负面效应时,并不将其完全归结于现代性本身逻辑发展的必然结果,并不希望现代人放弃对现代性目标的追求,而是要人们对现代性加以"治疗"。它努力地把物对人的统治追溯到人对人的统治,而不是把人对人的统治掩饰为物对人的统治。它深信,只要换一种社会制度,换一种社会组织方式,换一种价值观念,现代性理念以及作为这一理念具体实施的现代化运动完全有可能避免目前所出现的各种弊端。它对现代性以及现代化运动的负面效应的揭露和批判最终演化为对社会主义理想追求的必然性的论证。这充分说明走向现代化的中国式道路是可能实现的。联系西方马克思主义的现代性批判理论来反思我们中国的现代化运动,我们会得出这样的结论:首先,我们绝不能放弃对现代性的追求,因为现代性对人类有积极意义,即使在追求现代性的过程中出现了这样那样的问题,那也不是现代性本身造成的。其次,我们也绝不能放弃对追求现代性过程中所出现的种种负面效应的关注与消除。既然在追求现代性过程中所出现的负面效应不是根源于现代性本身,那么我们更应当积极地寻找出现这些负面效应的真实原因,并且想方设法消除这些原因,使负面效应降到最低限度。在这里,我们能深切地认识到,正是中国特色社会主义道路符合上述结论,才能达到既充分享受现代文明成果,又避免现代性的各种负面效应的目的。西方马克思主义的现代性批判理论坚持认为,人类走向现代文明是必然的,未来的共产主义社会就是高度文明的社会。在现代性理论方面,西方马克思主义是深得马克思现代文明要领的,因此,它才能为中国道路提供积极借鉴。

其次，西方马克思主义现代性批判理论的现实性批判旨向，为破解中国现代化道路中所遇到的问题提供理论借鉴。中国特色社会主义道路已经取得了巨大的成就，但与此同时，也面临着一些难题和矛盾，大体可以归为人与自然的矛盾、人与人之间的矛盾和人与自身的矛盾三类。西方马克思主义的现代性批判理论包含着经济理性批判、大众文化批判、心理机制批判、技术理性批判、消费主义批判、生态危机批判等多重角度，在发现现代化问题方面具有现实性意义，在着眼解决现代化负面效应时，也抱有理论产生实效性的期待，一些西方马克思主义者在对发达工业社会的现代性批判后，将解救现代性危机的任务交由社会主义制度调节，虽然他们最终不免步入乌托邦的困境，但是其现实性的特点仍然不可为我们所忽视。并且，正是这一现实性的特点，有助于我们进行理论借鉴与问题启示，从而补充发展中国特色社会主义道路，可以从以下三个方面理解。

其一，西方马克思主义的生态理论，为我们如何解决人与自然之间的矛盾（生态危机的日益加剧）提供启示。为我们揭示了生态危机与资本逻辑的对立，从而指出了在资本主义生产方式下人与自然关系的异化根源。马尔库塞敏锐地指出：生态危机的实质是资本主义的政治危机、制度危机，它是资本主义一切危机的集中表现。在这种制度下，自然完全屈从于"一种适应于资本主义要求的、工具主义的合理性"，正因为如此，围绕生态问题的斗争实际上"是一种政治斗争"。① 资本的效用属性和增殖属性决定了资本本质上是反生态的，资本主义生产是"以无限价值扩张为目的的，它丝毫不考虑这种扩张所带来的政治的、经济的、地理的或生态的后果"。② 因此，他们最终诉求社会主义制度来节制资本对自然的无限利用，解决经济合理性与生态合理性之间的矛盾，进而达到人与自然的和谐关系——"我们是自然界的一部分，而不是在自然界之上；我们赖以进行交流的一切群众性机构以及生命本身，都取决于我们和生物圈之间的明智的、毕恭毕敬的相互作用。"③按照马克思的生态理论，显然在当今中国消除对自然环境日益严重破坏的关键就在于限制无节制地追求利润的资本逻辑。

其二，西方马克思主义的市场社会主义理论，为我们如何解决人与人之间的

---

① 王振亚：《生态社会主义价值观的多维透视》，《马克思主义研究》2003 年第 1 期。
② 俞可平：《全球化时代的"社会主义"》，中央编译出版社 1998 年版，第 231 页。
③ ［美］弗·卡普拉、查·斯普雷纳克：《绿色政治——全球的希望》，石音译，东方出版社1988 年版，第 57 页。

矛盾(两极分化的日益加剧)提供启示。西方马克思主义的市场社会主义理论为我们正确地梳理马克思的市场理论积累了许多思想资料。一些市场社会主义理论家所做的一件主要工作是改变马克思把市场与资本主义联系在一起并进而认为社会主义无市场的观点。戴维·施韦卡特指出:"传统社会主义观点认为市场效率低是因为它无计划,社会主义有效率是因为它有计划。实践证明这种观点是错误的",①他极力倡导并努力从多方面论证市场社会主义的合理性。詹姆斯·劳勒则在题为《作为市场社会主义者的马克思》的文章中明确提出"马克思是市场社会主义者"。② 当然,还有一些英美马克思主义者认为市场社会主义概念本身就是荒谬的,以截然对立的基点分析市场只属于资本主义的经济关系,社会主义不存在市场。但是,正是在这种冲突论证和比较研究中,才有助于我们厘米清市场与社会主义的关系,佐证社会主义道路的合理性。借助西方马克思主义的市场社会主义理论,比较中国社会主义市场经济道路,使我们明确了只有切实贯彻社会主义市场经济理论,把市场这种配置资源的方式与社会主义的生产关系、价值目标联系在一起,才能真正消除目前两极分化日益加剧的现象。从而使我们更加深刻地认识到社会主义市场经济是马克思主义中国化的当代重要理论成果,日益坚定了走社会主义市场经济道路的信心,而且日益丰富和完善了具体实施社会主义市场经济的思路。

其三,西方马克思主义关于人的存在方式的理论,能为我们如何解决人的身心矛盾、人的单向度的日益加剧提供启示。西方马克思主义者坚持认可主体性原则的积极效用,他们批判工具理性的同时,希望通过对人道主义的弘扬可以解决现代性的危机和理性滥觞带来的负面影响。由卢卡奇所开创的西方马克思主义的主流,始终坚持把马克思主义归结为一种人道主义,而且围绕着人的本质、人的需要、人的交往、人的自由、人的价值、人的异化等进行系统的研究。他们的哲学具有一种实在性的主体的倾向。葛兰西把人的问题放在自己整个研究的中心地位,而且竭力论证世界统一于人,统一于人的实践。他认为所谓"客观"就是"从人的角度客观",是"历史的主观"。③ 马克思主义生态理论则要建立一种

---

① 毕金华、周仲秋:《市场社会主义的反思》,《吉首大学学报》2001 年第 9 期。

② 李春放:《马克思是市场社会主义者吗? ——当前西方学术界关于市场社会主义的辩论中的一个问题》,《马克思主义与现实》2000 年第 8 期。

③ A.Gramsci, *Selections from the Prison Notebooks*, London, 1971, pp.445-446.

以"人为尺度"分析人与自然关系的现代自然观。佩珀曾明确指出:"生态学的马克思主义就是人类中心主义和人道主义"。① 西方马克思主义理论家对人的研究是以对马克思主义的人道主义思想进行阐述的,他们一是揭示了马克思对人的本质规定的全面性;二是揭示了马克思总是全面地、整体地论述人的异化;三是揭示了马克思所说的人的发展是使人的各个方面、各个层次兼容并包地、相互协调地全面发展。西方马克思主义在人的存在问题上对马克思思想的挖掘与传承,有助于中国特色社会主义道路在现代化背景下探索一种使人身心协调的新存在状态,解决人的存在方式的矛盾,开拓一条人类追求文明进步的新路。

最后,西方马克思主义在分析和施救于现代性危机时,所采用的对马克思主义的开放性解读方式,有助于我们坚定马克思主义信念,并推动马克思主义进一步中国化、当代化。当面对空前深重的现代性危机时,西方马克思主义者并未决绝否定,也未逃避隐遁,而是积极的在马克思思想中挖掘思想精华,并以一种开放的态度为马克思主义寻求新向度,也为现代性危机寻找可行的出路。一方面表现在对日益僵化庸俗的马克思主义理论潮流的转轨纠错,另一方面体现为根据现实问题借助马克思主义理论解救困境。西方马克思主义创建伊始,就带有鲜明的反对将马克思主义庸俗化、教条化的立场,无论在马克思主义理论的发展陷入静止甚至退步时期,还是在以马克思主义为指导的革命运动屡遭挫败的艰难时期,甚或是在苏东剧变的重大困难时期,西方马克思主义者自始至终强调马克思主义在解释与解决现实问题上的精华与宝贵之处,并且努力吸收马克思主义哲学的精髓要素,与西方广博的哲学思潮进行融合,因此才出现诸如"存在主义的马克思主义"、"结构主义的马克思主义"、"弗洛伊德主义的马克思主义"、"新实证主义的马克思主义"、"分析学派的马克思主义"等,充分体现了西方马克思主义发展的开放历程。同时,西方马克思主义者并非为了拼凑而拼凑,而是在进行现代性批判、解救现代性危机时,立足于所发现的问题,尝试以新的理论形式为现实提供出路。卢卡奇期待无产阶级意识觉醒来变革资本逻辑带来的物化问题;葛兰西通过对马克思主义哲学的重拾与挖掘,期待实践哲学的实效性得以彰显;法兰克福学派不断关涉着发达工业社会中人的存在方式错位的问题,希望以社会主义制度取代资本主义的方式来缓解主客体间的紧张关系,真正释放

---

① D.Pepper,*Eco-Socialism*:*From Deep Ecology to Social Jutice*,London,1993,p.232.

理性的积极力量;生态马克思主义更是从生态危机的角度提倡用社会主义制度来调和人与自然的紧张关系,实现人与自然的和谐共存。总之,西方马克思主义者不断尝试把一些现代西方哲学思想"补充"到马克思主义哲学中去,这种对马克思主义的开放性解读、多元化发展,彰显了马克思主义的顽强生命力,反映了马克思主义所具备的因地制宜的属性,推倒了原有的一系列对马克思主义的错误理解,佐证了马克思主义理论的科学性与革命性,是面向现实、面向未来不断进行自我发展的具有世界意义的理论。这就有助于我们更加坚定马克思主义基本原理同中国实际情况相结合的理论可能性与有效性的信心,更加有利于在方法、结构、经验上从西方马克思主义中汲取优秀的成果与养分,以为我所用,推进马克思主义的当代化、中国化,从而确信中国特色社会主义道路的美好前景,并努力补充增益完善。

三、西方马克思主义的现代性批判
理论与马克思主义之关系

西方马克思主义现代性批判理论之所以能为中国道路提供可能的合理性合法性依据,关键在于它同马克思主义的继承与发展关系。中国特色社会主义道路是以马克思主义为指导原则的,因此,只有对马克思主义"真精神"的继承与发展的理论才能真正为我所用。而西方马克思主义现代性批判理论与马克思的现代性理论正是一种承续关系。实际上,通过把西方马克思主义置于与后现代主义对立的背景下剖析与呈现现代性批判理论的全部积极意义,归根到底是马克思主义本身的积极意义。西方马克思主义的理论家之所以能有力地与后现代主义相抗衡,之所以在抗衡中提出了如此深刻的真知灼见,关键在于他们一方面领会了马克思主义的基本理论,另一方面又善于使马克思主义的基本理论与时代的要求相吻合。当然,要正确地论证这个问题,必须先搞清楚这里所说的是什么样的马克思主义。自20世纪80年代以来,国内出现了三种对马克思主义的不同理解。

其一,对马克思主义作一种"启蒙主义"式的理解。这一理解路向是同启蒙运动以来西方近代哲学的基本立场一样,主张一种人本主义的理念,推崇"人

性"和"人"的地位、意义、权利、尊严、价值等。在理论论证方式上,这一路向往往表现为对"青年马克思"的格外倚重,或者虽然关注和援引马克思成熟时期以及恩格斯列宁等其他经典作家的学说论断,但实质上以马克思青年时代的一些思想和表述为核心,作为基本的统摄性的理论资源。同时,这种解读方式往往又引入如康德等西方近代思想资源,解读、补充、融合马克思主义哲学,用于反对其所认为的旧哲学和旧政治意识形态教条,乃至使马克思主义哲学"回到××去"。用"启蒙主义"范式来理解马克思主义哲学,其现实基础可以是归结为对西方业已实存的那种"人的自由"的表现形式即实存的现代化道路的推崇,而在哲学上的具体表现,则是回到了西方近代哲学的某种形态,不同程度采纳其具体的观点内容或其根本的思维方式,马克思主义哲学也被看作西方近代哲学大潮中的普通一脉。用启蒙主义式的笼统眼光看待现代性,将之和西方资本主义社会的整体绑定,这也就会导致对西方式的自由市场经济和市民社会、其资本的原则和逻辑、其经济理性和资本理性等都缺乏辨别、反思和批判,似乎它们可以像一件产品或一台机器一样简单地移入。实际上是对现代性之资本维度加以崇拜。如果马克思主义是这样一种马克思主义,那么马克思主义主要是拥抱现代性,特别是拥抱现代性中的资本维度。

其二,对马克思主义作后现代主义的理解。在很大程度上,后现代主义正是以启蒙主义为理论代表的西方现代性的反题,它反对近代(乃至整个)西方哲学史上的理性主义传统,并主张消解主体性,消解关于普遍性、历史进步等在西方哲学史上或至少近代启蒙以来的主导性理念。在一定意义上,后现代主义的一些目标和做法的确与马克思主义有某种相似性,马克思主义也真切感受到并反思和批判现代文明社会中的消极后果,在哲学领域表现为反思和批判西方全部哲学特别是近代哲学的抽象性、思辨性,主张新的世界观,主张回到人的现实生活,重新认识人的本质、意义和价值等。由于这种相似性,当今一些论者即采纳了后现代主义很多思想资源。这是另一种以"西学"解马,是将某些西方现当代哲学"接续"到马克思主义传统之下,将马克思主义哲学融入到西方现代哲学的一般立场之中。后现代主义的现代性批判消解了理性主义的合理遗产。后现代主义的现代性批判失去了资本批判的关键视角。如果马克思主义是这样一种马克思主义,那么马克思主义也认为现代性一无是处,现代性出现的问题根源于现代性本身,人类面对现代性中出现的问题是无能为力的,马克思主义也成了一种悲观主义。

其三,对马克思主义作历史唯物主义的理解。把马克思主义哲学启蒙主义化和后现代主义化之所以是错误的,不仅在于后者理论本身具有缺陷、本身不符合马克思主义经典的结论,还由于这些思潮的立脚点在马克思本身的思想发展历程中,实际上都已经被马克思经历过,却又被一一超越了。因而,虽然这两种理解路向在马克思著作中貌似都可以找到"依据",实际上都是基于某种片面的立场对马克思的误解。马克思的思想中确实不乏貌似切合启蒙主义或后现代主义的词句,但把它们放到马克思主义的整体演进过程中就可以看到,它们最终都是以被扬弃了的形态存在于马克思主义哲学之中的,不能把马克思已经扬弃了的观点当成马克思本人的观点。只有当马克思在其成熟时期完整提出其两大发现,马克思及其理论才显露出完整意义。我们要根据这一"原本"来理解马克思,在此基础上生发出创新成果。

在马克思的一生中,他的思想可以说经历了三次大的飞跃:第一次飞跃发生在 19 世纪 40 年代早期,马克思由青年黑格尔派走向费尔巴哈式强调人的感性存在的唯物主义,并由革命民主主义走向共产主义,马克思超越了启蒙理性,走向唯物主义和共产主义;第二次飞跃发生在 19 世纪 40 年代中期到 40 年代末,马克思创立了作为新世界观的唯物史观,达成了实践的、共产主义的唯物主义,开启了对资本主义生产关系的批判;第三次飞跃发生在 19 世纪 50 年代末到 60 年代中前期。经过从 50 年代开始的辛勤钻研,马克思创立了以剩余价值理论为核心的马克思主义政治经济学的"艺术的整体",其政治经济学科学体系得以完成,从而也把唯物史观真正发展为"历史科学",这两大发现共同支撑社会主义从空想变为科学。

马克思这三次飞跃的进程,同时包含着超越启蒙主义传统的线索。第一次飞跃开始超越传统启蒙主义的抽象理性原则,也开始从哲学的共产主义立场和实践观点出发批判资本。第二次飞跃基本完成了前两部分超越,超越了启蒙范式下的整个西方近代哲学,并开启了对资本主义经济运行规律的考察,看到了建立在资本与劳动对立之上的资本主义经济基本矛盾,开始从这种内在经济矛盾出发批判资本主义,开始积极地建构自己的政治经济学理论。第三次飞跃则是以完整的科学成果对启蒙范式超越的最终完成。在三次飞跃对启蒙主义的超越中,马克思主义哲学始终不同于后世的后现代主义,它没有混同于后者的批判方式,没有对现代性的思想遗产采取历史虚无主义的极端立场,而是依据辩证的理性立场,对现代性启蒙主义进行了内在的客观批判。真正意义上的后现代主义是在 20 世纪六七十年代以后才形成的,但后现代主义的一些基本观点早在此之前就出现,有人甚至把 19 世纪中叶以来的整个西方以反传统哲学为特征的思潮都归属于后现代主义范围。马克思的思想经历三次飞跃,特别是经历第二、三次飞跃的时候,实际上一些后现代主义的观点已经在西方世界开始出现并在一定范围内得以流传。实际上,马克思思想的这三次飞跃,特别是第二、三次飞跃既是对启蒙主义的批判与超越,又开启了对后现代主义的批判与否定。对马克思主义哲学作启蒙主义的理解,只是停留在马克思思想还没有实现第一次飞跃的阶段,即停留在马克思 19 世纪 40 年代初的思想上,而对马克思主义哲学作后现代主义的理解,则根本无视马克思思想的第二、三次飞跃,即把马克思 19 世纪 60 年代末之前的思想,甚至 40 年代末之前的思想就视为马克思的理论。真正能够代表马克思的理论创造和理论本质的,或者说真正能体现马克思理论的"真精神"的,主要是马克思 19 世纪 40 年代末以后,特别是 60 年代末以后的思想。

因此,如果把马克思主义作启蒙主义解释和后现代主义解释,那么西方马克思主义的现代性批判理论与之无缘;但如果把马克思主义作第三种理解,即以两大发现为核心的理解,那么西方马克思主义的现代性批判理论确实继承和发展了马克思主义的理论。而只有在这个意义上,西方马克思主义才能够一方面在根本上确证自身理论的合理性与有效性,体现自己的理论价值;另一方面为中国道路提供可行的借鉴意义。

（本文作者:陈学明）

马克思主义意识形态理论的
思想特质与当代使命[*]

当今世界是一个变革的世界,是一个社会生活秩序与心灵观念秩序深度调整的世界。意识形态理论的发展变化总是与社会生活基础的变化、时代精神的转换以及社会发展的实践需要紧密联系在一起。可以说,马克思在他所处的时代,开创了或者开发了一种意识形态的全新理论,使意识形态理论的发展获得了新的转折点,并对人类社会历史发展起到了现实性的推动作用,产生了历史性的影响。很显然,与马克思创立意识形态理论的时代相比,当代意识形态在内在结构、运行方式、发展内涵等方面发生了重要的变化。那么,在社会现实已经发生了重大变化的语境中,马克思主义意识形态理论是否还具有时代性的思想价值?它的真正力量和独创性,是怎样照亮现时代的社会生活的? 我们发现,马克思主义意识形态理论作为一种深刻影响现时代的卓越思想,其所具有的理论开放性和理论复杂性在当代越来越被彰显出来。在当代纷繁复杂的思想景观中,我们有必要进一步澄清马克思主义意识形态理论的独到思想建树与当代价值。

一、重思马克思主义意识形态理论的
革命性变革及其思想特质

意识形态问题绝不是一个抽象的理论问题,而是一个复杂深刻的社会现实

* [基金项目]教育部哲学社会科学研究重大课题攻关项目"马克思主义意识形态理论研究"(16JZD004)阶段性成果。

问题,是一个实践问题。意识形态理论并不仅是马克思主义理论中的一个分支领域,而是马克思主义理论的本质内容和核心部分,它具有特殊的理论性质和特别的思想地位。

意识形态问题是伴随马克思创立和发展新世界观过程中始终的一个问题。这一方面是因为新世界观必须与作为旧世界观的意识形态开展持续论战,才能逐步确立自身的主题、立场与方法;另一方面也是因为意识形态自身渗透在包括宗教、政治、经济在内的广泛社会领域,因此世界观的发展和运用,必然引起广泛的意识形态批判和重建问题。就此而言,意识形态理论既是马克思新世界观创建的题中应有之义,又在根本上需要以新世界观作为自身的理论基础和方法论前提。从根本上讲,马克思创立新世界观和意识形态理论的共同问题是:以“德意志意识形态”为代表的旧世界观声称观念统治世界,并将资本主义的人性、政治、经济观点奉为永恒的观念,从而实现对资本主义的辩护。对此,历史唯物主义则主张立足于实践活动和实践条件揭示人对世界、历史的创造关系,以及社会存在与社会意识的关系,以期达到破除资本主义意识形态,将人的世界还给人之目的。因此,马克思主义意识形态理论与旧意识形态理论最大的区别就在于,它确立了新世界观的批判旨趣和人类解放目标,并且,也正是在新世界观的影响下,马克思主义意识形态理论才得以突破旧意识形态理论的认识论研究范式,最终深入到政治、经济等广泛的社会存在和社会实践领域,呈现出批判性与科学性的内在统一。

应当说,自有人类历史以来,人们实际上就已为意识形态所笼罩。法国学者托拉西最先提出意识形态概念,但意识形态问题却是随着启蒙和现代性的兴起得以凸显的。在某种意义上,现代性标志着与传统宗教意识形态的根本性决裂。现代性兴起伴随着建立在个人生活经验、理性和价值基础上的新意识形态与宗教的持续竞争,这种竞争也同时使现代意识形态保留了宗教的一些方面,比如具有明显的政治诉求或者为政治辩护的色彩,包含了对现状的解释并许诺美好的未来,具有群众取向和煽动性。现代意识形态与宗教最大的区别在于其行动导向和利益导向,它通过发动群众用行动争取自身利益获得了最终胜利。与此同时,现代意识形态随着现代性社会自身的深入发展而逐渐分化,在宗教、政治和经济领域都形成了新的意识形态话语,最终伴随着英国的工商业革命、法国的政治革命和德国的宗教改革,现代社会利益的分化以及随之产生的现代意识形态内部的争论,也达到了空前激烈的程度。现代社会面临着对自身各种意识形态的起源、根据作出反思,并对意识形态进行辨别与整合的严峻任务。

意识形态从社会的实存观念转变为理论反思的对象,最初是在近代哲学的认识论层面展开的。近代认识论的主题是知识的起源和可靠性问题。通过将知识的起源追溯到人类个体的经验和理性,近代认识论实现了对"上帝是真理,是知识的源泉"的中世纪观念的变革,有力支撑了现代人对自身世界的理解和利用。与此同时,宗教改革和现代启蒙也造成了现代世界意见纷繁复杂的局面,近代认识论因此也担负着检验人类自身认识,为人类行动奠定合理依据的任务。近代认识论哲学讨论了虚假意识与合理认识各自的起源和评判标准问题,从而为意识形态理论的最终产生作出了理论上的准备。其中英国的经验论哲学传统尤为重要。法国哲学家托拉西则首创了意识形态概念,试图通过对认识可靠性问题的解决即"观念学",为革命后的法国建设提供科学基础。最后,拿破仑赋予了"意识形态"以否定性的含义,将其斥为空想,除去政治考虑之外,这本身也标志着意识形态理论的认识论路径的终结。

在马克思看来,德意志意识形态既具有一般意识形态的共性,又具有特殊的理论分析意义和典型的解剖价值,因此,对德意志意识形态的解剖和批判,构成了马克思主义意识形态理论的重要内容。德国哲学或者说"德意志意识形态"堪称马克思的终身对手,对于马克思的新世界观和意识形态理论的诞生产生了复杂而重要的影响。德国古典哲学使近代自由主义意识形态达到了概念反思的高度,因此被马克思称为"法国革命的德国理论"。这种哲学的主要特点在于:将英、法自由主义观念追溯到人类理性和精神层面,这一方面赋予了自由主义以更深刻的人性根据,另一方面又实现了对近代自由主义意识形态的系统性整合。因为德国古典哲学强调人类理性、思维同构性,这就为各种意识形态的整合提供了思维基础。青年黑格尔派的思想直接继承德国古典哲学,但又仅仅是抓住了康德、费希特和黑格尔体系的某些方面,并对其加以融合和激进化的产物。现代意识形态问题的复杂性和重要性是通过"德意志意识形态"的演化暴露在马克思面前的。马克思通过批评黑格尔哲学等德意志意识形态用"观念"冒充现实,指出市民社会的现实矛盾是虚幻国家观念的真正诞生地,并且强调人民的"自我规定"将实现人民的利益,消灭虚假观念存在的基础,有力地批判了"观念统治世界"的现代政治意识形态。马克思和恩格斯通过对以德国古典哲学为核心的德意志意识形态展开批判,揭示了意识形态成为"虚假意识"和"观念异化"的根源和表现,具体提出"消灭意识形态"、"摆脱意识形态的束缚"、"跳出意识形态窠臼"的途径。可以看出,对德意志意识形态的批判与对意识形态一般原理的揭示是相得益彰、相辅相成的。

揭露资本主义的意识形态幻象和建构无产阶级实现自身解放的意识形态,构成了马克思主义意识形态理论的双重任务。马克思主义意识形态理论是伴随着马克思新世界观的形成和发展逐渐取得自身的经典内容的。这些经典内容最初采取的是"意识形态批判"的形式,但是通过否定旧的宗教、政治和经济意识形态,马克思的新世界观的正面内容也同时得到了确立,并最终为马克思主义意识形态理论设定了经典的内容结构。马克思主义意识形态理论并不是零散的片段,也不是一些研究者所宣称的一些孤立甚至冲突的命题,它是具有思想完整性和辩证思想张力,具有自身问题逻辑和完整内容结构的思想体系。马克思主义意识形态理论之所以实现了意识形态理论的革命性变革,首先在于马克思系统且富有创造性地建构了意识形态的基本原理,从而奠定了意识形态理论的全新思想基础。对马克思主义意识形态概念的理解,不能囿于狭隘的认识论和抽象观念论的层面,而应当立足于历史唯物主义的实践论视野,深刻把握意识形态的实践本质。这样一来,意识形态就不仅是一种抽象的观念或认识,也不仅是社会结构系统中一种漂浮在顶层的被静态化和机械化理解的"上层建筑",而是具有实践的、现实的意义,它与经济基础、社会存在之间的联结是现实的和实践的。马克思主义意识形态理论在意识形态的性质、内涵、特征、存在方式及其产生和消灭等基本问题上均有一套完整系统的诠释,对于意识形态作为社会意识的相对独立性及其与语言、社会心理、科学、传统、教育的关系也有独到的理解,对于意识形态在社会结构中的位置、作用都有精辟的洞见。其中,对于意识形态阶级性质及其"虚假性"的揭示、实践本质的理解、相对独立性的阐释等都闪烁着历史唯物主义的创见。

揭露资本主义社会的意识形态幻象,是马克思主义意识形态理论的重大思想任务。忽略甚至遮蔽了这一主题,就会对马克思主义意识形态理论的根本性质和现实意义造成严重的误判。应当说,资本原则和逻辑从近代自由主义意识形态那里取得它的理论合法性前提,又从以斯密、李嘉图为代表的古典政治经济学获得其最深层的理论依据,并与整个近代西方形而上学形成共谋关系。马克思从对商品交换和剩余价值的分析着手,与资本主义的经济意识形态展开了全面论争,揭示了资本主义经济的商品拜物教性质、资本逻辑对现代世界的支配性、资本主义经济危机的规律、无产阶级被剥削压迫的地位。应当说,对资本逻辑和商品拜物教的批判,是马克思把整个意识形态批判引向现实生活批判的根本性步骤,也是马克思主义意识形态理论的深化和升华,它构成了意识形态理论发展史上最为重要的理论创见,甚至在很大程度上规定并影响了当代意识形态理论的思想主题。马克思对资本逻辑的现代性批判,赋予马克思主义意识形态理论以政治性、批判性、对抗性和反思性,使之提高到新的理论思维界面,也极大地拓展了马克思主义意识形态理论的思想深度。

总体看来,马克思主义意识形态理论呈现出以下思想特质:其一,从马克思对宗教意识形态的批判和新世界观的创立来看,马克思主义意识形态理论既关心对人类自由本性的揭示,又关心人类自我实现的现实条件和实践方法。马克思主义意识形态理论的根本任务就是破除遮蔽人的本性及其实现条件、方式的虚假意识形态,全面揭示人类自由解放的形而上根据和现实道路。其二,马克思主义意识形态理论的诞生具有揭露资本主义意识形态幻想,推动无产阶级革命的政治意图。但是马克思主义意识形态理论不是单纯的意识形态争论,它建立在以新世界观为基础的、对资本运行方式及其规律的科学研判的基础上,它所提供的无产阶级意识形态具有深厚的学理和经验根据。马克思主义意识形态理论为无产阶级的利益服务,同时因为无产阶级是人类自我解放的真正主体,所以马克思主义意识形态理论从根本上又是唯一具有人民性和人类性的意识形态理论,这一点对于在当代条件下坚持和发展社会主义意识形态具有重要意义。其三,马克思主义意识形态理论的诞生具有明显的论战性和批判色彩,这使马克思主义意识形态理论成为唯一具有自我反思能力的意识形态理论。与此同时,随着阶级斗争主题的淡化和社会主义建设的需要,马克思主义意识形态理论自身蕴含的建构性和社会整合功能也必然得到不断揭示和凸显。马克思主义意识形态理论在指导无产阶级意识形态建构方面,既注重意识形态对直接生存经验的超越性,又强调意识形态所包含的超越性理想必须被转化为改造世界的实践行动,无产阶级意识形态以及社会主义运动正是由此取得了不断自我批判和自我更新的能力。其四,马克思主义意识形态理论尊重历史客观性,强调实事求是地开展意识形态批判和建设工作,从而彰显出科学的性质。但也正因为如此,马克思主义的意识形态建设始终强调根据现实历史条件的变化,开展自我批判,进而调整自身的理论目标和任务。这充分显示出马克思主义意识形态理论的开放性。全面深入地把握马克思主义意识形态理论的思想特质,是我们理解马克思主义意识形态理论当代发展的思想前提,也是确证马克思主义意识形态理论当代性价值的必要基础。

二、意识形态发展新趋向与马克思主义
意识形态理论的当代使命

当今时代,和马克思生活时代的社会历史现实相比,已经发生了重大性变化。科学技术革命的进步以及知识积累的加剧及其向政治经济领域的渗透,世界历史进程的加速和全球化时代的开启,信息化时代人类生存方式的革命性变革,社会历史发展的文化自觉与人类命运共同体意识的强化等等,诸如此类,都是引发当代社会历史现实发生深刻变化的重大因素。在我们看来,马克思主义意识形态理论应当在直面社会历史现实中彰显自己的创造力和价值。如果不能从时代高度客观把握当代社会历史现实和意识形态发展的重大根本性变化,就无法获得对马克思主义意识形态理论当代性意义的本质性理解,更无法真正承担起推进马克思主义意识形态理论当代创新的历史使命。因此,明确当今时代的社会历史现实的内在本质以及意识形态发展变化的新形势新趋向,是确证马克思主义意识形态理论价值和推进马克思主义意识形态理论当代创新的必要前提。

从社会结构的层面上来看,信息化是一种实现文化整合的强大力量,它极大地改变了人类的生存方式,它把在工业文明基础上由于科学技术的进步和社会分工的发展而导致彼此分化的社会结构诸领域,又重新缝合起来。在此背景下,当代政治、经济、文化等领域之间的界线趋于模糊,彼此之间的关联性日益增强,相互之间的影响日益加深。我们发现,在当代,意识形态与政治、经济以及社会因素的结合不是更加松散而是更为紧密了,意识形态的理念、价值、想象、追求、希望等已经渗透融入政治、经济、社会、文化等社会结构的诸领域之中,并成为日常生活实践的内在组成部分。从表现形式上来看,意识形态不仅表现为理论化

的形式,而且体现为自主性和独立性日益增强的人们所形成和表达的关于生活的价值原则和生活信念,"这些正是广泛存在而又发挥着持久作用的感性意识形态"①。在英国社会学家汤普森看来,"在以大众传媒的发展为特点的社会里,意识形态分析应当集中关注大众传播的技术媒体所传输的象征形式。意识形态分析不应当集中于由组织政治集团所指定和信奉的世俗信仰体系,而应当首先面向象征现象在社会领域中流通并与权力关系交叉的多种复杂方式"。② 这表明,大众传媒的信息化、影像化传播方式使日常生活中的感性意识形态在社会生活结构中的地位发生了重要变化,意识形态愈加融汇于人们的日常生活实践之中。在当代世界,意识形态与社会结构的各个领域日益融合,呈现出越来越复杂的表现形式。在当代,"全球化"成为晚期资本主义的最新世界形态。资本逻辑在全球扩张中日益与科学技术、大众文化和日常生活中的消费主义融为一体,构成了意识形态的"现代性共谋",意识形态的内涵也越来越溢出了传统视域中的社会意识界面,下降并落实到社会存在这一基础性层面上,与商品、生活、文化、语言符号及传媒紧密结合,并从政治领域日益扩展和推至更为广阔的社会层面及日常生活文化领域,指向更加具体的社会主体,意识形态的存在方式更趋于社会化和生活化了,渗透在社会诸领域中的弥散化、生活化的精神文化因素作为意识形态的日常表达,在社会运行和社会发展中发挥着较以往更加重要的作用和影响。在此意义上,意识形态的作用方式更具有弥散性和文化性。

从全球发展的视角来看,发展已经成为全球政治意识形态的主题。"当代世界的发展,已经进入世界历史的重构与文明转换的关节点上。"③社会主义意识形态与资本主义意识形态在发展中呈现出既相互冲突、相互竞争,又相互渗透、相互影响的错综复杂态势。在此背景下,国家、民族和社会发展的主流意识形态不仅要集中体现和表达自己的核心利益、发展诉求和主体自我意识,凝结和代表全体社会成员共同的理想、向往和追求,而且在人类相互依存的全球化背景下,意识形态的价值表达越来越趋于普遍化,越来越倾向于抢占人类文明和价值

---

① 刘少杰:《当代中国意识形态变迁》,中央编译出版社 2012 年版,第 42—43 页。

② [英]约翰·B.汤普森:《意识形态与现代文化》,高铦等译,译林出版社 2015 年版,第286 页。

③ 庞立生:《马克思主义哲学中国化的价值自觉与文明憧憬》,《东北师大学报》(哲学社会科学版)2015 年第 3 期。

的制高点,把自身发展利益与人类发展的前途命运和人类文明的未来方向关联在一起,力求体现、反映和代表人类未来的发展方向、共同利益和共享价值。

那么,在社会现实已经发生了重大变化的语境中,马克思主义意识形态理论的真正力量和独创性究竟何在?它是否还具有时代性的思想价值?马克思主义意识形态理论又应当如何自觉地丰富和完善自己的研究视角、研究方法和理论范式,以便与今天的社会现实建立起真实的关系,从而更加积极有效地面对和应对当今时代的社会现实?我们又应当以何种意境和格局、何种思维和理念,深化和拓展马克思主义意识形态理论的当代性理解,推进马克思主义意识形态理论的时代化和中国化,以重建中国精神的伟大实体和中国梦的文化理想?在当代,各种意识形态观点粉墨登场,各种意识形态理论纷纷涌现,意识形态领域呈现出流派众多、思想分化、异彩纷呈的复杂格局。在当代纷繁复杂的思想景观中,马克思主义意识形态理论不仅在一些马克思主义思想家那里得到不同程度和不同方式的继承和发展,也在当代更为广阔的思想理论视域中激起绵延不断的思想震荡,产生着深刻复杂的思想效应。从当代西方意识形态理论发展的态势看,出现了许多新的理论流派,它们提出了诸如全球新秩序、分配正义、生活政治等许多新问题。可以说,这些论题都或多或少地受到马克思主义意识形态理论的辐射和影响。但从本质上看,面对资本现代性的最新形态及其强大力量,当代西方各种意识形态理论只能将自身限定在纯粹话语领域,以所谓"审美乌托邦"的形式表达对资本主义意识形态的消极反抗,甚至在本质上直接归属并同化于资本主义意识形态。我们需要认识到,在新的时代条件下,马克思主义意识形态理论的当代意义非但没有削弱,反而更加凸显,因为马克思所揭示的资本逻辑与现代性原则问题结构并未根本改变。在现时代,资本的逻辑依然是统治当代世界以及社会生活的强大力量。资本主义意识形态依然是资本逻辑主导和操控的意识形态。在全球化的进程中,为资本逻辑所操纵的大众文化和消费社会成为资本逻辑的最新机制。资本的跨国流动与全球扩张、现代科技创新所支撑的消费社会、由市场化所支配的大众文化等等,仍然是现时代人类生活难以逃避的客观背景。在这个意义上,只要资本主义所奉行的资本逻辑及其意识形态幻象依然成为统治人类的抽象性存在,马克思主义意识形态理论作为资本主义意识形态的批判理论就始终具有存在的合理性和不可超越的现实性意义。在坚持资本现代性批判的前提下,进一步立足于发展变化的新的时代条件,持续不断地对当代资本主义展开深刻的意识形态批判,从根本上瓦解资本逻辑的内在基础,揭露当代资本主义所伴生的一切新的意识形态幻象,依然是当代马克思主义意识形态理论需要承担的时代性使命。

与此同时,当代中国特色社会主义实践已经在现实性上开启并正在敞开超越和扬弃资本主义现代性的历史任务。应该说,马克思主义意识形态理论在中国的传播和发展也经历着中国化的过程。马克思主义意识形态理论中国化的历史进程与中国社会发展的现代化进程以及马克思主义中国化所实现的历史性飞跃是内在一致的。毛泽东指出:"使马克思主义在中国具体化,使之在其每一表现中带着必须有的中国的特性,即是说,按照中国的特点去应用它。"①马克思主义意识形态理论进入中国之后,被中国人所知晓、所理解、所接受,已内在地为中国问题意识所定向,同中国社会发展的意识形态需要相结合,同中国的革命、建设、改革的实践相结合,同中国的民族形式和特点相结合,从而成为中国意识形态实践的内在组成部分,在动态进程中形成了具有中国特色、中国风格的马克思主义意识形态理论和话语体系。特别是当代中国改革开放的伟大实践,成就了中国特色社会主义的发展道路和马克思主义中国化的思想经验。中国道路和中国经验的背后,必定内在蕴含着深层的意识形态缘由。当代马克思主义意识形态理论的发展,也需要把握和揭示中国道路和中国经验背后的意识形态根据,体悟和觉解主流意识形态引领社会发展的思维方式和价值理念。特别是党的十八大以来,中国特色社会主义进入新时代。以习近平同志为核心的党中央把意识形态建设置于世界历史发展趋势、人类文明发展走向以及党的执政地位、社会发展旗帜方向的战略高度予以审视,把意识形态建设与党的建设、社会发展、民族复兴内在深刻地联系起来,把马克思主义意识形态理论的发展推向了一个新的境界。习近平总书记关于"意识形态工作是党的一项极端重要的工作"的思想,坚定中国特色社会主义的道路自信、理论自信、制度自信和文化自信的思想,中华民族伟大复兴的中国梦的思想、人类命运共同体理念等一系列重要思想,蕴含着马克思主义意识形态理论中国化的重大思想创新。如何进一步体会和把握这些重大思想创新所体现出来的时代特点、中国品格与文明境界,使马克思主义意识形态理论的当代发展,植根于新时代中国特色社会主义实践,创造性地推进马

---

① 《毛泽东选集》第2卷,人民出版社1991年版,第534页。

克思主义意识形态理论的中国化和时代化,从而充分彰显马克思主义意识形态理论的建设性向度,构成了当代马克思主义意识形态理论发展的另一重要主题。

三、探索和创新马克思主义意识形态 理论的当代叙述体系

马克思主义意识形态理论不是僵化的和抽象的理论形式,而是具有自我批判、自我超越精神并不断随着时代条件变化而向未来敞开新的思想空间的开放性理论结构。马克思主义意识形态理论在当代中国的发展,亟须聚焦既具有重大理论影响,又具有重大现实意义从而带有根本性和全局性的重大基础理论问题,同时将政治文明和精神文明问题、社会公正和分配正义问题、核心价值观建设问题、精神家园建设问题等现实问题,统一纳入马克思主义意识形态理论的中国问题体系和中国话语范式之中,切实强化马克思主义意识形态理论研究的中国立场和中国意识,探索和创新马克思主义意识形态理论的当代叙述体系。

一是要把意识形态的宏观理论建构与意识形态作用的微观机制研究密切结合起来。当代世界,正面临深刻的精神问题、文化危机和文明困境。在信息化和全球化的时代下,不同民族的发展已经被卷入更为复杂、更加微妙、更具风险的历史背景之中。我们应当立足全球化语境和人类性的视野,在人类发展的世界观矛盾和世界文明发展趋势的意境和格局中,触及人类生存经验和发展实践中最为紧迫、最为迷茫的根本性问题,来理解和反思当代意识形态的重大矛盾,思考和把握马克思主义意识形态理论的当代叙述体系。对当代中国马克思主义意识形态理论发展的理解和探索,应当放到人类文明新形态建构的大视野、大趋势中,真正结合民族复兴的中国梦和人类文明发展的新方向、新形态,去把握当代中国马克思主义意识形态理论应有的文化自觉和文明智慧,从而创造和构思出能够有效思考和引导当代社会发展的新的概念框架和价值原则,创造性地发掘出具有普遍性意义和未来性价值的意识形态理念。这就需要立足当代世界政治、经济、文化等社会领域重新整合和融合的发展趋势,一方面以马克思主义意识形态理论所具有的社会历史性的大尺度、大视野,切中和穿透社会历史现实的本质,深入研究和全面把握具有根本性和关键性的宏大意识形态现象,揭示意识

形态与政治、经济、社会发生作用的客观规律,剖析当代世界意识形态矛盾斗争的实质及其发展趋势,展开对资本主义意识形态的宏大叙事或元叙事批判与新时代中国特色社会主义意识形态的系统理论认识;另一方面,还要深入到社会历史发展进程的深处,切实梳理清楚并把握那些被政治、经济等宏大力量所遮蔽的各种微观意识形态因素,阐明意识形态作用的微观机理与意识形态作用于日常生活世界的中间环节、具体过程和控制机制,建立起经济基础与上层建筑的宏观结构与个体微观活动结构之间的有机联系和互动交融关系,把思想文化和意识形态领域所出现的新形势新情况新问题,上升到马克思主义意识形态理论的层面上予以科学解释和冷静应对,以形成对于意识形态和社会历史现象的丰富而又鲜活的理解。这就要求在马克思主义意识形态理论所具有的经典宏观视野基础上,进一步拓展其微观视域,力求实现宏观视域与微观视域的有机结合,从而创新研究范式和叙述方式。

二是要研究和探索马克思主义意识形态理论中国化的内在机理、主要经验和基本规律。马克思主义意识形态理论进入中国的过程,不仅仅是一个外来理论对中国的影响过程,或者是一个单纯借鉴和接受的过程,而是一个在新的语境下消化、吸收和再创造的中国化过程。在这一过程中,马克思主义意识形态理论基于不同的时代语境和中国社会发展的现实需要,与中国具体实际相结合,在问题意识、思想重心和理论表达等方面都会呈现出不同的特点和面貌。由此,我们需要对中国马克思主义意识形态理论的基本观念、重要概念进行梳理、辨析,考察我们如何立足中国实际,对马克思主义意识形态理论的一些经典观念进行具有自身特点的新的诠释和解读,这种解读与中国人独特的认知方式和思维方式有什么关系,从中找出马克思主义意识形态理论与中国本土观念相碰撞、融合与扬弃的带有规律性的东西,看中国人如何再造这些观念、概念和话语,揭示这些意识形态话语体系发展演化的轨迹与内在逻辑、话语体系建构的原则和话语权问题。同时,也要致力于揭示马克思主义意识形态理论在当代中国如何面向中国社会发展的现实问题,与中国实际情况相结合,与中华优秀传统文化相契合,从而在当代中国社会转型的过程中发挥了重要的现实批判意义、实践指导意义和价值引领意义,并反过来说明中国问题和中国道路对马克思主义意识形态理论的问题域所具有的拓展性意义;在此基础上,进一步研究中国当代转型对马克思主义意识形态理论的发展提出了哪些现代性新问题,从而将马克思主义意识形态理论与当代中国的社会变革实践密切结合起来,真正深入到中国当代的社会现实之中,从根本上把握现实在展开过程当中表现为必然性的东西。我们需要站在时代、民族和历史的高度,去表征时代精神、引领时代精神、塑造时代精神,真正从中提炼和开拓出具有时代价值和世界意义的问题和话语,沉淀并凝炼出能够占据时代文明和价值制高点的思想和理念。其中,特别是要注重深入挖掘和系统梳理习近平新时代中国特色社会主义思想中蕴含的关于意识形态建设的新思想和新论断,自觉体认这些意识形态新理念表达中华民族伟大复兴内在要求的新精神。

三是要进一步探索新时代社会主义主流意识形态的建设路径。在现代社会,意识形态与个人精神世界、精神生活的疏离,是意识形态建设无法取得实效性的根本原因之一。鉴于当代意识形态在存在方式、运行机理和结构特征等方面所发生的重大变化,我们需要实现意识形态建设的文化自觉。主流意识形态的内涵是政治的和道德的,其起作用的恰当的理想方式则应是社会性的和文化性的。在当代,主流意识形态要想有效地整合社会,需要把意识形态建设与精神家园建设内在统一起来,使主流意识形态在终极价值、核心价值与基本价值三大价值层次中葆有张力,进一步把理论化的思想观点与人民大众的现实感受、社会心理、生活理想、价值期待统一起来,使理论化的意识形态逐渐向看得见、感受得到的制度形态、文化形态和生活形态转化,从而使主流意识形态日益以核心价值理念的形式逐渐融入并积淀于中华民族共有的精神家园之中,成为我们深层的生活依据和深刻的精神支撑。

（本文作者:庞立生）

全球化时代与总体交往

全球化是当今世界的基本特征。无论世界风云如何变幻,无论单边主义、孤立主义、保守主义、民粹主义如何兴风作浪,都不能阻挡全球化的滚滚洪流。所谓"全球化",一是指经济全球化;二是指全球政治乃至全球治理一体化。面对全球化时代的挑战与机遇,中国引领世界潮流,高瞻远瞩,首倡建立"人类命运共同体",这对于维护世界和平与秩序,促进人类共同发展,携手共建人类更美好的世界,无疑具有重要的现实意义和长远的实践导向意义。翻开当代西方哲学史和政治思想史,我们会发现,正是德国哲学家雅斯贝尔斯和哈贝马斯率先把"交往"概念置于哲学思维的核心,不遗余力地倡导统一性的全球交往理性,努力引导朝向世界政治统一。

一、总体交往与人类统一

雅斯贝尔斯把我们这个全球化时代称作"科学技术时代",一个新的"普罗米修斯时代",它开辟了通向世界历史的新的广阔前景。交通和通信的发展使地球成为一个整体,地球的统一出现了。然而,这只是地域的统一,还必须把它创造成为政治的统一体。战争技术的发展使得这一要求变得极为迫切。原子弹等大规模杀伤性武器造成了一个全新的境况:"过去的战争可以灭绝种族,现代战争可以毁灭整个人类。"因此,雅斯贝尔斯对科学技术时代的各种虚无主义、种族主义、宗教狂热主义等思潮提出了全面批判,进而将"自由交往",特别是精神领域里的自由交往视为世界和平与秩序的根本保证。

哲学的门类繁多、名目多样,而且每一种哲学都喜欢自命为绝对真理。而雅斯贝尔斯的哲学是反对孤独的哲学。在他看来,交往的可能性是衡量每一种哲学思维真理性的尺度:"只有思维进程促进交往,思维在哲学上才是真的。"如果一种哲学引诱人们自我封闭,走向孤独的道路,那它必定是一种坏的、不合理的哲学;反之,如果一种哲学呼吁人进行交往,走向与人共在的道路,那它必定是一种好的、合理的哲学。

在《论历史的起源与目标》(1949)中,雅斯贝尔斯不仅从哲学思维上论证了人类交往的必要性,也从历史的起源与目标上论证了人类交往的可能性。按照他的"轴心时代"理论,人类有一个共同的起源,那就是公元前800年至200年之间人类精神的发展时期,即"轴心时代"。这个时期,中国、波斯、巴勒斯坦、希腊彼此独立地创造了今日精神世界的基础。在这个时期,中国出现了孔子、老子,奠定了中国哲学的基础,产生了墨子、庄子、列子等思想家;在印度产生了《奥义书》,诞生了释迦牟尼;在伊朗出现了查拉图斯特拉;在希腊出现了巴门尼德、赫拉克利特、苏格拉底、柏拉图等哲学家,出现了荷马以及剧作家;在巴勒斯坦出现了以利亚、以赛亚、耶利米等预言家。他们作为人类精神文明的共同导师,一同奠定了迄今人类所依据的思维的基本范畴,创生了迄今仍在维持人们精神生活的世界宗教。通过轴心时代的展开,印度、中国、希腊三个中心世界以及参与这个世界的各民族得以彼此相遇,互相有了深刻的理解。

雅斯贝尔斯敏锐地意识到,全球化时代最迫切、最本质的问题是谋求"世界的统一、人类的统一"。因此,他的后期交往哲学研究集中在全球交往,即寻求世界理性共同体成为可能的条件,以此为建立"人类大共同体"构筑坚实的理论框架。在他的后期著作中,哲学交往已不再是两个生存共同体之间的"爱的斗争",而是公众之中的"精神之战"。他的哲学交往的标志是一切理性者之间的团结一致和无限交往。相对于两个生存共同体的交往而言,总体交往具有两方面的优势:一是全球广度;二是"理性"的无限开放性。总体交往试图把理性带入世界,同时用理性贯注每一个生存,从而使生存变为交往性的生存。总体交往将向包含世界的理性共同体扩展,人类从理性的基本交往意愿出发达到世界的统一、人类的统一。

对于雅斯贝尔斯来说,这种世界的统一、人类的统一必须以"自由"为前提,因而他并不像阿诺德·约瑟夫·汤因比和伯特兰·罗素那样考虑一种世界帝国、一种世界国家,而是考虑一种"世界秩序",一种出于世界公民意愿的"人类大共同体",它可以将各种现有的制度联合在超越民族国家的世界秩序中。在这种世界秩序中,所有对外政策都转变为世界对内政策,因而战争工业的必要性也不再存在。

二、交往理性与世界共同体

鉴于我们时代的全球化现实,哈贝马斯将"理性"界定为生活世界中与生活一道形成的"生活世界理性"。由此出发,在《交往行为理论》(1981)等著作中,他像雅斯贝尔斯一样积极倡导"交往理性",呼吁全球范围内不同言谈者之间的开放对话,以促使这个世界上的"孤独主体"向"交互主体"转变。

哈贝马斯的"交往行为"理论是他的交往共同体和商谈伦理学的核心和本质。在他那里,人类语言共同体渊源于人类交往共同体,而理性伦理促使不同言谈者达成道德共识和普遍伦理。他的商谈伦理的基本精神是:每个人都必须努力维护自身所属的商谈共同体,即交往理性共同体。商谈的成功取决于"交往合理性",即商谈双方开放心态,求同存异,不搞"一言堂",不把一己之见强加于人。在人类理性的共同基础上,人类将通过商谈民主和开放讨论,互学互鉴、互利共赢,形成一个相互理解、相互包容的互动世界。因此,在他那里,交往理性共同体是通向"世界公民社会"的必由之路。

根据全球化时代的世界视域,哈贝马斯构想了一种理想的交往共同体,一种无拘无束、无限制的交往共同体,其规范特征是"真理性、妥当性、真实性、理解可能性"等。真正的、正确的、真实的言语交往,既不为金钱所歪曲,也不为权力所压迫。因此,哈贝马斯强调,理想的交往共同体必须建立在合理性、平等的机会、意见交换、反省等原则基础上,唯其如此,才能兑现交往成员的多元化,保证交往空间的普遍性,才能为缔造"道德共同体"这一理想社会提供可靠的基础。通过开诚布公、严肃认真的协商对话,交往主体可以获得最大限度的交往范围。一方面,交往主体相互理解、相互协议,达成非强制性的伦理共识;另一方面,交往主体遵循共同规范,克服道德分化,共同致力于团结一致、同心同德的道德共同体。

在全球化时代,通过世界主义理念和世界公民理念,哈贝马斯提出了"世界共同体"思想,即引导政治意愿超越民族国家而朝向世界政治统一,实现世界大同。他的世界主义构想旨在克服全球化时代萨缪尔·亨廷顿所描绘的"文明冲突"的严峻挑战,以及以"原教旨主义"为基础的全球恐怖主义威胁。在哈贝马斯看来,在当今地球村世界里,最重要的是确认不同文明的差异,传承各民族的优秀文化传统,大力倡导一种"多元主义"真理观,从片面的、封闭的民族主义视野转向开放而包容的世界公民视野,在世界范围内,推进各民族多元文化认同,实现跨文化普遍交往。所谓"世界公民理念"就是尊重世界文化多样性,摒弃一元论文明史观,超越民族国家和种族主义藩篱,最终建立全新的世界秩序,实现康德意义上的永久和平。

三、永久和平与世界大同

众所周知,在《永久和平论》(1795)中,康德提出了旨在实现世界永久和平的诸条件,这就是国际法、共和制、世界公民。康德认为,传统国际法与相互关系中的各个国家相关联,而国际法的秩序必须以共和制为前提。根据康德的共和制和世界公民的历史观,雅斯贝尔斯提出了以世界政治统一为目的的历史观,并构想了世界政治的前景。在全球化时代,政治不可避免地成为世界政治。因此,在全球化时代,随着国际法的宪法化以及世界公民法的实现,地域性的民族国家将超越自身而朝向世界公民领域的世界秩序。

哈贝马斯敏锐地注意到,200年前康德所构思的古典国际法的秩序已经包含着一种转变为新的"世界公民秩序"的可能性。在全球化时代,世界公民领域与世界共同体中的人际法律关系相关联,世界公民秩序必须以世界主义和宪法爱国主义为前提。在此意义上,他的世界公民秩序理念是康德永久和平理念的全面继承、发展和创新,它包括世界公民的起源与概念、国家构想与民主构想、世界秩序与世界公民权、没有世界政府的世界对内政策、世界公民状态等。

鉴于我们时代的全球化现实,雅斯贝尔斯和哈贝马斯都认为,世界范围内的总体交往不仅是哲学思维的真理性尺度,也是通向世界公民社会、人类大同、世界大同的必由之路。在全球化时代,只有在总体的、无限的理性交往中,每一个人、每一个民族、每一个国家才能在保持自身与众不同的个性的情况下,认识到人类共同的起源与目标、共同的利益与价值,走上共存共荣之路、世界大同之路。唯其如此,人类才能克服各种单边主义、孤立主义、保守主义、民粹主义的狭隘心理,坚定全球化前景的信心,迎接全球一体化的挑战,汇聚构建"人类命运共同体"的强大力量,实现世界的统一、人类的统一。

(本文作者:金寿铁)

西方马克思主义意识形态
理论新动向及其批判[*]

——在意识形态与社会基本结构关系维度上

马克思主义意识形态理论在逻辑上和事实上引发了西方马克思主义对意识形态问题的关注,开启了思想空间,两者构成了前后承继的内在关系。马克思主义意识形态理论奠定意识形态理论的历史唯物主义基础——意识形态不是纯粹的虚幻,而是现实生活的反映,开拓了意识形态理论的空间与场域——意识形态是社会生活中经济关系中活动参与者的观念化表达,确定了意识形态批判与建构的整体思路——意识形态既是一种虚幻的掩盖真正关系的虚假意识,也在一定社会历史阶段中有其存在的必要性与必然性,从总体上确立了在经济基础、政治上层建筑和意识形态相互关系中把握意识形态的基本逻辑。西方马克思主义者以"意识形态总问题为背景而建立各种思想对象、思想论点和思想价值的中心结构",进而形成对意识形态理论的一些新理解。本文研究西方马克思主义意识形态理论并对其进行评析,以期对马克思主义意识形态理论理解提供一些启示。

一、凸显相对:关于意识形态决定论

马克思主义意识形态理论始终强调经济基础与政治上层建筑对意识形态的

  * 〔基金项目〕教育部哲学社会科学研究重大课题攻关项目"马克思主义意识形态理论研究"(16JZD004)阶段性成果。

决定作用。在谈论市民社会的决定性作用时,马克思指出"这一名称始终标志着直接从生产和交往中发展起来的社会组织,这种社会组织在一切时代都构成国家的基础以及任何其他的观念的上层建筑的基础。"① "观念的上层建筑"的提法由此产生,经济基础对其决定作用也得以强调。马克思还表达了意识形态没有自身历史的观点,这就表明意识形态的历史是物质生产实践的历史,其作为由物质生产实践活动所决定的观念活动,总是伴随经济基础和政治上层建筑的改变而改变的。这一道理在《共产党宣言》中表达得更为清晰,"人们的意识,随着人们的生活条件、人们的社会关系、人们的社会存在的改变而改变"。② 可见意识形态的产生和消亡是依附性的,而非独立自存,意识形态的产生和消亡过程的相对一致性背后起决定作用的是人类物质生产活动和经济基础变迁。这一人类历史演进的一般逻辑在《政治经济学批判序言》中较为彻底地得以解决"人们在自己生活的社会生产中发生一定的、必然的、不以他们的意志为转移的关系,即同他们的物质生产力的一定发展阶段相适应的生产关系。这些生产关系的总和构成社会的经济结构,即有法律的和政治的上层建筑竖立其上并有一定的社会意识形式与之相适应的现实基础"。③ 这构成了马克思关于经济基础、政治上层建筑和社会意识形式关系的科学表达。此后马克思历史地探讨了特殊生产形式下的社会结构,认为只有立足于特殊的语境,其意识形态的精神生产才能得以理解,进而在资本主义特殊的语境下对资产阶级意识形态进行深入的政治经济学分析。可见在马克思主义关于意识形态理论的理解中,经济基础、政治上层建筑对意识形态的决定作用是唯物史观的重要问题,也是马克思主义意识形态理论突出强调的重要方面。

与马克思或马克思之后的正统马克思主义者不同,西方马克思主义凸显意识形态的重要作用——从反映和反作用经济基础,到意识形态是独立的不可或缺的重要理论,实现对马克思主义意识形态理论的再理解。一是意识形态是经济结构得以确立和发展的先决条件。在西方马克思主义者看来,意识形态是与经济基础密切相关的,"如果用马克思主义辩证法看问题,意识形态问题和经济

① 《马克思恩格斯文集》第1卷,人民出版社2009年版,第583页。
② 《马克思恩格斯文集》第2卷,人民出版社2009年版,第50—51页。
③ 《马克思恩格斯选集》第2卷,人民出版社1995年版,第591页。

问题就不再互相排斥,而是密切联系起来"①。意识形态虽然作为一种非经济因素,其事实上是人们对自身经济地位的社会无意识,"这一经济状况被既定为一种明确的结构关系,被既定为一种似乎控制着生活的全部对象的明确的形式关系。在这种情况下,虚假、假象的含义就绝不是武断的,而恰恰是客观经济结构的思想反映"②。意识形态除却反映和表达经济因素之外,并不仅仅是被动决定于经济因素,而是主动参与到经济关系和经济生活中,"意识形态不仅仅是社会的经济结构的一个结果,而且也是它能健康地发挥作用的先决条件"。③ 这首先因为意识形态是人们意识到自身所处经济关系的前提,"人们在意识形态水平上意识到经济世界的冲突",④这就表明意识形态构成人们认识世界的隐性前提,其一方面体现在意识形态总是作为某种第一性的东西隐藏在人们观念世界的最深处,用霍克海默的理解就是作为"主体对世界认知图式"而形成某种结构性依赖,意识形态往往构成人们认知历史发展和社会状况的认知工具。另一方面意识形态潜在地塑造人们的人格并决定人们的选择。这表现在意识形态总是构成个体内部较为长期的发挥作用的力量,其在不同情况下做出的某些反应会帮助人们形成思想和行为的习惯,这种持续性构成某种潜在力量,形成个体人格,其在个体进行行为选择过程中构成关键时刻决定的先决力量。这一力量往往通过群众对整个社会历史施加影响。它关涉"作为历史因子的群众从感觉上出发接受'意识形态对经济基础的反作用'"。⑤ 这就使作为历史主体的群众意识发挥对社会历史发展和社会经济结构确立的巨大能动作用。可见西方马克思主义强调其反作用和主动性,将意识形态理论放在理论核心的位置。二是意识形态是劳动力再生产和生产关系再生产的关键环节。在西方马克思主义者看来,生产过程得以良性运行的前提是劳动力再生产得以保障,这不仅体现为劳动力赖以生存的物质前提的获取,更依赖于意识形态为劳动力再生产所积累的必要条件,即作为劳动力再生产的必要条件,不仅要再生产出劳动力的技能,而且要再生产出它对占统治地位的意识形态的臣服或这种意识形态本身的实践。甚

---

① [匈]卢卡奇:《历史与阶级意识》,杜章智等译,商务印书馆1995年版,第252页。

② [匈]卢卡奇:《历史与阶级意识》,杜章智等译,商务印书馆1995年版,第106页。

③ [匈]卢卡奇:《历史与阶级意识》,杜章智等译,商务印书馆1995年版,第261页。

④ [意]葛兰西:《狱中札记》,曹雷雨等译,中国社会科学出版社2000年版,第125页。

⑤ [奥]威尔海姆·赖希:《法西斯主义群众心理学》,张峰译,重庆出版社1990年版,第9页。

至只说不仅和而且是不够的,因为很明显,只有在意识形态臣服的形式下并受到这种形式的制约,才能为劳动力技能的再生产做好准备。① 意识形态为劳动力再生产提供其所必要的"规范",即保证劳动力在意识形态中形成对意识形态要求秩序的绝对服从,这一服从是生产关系再生产的前提条件,也就是说一种社会制度得以良性运行,需要人们对其在社会生产过程中所结成的人与人的关系保持相对的认同,这由意识形态予以保障。三是意识形态为社会发展提供精神动力。意识形态对于社会经济结构的作用还在于提供精神动力,一方面体现为构成实现自身阶级意识和阶级使命的强大的精神动力,"一个阶级越是能心安理得地相信自己的使命,越是能百折不挠地、本能地根据自己的利益驾驭一切现象,它的战斗力也就越大"②。这使人们获得一种"坚若磐石般的自信"。另一方面也体现为在使自身成为统治阶级后,塑造一种更加根深蒂固的必然性。意识形态使自身所塑造的社会秩序成为一种有效的前提,当"这种前提的意识已经变得有效,向集体意识提出具体目标,并构成一套以普遍信念的形式发挥强有力作用的信念和信条复合体的时候,必然性就存在。"③这种必然性构成了统治阶级凝聚力、向心力、约束力和创新力的源头和基础,使社会个体和社会整体在统治阶级意识形态要求下形成共生状况。正是在这一意义上,阿尔都塞指出:"任何一个阶级如果不在掌握政权的同时对意识形态国家机器并在这套机器中行使领导权的话,那么它的政权就不会持久。"④

西方马克思主义始终认为在当代语境下应该不仅挖掘意识形态产生的基础和根源,更应重视对意识形态现实作用机制和机理的分析,特别是在资本主义条件下以意识形态遮蔽经济上的剥削和政治上的不平等并消解无产阶级阶级意识的当下,如何站在意识形态的视角上审视其对经济基础和政治上层建筑的影响,在西方马克思主义者看来是十分迫切的事情。因而其研究体现了对马克思主义意识形态理论的视角转换,但与此同时强化意识形态的作用,甚至将其作用摆到了决定性的位置,消解马克思主义关于意识形态的历史唯物主义基础,势必导致舍本逐末,被意识形态的虚幻性和颠倒性蒙蔽。

---

① 陈越:《哲学与政治:阿尔都塞读本》,吉林人民出版社 2003 年版,第 325 页。
② [匈]卢卡奇:《历史与阶级意识》,杜章智等译,商务印书馆 1995 年版,第 124 页。
③ [意]葛兰西:《狱中札记》,曹雷雨等译,中国社会科学出版社 2000 年版,第 237 页。
④ 陈越:《哲学与政治:阿尔都塞读本》,吉林人民出版社 2003 年版,第 338 页。

二、趋向物质：关于意识形态实体化

马克思主义意识形态理论对经济基础和政治上层建筑进行了相对实体化的理解，而对意识形态进行了非实体化的观念形态界定。经济基础作为整个社会结构赖以生发的物质前提总是具有实体化和现实化的特质，"直接的物质的生活资料的生产，从而一个民族或一个时代的一定的经济发展阶段，便构成基础，人们的国家设施、法的观点、艺术以至宗教观念，就是从这个基础上发展起来的，因而，也必须由这个基础来解释，而不是像过去那样做得相反"。① 其由生产力的物质条件与物质前提和生产关系这一现实的物的关系所构成，两者的实体化特质决定经济基础的实体化。与此相对应政治上层建筑也具有实体化特征，政治上层建筑一方面作为经济基础在政治生活中的反映，总是要呈现为表达或巩固经济基础所要求的政治秩序的基本规定性，这一规定性需要相应的实体性的政治国家机器为其提供保障，正如阿尔都塞所说："在极大程度上，生产关系的再生产是通过国家政权在国家机器——（镇压性）国家机器和意识形态国家机器两方面——中的运用来保证的。"② 这就表明镇压性国家机器就是政治上层建筑的实体化的重要表征。与此同时作为思想上层建筑的意识形态具有相应的非实体化特征，在《德意志意识形态》中马克思就表明意识形态是"在不同的财产形式上，在社会生存条件上，耸立着由各种不同的、表现独特的情感、幻想、思想方式和人生观构成的整个上层建筑"。③ 这就表明作为社会意识重要形式的意识形态虽然也如政治上层建筑一样由经济基础所决定，但其更多表征人们在思想观念世界甚至想象世界中对经济基础和政治上层建筑的再理解，"在马克思看来意识形态是一种想象的拼接物，是纯粹的、空幻无用的梦想，是从唯一完满而实在的现实的白昼残迹中构成的东西——这个现实，就是具体物质的个人物

---

① [法]阿尔都塞、巴里巴尔：《读〈资本论〉》，李其庆、冯文光译，中央编译出版社 2001 年版，第 601 页。

② 陈越：《哲学与政治：阿尔都塞读本》，吉林人民出版社 2003 年版，第 340 页。

③ 《马克思恩格斯文集》第 1 卷，人民出版社 2009 年版，第 498 页。

质地生产着自身存在的具体的历史"。① 这一"想象的拼接物"将现实世界与意识形态的想象世界联结起来,其具有部分的现实的残迹,但更多的是在观念世界中对其的再加工。这就表明意识形态由实体性的经济基础和政治上层建筑所决定,但其自身却具有较为鲜明的非实体化特征。从经济基础、政治上层建筑的实体性特征以及意识形态的非实体性特征的相互区别中,一方面体现为马克思主义理论对社会基本结构的物质性理解,另一方面更多赋予意识形态以反映或反作用于社会基本结构的功能和效应。

西方马克思主义在这一问题上提出了不同的理解,相对于强调经济基础和政治上层建筑的实体性和物质的主宰功能,西方马克思主义者提出意识形态也具有物质性和实体性的特征。意识形态也需要通过实体化的机构或方式完成其根本目标,"每一种意识形态国家机器都以其特有的方式服务于这个唯一的结果,政治的机器使个人臣服于政治的国家意识形态、臣服于'间接的'(议会制的)或'直接的'(公民投票或法西斯主义的)'民主的'意识形态。传播机器则利用出版物、广播和电视,每一天用一定剂量向每个'公民'灌输民族主义、沙文主义、自由主义和道德主义等等。文化的机器等等也是一样的(体育的沙文主义作用最为重要)。宗教的机器则在布道和其他有关出生、结婚和死亡的重大典礼中提醒人们:人只是尘土,除非他爱他的邻人,爱到有人打他的右脸,连左脸也转过来由他打。家庭机器等等就没有必要再说下去了。"②可见如同经济基础和政治上层建筑总是需要一定的物质化或实体化的方式呈现自身,意识形态也需要实体化的方式实现其功能。实体化或物质化的意识形态机构往往又呈现为非意识形态的表象,导致这些机构能够在人们潜移默化中完成意识形态整合的任务,即将经济基础和政治上层建筑所要求的思想观念上的认同转化为一切与之相关的议题在这些意识形态机构中以社会的面目实现转换,实现"将人文主义这个伟大主题,以及(特殊和普遍等)利益、民族主义、道德主义和经济主义的主题,统统融合到它的音乐中来。"③

西方马克思主义者认为在意识形态机构实体化的同时,意识形态的物质化

---

① [法]阿尔都塞、巴里巴尔:《读〈资本论〉》,李其庆、冯文光译,中央编译出版社2001年版,第123页。

② 陈越:《哲学与政治:阿尔都塞读本》,吉林人民出版社2003年版,第345页。

③ 陈越:《哲学与政治:阿尔都塞读本》,吉林人民出版社2003年版,第345页。

实践活动也加深其实体性和物质性的特征。在一些西方马克思主义者看来，意识形态需要通过对物质实践活动的参与而实现其实体化，"每一个被赋予了'意识'的主体，会信仰由这种'意识'所激发出来的、自由接受的'观念'，同时这个主体一定会'按照他的观念行动'，因而也一定会把自己作为一个自由主体的观念纳入它的物质实践的行为，如果他没有这样做，'那就是邪恶的'。"①这就表明意识形态通过对人们从事的物质实践活动的有效干预而使主体自身个体化的意识、精神、价值、信仰等通过社会化的生产力和生产关系转化为群体性的实践、仪式和选择，在这一过程中意识形态作为实体化的国家机器而发挥效用。

可见西方马克思主义关于意识形态的实体化和物质性的提法，一方面力图消解马克思主义意识形态理论仅仅将意识形态理解为观念形态，另一方面通过实体化的意识形态解释当前所面临的意识形态与政治的和经济的因素的相互交织，既强化意识形态的作用，又凸显其在当前语境下的变化。但在这一过程中实体化意识形态与观念意识形态关系则又作为问题凸显出来。

三、突破边界：关于意识形态弥散化

马克思主义意识形态理论关于经济基础、政治上层建筑和意识形态之间的界限是较为清晰的，社会生产、经济结构（生产关系的总和）、法律的和政治的上层建筑、社会意识形式或意识形态。甚至在考察社会变革的时候也将一般变革和意识形态变革区别开来，经济基础、政治上层建筑和思想上层建筑的提法本身就体现为一定的层次性，这一层次性确立了理解意识形态理论的历史唯物主义基础。意识形态与经济基础和政治上层建筑的层次性也使意识形态更多被当作一个独立的思想空间来加以研究。

与将意识形态作为社会结构某一领域的研究方式不同，西方马克思主义意识形态理论提出了意识形态弥散化的观点。在一些西方马克思主义者看来，意识形态在现代社会的发展已经超脱出一般意义上所说的结构性——即经济基础、政治上层建筑和思想上层建筑的层次性和相互作用的范畴，而通过同一化趋

---

① 陈越：《哲学与政治：阿尔都塞读本》，吉林人民出版社 2003 年版，第 358 页。

势弥散在整个经济基础和上层建筑的诸多部分当中,意识形态已经不再是某一层面的问题,而成为整体和全面的状况。正是在这一意义上,阿尔都塞在意识形态与历史总体性中把握意识形态总问题,认为意识形态是"以意识形态总问题为背景而建立的各种思想对象、思想论点和思想价值的中心结构,而总问题本身又随着与之相联系的、变化着的、受真实历史制约的意识形态世界而演变"①。这就表明西方马克思主义者们已经不再简单按照决定论视角审视意识形态问题,而是力图以线性结构为基础构建意识形态的立体化、网状化结构,将意识形态对经济、政治和生活各领域的渗透更为鲜明地揭示出来。西方马克思主义者们全面地分析意识形态弥散在各领域和层面的现实:在经济领域中,意识形态劳动通过抽象劳动时间被同一化,"在一切特殊的社会阶层面前,交换价值的抽象是与普遍对于特殊的统治以及社会对其受压制的永恒统治一致的。"②在等价交换原则背后,掩盖的实质不平等不见了,多样化劳动被简化为社会平均劳动时间,按照同一性原则来交换,剥削被忽视,同一性原则已经成为资本主义的意识形态,在这种状况下需求也不是自然的需求,而是控制的需求:大众传媒是意识形态同一性的帮凶;技术也受到权力的支配助力于意识形态同一性——意识形态创造虚假个性和虚假的生活,将销售的个性看作真正的个性,依靠快感拒斥信仰等已经实现了同一化目标。与此同时在经济领域中消解其对立阶级的阶级意识也是意识形态介入经济领域的重要目标,生产领域中生产方式的变化导致工人对自身被剥削状况的怀疑,"机械化不断地降低着在劳动中所消耗的体力的数量和强度。这种演变对马克思主义关于工人(无产阶级)的概念有着重大影响"③,看似无产阶级不再消耗体力,而是自动化和半自动化中的工人。传统意义上工人阶级的概念似乎被资本主义制度的刻意隐藏而消解。同时科学技术作为第一生产力本身的意识形态化不仅没有推进工人阶级对共产主义的确信,反而"技术的进步在多大程度上保证着共产主义社会的发展和吸引力,质变的概念就以多大的程度在一种非爆炸性发展的现实主义主张面前退却"④。在政治

---

① [法]阿尔都塞:《保卫马克思》,顾良译,商务印书馆1984年版,第50页。

② Theodor W. Adorno, *Geammelte Schriften Band*8, Wissenschachftliche Buchgesellschaft, Darmstadt,1998,pp.13-14.

③ [美]赫伯特·马尔库塞:《单向度的人》,刘继译,上海译文出版社2008年版,第21页。

④ [美]赫伯特·马尔库塞:《单向度的人》,刘继译,上海译文出版社2008年版,第9页。

领域中,强制性的政治权力与相对温和的意识形态权力相互结合,使政治统治依赖于刚性制度约束的同时越来越依赖于对社会的软控制,葛兰西认为需要通过市民社会中物质载体或机器的学校(特别是大学)、教会(特别是天主教)、媒体、工会等完成。这就表明意识形态已经作为政治上层建筑赖以实现自身的重要内容。在社会生活方面,意识形态的全面渗透则更加具体。在葛兰西之后,阿多诺认为同一性已经成为人们生活的现实现代生活的无数现象被工业标准化了,这提升了人的刻板的思维。弗洛姆提出文化工业手段如电影、广播、电视、报纸和广告等加强对人们心理的控制,乃至哲学、文学、艺术和日常语言都成为维护现存生产方式的喉舌。赖希指出每一社会形式的意识形态已经形成了人的心理结构的支撑。列斐伏尔把隐匿于日常生活中的空间、权力、景观等一系列问题展现出来。哈贝马斯提出技术统治已经成为新的意识形态。后马克思主义者们也对日常生活的微观领域展开批判,索绪尔的能指所指理论,霍尔的编码解码理论力图揭示大众传媒中的隐匿的意识形态问题;德波的景观社会批判,表明景观空间为城市的无产阶级提供了虚幻的共同意识;波德里亚的消费社会理论,通过分析物的可视性和符号价值发挥意识形态的功能;福柯将意识形态等同于话语、知识与权力,提出拒绝意识形态的意识形态理论;拉克劳和墨菲关注符号和修辞问题,将意识形态理解为政治话语中的隐喻和神话;汤普森提出"现代文化的传媒化",认为意识形态分析必须依据对大众传播性质与发展的了解;生态马克思主义者分析当代生态问题当中所隐含的意识形态色彩;等等。可见在发达工业社会中,意识形态通过提供一种新的生活方式来行使欺骗功能,它以消遣、娱乐、舒适的生活等为手段来掩饰现存社会的内在冲突和分裂,扼杀人的自由和自主性,操纵人们的生活,消解人对现存世界的超越维度。

在西方马克思主义者看来,意识形态已经全面侵入了经济领域和政治领域,弥散到社会生活的方方面面,正是这种入侵使意识形态在当前西方工业文明社会语境下已然能够取代或部分取代政治国家机器的部分职能,这一状况的揭示丰富和拓展了马克思主义意识形态领域对当前社会的解释力,但与此同时容易造成以意识形态消解其他领域问题的状况。

四、再反思与再批判:回到马克思

西方马克思主义意识形态理论一方面是针对现代社会中意识形态作用日益显著,影响面和覆盖面日益拓展而做出的新理解,其将意识形态视作马克思政治经济学批判所揭露的资本主义顽疾已然暴露后其统治依然维系的巨大力量,特别是结合资本主义制度依靠意识形态,实现对其资本逻辑在经济领域和政治领域作用方式最大程度上的巩固,并将其延展到社会生活各个领域,体现了西方马克思主义在当代西方工业文明社会语境下对马克思主义基本理论的深入研究。而另一方面当西方马克思主义脱离了马克思主义一般性原理,对意识形态理论做出了非历史唯物主义的理解时,其自意识形态领域内延展出的新问题也会造成其与历史唯物主义的冲突,这些冲突也构成了我们应该回应的新问题。

意识形态与经济基础和政治上层建筑究竟是什么关系。在一些西方马克思主义者看来马克思对经济基础和政治上层建筑的"建筑学描述"体现了简单的结构主义逻辑,虽然它在最一般意义上是为了反对唯心主义和形而上学者确立唯物主义的基石,但其所包含的空间想象关系可能会导致一种结果,"会让我们以为意识是一种次要的现象,一种纯粹的反思,其现实性最终要在生产关系中寻找。意识于是就被剥夺了具体的内容和意义,被归结为经济关系"①。西方马克思主义者认为列宁就是典型。不仅如此,这种建筑学的比喻可能将经济、政治和意识形态理解为一种自足性的相互结构的内在实体,其内在相互影响,经济基础和上层建筑成为一种实体化的存在,成为具有相对自主性的领域,"我们要么有效地将政治的和意识形态的现象归结为受其他因素(主要是经济因素)决定的阶级利益……要么就必须面对政治和意识形态现象的真正的自主性以及它们之于由经济结构所决定的利益的不可还原性"②。这样一来就容易导致还原性和决定论的两重困境。或许正是在这一意义上西方马克思主义力图在反对庸俗马克思主义简单决定论的基础上,决心将实体化进行到底,这样一来就能够以意识

---

① [英]拉雷恩:《马克思主义与意识形态》,张秀琴译,北京师范大学出版社 2013 年版,第190 页。

② [英]拉雷恩:《马克思主义与意识形态》,张秀琴译,北京师范大学出版社 2013 年版,第190 页。

形态实体化对抗经济基础、政治上层建筑的实体化对非实体化意识形态的绝对化的影响。事实上,马克思主义关于经济基础、政治上层建筑和意识形态关系的建筑学理解仅是一种相对形象的比喻,且这一比喻当且仅当说明三者之间静态关系上具有意义。当马克思说明社会结构的运动变化过程时,从来没有一维的谈论决定作用。阿尔都塞指出这一点:"归根到底由经济所起的决定作用在真实的历史中恰恰是通过经济、政治、理论等交替起第一作用而实现的。"①虽然这一说法中"第一作用"的说法值得商榷,但其确实发现马克思主义理论针对上述问题具体探讨时的若干变化和差异。比如谈论经济基础时,马克思始终强调经济基础对上层建筑的决定是差异的、变化的,因不同具体情况而有所区别的,"相同的经济基础——按主要条件来说相同——可以由于无数不同的经验的事实,自然条件,种族关系,各种从外部发生作用的历史影响等等"②,这就表明经济基础并不是决定于其他两个层面的,其本身也是由其他两个层面影响。同样在论述政治相关问题时,马克思也指出:"权利永远不能超出社会的经济结构以及由经济结构所制约的社会的文化发展。"③这就表明政治也要受到文化的制约。在论及意识形态的时候,马克思同样认为意识形态的反作用也是非常明显的,其不仅能够依靠"独立的历史外观"而迷惑大多数人服从于经济基础的要求,而且每逢革命危机的时代,人们总是"借用它们的名字、战斗口号和衣服……演出世界历史的新的一幕"④,这就表明意识形态在确立经济形态的统治地位过程中也起到关键作用。可见在马克思看来,经济基础、政治上层建筑与意识形态在事实中的作用关系是具体的、历史的,在静态的决定作用的基础上也应看到在动态的相互作用过程中的渗透性和影响性,特别是在当今时代条件的语境下,应重视经济、政治、意识形态的一体化倾向的分析和研究,在这方面西方马克思主义的探讨具有一定的启发意义。

观念形态的意识形态与物质化的意识形态究竟是什么关系。马克思曾经不止一次讨论过意识形态作为观念上层建筑的一般内涵,认为情感、幻想、思想方式和人生观等构成意识形态最核心的内涵,此外他还认为作为观念的上层建筑

① [法]阿尔都塞:《保卫马克思》,顾良译,商务印书馆1984年版,第184—185页。
② 《马克思恩格斯全集》第25卷,人民出版社1974年版,第892页。
③ 《马克思恩格斯选集》第3卷,人民出版社1995年版,第305页。
④ 《马克思恩格斯文集》第1卷,人民出版社2009年版,第470页。

的意识形态从来就不是自足的,而始终是与物质活动和物质生产交织在一起的,并体现为"生活过程在意识形态上的反射和回声"。作为观念上层建筑的意识形态绝非一般意义上的意识全体,而是反映经济基础的要求,特别是在阶级社会中总是力图"在观念中把自己的现实颠倒过来",这就表明意识形态在阶级社会中经常体现为"虚假意识",即"为了达到自己的目的而不得不把自己的利益说成是社会全体成员的共同利益"①,虚假性的意识形态体现为阶级社会中其作为阶级的代言,总是要获取与政治经济统治地位同等重要的精神统治,这是马克思所揭示的意识形态在以往一切阶级社会的存在形态。因此观念形态的意识形态是一切意识形态存续的本质形态。与此同时,作为观念上层建筑的意识形态也需要通过物或实体的形式巩固其意识形态统治。正如马克思所说的那样:"作为纯粹观念,平等和自由仅仅是交换价值的交换的一种理想化的表现;作为在法律的、政治的、社会的关系上发展了的东西,平等和自由不过是另一次方的这种基础而已。"②资本主义的自由、平等等理念既是从资本逻辑中概括出的一般性观念——资本创造价值要求劳动者作为能够自觉决定将自身劳动力出卖给谁的"自由"个体,也需要在法律形式上保障人与人之间的"平等",成为资本逻辑赖以存续的前提;与此同时其更通过资本逻辑在政治和经济领域中的全面运转,特别是资本逻辑在日常生活中的全面强化——教育普及观念的实现、社会组织和社会制度规则的形成、生活环境和氛围的营造甚至通过传媒、大众娱乐、艺术品、符号等使其得以印证并反复印刻在人们的头脑中,久而久之似乎就变成了先天且普遍适用的精神原则。但物质的外壳不能遮盖其观念的本质,观念上层建筑始终是意识形态最本质的部分,物质化的实体形式不过是掩盖或传播这一观念的物质外衣。西方马克思主义者们凸显这一物质外衣在当前时代条件下巩固意识形态的重要作用无可厚非,但同样不能忘却马克思所说的意识形态总是"狡猾地把现实的冲突,即它在思想上的反映的原型,变成这个思想上的假象的结果",如果简单按照从意识形态到意识形态的物质表现形式这一逻辑,往往会遗忘意识形态本身作为观念上层建筑与生产实践和社会生活的内在关系。

如何参照西方马克思主义意识形态理论实现马克思主义意识形态理论当代

---

① 《马克思恩格斯选集》第 1 卷,人民出版社 1995 年版,第 100 页。
② 《马克思恩格斯全集》第 30 卷,人民出版社 1995 年版,第 199 页。

发展问题。马克思主义意识形态理论作为马克思主义理论的一部分,应该与马克思主义理论一道实现与时俱进,结合当前社会的新变化不断凸显其理论解释力和价值性。在重新理解马克思主义意识形态理论时应该遵循以下原则:一是历史唯物主义的前提性和基础性原则。马克思主义意识形态理论始终要在历史唯物主义语境和指导下实现理论的深化和拓展,正如一些西方马克思主义者指出的那样:"意识形态仅仅是一种虚伪的意识,有且是一种错误地把自助的特征赋予部分社会生活现象的意识。设想法律和国家是独立地存在于社会之上的力量的法的和政治的表象,就是恰当的例子。"①这表明坚持唯物史观是理解意识形态理论的关键,在历史唯物主义的前提下,才能真正解释清楚意识形态的上层建筑性、理解意识形态如何与经济基础发挥作用等关键问题,才能更好地说明马克思所提及的关于意识形态虚假性与消灭阶级社会后意识形态必要性看似相互矛盾但却是历史地内在统一关系。二是社会结构理论的一般性原则。马克思关于经济基础、政治上层建筑和思想上层建筑的一般性理论是以历史唯物主义原则审视不同社会形态变化的内在规律而获得的科学认识,其科学性和解释力已经为历史发展所证实。对意识形态理论的研究应该依托于这一科学结论,任何企图抛弃这一科学结论的研究必将误入歧途,但同时也要警惕将其还原为简单决定论的危险。在遵循以上原则的基础上,马克思主义意识形态理论在当前时代条件下也应借鉴西方马克思主义关于意识形态理论研究的一些启示,如对意识形态问题的研究不是作为一个理论问题,而是作为一个实践问题,将其密切结合于时代变化和意识形态领域根本任务的变化,体现对时代精神和革命形势的理论表征和有效回应;从批判性和建构性两个维度既揭穿资本主义意识形态在社会生活和人格结构中的幻象,又对无产阶级及其政党争取领导权及巩固领导权提出合理化建议,体现既具有自我批判功能,也具有自我辩护、自我修复、自我调整功能的多维性;对意识形态的宏观领域和总体批判的研究进展到微观领域和诸多层面和点位的微观批判,实现当代意识形态日常化、生活化并对个体心理、存在方式的有效融入等。这些内容将对中国社会意识形态的建构提供思想启示。

(本文作者:史巍)

---

① [德]柯尔施:《马克思主义和哲学》,王南湜、荣新海译,重庆出版社1989年版,第43页。

当代视觉文化意识形态治理路径研究[*]

一、问题提出

"视觉文化"是 1913 年匈牙利电影理论家巴拉兹最先在《电影美学》中使用的概念,他认为电影作为新的文化形式从根本上区别于印刷文化,从而开启了一个新的"视觉文化"时代。"作为一种学术思潮,'视觉文化研究'(Visual Culture Studies)兴起于上世纪 70 至 80 年代的西方……视觉文化研究的历史虽然不长,却在短短的时间里爆发出惊人的学术生产力和理论扩散力。"②随着视觉文化研究的兴起,视觉文化也具有了更为清晰的内涵。米尔佐夫认为视觉文化是源自消费社会的日常生活文化,它是以后现代文化的角度对现代文化危机的一种解决方案。斯特肯和卡特莱特认为"视觉文化这个术语涵盖了许多媒介形式,从美术到大众电影,到广告,到诸如科学、法律和医学领域里的视觉资料等。"③W.J.T.米歇尔则认为视觉文化的本质在于建构性,"它是被习得和培养出来的,而不是简单地被自然所给予的。"④主张我们在对待视觉文化中的诸多媒介的时候应该引入历史性的视角,既注重视觉文化与受众之间的互动关系,又要注重视觉文化与人类社会中的伦理政治之间的密切关联。这些学者对视觉文化的定义主要涵盖了两个维度:一是强调视觉文化的视觉性,即视觉技术、视觉媒

---

  *　[基金项目]国家社会科学基金项目(18CKS047)。此篇文章被收入《新华文摘》2019 年第
1 期论点摘编。

　②　吴琼:《视觉文化研究:谱系、对象与议题》,《文艺理论研究》2015 年第 4 期。

　③　周宪:《视觉文化的转向》,北京大学出版社 2008 年版,第 16 页。

　④　W.J.T. Mitchell, *Showing Seeing: a Critique of Visual Culture*, *Journal of Visual Culture*, 2002
(2):165-181.

介对视觉文化生成与传播的特殊作用;二是强调视觉文化的社会性,即视觉文化与社会形态、日常生活、伦理政治的密切关联。因此在关注视觉文化的视觉性特征时,也必须重视研究其社会性意义。

视觉文化研究的兴起是对当代文化视觉化转型的集中反映。以图像为载体而构成的视觉文化的产生有着多方面原因:消费社会的形成、科学技术的异化、文化工业的发展、日常审美方式的转变等等。总的来看,视觉文化的产生既有现代性的文化根基,又顺应了后现代的文化转型。在当今视觉文化时代中,视觉文化与消费主义意识形态高度结合,这也正是视觉文化社会性的展现。视觉文化通过图像符号构筑了一个庞大的景观系统,以消费为路径在日常生活领域进行全面渗透,改变了大众的思想观念和行为方式。在一定程度上削弱了主流意识形态在人民群众日常生活中的引导力和影响力。因此应以一种更为积极的态度尽可能地消解视觉文化意识形态的负面效应,全方位地研究当代视觉文化意识形态的治理路径,以对其进行有效的引导和规范。

二、视觉文化的意识形态本质

视觉文化并不仅仅是一种视觉图像组成的文化形态,因为"视觉图像指向的往往并不是图像本身,而是图像背后的隐喻,视觉图像往往有着复杂的意识形态建构。"[1]视觉文化在"本质上是一个在视觉符号的表征系统内展开的视觉表意实践,它蕴含了许多隐而不显的体制、行为、意识形态和价值观。"[2]也就是说我们不能只从视觉文化的视觉性本身去看待文化,而是必须深入到视觉文化表征系统的内部去研究视觉符号如何改变了现有的社会结构以及社会关系。用这样的视角去审视视觉文化会发现视觉文化已经全面影响到人们的日常生活、价值观念和思维方式,生成了带有后现代主义和消费主义性质的"视觉文化意识形态"。

---

[1] 杨向荣:《图像的话语深渊——从古希腊和中世纪的视觉文化观谈起》,《学术月刊》2018年第6期。

[2] 周宪:《视觉建构、视觉表征与视觉性——视觉文化三个核心概念的考察》,《文学评论》2017年第3期。

（一）视觉文化冲击了主流价值观

在视觉文化意识形态的生成过程中产生了很多负面效应，这首先表现为它的后现代性对主流价值观的冲击。因为视觉文化本质上是一种后现代文化，后现代文化热衷于对信仰的消解、对主体的解构、对历史的淡化。它的本质特征是突出边缘，消解中心，进行平面化的复制拼贴。就像詹姆逊对后现代文化所描述的那样，他认为在后现代文化中现实通过二维影像的方式呈现出来，因此后现代文化必然是平面化的。同时在这种呈现中，真实的历史现实被虚拟影像所遮蔽，因此后现代文化又是无历史深度的。虽然后现代文化的这种特点使它更容易被大众所接受，在一定程度上提高了大众的文化地位，使文化开始重视大众的感官体验和话语权，但是后现代文化试图对"主流意识形态进行解构及颠覆，对物品原有的意义进行消解和重新编码，并迎合大众的感官口味，赋予其新的意义和象征，表现出强烈的娱乐至上色彩和日常审美肤浅化、表面化的特点"①。

视觉文化的这种特点助长了历史虚无主义的泛滥。近些年来一些抗日题材的影视剧曲解历史，把艰苦卓绝的抗日战争娱乐化，为了讨好观众不尊重历史事实，不顾及民族情感，上演了一部部带有各种夸张镜头的"抗日神剧"。视觉文化的后现代特质还散布着一种相对主义的价值观，它表面上主张价值多元，实际上在一种"怎么都行"的价值观念中消解了人们对主流价值观的认同，对主流意识形态产生了破坏性的作用。

（二）视觉文化中蕴含着错误的价值观念

视觉文化意识形态散布着消费主义、快乐主义价值观念，这同视觉文化的后现代性仍然密不可分。后现代伦理状态的变化深刻地影响了视觉文化在伦理价值层面的呈现方式。自尼采宣扬"上帝已死"以后，上帝作为绝对的道德和信仰的权威被消解。后现代主义的代表福柯继尼采之后更是断言"人的死亡"，作为主体的人失去了世界中心的地位。在虚无主义和相对主义盛行的后现代伦理状态下，真理不再崇高，理想也不再值得追寻。因此很多人的目光更多地停留在对当下的体验上，沉迷于消费所带来的短暂快感中。

视觉文化意识形态正是在后现代的伦理状态下，伴随着消费社会而产生的。

---

① 林峰：《视觉文化意识形态功能的困境与超越》，《云南社会科学》2017 年第 5 期。

因此视觉文化意识形态实质上也是一种消费主义的意识形态。视觉文化以广告、电影等图像媒介为载体,借助电视、互联网传播消费主义价值观。这种价值观促使消费行为发生异化,人们不再仅仅从获得使用价值的层面去消费商品,而是赋予了商品更多的符号性意义。它使人们流连于商品符号的景观世界,颠覆了人们对真实需要和虚假需要的认知,模糊了使用价值和符号价值的界线。从而导致过度消费、炫耀性消费之风盛行。消费主义、快乐主义弱化了人们对于价值、理想层面的精神追求,也弱化了人们的社会责任意识,不利于良好社会风气的形成。

今天是一个全球化的时代,和经济全球化一起到来的还有文化全球化。在文化全球化的语境中,一些国家依托于强势的经济实力和发达的传媒产业在文化上也具有较多的话语权。它们同时也依托着视觉文化在一定程度上宣扬消费主义、拜金主义等错误价值观念。因此,我国要抵御这种视觉文化背后错误的价值观念,利用文化优势、制度优势在文化全球化的时代发出自己的声音,掌握文化领域的话语权,增强我国的文化软实力,必须对视觉文化意识形态的治理路径进行深入研究。

三、西方马克思主义视域中的意识形态批判

如何在发达工业社会中弱化以技术理性为根基的意识形态的消极影响,是以西方马克思主义为代表的意识形态批判理论所关注的主要问题。本雅明、阿尔都塞、马尔库塞、德波、鲍德里亚、齐泽克等学者都从不同的维度对资本主义意识形态的运作机制进行过分析和批判。尤其是马尔库塞和德波的意识形态批判理论为我们研究视觉文化意识形态的治理路径提供了诸多启发。

(一)马尔库塞对发达工业社会意识形态的批判及超越

马尔库塞从总体上批判了发达工业社会的意识形态,揭示了意识形态与消费社会、技术理性的结合方式,并思考了对其进行超越的可能路径。他首先倡导一种和平的生活方式,在对和平的追求中实现人与自然关系的和解。通过这种和解,人把自身从技术理性的意识形态中抽离出来。他认为:"和平目的在多大

程度上决定技术的逻辑,它就在多大程度上改变技术同其主要对象即自然的关系。和平以控制自然为前提,自然是而且将继续是同发展中的主体相对的客体。不过存在两种控制:压迫的控制和解放的控制。后者可致不幸、暴力和残酷行为的减少。"①马尔库塞的这种自然观,实际上与近些年来在国内外学术界比较关注的生态马克思主义和有机马克思主义的观点非常类似。这些理论都主张在关注环境保护的同时应对人类虚假需要及欲望进行必要的遏制,提倡一种更为健康、绿色的生活方式。这种生活方式的建立必将有助于我们走出视觉文化意识形态的幻境。

在马尔库塞那里,对自然的解放性的控制是和艺术的批判功能结合在一起的。马尔库塞认为在技术理性控制的社会中,社会的不合理性愈加明显,艺术的合理性就愈加强烈地凸显出来。艺术仍然作为一种技术合理性的反抗力量,孕育着人类和平解放的理想维度。"艺术将不再是已确立机构的婢女,不再是美化其事业和不幸的技巧,相反,它将成为摧毁那一事业和不幸的技巧。"②需要注意的是,马尔库塞所言的艺术实质上带有很强的精英文化的意味。在视觉性的大众文化泛滥的时代,有选择地提倡精英文化、高雅艺术的回归对提升大众审美素养、对抗消费意识形态会起到积极作用,但是也要注意马尔库塞对大众文化全盘否定的态度,也是不可取的。

(二)德波超越景观社会意识形态的解放策略

与马尔库塞相比,德波的景观社会理论更直接关涉到视觉文化意识形态的批判与反思。德波对景观社会的研究其实比我们更为熟知的波德里亚所做的研究还要早,德波的思想可见于他的著作《景观社会》一书中。在这本著作中德波以马克思主义的批判视角分析了当代消费社会中所出现的一种特别现象——"景观"。在消费社会中不但商品越来越丧失了它本身的使用价值进而符号化为一种景观,就连生活本身也表现为景观的堆积。

德波在批判了景观社会的现实状况及其意识形态后,提出了超越景观意识形态的解放策略。他认为解放的根本在于把人从物化的商品景观控制中解脱出

① [美]赫伯特·马尔库塞:《单向度的人》,刘继译,上海译文出版社 2008 年版,第 186 页。
② [美]赫伯特·马尔库塞:《单向度的人》,刘继译,上海译文出版社 2008 年版,第 189 页。

来,"我们时代的自我解放是一种来自物质基础的倒置的真理的解放"①。因此必须摆脱已经倒置了的人与商品的关系,直面真理,把人从商品欲望的束缚中解脱出来。他又提出了一些颇具深意的概念如"漂移"、"异轨"等概念。漂移"是一种穿过各种各样周围环境的快速旅行的方法或技巧。漂移包括幽默嬉戏的建构行为和心理地理学的感受意识。因此是完全不同于经典的旅游或散步概念的。在漂移中,一人或多人在一个特定时期要放下他们的关系,他们的工作和休闲活动,他们的所有其他运动和行动的通常动机,使他们自己被他们在那里所发现的地形和遭遇的魅力所吸引"②。而异轨则是德波谈论文学艺术活动时引出的一个概念,但是它的作用又可以被视为对整个影像世界的一个颠覆性的解构活动。异轨通过变形、非理性、颠倒等方式对具有意识形态意蕴的海报、广告、服装甚至城市规划等事物进行改造,最后"异轨不仅导致人的才能新方面的发现;另外也导致与全部社会和法律习俗的正面冲突,它不可能不是一种服务于真实阶级斗争的强有力的文化武器"③。总体看来,德波主张通过对欲望的遏制摆脱商品景观的控制是合理的,但是他的解决方案仍然带有很强的艺术性。

马尔库塞和德波从人与自然、技术、艺术等层面关系入手提供了超越视觉文化意识形态的一般性的解决方案,对于弱化景观化的意识形态操控具有启发性的价值和意义。但是以马尔库塞、德波为代表的西方马克思主义略带有艺术化的改良性质和比较强烈的脱离于普通大众的精英主义文化取向,这需要我们对待西方马克思主义的意识形态理论时必须站在马克思主义的立场上对其进行批判的吸收和借鉴。

四、以多样化的文化形态突破视觉文化霸权

除了马尔库塞和德波超越景观社会意识形态的策略,我们还应从具体的文化实践本身出发研究更具有操作性、现实性的文化路线。如何超越视觉文化?

① 〔法〕居伊·德波:《景观社会》,南京大学出版社 2007 年版,第 101 页。
② 〔法〕居伊·德波:《景观社会》,南京大学出版社 2007 年版,第 105 页。
③ 〔法〕居伊·德波:《景观社会》,南京大学出版社 2007 年版,第 113 页。

视觉文化之后的文化生态又是什么样的? 很多学者对此进行了思考和展望。他们主张推动视觉性为主导的图像文化向理性、话语、倾听为主导的文化模式转型。有的学者主张重建阅读文化,有的学者提出了听觉文化、触觉文化,这些文化转型的探索将是超越视觉文化意识形态的有益尝试。

(一)阅读文化的重建与创新

"重建阅读文化"是国内视觉文化研究学者周宪提出的观点。他认为视觉文化的图像霸权俨然造就了一个"读图时代"的出现。在这个时代中,图像形成了对语言文字的全面压制。就视觉图像和语言文字的关系而言,"语言是线性的、抽象的和思考性的……相比之下,影视图像的传递是单向的"。① 语言文字往往能给予阅读者更多反思和想象的空间,而影视图像则注重以感性化的形式冲击观众当下的感官体验。在读图时代中,影像化的视觉冲击代替了语言文字的静态沉思。图像之所以能获得霸权,形成对语言文字的操控,还在于图像和消费社会结合,产生了和马克思所批判的"商品拜物教"相类似的"图像拜物教"。在商品拜物教中人们对商品顶礼膜拜,而在图像拜物教中,这种膜拜转移到对商品形象的占有上。发生这种转变的逻辑就在于消费社会中人们对商品使用价值的依赖逐步转向对符号价值的痴迷。在分析了图像压制文字的深层原因之后,周宪认为我们应该对削减当前的视觉文化霸权有所作为。他提倡应该弱化视觉文化对闲暇时间的控制和剥夺,倡导阅读文化的重建,提倡以良好阅读习惯和兴趣的培养等方式来应对视觉文化和消费主义对语言文字的冲击。

令人欣慰的是"重建阅读文化"这一倡议如今已经不再仅仅是理论研究者们的主张,而是在一定程度上成为当今我国文化建设的一项方略,得到了全社会的积极响应。尤其是在我们面对电影、电视剧、微博、微信等现代媒介的多重冲击下,提倡阅读文化就变得更加紧迫。它已经不仅是个严肃的学术问题、社会问题,而是直接关系到了我们的国民素养。在视觉文化时代,一方面我们应呼唤传统阅读方式的回归,另一方面,也应继续探索和创新理性化的语言文字在视觉媒介中的呈现方式。如近年来热播的《朗读者》、《见字如面》、《中国诗词大会》等一些电视节目尝试把语言之美、叙事之美、人性之美通过在电视这一视觉媒介呈

---

① 周宪:《重建阅读文化》,《学术月刊》2007 年第 5 期。

现出来,使人们开始重新关注语言本身的魅力。相信阅读文化的重建将是冲破图像牢笼的关键途径。

(二)从视觉文化转向听觉文化

相比"重建阅读文化"的倡议,一些学者提出了崭新的思路。为了应对视觉文化的冲击,韦尔施提出了"听觉文化"的概念。他在《重构美学》中谈到了视觉文化正在向听觉文化转向:"我们迄至今日的主要被视觉所主导的文化,正在转化成为听觉文化,这是我们所期望的,也是势所必然的。不光出于平等对待。在视觉称霸两千多年后,听觉理当得到解放。"①韦尔施认为视觉文化的核心在于它的技术性,它已经呈现出工具理性的特征。视觉文化的霸权正在以一种异化的形式把人类带入灾难中。而听觉文化的特点在于它能在交流中实现与世界的和解,从而解放人类。韦尔施旗帜鲜明地把听觉文化看成是替代视觉文化的一种选择。但是就理论而言,对听觉的重视在思想史上早已有之。韦尔施把这种思想根源追溯到海德格尔、尼采,乃至当代的麦克卢汉。因为我们可以从海德格尔后期的诗意哲学、尼采关于诗歌和音乐的理论以及麦克卢汉的听觉空间理论中找到这种根据。

那么又该如何理解听觉文化本身呢? 韦尔施在这里进一步把听觉文化分为两个层次:一方面是广义的作为替代视觉文化的一种新型的主导文化,它以听觉为基础对我们的文化模式进行彻底的改造;另一方面它是指狭义的具有声音特质的文化类型。他认为我们应该同时在这两个层次上发挥听觉文化的作用,以听觉为基础重建人与人之间以及人与自然之间的关系,突破技术性的视觉文化已经形成的霸权地位。就此来看,韦尔施主张的听觉文化和阅读文化有一定的相似性,它们都蕴含着一种感受、理解、交融的特质。听觉文化的这种特质必将有助于打破视觉文化的垄断,建构一个更为合理的文化生态。

(三)触觉文化的萌芽与发展

随着听觉文化的呼声在美学和文化研究领域日盛,有些学者开始以触觉文

---

① [德]沃尔夫冈·韦尔施:《重构美学》,陆扬、张岩冰译,上海译文出版社 2002 年版,第 209 页。

化为核心提出了一些新的观点。他们或者认为触觉文化相对于视觉文化、听觉文化具有更大的包容性:"用听觉文化来替代视觉文化并未跳出西方传统思维模式,容易从'专制霸道'的一个极端走向'逆来顺受'的另一个极端。而相较于视觉文化和听觉文化,触觉文化具有更强的自我反思能力,更不容易形成专制主义"①;或者认为触觉文化意味着一种身体的在场,这是多元文化下我们应该合理对待触觉文化的一种伦理态度:"审思和超越视觉文化,聚焦触觉文化,即人的身心应当以连续在场的方式植根于生活世界的土壤之中,视觉文化中的技术信息应始终作为丰富人们的内心和精神世界的手段;触觉文化中的传统信息和与其相关的'经验技能'应该根据其自身的特性得到发展,它们与生活世界的连续性和关联性应得到保护,符号与事物应保持平衡。"②总的来说,这些学者倡导的触觉文化中所谈到的"触觉"并不同于我们通常理解的肢体器官直接与外物接触的那种触觉,而是一种相对广义的触觉,它更为接近一种"全觉"。他们认为文化应该是健全的"全觉文化",因此不应该把文化形态局限在某一种感官形态之上,单一地以某种感官形态作为文化的主导都是不值得提倡的。同时他们还扩大了触觉的外延,认为除了皮肤这个最大的触觉感官之外,传统意义上不属于触觉的感官如视觉、听觉也可以从触觉的角度予以解释。也就是说,触觉是人类感官感触这个外部世界的基本形态,除了狭义的触觉外,我们还可以这样理解:视觉是眼球与外部事物光线的接触,听觉则是耳膜与外部事物声波的接触。因此视觉、听觉实质上也是一种触觉。正是由于对触觉做了广义上的解释,触觉具有了超越单一的视觉或听觉的特质。它可以超越视觉文化或听觉文化的专制性,具有更强的自我反思能力,更加开放包容,打破了视觉文化和听觉文化从产生以来就内在于其中的理性主义因素,回归到对人的自身——人的身体的关注。

尽管学界对视觉文化的超越路径提出了不同的解决方案,但是阅读文化、听觉文化、触觉文化都不应该以一种文化霸权的形式存在。而是应积极推动马克思主义为主导的视觉、听觉、阅读等多样化的文化形态并存发展才能更加有助于削弱视觉文化的霸权地位,弱化其负面效应,从而为现代社会中的人们提供健康的文化空间和精神家园。

---

① 刘连杰:《触觉文化还是听觉文化:也谈视觉文化之后》,《文艺理论研究》2017 年第 3 期。
② 李波、李伦:《对待信息的伦理态度:从视觉文化到触觉文化》,《云南社会科学》2017 年第 3 期。

五、推进马克思主义意识形态的视觉化传播

当代视觉文化意识形态之所以能在人们的日常生活中产生巨大的影响,主要是因为它是一种易于被大众所接受和消费的感性意识形态。我国主流意识形态的马克思主义面对视觉文化时代,也应在坚持主导地位的前提下进行理论和实践创新。我们应打破传统传播观念的束缚,吸收视觉文化在感性化方面的传播优势,同时又对视觉文化中的非主流观念进行批判。通过推进马克思主义意识形态的视觉化传播使之融入人民大众的日常生活,在扩大马克思主义意识形态的传播效应和影响力的同时,也对视觉文化进行有效的引导和治理。

(一)推动马克思主义意识形态的日常生活化

日常生活是意识形态的住所,意识形态通过融入日常生活对个体进行召唤和质询,从而完成了意识形态的物质性。尤其是视觉文化意识形态,更是高度融合在日常生活当中。它通过商品符号的生产,进入日常生活中的消费领域,从而在潜意识层面影响着人们的生活方式。所以要规避视觉文化意识形态造成的消费主义等负面效应,马克思主义意识形态就必须进入日常生活领域发挥作用和影响。必须处理好马克思主义和日常生活的关系,在日常生活中进行大众化传播。这是因为"马克思主义意识形态传播日常生活化是由日常生活与马克思主义意识形态之间内在的必然的逻辑关系所决定的"①。马克思就曾在《德意志意识形态》中指出意识形态源于真实的现实生活过程,作为主流意识形态的马克思主义同样如此,它既发源于日常生活,又必须回到日常生活中发挥指导作用。

以往马克思主义意识形态在传播的内容和形式方面比较侧重于理论化和系统化,目前来看我们也应进一步丰富其感性化的维度,对马克思主义意识形态的日常生活化进行理论和实践层面的研究。具体而言,应转变马克思主义意识形态的话语形式,贴近大众的日常生活和切身利益,以更富有时代感和生活气息的

---

① 揭晓:《论马克思主义意识形态大众化传播的日常生活维度》,《教学与研究》2015 年第 6 期。

话语形式进行传播，加强其在日常生活领域的影响力。同时应积极引导大众文化的发展，因为大众文化与普通百姓的日常生活关系密切。以马克思主义意识形态引导大众文化，使马克思主义走入普通百姓的日常生活。还应该进一步处理好马克思主义意识形态和传统文化的关系，因为传统文化是中华民族的精神根基，深深地影响着道德伦理和日常风俗。马克思主义意识形态应该找到和传统文化的结合方式，借助传统文化融入百姓的日常生活。

（二）探索马克思主义意识形态视觉化传播的实现方式

马克思主义意识形态应该借助视觉文化的传播媒介发挥其引领作用。视觉文化作为一种大众文化在文化的传播和接受方面有其优势，因为它更富有图像的直观性和冲击力。所以马克思主义意识形态应该引导视觉化的大潮，转变话语的表达方式，充分利用视觉文化传播主流价值。这需要我们在理念上、内容上和传播形式上进行全方位的创新。在这一方面，我们已经有了初步的尝试。近些年我国通过纪录片、国家形象片等视觉图像向国内外展现我国社会主义建设取得的成就。2008 年的申奥宣传片、2011 年纽约时代广场亮相的国家形象片等，从经济、政治、文化等层面向世界展现了一个更为生动形象的社会主义中国。这种展现方式充分利用现代化的视觉手段，更容易得到大众的认同和接受，也说明"国家形象的银幕表达是让世界认识中国的非常重要的平台。"①

同时，马克思主义意识形态还应该主动占据电影、电视剧等视觉消费品市场。因为"在现代社会，文化已经成为商品，文化符号的消费逐渐替代物的消费，成为大众日常生活交往、互动的重要方式，对人们具有直接的价值导向作用"②。因此马克思主义意识形态也应该适应文化商品化、视觉化的转型，对其发挥作用的形式进行适当的调整。把马克思主义意识形态进行图像化的处理，使之融于可以被大众消费的视觉文化商品中，进而通过大众的消费活动使大众自然而然地接受马克思主义意识形态，从而引导大众的价值观念。虽然一些经典的影视作品仍然具有超越时代的精神价值和意义，但是在视觉文化时代，其制作手段和图像展示的形式已经不太能适应新时代的观众，尤其是青年人的审美

---

① 吴学琴：《日常生活的意识形态与视觉文化》，《教学与研究》2012 年第 7 期。
② 揭晓：《视觉文化传播与意识形态日常生活化研究》，《社会主义研究》2016 年第 1 期。

变化。所以我们必须转变制作理念,引入先进的制作技术,借助市场化的影视制作方式使主旋律题材的影视作品更能适应时代精神。如2017年上映的电影《战狼2》、2018年上映的电影《红海行动》都是这方面的成功典型。这些电影以更为感性的、易于被大众所接受的视觉形式充分展现了中国形象。

(三)规范视觉媒介的传播环节

从传播队伍、传播受众、传播法规等传播环节对视觉文化进行规范化治理,有助于保障马克思主义意识形态的视觉化传播。在传播队伍方面,应该坚定视觉文化商品制作者的政治立场,积极学习并领会国家最新政策,从而保证制作出来的视觉商品既符合社会主义主流价值,又具有时代精神。在传播受众方面,应提升大众的媒介信息素养,进行主流价值观教育,增强大众鉴别视觉商品中非主流价值观念的能力,使之自觉对其进行抵制。同时应逐步健全视觉文化相关的法律法规,严格规范互联网、新媒体、自媒体等传播渠道,保障马克思主义意识形态在这些现代媒介中的传播。

通过马克思主义意识形态的视觉化传播,其在视觉文化中必将产生更大的影响力。这将极大地压缩当前视觉文化中存在的消费主义、快乐主义、历史虚无主义等错误价值观念的生存空间。在根本上改变视觉文化的发展方向,推动视觉文化本身的转型。从而实现对当代视觉文化意识形态进行引导和治理的目的。

六、结　　语

视觉文化之所以能极大地影响着我们的日常生活,是由于视觉文化具有图像化、感性化、易被消费和传播等特点,顺应了文化大众化的转型。但是视觉文化又是根植于消费社会的一种后现代文化形态,从而被打上了消费主义的烙印,文化本应具有的精神引领作用消失了。消费主义、快乐主义、历史虚无主义等错误价值观念通过广告、电影等媒介渗入视觉文化当中,在一定程度上冲击了主流意识形态。因此我们必须揭示出视觉文化中含有的这些错误价值观念,对视觉文化进行治理。

　　马尔库塞、德波等人的西方马克思主义意识形态理论批判了发达工业社会和景观社会意识形态的运作机制，并提出了可能的超越路径，对我们分析视觉文化和意识形态的内在关联、研究视觉文化意识形态治理具有很大启发。但是西方马克思主义理论没有提出更为具体的文化方案，并且带有艺术化的改良性质，必须通过马克思主义对其进行批判的吸收和借鉴。

　　近年来国内外的很多学者针对削弱视觉文化霸权提出了阅读文化、听觉文化、触觉文化来重建社会对阅读、倾听、感触等维度的认知。应当承认的是这些方案都有其合理性，但是视觉文化、阅读文化、听觉文化、触觉文化应该共同构建一个以马克思主义为主导的不同感官形式文化并存发展的文化生态，这才是更应被认可的文化发展道路。

　　马克思主义意识形态作为我国的主流意识形态应积极吸收视觉文化的感性传播优势与视觉媒介充分融合，同时对视觉文化中的非主流观念进行批判。这将增强马克思主义意识形态在当前文化生态中的引导力，更好地融入人民大众的日常生活，清除视觉文化中的消极因素，促进视觉文化的健康发展。

（本文作者：刘伟斌）

空间政治责任的实践逻辑与中国路径

  如果时间被定义为连续的序列,而空间被定义为同步的序列,那么全球化时代的我们可能已经离开了时间的连续与革命,而进入一种全新的时空序列,即共存的时刻。在共存的时代,没有人能够简化或消除异质性的实体。应对空间政治和伦理的挑战才刚刚开始。本世纪以来兴起的空间政治性与政治空间性研究,将空间看作与社会和政治相关的存在。彼得·杰克逊(Peter Jackson)将"关联性思维"定义为当代人文地理的核心概念,为地理学科提供了一系列关于身份、地方政治和全球地方性研究的新视角。相联性思维的提出围绕梅西(Massey)、阿明(Amin)、思里夫特(Thrift)和哈维(Harvey)的论述展开,并试图在这些观点的指导下构建一个政治参与、道德承诺的空间。这一理念与习近平总书记提出的"要相互尊重、平等协商,坚决摒弃冷战思维和强权政治,走对话而不对抗,结伴而不结盟的国与国交往新路"①的外交理念具有相同的价值取向。本文的研究目的是探讨政治责任如何在全球化空间中不断发展,并提出一些有益的见解,为有效地应对空间政治和伦理争论提供理论支持。笔者试图证明空间政治责任与地理学的"道德转向"息息相关。本文回顾了很多学者关于空间政治责任的论点,尤其是考察了如何实现超越地域性界线的政治责任。在全球化的当代,人们可以对全球空间的构建提出多样的主张,跨越空间界线的政治将会呈现出更为广泛的政治责任和另一种地理学想象。

---

  ① 习近平:《决胜全面建成小康社会 夺取新时代中国特色社会主义伟大胜利——在中国共产党第十九次全国代表大会上的报告》,人民出版社 2017 年版,第 60 页。

一、时间、空间与政治的共生逻辑

时间和空间作为人类两种重要的生存维度是人类认知和改造生存环境的重要标尺。在"时间"优先的传统理念中,空间维度附属于时间,人类实践被有效地整合进线性的历史队列,空间的三维性被还原为历史的单一性。空间的"失语"导致时空实践、连接和相关性的断裂,空间成为时间的表征,造成两种不可逆的严重政治后果。第一,全球化的不均衡发展被认为是理所应当的结构性现实,"落后"的地区和国家只能在发达国家制定的规则下仰人鼻息,没有定义自身发展道路的权利,发达国家成为规则的制定者和执行者。第二,空间成为时间的虚构策略,国家和地区间的既定差异被视为合理存在,贫富差异被简化到线性历史的队列当中,反过来又产生一种至关重要的效果:它否认平等,这是一种贬抑的形式,它否认"同时性"。① 同时,也导致不均衡发展的伦理和政治上的挑战被巧妙化解,空间中存在的尖锐矛盾通过时间的概念化成功被规避。

随着空间意识的觉醒,空间用不同于以往的方式表达了一种共同体理念。空间不仅是政治生活的场域,其本身就是一种生产和实践,空间具有多样性的维度,具有开放性的特点,并且始终是面向未来敞开的未完成时态,更准确地说,始终向着政治和责任敞开。空间被人类的行为所塑造,同时又影响着人类的生存方式和意识形态,空间具有政治性。空间不只是距离,它是多样性内部开放式的塑形领域。我们当前需要考虑的不是空间是否将被湮灭,而是何种多样性和关系将随着空间塑形而被共同建构出来。但是,最初对空间的政治性认识还比较狭隘。大多数学者认为在人类地理上占据主导地位的空间关系,已经将空间关系简化为了一种政治要求,即把空间作为主导社会发展的重要载体。以政治为导向的空间是有价值的"容器",是与民族主义、特殊政治和通常的排外政治相联系的,他们把空间视为一个固定不变、理想化和同质性的地点。因此,空间市场学和民族主义经常试图定位地方意义,定义地方的含义:它们构造奇异的、固

---

① 多琳·梅西:《全球发展不均衡状况下的空间、时间以及政治责任》,《美育学刊》2016年第5期。

定的和拥有静态身份的地方,并且通过反对外部空间来固定有界线的封闭空间。地理位置的表现在本质上是政治上的,正如阿明所指出的,以前的空间与有界的区域相关联,可以导致一种政治关系,在这种关系中,地方之间的关系是美好与亲密的,与坏的和遥远的外部事件无关。因此,可以把空间看作一个操作台,精确地将他人从其历史中剥离,因为"其他人"只是简单地被放置在(通常是国家的)空间中。①

近年来越来越多的学者将空间的政治性考察建立在空间权力关系的形成和维持机制上,通过跨越时空的二元对立,将空间的封闭性与开放性进行了对立统一的建构。对于多琳·梅西来说,这样的想法始于对充满权力的社会关系的欣赏,这是一种构建和扮演地方身份的社会关系,她把地点身份看作不断地重新制定的一系列相互关系。因此,一个地方的身份并不源自某些内部的历史。在很大程度上,它起源于与"外部"互动的特异性。这样的相互作用,同时是充满能量的,对于表现和重申自己的身份,以及对说明关联性空间有同样重要的作用。因为,关于空间的关联性描述要预先考虑利益、权力、身份和责任的空间谈判,往往会有混乱和复杂的本质。对空间身份的一种关联性解读,不仅仅是对内与对外关联的描述,而是提出了一系列的关联和流动的解读,"与把一些地方看作有边界的区域不同,它们可以被想象成在社会关系和理解的网络中被表达的时刻。而这反过来又让人感觉到了一种被扭曲的感觉,它包含了与更广阔世界联系的意识,它以一种积极的方式融入了全球和本地。"②

从这个意义上说,地点是通过汇聚的方式来定义的,并涉及与其他空间的关系。因此,地点的身份在行进的过程中,在不断地重新改造、重新开放中塑造,并通过各种物质情感和象征的涌入而不断地进行竞争,而这些因素又带来了不同的权力关系。地方总是一个"会议场所",因为它是通过多个故事和轨迹的结合而形成的。在这些早期的空间和地方的描述中,需要考虑如何在一种反本质主义、持续和有影响的方式中阅读身份,让人们了解当代的空间是如何被理解和政治协商的。关联性思考的第一个困境是整合地方的内在异质性,将其作为一种

---

① Massey, D, *Geography on the agenda*, *Progress in Human Geography*, 2001, 25(1):16.

② Massey, D, *Power-geometry and a progressive sense of place*[A], In: Bird, J., Curtis, B., Putnam, T, Robertson, G. and Tickner, L. (eds) Mapping the futures: local cultures, global change[C], London: Routledge, 1993, p.66.

与空间相关的政治空间、政治责任的实践逻辑与中国路径基础。一种开放而流畅的政治,应该将空间的并列作为一种竞争的参与。这意味着,把地方政治舞台视为一个主张和反诉、协议和联盟的竞技场,都是临时性的和脆弱的,永远只是谈判的产物。竞争形式的空间政治必须通过跨越给定区域的互联性和可传递性的空间来塑造,空间成为参与多元政治和多重空间的场所。这样的政治是一种谈判的尝试,而不是简单地通过反对距离差异来确定,是为了适应和穿越由于连接到其他空间而产生的需求和影响来确定。这一解释突出了对空间主权主张的完整性,以及对特定的、封闭的、毫不畏缩的地方愿景,以及对许多政治模式所假定的领土至上的争论。正如阿明所指出的那样,这项工作突出了从"地方政治到政治的地方性"的转变。

二、政治责任的空间"在场"

对于空间政治责任的思考始于 20 世纪 60 年代,也形成三种有代表性的思考。其一,是空间政治性对资本主义延续所起作用的分析。有代表性的作家是亨利·列斐伏尔和戴维·哈维等激进左翼马克思主义者,他们认为空间不是一个被意识形态或者政治扭曲了的科学对象,它一直都是政治性的、战略性的。[①]空间并非价值中立的存在,而是始终被社会关系所塑造,资本主义依靠空间修复和空间扩张攫取政治权力,并定义政治责任。其二,是结构主义的空间政治责任思考。曼纽尔·卡斯特等结构主义理论家将共时性分析放置于空间的政治思考中,将空间政治责任看作一种"再现"的方式。其三,后结构主义的空间政治责任分析。拉克劳、墨菲等人通过观察时间—空间结构的动态效果来认识空间中的政治责任,在墨菲看来,认同和相互关系是一起构造出来的,空间是不可缺少的认知条件。以上的认知都没有使空间摆脱封闭、僵化的固定模式,并未开启开放性的思维方式。面对以上的理论缺陷,本文提出了一种多元、开放和关联性的理解方式,跨越国家的界线力图构建一种具有全球化地方性的空间政治责任理论,来说明扩展性的责任并不局限于地方性或者即时性。政治责任为何能够跨

---

① [法]亨利·列斐伏尔:《空间与政治》,李春译,上海教育出版社 2008 年版,第 46 页。

越地域界线成为一种广义的空间政治责任？主要是由空间以下三个方面特质所决定的：

第一，空间是在关联互动中生成与发展的。空间反映着事物间的互动关系，尤其是权力关系。"与仅仅把空间视为原子化的物体类型和分布相比，从关系尤其是浸透了权利的社会关系方面形成空间(以及构成空间的现象)的概念，要有更大帮助。"①在空间关系性的视角下，道德、责任和距离可以实现统一，由此出现了两种相互关联的空间政治责任。第一种空间政治责任产生于对构成当代空间的多重元素的讨论；而第二种则是需要对全球流动和关联承担责任，从而帮助构成空间多样性。因此，政治责任是建立在关联和网络的需求之上的，这些关联和网络是流动和超越空间的。这些责任都产生于领土之外的世界，远距离的冲突和问题可能会带来近距离的结果，这是一种对空间的全新道德定位。空间实践的责任不仅仅意味着生活在一个全球化的世界上各种需求的延续。在微观意义上，它们提供了一种面对和回应道德及责任需求的方式。空间的认同可以在关联的意义上重新概念化，空间是相互关联建构起来的。

人类地理学的一系列著作试图研究空间责任与伦理的交互发展方式，以及空间、地点、发展和环境的地理学思考。在这项工作中，一个核心问题是考虑到距离在伦理要求和义务谈判中所扮演的角色。史密斯认为，与想要亲近的人接近是"一种可以理解的惯例"，因为缺乏对他人的了解，才有理由把他们排除在伦理考虑之外。② 对史密斯来说，"过远的距离导致了冷漠"，因为距离"不仅仅减少了同情"，也降低了责任感。然而，这样的伦理违背了一种世界性的、公正的、普遍的道德价值观和关联性理念，即某些价值观和权利应该在道德上适用于所有人，并且应该将一种关注的感觉扩展到更远的范围。对史密斯来说，要解决的核心问题是如何最好地将我们对那些与我们最亲近的人的同情延伸到更大的人类群体中。这部分需求的出现是通过越来越多的承认遥远的陌生人所赋予我们的责任来确定的，因为我们对其他地方的人也部分负有责任。因此，我们没有理由认为，道德界线应该与我们日常生活的边界相一致。更重要的是，这些边界

---

① ［英］多琳·梅西：《劳动的空间分工：社会结构与生产地理学》，梁光严译，北京师范大学出版社 2010 年版，第 3 页。

② Smith, D. M, *How Far Should We Care*? On the spatial scope of beneficence[J], Progress in Human Geography, 1998(22):17.

本身并不是封闭的,而是在一定程度上是由与远方的陌生人不断增加的交流所决定的。在这里,对距离的冷漠态度成为一个不断增长的问题,通过关心其他空间进而了解这些过程的运作,了解世界上富裕地区的"我们"是如何影响到遥远的其他国家的生活和环境,这可能导致一种责任感向他人的延伸。

道德义务可扩展多远的问题,已经成为道德范式在地理上的反射。史密斯指出,道德伦理与美德部分解释了特殊性和距离的要求,要求扩大关注的领域,要求扩大空间需求,空间可能会影响到我们的行为。巴奈特指出一种伦理道德和正义道德之间的紧张关系,经常被映射到对他人的责任和对遥远他人的责任之间的空间差异。在这样的辩论中,史密斯关注到了扩展空间政治责任范围的必要性及对他人承担的积极责任。

全球和地方的相关性发展,使道德成为一种处理和解决多重需求的讨论方法。这些需求被分配到个人,通过他们的身份、他们的联系和他们的地位来回应。梅西的"外向型"的空间责任感是一种介于这些偏袒主义和公平主义情绪之间的协商模式,也是对空间构成关联的回应。梅西和史密斯都批评了一种显性"嵌套"的责任观,这是一种绝对领土和由近及远的责任观。对史密斯来说,这样的模型可能会导致狭隘的个人利益的延续,因为不受约束的偏爱容易导致保守的狭隘主义。而对梅西来说,这种思维没有考虑到地方之间的联系是如何对地理产生影响的,他们是如何通过自身的存在来赋予责任的。正如艾伦所主张的,血汗工厂要求我们承担责任,这种责任并不是简单的外向型责任,而是意味着一种不断变化和不断要求的连接领土和流动的责任。因此,关联性责任就会考虑到地理学中的偏袒和公正、伦理、距离和地点的关系,并且不仅要说明在"这里"这个简单的事实中需求是如何产生的,还要说明如何回应这些要求。因此,关联性思维补充了对道德偏袒和公正问题的讨论,伴随着需要解决内部异质性的政治问题,以及对更广泛的连通性政治的赞赏,外向型的空间政治责任得到了广泛认可。

第二,空间始终面向异质性与多样性。空间拥有多元轨迹共存的特征。多样性是全球化空间的显著特点,但是这种多样性也受到了空间差异性的局限。空间是异质同存、多元同构的典型产物,多样性与空间性相互构建。这就导致了我们所谓的"差异"政治。20世纪末,为承认差异而进行的斗争占据着政治哲学的舞台,在全球化经济高度不平衡的发展进程中,寻求身份认可、差异或承认等并不能表明"虚假意识"的退潮,也不能矫正传统共产主义模式的物质主义范式下的文化盲目性,普世主义的姿态受到广泛质疑。当不发达国家的穷人的诉求只能局限于狭小的地域空间时,当争取政治权力的斗争只能发生在一个物质财富分配极不均衡的世界时,过度的政治理想可能沦为一种虚假意识。因此,构建"差异"政治的呼声此起彼伏。这种差异政治的核心既不是将世界政治简单论述为西方政治,也不是将其解释为发达国家的"故事",而要坚持承认差异和多元,正如习近平总书记所言,"推动建设相互尊重、公平正义、合作共赢的新型国际关系"。① 这里可以得到的政治推论是,社会理论和政治思维是真正的、全面的空间化,能够对他者的同时共存进行更全面的认可,连同对他们自己的轨迹和所要讲述的故事,都纳入想象之中,将全球化想象成为一个历史序列,没有认可其他历史的同时共存——这些历史具有不同的特征,潜在地也可能具有不同的未来。

第三,空间具有开放性的本质特征。空间的发展总是在进行时,随时处于变化发展的状态,空间始终是面向未来、面向外界、面向无限可能的存在。在以往的空间研究中,关注的核心是国家领土的内部,但是空间的开放性要求我们构建考察空间的第二个维度,即外部的,延伸的空间。这个空间是身份关系建构的地理学和全球意义上的地域性的表现,涉及身份向外延伸和发展的关系,并且反过来又引出了一个更广泛、更有争议的道德和政治问题。空间的开放性呼吁构建全球政治的连通性,将更加分散的地理分布和全球政治联系在一起,将孤立的个别事件联系到更全面的外向流动的人、材料、资金和信息之中。就像城市,从一个更广泛的地理学意义上汇集了需求和轨迹,而不是它的传统边界,城市也向外延伸,超越了这些融合的范围,影响了全球网络和资本流动的地理分布。世界城市,就像所有的地方一样,有从他们那里走出来的贸易路线、投资、政治和文化的影响,也有内部多样性本身的外在联系。各种各样的权力关系,在全球范围内运行,将其他地方的命运与自己联系起来。对每个地方来说,地理学中任何地点,这种权力关系的延伸都是特别的。这种政治有双重的焦点,既要应对流动空间的挑战,又要直面"强大的地方"责任。我们需要的是一种超越地方的政治。因

① 习近平:《决胜全面建成小康社会　夺取新时代中国特色社会主义伟大胜利——在中国共产党第十九次全国代表大会上的报告》,人民出版社 2017 年版,第 58 页。

此,这样的"外向型"政治将承认地方的全球责任,这种责任源于从某个地方延伸出的责任,有助于构建自己的身份,并依赖于它的发展。开放性的空间总是存在着各种联系,这些关系不是一个连贯的、封闭的关系系统,相反每个事物与其他事物都是联系在一起的。空间永远不可能是完成了的同时性,也不是已经构成的认同的容器,更不是已经完成了的整体论终结,而始终是面向未来的开放空间。

对那些从地方外向型发展延伸出的关联责任,有必要提出一种政治道德,正如我们在关联思考中所看到的,身份建立在不断变化的社会、空间和关联的基础上,这样的身份识别会在一系列的联系和关系中被预先处理。正是由于这种身份的认同,出现了外部关系的责任,责任是我们的社会关系的特征,通过我们不断构造所有的恒等式和所有空间。身份是固有的关系,并与更广泛的集体认同感联系在一起,建立了"过去和现在"的他者。因此,我们的身份是通过身份认同而产生的,国家是一个"想象中的共同体",共同体的识别带来一系列的关联和广泛的责任。我们不应该只觉得在个人的关系中对别人负有责任,而且对定义和划分身份的社会关系中也负有责任。因此,属于这个或那个家庭、宗族或民族的事实,给我们带来了利益、责任和义务。其中一项义务就是为自己的制定身份所造成的伤害、排除或沉默承担责任。我们也要理解对过去的责任要求,带着过去前行。我们要对过去负责,不是因为我们个人做了什么,而是因为我们的身份。

因此,要在全球化时代提出一种全面性的责任,这种责任既有广泛的关联基础,又考虑到眼前的责任。正是这两种思想,我们对超出了地域范围的地方负有责任,不是因为我们所做的事情,而是因为我们的身份。临时广泛责任,可以通过一系列的空间关联来补充,这些关联是通过具体关系来建立的。这些责任的性质,以及他们提出的要求,都在人类地理范围内的一系列环境中得到了研究,这种对关系的重新表述呈现了一种空间政治的关系愿景,这本身就使人们对正常化的说明所建立的国家和国家空间权利界线和不变性产生了怀疑。真正的激进、不稳定和反驱逐活动的重要意义存在于他们不断质疑的围绕着国家空间合法性的空间逻辑中。正如将空间视为控制和占统治地位的命令的表象一样,表达了一种关联空间政治,它反对在国家空间的范围内,它反对对空间上作出的决定漠不关心。这是现代政治造成的空间责任,一个关联空间政治,连接和构成的责任。

三、空间与政治责任的关联性思考

关于空间和政治责任的关联性叙述,表征了空间伦理学的双重发展。其一,是强调那些与更广泛的世界联系的重要性,在全球化时代世界的联系日益紧密,这些联系带来了前所未有的政治责任。人际关系围绕着"我们应该为其他地方承担一些责任的想法"展开,与遥远世界的关联是接近我们日常生活的,这是一个可接受的政治责任。根据这种观点,首先要理解个人、群体和机构如何进入全球市场体系,并作用于这些关联。这里为关联解释提供了一种方式,即政治责任从关联中产生,是可以被设想、适应和应对的。在一个似乎永远存在联系的网络世界里,对空间的关联解释认为,责任不仅是通过直接的行动和影响产生,而且是不公正和不平等的更广泛的世界体系的一部分。从这个意义上说,空间和责任的关联性解读需要一种政治责任的关切,这种责任会对网络、关联和不同的地方对生活的需求做出反映。其二,关于空间责任的关联解释说明了道德的需求和反映是如何通过承认这些联系来成倍增长的。因此,巴奈特等人确定了三种"责任共同体",它们以不同形式的需求为导向。第一,有些人已经被绑在了一起,他们保持着彼此的距离,并且由于他们与更广泛的制度或过程的联系而受到激励。第二,即使没有与需求或其原因直接相关的联系,也有责任需要承担。第三,还有一些要求,从过去的事件或行动中产生,需要重新回到条件,并创造现在。在这三种情况下,政治责任都是建立在对需求作出回应的基础上,这些需求使得遥远的人和地方有存在感,空间的关联性质在一定程度上创造并维持对责任的要求。从这个意义上说,关联的空间政治提供了"要求世界"的方式,因为它试图提出一个在地理学上通过倍增要求的方式关心道德的途径,这些要求被放置于不同的空间,这些空间由责任组成。

对于空间与政治责任之间的关联性思考正在成为近年来争论的焦点。对于关联性思考的批判核心是通过思考和质疑它的实用性、政治性和应用性展开的。争论的一方认为需要通过利用一系列的角色关系来定义城市空间结构的改变,在城市之外对空间扩展能力作出回应,在城市中对其他遥远的人的责任是很有用的,然而,帮助人们思考如何解决那些遥远的人的需求却很难。这一思想挑战了梅西在著作中提出的关于"道德地理"的讨论,因为这里的问题是考虑如何对遥远的人负责任,空间的内部和结构的异质性如何相协调。因此,有人对关联性思想提出挑战,认为实际上协调目前的关联与扩展地理并不现实,笔者认为质疑这种想法实际上定位了政治实践的能力,这种思想也必须执着于一种负责任的干预,而不仅仅是修辞的表达。作为对这些问题的回应,笔者首先要说的是,一种关联性政治表明,将相互关联的政治关切和联系分开是不可能的,也不是可取的。因此,外向型是一种以差异和日常连通性为导向的生活方式,在道德实践中,这并不构成与公平对立的问题,而是这种双重定位需要把自己放入空间,让我们意识到行星的轨迹、生命、实践是我们所设定的,也是人类实践的结果。有了这种更广泛的认识,就有可能优先考虑跨地域的政治责任承担问题。巴内特(Barnett)建议,"责任范围"背后的假设本身就是有缺陷的,仅仅局限于与遥远他人的关联,实际上并没有提供任何令人信服的理由来解释或激励关心或义务的关系。有学者认为,我们应该注重地方关联性是想象的,自动假设一个有全球意义更进步的身份政治。从这个意义上说,存在充满背景和质疑的需求,空间联系非常清晰,尽管他们是空间政治的地点,也同样充满一系列政治假设和倾向。这可能远离了梅西支持的进步和空间责任的观点。这样的立场似乎表明,我们在日常接触和更广泛的关联方面,与世界有着慷慨的接触。从这个意义上讲,关联空间的政治需要有适应它的表现方式,它通过地域、有界、有冲突的时刻来帮助创建这些网络和它所倡导的责任。因此,尽管关于空间责任的关联性描述关注的是道德性情的具体特性,但这些领域绝不是相互排斥的,而是相互构建的。

四、践行空间政治责任的中国路径

随着全球化的不断推进,西方社会中的社群主义、自由主义、宪政主义等政治责任话语不断与马克思主义政治话语发生碰撞,甚至一度成为中国社会主义空间政治讨论中的显学。当下,我们看到更多的是对西方政治理论的引进、学习、借鉴和思考。但是,西方的话语体系并不是包治百病的灵丹妙药,一种理论话语的普适性需要与之相适应的土壤才能被吸收与发展。从概念层面上来讲,空间政治责任绝对具有普遍主义的意味,但是,概念掌握在现实的实践之中,空间政治责任的内涵与实现方式,必须要结合具体的时代、地域、环境和制度,这就需要进行中国化的改造。马克思主义理论不是照搬的教条,在别国运用时必须要加以改变。对空间政治责任的构建正是这样一种符合时代需求的"创新"。当前,全球政治正面临着四重挑战:第一,社会斗争的参与主体发生改变,轴心阶级的去中心化形势正在蔓延;第二,产品和资源的分配去中心化日益明显;第三,政治文化发生了划时代变化,以"威斯特伐利亚"体系为核心的政治体系日渐衰落;第四,各国应对当前的世界政治秩序缺乏合理性和可信的构想。基于以上四重挑战,有必要将政治责任延伸到全球空间的范围内,重构全球空间政治生态。

第一,重塑空间政治与伦理的联系。只有改变人类社会发展的根本动力,才能改变人类历史的前进方向,重建伦理观念、制度体系和政治环境。在全球化飞速发展的 21 世纪,人类需要改变看待政治与伦理的传统方式,把社会进步的根本动力定位于全新的文明自觉的思想前提下。最近学界对空间与政治责任的关系,提出了一系列的问题与挑战,为我们重构空间政治与伦理的关系提供了重要的途径。展望和帮助去创造一个更美好的世界,既需要道德,也需要伦理的参与,正如今天比以往任何时候都更需要去扩大政治责任的范围一样,这个责任范围是在它出现的二元性之外的。空间与伦理的接触已经开始提倡一种新型的道德主体性和另一种政治想象,通过它我们可以重振对他人的责任。一个外向型的道德责任在一定程度上呈现另一种政治想象,它根植于一个空间实践关系、流动和责任感。很明显,这种亲本性和连通性的政治面临着一些问题,它是一种务实的"偏袒"。然而,不要否认这种扩大政治责任感的重要性,它是一种地理上的想象。

第二,塑造不同空间的关联性。关联性思维为思考空间与地方的关系提供了一种处理领土和流动之间紧张关系的方法,并允许一个政治实践的解释,它可以接受空间带动的发展。空间的关联性建立在空间权力关系的运行机制中,超越了对时空二元分析的传统范式,将地方的封闭性与空间的开放性有机统一,并整合为全球化时代的全球图景,打破了本土与全球的对立关系,架设了本土走向全球的桥梁。空间策略已经生成了一种有关距离与他者之间关系的论点,通过全球地理学制度,在现代性内部开发出了以在场/缺席为一方,以容纳/排除为另一方的强有力联系。"文化的渗透,远方他者在西方发达国家的日常生活中已经增加的在场,也许是变化的关键驱动力。"①一种后现代的空间化开始走向议事日程。因此,克拉克在考虑与全球气候变化有关的问题时提出了一个关联性观点,指出考虑到领土和流动的问题,以及人类对全球环境变化的贡献所带来的困境,我们不能提供任何简单的答案,也不能提供任何直接的解决方案。然而,可以提供一种万能的方法来解决任何将人类和非人类力量聚集在一起的问题。关联性的说明提供了为政治和空间谈判的一种手段和方法,一种多样性的和不断变化的方法,正是这种多功能性可能成为未来地理学发展的关键,因为起居与全球化当然涉及创造性的响应能力。空间的关联性思维有助于打破英美主导的全球化运动的认识逻辑,在英美主导的全球化运行规则和话语体系中,由于掌控了对空间的支配权力,英美发达国家按照自己的意愿对全球空间进行整合,通过"时空压缩"和"时空修复"的机制安排空间的生产和改造发展中国家的未来,并依据自己的标准区分"落后"与"发达",剥夺了别国的自由发展权和独立选择权,对空间的多样性造成了破坏。这种无视"他者"的发展轨迹固化了单一的历史发展模式,造成了空间多样化的破坏,这正是中国在履行空间政治责任时要纠正的问题。全球化过程本应是释放多样性和提倡全球融合发展的过程,要在地方保护主义与全球开放性之间寻求平衡点,不但要考虑一种裸露的空间形式本身,如开放度、距离、临近性等,更要将空间形式的关联内容,特别是嵌入式权力关系的本质纳入空间政治的考量范围,这正是空间关联性思维的主要目标,通过构建关联责任感制造一种空间敏感性,它可以用来定位未来的政治计划、回应政治热点和团结一切力量。

第三,重构全球政治的责任观与道德观。当今世界主权观念根深蒂固,民族主义意识不断滋生,对建立统一的世界文明体系造成了重大障碍。因此,在全球化时代更应当注重对全球道德观与责任观的重塑,设计与完善一种对世界所有国家都具有进步意义的道德体系,促进空间政治责任得到更大发挥。道德观与责任观具有时代性与历史性、思想性与实践性、世界性与民族性相统一的特点,在全球化时代重塑道德观与责任观要跳出功利主义与道义论的二律背反,发展一种马克思主义道德与责任的全新规范。全球政治方案并不仅是一种道德准则,而是一系列政治承诺,通过政治责任来寻求道德与责任的突破。这种责任面

---

① [英]多琳·梅西:《保卫空间》,王爱松译,江苏教育出版社 2013 年版,第 128 页。

向全球化的政治生态,并且连接和要求在未来去转变一些政治关系。如果说民族国家将地域性、族群性、领域性和民族性以组织形式呈现出来的话,那么全球化时代的道德与责任则是以全球共同体为规范的单元,道德观与责任观的核心任务是打破世界中心—边缘结构的发展方向,不再将全球共同体的内涵局限于被纳入统一性框架中去的强制性秩序,而是提倡互惠合作与公平正义。① 这种道德观与责任观提供了一种道德化的创制秩序,这是一种理性的秩序,是超越了工具理性和形式理性的秩序,表现为一种具有实践理性的秩序。它可以直接促进道德自发秩序的生成,能够以自发秩序的形式出现,会表现出人的内在秩序追求,进而成为全球政治的道德与责任准则。另外,政治与道德和伦理观有着密切的联系,如果伦理没有政治维度,那么它的内涵是不完整的,没有道德的政治也是盲目的。因此,外向型的道德情感可以被视为提供了一个重要的和潜在的责任,指导政治决策的重点是通过我们的政府,并通过我们的个人消费习惯、生活方式和政治观点来表达。在考虑地理要求的道德和政治谈判时,要尊重差异性与多样性,我们只可以为自己是谁负责,而不能将我们是如何生活的观点强加给他人。这种负责在地理学的意义,是简单地通过我们的个人身份和空间与责任感的扩展实现的。一个关联性的空间政治不是没有疑问的,也不是一个简单的任务,但它可能提供一个思考和应对当代空间要求的方法,从空间关系的角度真正认识到当前的全球政治是一种连通性的政治,它提供了在当前和未来中实施道德空间政治的机会。

第四,再造全球治理观。世界的发展要把握历史机遇期,通过打造全球认可的治理观念走向人类更加美好的未来。21世纪是和平与发展的时代,无论是国际还是国内,合作的理念越来越成为国际关系中的基本共识。人类生活的复杂性与多样性并非导致矛盾和冲突的根本原因,相反差异性正是人类文明的应有之意。随着人类对未知世界认识的加深和对自然征服能力的增强,人类终究会自觉地寻求在共同利益基础上的共同发展与和谐共处,不会再局限于民族主义和政治国家的狭隘视域,而将更多的精力放在共同应对全球问题和维护世界和平,面向人类共同的发展方向作出更大努力。当合作成为共识,差异就会成为促进合作和支持合作的因素。合作不但不会排斥差异,反而会承认差异、保护差异

---

① 赫曦滢:《构建当代空间政治责任话语体系》,《中国社会科学报》2017年12月20日。

和包容差异。承认差异、保护差异和包容差异本身就是民主的过程,而且属于一种真正尊重差异的民主,以民主为基础的合作机制会逐渐形成,民主治理也会得到改善,从而成为合作治理。合作倚重于民主,民主是合作的基本途径。但是,作为政治目标的民主则让位于合作。正是在合作治理的过程中,民主的价值才能得到充分体现,原先存在于民主之中的各种各样的逻辑悖论,将会随之从根本上消解。因此,中国提出的全球治理观应当是以合作治理和民主治理为根本追求的治理理念,这一观念更加强调政治事务要反映大多数国家的根本诉求和发展利益,各国权利与义务要更加均衡,各国在全球经济中享有平等的权利、享受同等的机会和分享相同的规则。中华民族传统文化源远流长,一直致力于寻求治国安邦之策,解决"贫困战乱"、"礼崩乐坏"的不和谐状态,实现理想的和谐世界。体现着以仁为核心,和而不同的价值观念。有别于西方发达国家所强调的个人主义价值观,中国更强调融天、地、人为一体的共同体价值观。随着全球化的不断深入发展,以中国为主导的全球治理观在推进世界可持续发展,避免不均衡发展和恃强凌弱等方面,将凸显出更加积极的作用。权利与义务平衡是中国全球治理观的核心基础,承担更多的国际政治责任是中国作为发展中大国的庄严承诺,坚持正确的义利观是中国参与全球治理的重要原则。全球化时代,人类拥有着诸多的共同利益是不可回避的事实,但由于不同国家发展速度不同,使人类生活既多样又充满不确定性,这导致了共同利益的差异性与同质性共存。因此,尊重差异性是共同发展的前提,只有正确认识相同与不同的利益关系才能从根本上解决冲突与矛盾,找到共同的利益关切。因此,中国需要在人类共同利益与个体利益的双重实现中找到平衡点,通过承担更多的全球政治责任,主张更多的合理权利,用不断发展的方法服务于人类生活共同利益。

（本文作者：赫曦滢）

马克思主义空间政治经济学的
叙述逻辑及对当代中国的启示

自 20 世纪 70 年代以来,国外学界对空间发展的理论反思愈加深刻,涌现出运用马克思主义政治经济学原理解读空间变化规律、城市发展趋势的热潮,形成了一套以马克思主义政治经济学为基础的马克思主义空间政治经济学研究范式。对马克思主义空间政治经济学的最新理论成果进行系统研究,一方面有助于加深对全球化时代空间研究的必要性和历史唯物主义重要性的认识;另一方面,通过对马克思主义空间政治经济学与中国实践的结合,为探寻中国特色社会主义政治经济学的当代出场语境提供积极参照。

一、空间成为马克思主义政治经济学叙述对象的必然性

对于空间能否叙述这一问题,马克思主义空间政治经济学做出了肯定回答。空间已不再是纯粹的客观对象,它表达着特定的经济学意义。与传统的市场决定论不同,马克思主义空间政治经济学将马克思主义基本原理在空间问题领域进行迁移和运用,肯定了空间的商品属性及其与生产方式的关联,这是马克思主义空间政治经济学最重要的叙述方法。但不同于一般商品,空间商品具有如下独特的属性:一是空间商品具有永久性。空间不会由于使用而消失,也不会因此减少或受到损失。二是空间商品具有唯一性。空间具有不可取代性,人类无法制造出其他东西来替换空间的存在。三是空间商品具有垄断性。空间垄断价格不仅由市场竞争决定,政府也参与空间的定价。四是空间商品存在巨大的隐性关联利益,与集体消费效益和区位效益息息相关。五是空间商品具有可再利用

性,无论是二手土地还是房屋,都具有继续使用和消费的价值。因此,简单地把空间等同于其他商品的做法并不可取。此外,按照马克思主义政治经济学基本原理,商品具有使用价值和交换价值,劳动具有二重性,这些原理也同样可被应用于空间研究之中。

首先,空间具有使用价值,能为生产或居住提供场域,满足人们生产和生活的基本需要。与新古典经济学对商品购买和消费的假设不同,空间对于使用者而言不再是传统意义上的商品,人们不能用其他商品取代空间的特殊功能,也不会由于购买和使用空间而使其消失。对于特定空间的使用会创造附加使用价值,并且它能维持获得这些使用价值的途径,这也是空间不同于其他商品的特殊之处。特定的空间能为我们提供实现某种生活方式的途径,而且空间属于关联性元素,一旦空间的完整性受到破坏,空间中其他商品的使用价值就可能受到影响。因此,也可以说空间关联带来的利益是巨大的,因为它能反映物质、精神、心理与土地、楼房等所有的关联方式。从安德森到怀特在内的许多学者都曾指出,特定空间所实现的意义超过了其他商品与人之间的关系。

其次,空间具有交换价值,可以通过使用、销售和出租获得利润。空间的交换价值表现为"租金",涵盖所有直接支出及房屋购买者或租客支付给房东、房地产经纪人、抵押贷款、房地产律师、产权公司等的费用。同使用价值一样,人们通过多种方式实现交换价值,而空间的交换价值的实现方式与其他商品也不同。就"生产"一词的普遍意义看,提供者并不能"生产"出空间。所有的空间都是由土地组成,它是自然存在的一部分,而不是被人类生产出来并用于销售的。

最后,空间具有天然垄断性,在买卖和销售过程中会形成垄断价格。土地的垄断特质给予土地拥有者对空间商品总供给的完全控制权,而且不会有其他额外的企业或产品会对该价格产生影响。即使是土地的个体拥有者,同样可对小范围的市场进行垄断。而且每块土地都是独一无二的,这种特性又赋予房地产作为商品的特殊性。空间随着市场需求的增加,并不能继续增加更多的相同产品,而一块特定土地的拥有者,可以控制和影响所有的空间使用权及其给定的一系列空间关系。在马克思主义的理论体系中,企业可依据某一地点相对于其他地点的"特异"区位优势设定租金,进而获取"级差地租"。

综上所述,由于空间具有马克思主义政治经济学意义上的研究价值,因此,马克思主义空间政治经济学在发轫之初,就将空间过程放置于资本主义生产方式之中加以考察,将空间变革与生产、消费、积累和经济危机等社会过程相结合。通过对空间"机械性"和"惰性"的"清算"与纠偏,马克思主义空间政治经济学拒绝了超验的空间概念,在"社会再生产"的广阔语境中理解资本主义制度下的时空问题,这与马克思关于生产方式的论断有着相似之处。正如马克思所强调的,"任何一个时代都有占据主导的生产方式",①这种生产方式控制着时空演变的方向。把握了空间的商品属性这一关键要素,就厘清了马克思主义空间政治经济学与马克思主义政治经济学逻辑关联的线索,找到了马克思主义空间政治经济学纷繁复杂的研究内容的"共同母体",厘清了其叙述的基本逻辑与发展脉络。

二、马克思主义空间政治经济学的叙述逻辑

空间政治经济学是马克思主义政治经济学在空间语境中的延展与传承,二者不但在研究路径与核心话题上具有共通性,其深层逻辑与方法论选择也一脉相承。马克思主义空间政治经济学的科学内涵,可从理论和实践两个层面上加以探讨。从理论视角看,马克思主义空间政治经济学是以马克思主义为指导,研究空间生产方式和生产关系,探索空间经济活动规律和本质,透过经济现象揭示生产力与生产关系本质的一门科学。从实践视角看,马克思主义空间政治经济学的出现与发展反映了全球化和信息化时代空间发展的必然规律。它立足于世界经济发展的客观规律和实践,并将空间实践进行了理论提升。可以认为,马克思主义空间政治经济学是与现阶段时空体验和变迁相结合的必然产物,不仅指导了空间认知范式,而且丰富和发展了马克思主义政治经济学的理论体系。马克思主义空间政治经济学同马克思主义政治经济学既存在继承性,其自身又具有创新性。从继承性角度看,任何时代的政治经济学都反映了社会客观经济运动的规律。马克思主义空间政治经济学和马克思主义政治经济学的核心议题都是围绕资本矛盾运动的内在规律展开,共同的母体都是社会关系生产与再生产的辩证运动。政治经济学的研究对象从来不是客观的存在物,而是隐藏在物质

---

① 《马克思恩格斯全集》第 30 卷,人民出版社 1995 年版,第 48 页。

层面下的社会关系,其核心是生产力与生产关系,这使政治经济学具有了超越一般经济学的根本性变革。同时,二者都将商品属性和劳动二重性视为研究的切入点,运用劳动价值论和剩余价值论解释阶级对立的根源,从而得出科学的结论。从创新性角度看,马克思主义空间政治经济学是马克思主义政治经济学的分支,符合普遍性与特殊性相统一的规律。其中,普遍性是指它遵循了马克思主义政治经济学的基本原理,特殊性体现在它对资本主义的空间变迁高度敏感,理论化了特定社会历史语境下的空间形态与社会进程之间的关联性。因此,马克思主义空间政治经济学是马克思主义政治经济学在全球化和网络化时代的最新发展成果之一,是马克思主义政治经济学的"空间化"新成果。

三、马克思主义空间政治经济学的叙述理路

马克思主义空间政治经济学与马克思主义政治经济学一样拥有彻底的批判意识,运用历史唯物主义和唯物辩证法,将空间话语融入生产、消费和资本积累等维度。这种空间话语维度的结合,既体现了时代发展的走向,又体现了马克思主义空间政治经济学内在结构和功能体系的互补性与完整性,从而在学理层面将空间问题与马克思主义政治经济学进行了深度融合与创新发展。

(一)马克思主义空间政治经济学对空间生产的认识

马克思主义空间政治经济学基于社会关系再生产和空间的整体性分析,实现了空间中资本主义生产向资本主义空间生产的转变,开启了全新的研究视域。列斐伏尔甚至认为,生产关系与生产力之间的矛盾在后资本主义时代已经通过空间扩张得以克服。资本主义之所以"躲避"了这一矛盾,是因为空间经过资本化过程演变为了一种商品。"关于空间基本而重要的思想是:资本主义通过不断地侵占空间以及将资本主义的发展逻辑融入空间而得以持续发展。空间一直以来都被视为消极被动的地理环境以及几何学的研究背景,但现在已经成为审视社会发展的重要工具。"①空间不仅是僵化的区位概念或社会关系,而且包括

---

① Lefebvre. H,*La Revolution Urbaine*,Paris:Gallimard,1970,p.262.

地理场所和参与行为的社会可能性两方面。空间无法归于马克思主义政治经济学的生产、消费和交换这三个领域;相反,社会生产力和土地是生产方式的组成部分。空间既是消费对象,也是政治工具,从而构成了社会关系的第四个领域。空间自身必须作为社会生产力的一个因素加以考量。马克思主义政治经济学只承认作为生产方式的土地及资本和劳动力的重要性,而马克思主义空间政治经济学则认为,空间在本质上是社会生产力的"天然"构成。"空间已经成为生产力序列的一部分。空间的拥有者在经济结构中赋予了空间以重要地位。即使空间不能直接满足经济的发展标准,它的管理也会产生经济权力,因为空间被各种生产出的东西填充,也因为它可以通过生产者发生转换。"①通过空间介质和空间组织,成功描绘了生产的社会关系,社会得以再生产其自身,空间秩序的联结直接主导了资本主义的内在矛盾。由此,资本主义通过对空间的占有和控制成为一种"生产模式",社会关系在空间中被不断强化,并使资本主义制度得以长期存在。事实上,空间生产与财产关系的统一形成了资本主义生产模式的核心。

(二)马克思主义空间政治经济学对集体消费的认识

马克思主义空间政治经济学认为,空间关系是由经济结构主导的,占主导地位的资本主义生产方式形塑了空间的形态。马克思主义空间政治经济学将劳动能力和生产工具看做经济结构的两个基本元素。"在发达资产主义社会,建造空间的过程涉及单一的和广大的劳动能力的再生产;所谓的空间实践的总和意味着一个整体的社会结构过程的联系,……这一空间单元因而看来是一种公司生产过程中的再生产过程,但其实,它们不能仅仅被认为是'位点',而是作为有关社会结构特殊影响的原点。"②马克思主义空间政治经济学借鉴了结构主义范式,将空间看作社会结构的综合表现,通过建构经济、政治、文化和社会体系,将源于空间的社会实践的因素进行统一,进而研究其具体形态。因此,对于马克思主义空间政治经济学来说,城市是劳动力再生产的空间单元,建成环境的生产通过这一过程而发生。卡斯特认为,空间的根本问题与"集体消费进程"紧密联系,或者是与马克思主义政治经济学所说的集体组织劳动力再生产的手段紧密

---

① Cohen.G,*Karl Marx's Theory of History*,Oxford: Oxford University Press,1978,p.51.
② Castells.M,*The Urban Question*,Cambridge,Mass: MIT Press,1977,p.237.

联系。集体消费是劳动力再生产的基础,集体消费组织的手段是所有社会团体日常生活的基础。卡斯特用集体消费概念取代了空间生产的理论,认为空间是一个劳动力再生产的场域。随着全球化和信息化的发展,科技进步使生产、交换不再仅仅发生在狭窄的空间范围内,而是实现了空间上的网络化组织,空间的主要功能也由生产转向消费。空间集体消费理论从劳动力再生产角度,分析资本主义如何通过集体消费来影响城市结构,关注由政府提供的社会服务供给和源于资本需求的劳动力再生产之间的关系。在马克思主义空间政治经济学看来,当今时代的资本主义与一个多世纪之前已大不相同,资本主义已不再将"生产社会化与生产资料私人占有之间的矛盾"作为社会的基本矛盾,劳动力再生产已逐渐成为重要的社会问题,并越来越需要国家和社会的集中支持,资本主义的根本矛盾也由此发生转变,"空间消费的社会化与私人的资本利益"之间的尖锐矛盾上升为社会主要矛盾。

(三)马克思主义空间政治经济学对资本积累的认识

资本主义积累问题是马克思主义政治经济学研究的重要议题。正如希尔所说:"资本积累和剩余价值的生产,是资本主义社会的驱动力。就其本质而言,资本积累使生产资料、劳动力工资规模的扩张,由于更多产品成为商品的循环活动的扩张,以及资产阶级控制范围的扩张,而成为必要的。"[1]从这一视角看,空间化过程也是资本积累发展的必然结果。正如戴维·哈维所言,空间研究包含剩余价值的集中,资产阶级空间化及空间的结构与功能是根植于生产、再生产、循环和整体组织的资本积累过程。[2] 按照马克思的资本批判逻辑,资本主义的生存"公式"就是为了生产而不断生产、为了积累而不断积累,积累是推动资本主义生产方式不断发展的重要动力。正因为如此,资本主义体系才会始终处于高度的动态变化和持续的扩张过程中,并形成了一种持久的革命力量,不断重新构建人们生活的空间。资本的主要功能之一就是通过塑造地理景观,促进空间的扩张和社会化再生产。在时空之中的资本无止境积累过程里,资本的流通和积累这两种力量结合在一起,主导了地理景观的形成。资本塑造的地理景观并

---

① Hill.R,*Capital Accumulation and Urbanization in the US*,Comparative Urban Research 2,1977,pp.39-60.

② Harvey.D,*Social Justice and the City*,Baltimore:Johns Hopkins University Press,1973,p. 36.

不仅仅是一种被动的产品,景观的演化同样影响着资本积累,也影响着资本和资本主义矛盾在空间和时间中的展现方式。

四、马克思主义空间政治经济学研究的创新与不足

马克思主义空间政治经济学是从属于一定社会关系语境的空间研究,它渗入占主导地位的社会生产方式内部,对空间结构的生产与再生产过程进行科学阐释。马克思主义空间政治经济学与马克思主义政治经济学的核心论域和叙述范式具有同源性,前者是后者在空间批判中的重大理论突破,并以四种方式对其进行了创新。第一,马克思主义空间政治经济学取代了简单化的区位理论,聚焦于土地和交通成本之间的平衡,通过对资本积累的分子化过程进行分析来描述区位状况。第二,马克思主义空间政治经济学取代资本主义发展的非空间观点,阐述了资本主义发展过程中及与之相关的阶段性积累危机中建成环境的作用,这也使空间成为生产关系的内在组成部分。第三,传统马克思主义政治经济学更多关注市场的作用,但对空间在经济发展中的作用研究较少,而马克思主义空间政治经济学表述了空间的社会关系属性,强调了空间的重要意义。第四,马克思主义空间政治经济学取代了空间集成的层级网络,通过揭示区位如何成为生产关系的场所,展示了资产阶级积累制度、世界范围的生产过程及国际劳动力的分配过程,用空间方法弥补了传统马克思主义政治经济学的理论不足。

从整体看,马克思主义空间政治经济学具有如下特点:第一,马克思主义空间政治经济学对西方主流经济学的论断与认识持审慎和怀疑态度,对资本主义发展持批判立场,通过将资本主义发展过程与空间问题进行深层次联结,使空间中的资本主义生产转换为资本主义的空间生产,开启了马克思主义政治经济学的空间重构。第二,马克思主义空间政治经济学坚持劳动价值论,注重对《资本论》核心论域的研究,通过揭示资本主义生产和市场经济的内在机制及运行规律,为空间研究加入了经济学元素,也使经济学研究拥有了空间"想象力"。第三,马克思主义空间政治经济学将经济社会的发展目标定位于大多数社会成员的福祉改进,并不仅仅注重研究经济学问题,同时阐释解决社会冲突的政治学议程,将经济发展的最终目标定位于社会的全面进步和实现广大人民的最根本

利益。

马克思主义空间政治经济学的研究虽然具有突破性意义,但也存在一些理论局限。首先,马克思主义空间政治经济学过分强调阶级对立和劳资矛盾对社会变革的作用。遵循传统的马克思主义分析范式,马克思主义空间政治经济学将社会成员过于简单化地划分为对立阶级,而忽视了阶级内部可能产生的巨大差异。洛根和莫洛奇就通过大量的实证分析,论证了空间在本质上是一个内嵌于社会行动的产物,尝试以此批评人类生态学的市场决定论,并反对马克思主义空间政治经济学在阶级决定论基础上构建新的城市经济学。① 其次,马克思主义空间政治经济学过于强调资本逻辑的作用。马克思的研究并未直接涉及空间问题,并认为房地产商在本质上是封建统治秩序的反动残余。在《资本论》中,马克思似乎并不愿意承认地主在资本主义制度中的积极作用。因此,当代马克思主义空间政治经济学的研究者们,在空间问题上采取了更为普遍的马克思主义框架,将生产系统的积累过程作为基本的解释工具。对于马克思主义空间政治经济学来说,市民是"劳动者",他们因为是生产中的一个因素而被"再生产",并服务于资本家对工人的剥削。这种思考方式接近于传统马克思主义,但却无法解释人类活动是如何塑造社会结构的。最后,马克思主义空间政治经济学将社会冲突简化为资本与劳动之间的矛盾。如,哈维认为,生活空间中的冲突是对资本和劳动间潜在的紧张关系的反映。理查德·沃克甚至认为,资本与劳动的冲突是一种需要,通过这种冲突可以认识空间是如何"被建造和不断地被重建以保障资本再生产(积累)与资本社会联系的"。② 但事实上,空间是人类活动的一种基本物质属性,同时也是一种社会关系。我们既需要关注空间现象与世界政治经济力量的重要联系,也需要关注人的主观能动性,在对世界体系理论的宏观问题进行"外在的"分析的同时,需要对微观的精神理解进行"内在的"分析,因为二者都被空间所塑造。

---

① [美]约翰·R.洛根、哈维·L.莫洛奇:《都市财富——空间的政治经济学》,格致出版社 2015 年版,第 89 页。

② [美]戴维·哈维:《希望的空间》,南京大学出版社 2006 年版,第 155—178 页。

五、对当代中国的启示

马克思主义空间政治经济学是马克思主义政治经济学与当代空间研究相结合的产物,具有与时俱进的理论属性。马克思主义空间政治经济学不仅要研究如何实现空间的更好更快发展,而且要从社会层面研究经济问题,以解决由各种空间问题引发的社会冲突和矛盾。当前,"空间和谐"已上升至战略高度,迫切需要相应理论来引导空间发展、指导经济社会实践。马克思主义空间政治经济学作为马克思主义政治经济学的最新理论成果之一,有助于我们思考如何使马克思主义政治经济学走入 21 世纪的时代语境,走进当代中国的现实问题,为中国经济社会发展及中国特色社会主义政治经济学构建提供崭新的思路和有益参考。

(一)构建和发展以人民为中心的中国特色社会主义政治经济学

在中国特色社会主义政治经济学的构建和发展过程中,首先需要明确立场问题,即准确回答为谁发展、发展成果归属于谁的问题。立场决定了发展的实效和公平性。习近平总书记多次重申"要学好用好政治经济学"[①],"坚持以人民为中心的发展思想,这是马克思主义政治经济学的根本立场。"[②]中国特色社会主义政治经济学体系要适应时代主题的变换,突破革命时期单一矛盾论的叙事方式,加强以人民为中心的经济学研究。对此,马克思主义空间政治经济学将人民的概念视为一个历史生成并出场的进程,经过从推崇人民到解构人民的认知过程,将人民与空间生产和日常生活相统一,蕴含着马克思主义的价值追求和伦理情感。马克思主义空间政治经济学认为,空间的生产、分配和消费不应以获取利润的多少为评价标准,而应更多地关注人民群众对空间的需求是否得到满足。空间分配不同于一般性的市场交易,其更要体现公平性与合理性。人民对空间

---

① 《更好认识和遵循经济发展规律 推动我国经济持续健康发展》,《人民日报》2014 年 7 月 9日。

② 《立足我国国情和我国发展实践 发展当代中国马克思主义政治经济学》,《人民日报》2015年 11 月 25 日。

享有的权利不仅包括空间资源支配的权利,还包括改变和再造空间,以使其更接近内在需要的权利。同时,可借鉴马克思主义空间政治经济学的相关研究,明确集体消费与个人消费之间的区别,政府应加强对集体消费的投入,尤其是民生领域的投入,这对中国特色社会主义政治经济学的发展很有意义。中国特色社会主义政治经济学的创新,在立场上要坚持马克思主义政治经济学的根本原则,更要基于社会有机体的发展需要进行构建和发展,广泛吸收马克思主义空间政治经济学等西方马克思主义的有益成果,面向时代问题,回应人民关切,实现人民福祉。在构建和发展中国特色社会主义政治经济学过程中,要始终坚持生产资料公有制这一基本原则,不断深化对生产力和生产关系及其发展规律的认识,确立生产关系中人民的主体地位,将广大劳动人民的根本利益放在经济社会发展的核心位置,运用好党的方针和政策,协商和回应不同阶层、不同利益群体的关切和需要。

(二)积极谋求在全球空间生产体系中的有利地位

当今世界,资本流动早已超越了国家和区域的界线。资本的全球性流动给发展中国家带来了机遇,同时也带来不可预计的潜在风险。马克思主义空间政治经济学强调,资本的本性就是追求剩余价值,它会为了避免过度积累导致的经济危机,而将资本输入其他地区,开拓资本积累的新空间,通过对当地廉价原材料和劳动力的疯狂掠夺,源源不断地创造维持资本主义世界体系不断发展的剩余价值。全球化的效应是双向的,它既可为全世界国家参与经济发展提供平台,也可运用资本和领土的逻辑将全球生产体系都卷入资本主义的规则下,使之成为资本主义的空间扩展策略,进而加强资本主义对世界经济政治的控制和影响。因此,我们需要清醒地认识到,资本主义国家大量资本的涌入,除为我国的发展提供资金外,也试图在无形中剥削和掠夺我国的空间资源和劳动力。当我国的空间发展到一定程度,不能满足资本积累的需要时,这些资本就会流向更加落后的国家和地区,进而给我国经济尤其城市的发展带来巨大影响。这种情况在资本主义发展史中屡见不鲜。因此,要在全球化的空间中谋求自身的发展,我国必须强调自主创新,调整产业结构,发展高新技术产业和高附加值产业,努力改变中国在全球劳动分工空间格局中的弱势地位,积极谋求在全球空间生产体系中的有利地位,实现对外经济发展的独立自主与合作共赢。

（三）重塑中国经济伦理的价值取向

马克思主义空间政治经济学推崇伦理情感，将经济学融入人类日常生活和俗世立意的思考之中，为我国空间的发展和经济伦理的重塑提供了有益借鉴。在西方主流经济学传统思维中，经济学没有意识形态倾向，始终保持着伦理的中立性。但这是对经济学的误解，反而使科学家们都走入了"伦理"和"意识形态"的误区之中。① 马克思主义空间政治经济学创造性地提出"政治经济学的民族性"的新论断，认为政治经济学不但是分析经济社会发展的工具，而且是折射人类日常生活的一面镜子，时刻反映着人民在经济社会发展中的地位和影响。空间历来是大量乌托邦渴望的焦点目标，塑造和再造人类自身及我们生活空间的自由，是人类最宝贵但最容易忽视的权利。因此，中国特色的经济伦理思想一定要考虑到全球性、民族性和区域性三个层次的需要，"必须要有坚实的群众基础，将经济伦理思想浸润到日常生活纹理之中，扎根于人民群众意识的泉源之处。"② 只有通过人性与空间的相互构建，空间才能真正成为人们生活的家园，并充满人情的温度，而不仅仅是物理的"容器"。在当代中国，经济伦理对于建设公平正义的空间具有重要意义。以人民为中心的空间发展理念实际上就是提倡构建全社会共同参与治理的空间，因此，对于具有中国特色的经济伦理的构建，需要坚持以下三个原则：第一，始终将最广大人民群众的根本利益作为经济发展的伦理归宿。第二，经济制度的构建要符合人民的根本意愿和社会发展规律，坚持"两个毫不动摇"的根本原则，积极发展多种成分的所有制经济，既要避免全面私有化思想，又要避免超越阶段的"纯社会主义经济"倾向。第三，要弘扬新发展理念，大力发展共享经济，使人民公平享有社会资源、共创美好生活，将经济发展的价值取向真正落实在最大限度的生存、尊重和自由上。

（本文作者：赫曦滢）

---

① 吴红涛：《现代地理科学的伦理之境——兼论戴维·哈维空间理论的知识界点》，《自然辩证法通讯》2014 年第 2 期。

② David Harvey, *Spaces of Capital*, New York：Routledge，2001，p.116.

马克思空间正义思想及其当代价值

在传统观念中,大多数人认为马克思未能深入阐述空间的重要作用。美国学者爱德华·索亚指出:"社会行为的空间偶然性被简单地论述为虚妄的意识和拜物教化。在马克思那里从未有过有效的唯物主义阐释。"[①]这种分析得到广泛的认同。戴维·哈维也认为:"马克思在自己的著作中虽然经常接受位置和空间的重要性,但是地理变迁却不被视为具有'必要的复杂性'的元素,而被排除在研究的核心之外。他没有建立起一种系统性和地理空间意识的分析方法。"[②]在这种认识的影响下,马克思对空间认识存在"空场"的观点不胫而走。事实上,马克思对空间正义的研究是用辩证唯物主义和历史唯物主义的基本方法对正义概念进行重构,评析与空间正义有关联的历史话题,进而提炼了分析空间正义的四个维度,即生产空间正义、分配空间正义、权力空间正义和价值空间正义,提出了全新的空间意识和空间发展理念。

一、生产空间正义

马克思对生产空间正义的研究不是一整套完整的宏大叙事,而是体现为正义的"在场"。研究马克思生产空间正义的目的绝不仅仅是为了给正义理论找到有关空间问题的直接论证基础。事实上,马克思对正义理论的最大贡献在于他提供了广阔的实践基础、深厚的理论视域、有力的批判武器和辩证的分析方

---

① [美]爱德华·索亚:《后现代地理学——重申批判社会理论中的空间》,王文斌译,商务印书馆 2004 年版,第 192 页。

② [美]戴维·哈维:《后现代的状况》,阎嘉译,商务印书馆 2013 年版,第 143 页。

法。正如马克思并未撰写过任何空间问题的著作,却极大地影响着空间正义的研究一样。① 马克思的生产空间正义是以资本主义生产方式为切入点,以资本主义空间变迁为基本视域,构建了生产空间正义的完整论述。

马克思的研究始终聚焦于生产力的发展和如何将劳动力结合到生产过程这两个核心问题。生产方式的改变被认为是社会发展的基本动因,资本主义发展的规律主宰着时代的改变和空间生产的变迁轨迹。生产方式的核心概念是社会组织、财产关系、技术和阶级关系,这些元素在经济、政治和社会关系的长期形塑作用下逐渐形成模式化的观念。皮埃尔·维拉尔(Pierre Vilar)注意到了生产方式的独特作用,认为"生产方式是可以表达社会整体的理论对象,它表达了一种功能化的发展结构,本身既不是形式的也不是静态的,这样一种结构本身隐含着(社会)矛盾的(经济)原则,它忍受着作为一种结构的解构必要性,或其自身的解构化"②。在《资本论》中,马克思表达了对生产正义的看法:"生产当事人之间进行的交易的正义性在于:这种交易是从生产关系中作为自然结果产生出来的……只要与生产方式相适应,相一致,就是正义的;只要与生产方式相矛盾,就是非正义的。在资本主义生产方式的基础上,奴隶制是非正义的;在商品质量上弄虚作假也是非正义的。"③马克思关注到了生产方式对正义问题的重要意义,并以生产方式作为衡量正义与否的标尺,力图对资本主义经济成分的独特性进行生产方式的系统化分析。他试图分析经济增长的动力、资本积累的作用、经济危机发生的成因和克服机制,为资本主义空间面貌的改变寻找解释的框架,进而对资本主义空间非正义进行抨击。马克思将自己置于政治经济学家的反面,政治经济学家仅仅分析市场的表面现象,认为资本主义是一个自然与永恒的过程,在市场背后并不存在更为基本的经济力量。在马克思看来,市场仅仅是资本主义空间策略的一部分,生产方式才是主宰空间形态变迁的最终力量。同时,马克思对空间问题的认识已经超越了历史唯物主义理论的基本框架,无论是在方法论还是在认识论上,都与生产空间正义陈述的核心与资本主义生产方式下的社

---

① [美]安东尼奥·罗姆:《城市的世界——地点的比较分析和历史分析》,陈向明译,上海人民出版社 2006 年版,第 38 页。

② Pierre Vilar, *Marxist History, a History in the Making: Towards a Dialogue with Althusser*, New Left Review, 1983(80).

③ 《马克思恩格斯文集》第 7 卷,人民出版社 2009 年版,第 379 页。

会制度有关,而与量化的经济结果并无直接关系。资本主义生产方式试图按照资本的逻辑确定空间的角色和地位,将空间生产纳入现代经济学的精神之中,马克思试图剥离这种思考方式,用一种通俗的经济结构理论简化复杂多变的空间生产,分析空间生产的非正义。

马克思对生产空间正义的探讨,没有局限于19世纪资本主义大工业的空间实践,他力图构建一种广视角的历史逻辑,以最大化的方式解释人类历史的演进方式,关注人类空间生产的"一般"。资本主义空间中充斥着各种不平等,地理发展不平衡是资本主义发展的常态,发达资本主义国家利用空间重构作用实现了对边缘地区和国家的剥削,完成了民族国家的社会空间变革。马克思从宏观和微观两个视角探讨了空间生产的非正义。在宏观分析中,马克思抓住了资本的全球扩张这个核心问题,认为在空间资本化的巨大引力下,资本运行的空间逐渐扩大,开始从城市内部蔓延到不同地区,最终扩张到了全球范围,导致了全球空间生产的失衡。"一方面资本需要摧毁常规的交往,即铲除空间的限制,将整个地球作为其掠夺的市场;另一方面,它不断用时间去消灭空间。资本越是发展,流通的地域越是广阔,构成资本空间流通的市场越大,资本也就更加强调在空间上扩大势力范围,以此来控制更多的地区,并用时空修复的方法消灭更大的空间,用时间填补空间的裂痕。"①资本无止境的积累过程使空间中的各种矛盾不断堆积和加深,空间压迫和控制使全球空间呈现出不同程度的断裂,空间的差异逐渐被同质性所代替,结果是使"乡村从属于城市"、"工人阶级从属于资产阶级"、"欠发达地区从属于发达地区"、"东方世界从属于西方世界"。在微观的分析中,马克思注意到了城乡空间二元对立和房地产开发对城市进程的影响。城乡空间发展的矛盾使乡村屈从于城市,同时造就了阶级关系与身份的对立和利益的隔阂。而城市空间中的住宅问题反映了城市贫困和生活空间的对立与隔离,不同的阶级在共同体空间上出现了对立。

从实现空间生产正义的角度看,马克思认为空间正义应当平衡自然环境与人造空间、全球空间和区域空间之间的利益关系,消解空间分隔和利益分化,使资本得以在全球范围内自由流动,并打破不平等的空间等级体系,促进中心与边缘地区的平等与互利发展,实现空间生产的合理布局和公平正义。

---

① 《马克思恩格斯选集》第4卷,人民出版社1995年版,第33页。

二、分配空间正义

　　分配空间正义的构建需要逻辑与历史的互动,也表现为理论与问题的互生。分配空间正义既是空间资本化的扩张需要,又是空间生产与分配现实驱动的必然结果,对分配空间正义进行梳理与理论化,可以看到资本主义从萌芽到成熟的清晰脉络。

　　马克思关于正义的第一次论述,出现在他针对《哥达纲领》的评论中,在《资本论》中他再次表达了一个重要的主张,即我们在特定时期正确地判断为正义或不正义的东西,是跟当时的经济关系发展状况相适应的,正义源于经济关系并受其制约,这是马克思对分配正义的最直接表述。马克思认为,分配空间正义问题的产生与资本主义大工业生产紧密联系,空间分配非正义最重要的表现是"用现代化的大工业城市来代替从前自然成长的城市"①。马克思对空间分配正义的研究以空间资本化作为批判的起点,通过对资本主义空间分配非正义进行阐述,表达空间分配正义的基本理念。马克思认为,空间分配正义问题的产生与资本主义大工业生产紧密联系。空间资本化的重要后果之一是"用现代化的大工业城市来代替从前自然成长的城市"②。城市空间成为资本赖以生存的基础,城市化成为资本疯狂掠夺的前提,空间呈现的各种景象都应该到资本主义生产方式中去寻找根源。城市的飞速发展带来了双重结果。一方面,经济的发展带动了城市的腾飞和人民生活水平的提高,另一方面,资本的盲目扩张也给空间带来了毁灭性的打击。空间不断对现代城市与人类的日常生活进行重组和再定位。为了延续资本主义的高速发展,保持空间不断扩张的态势,空间被同时赋予了生产关系和生产力的双重特征,成为资本主义重要的组成部分,而不仅仅是资本生产的物理空间。资产阶级通过地理扩张再生产了生产关系和阶级关系。从某种意义上说,空间按照资本发展的需要和逻辑被复制。空间资本化的结果之一是牺牲了无产阶级的根本利益,空间间接成为资产阶级的统治工具,增强了资

---

① 《马克思恩格斯全集》第 3 卷,人民出版社 2003 年版,第 68 页。
② 《马克思恩格斯选集》第 4 卷,人民出版社 1995 年版,第 68 页。

本的控制和剥削效果。

马克思对资本主义空间问题进行了批判,空间迅速扩张需要大量的劳动力和生产资料,大量劳动力后备军和生产资料从乡村向城市聚集,这导致了资本和劳动力在城乡二元空间分配中的严重失衡。在资本主义的原始积累阶段,圈地运动使劳动力和生产资料被强制分隔,劳动者处于被剥削的状态,这一过程不仅为资本主义的空间扩张提供了必要的土地资源,而且为空间资本化提供了前提条件。空间资本化的重要结果是造就了资本主义大工业时代的城市景观,同时破坏了城乡发展的平衡状态,越来越多的无产阶级被卷入资本扩张的洪流,成为空间资本化的牺牲品,财产和权利按照资本的需求进行分配。塞缪尔·亨廷顿指出:"城市的发展是衡量现代化发展的重要指标。不但新的经济活动和新的社会阶级,而且新型的教育和文化也在城市集中,这在根本上使城市与更受传统束缚的农村产生了巨大差异。另外,现代化还会将一些新的要求强加给农村,进而加深了农村对城市的敌意。"① 这种敌意也加深了空间分配的非正义,不均衡的地理发展在全球不断蔓延,从微观的城市领域,到中观的城乡二元空间,再到宏观的全球空间,空间剥削和压榨在资本主义制度的推波助澜下愈演愈烈。

在利润分配的过程中,生产者和利润占有者相互依存、相互对抗。资本主义社会在扩展物质财富的过程中,同时生产了外部财富和内部贫困,社会生产的无政府状态必然导致生产的社会化和产品使用私人化之间的矛盾,造就分配的非正义。在《神圣家族》一书中马克思声称无产阶级是被人化的。它的"生活处境"否定了"人性"本质。通过有偿劳动,无产阶级被迫"为他人创造财富,为自己而痛苦"②。在《哲学的贫困》中,我们被告知资产阶级是冷漠的,帮助他们获得财富的生产者们遭受着苦难。《德意志意识形态》一书中指出,无产阶级承担着生产中的所有社会负担,而不享有它的优势。这些论述都反映了一个极度不平等的社会图景。社会财富由一个阶级生产,而另一个阶级却对生产者的贫穷、痛苦和不幸无动于衷。一个阶级垄断了教育和文化等物质和智力上的优势,牺牲了另一个阶级的利益,而另一个阶级被迫承担了社会的所有负担。这种非正

---

① [美]塞缪尔·亨廷顿:《变革社会中的政治秩序》,李盛平等译,华夏出版社 1988 年版,第71—72 页。

② 《马克思恩格斯全集》第 2 卷,人民出版社 2003 年版,第 254 页。

义不仅仅体现在财富分配领域,在空间分配的过程中同样充斥着不均衡和不协调。在此基础上,马克思提出现实生活中分配正义的两个原则,即根据劳动贡献和需求进行分配。马克思认为空间分配正义与道德评价有关,空间分配或衡量应考虑道德上的可取性。道德前景随生产方式变化而变动,同时受社会阶级结构的影响,与社会规范相关联。因此,马克思讨论了在"共产主义社会的高级阶段",什么才是公正的分配和平等的对待,他强调:"在共产主义社会高级阶段,在迫使个人奴隶般地服从分工的情形已经消失,从而脑力劳动和体力劳动的对立也随之消失之后;在劳动已经不仅仅是谋生的手段,而且本身成了生活的第一需要之后;在随着个人的全面发展,他们的生产力也增长起来,而集体财富的一切源泉都充分涌流之后——只有在那个时候,才能完全超出资产阶级权利的狭隘眼界,社会才能在自己的旗帜上写上:各尽所能,按需分配。"①这说明分配制度应随时代变化而变革,分配模式始终与生产方式相适应,同时提倡分配的人本主义观点,以人之需要被满足为正义判断的重要标准。马克思主张分配正义应遵循两个原则:一是分配的平等原则,消除不对称的权利关系和不平等的阶级关系;二是分配的权利原则。这两个原则同样应用于对空间正义的分析,正义是社会理性衡量标准,不论是从司法还是从经济角度上看,分配空间正义都是公民的固有权利,具有合法性,不容随意剥夺。

三、权力空间正义

空间权力化和权力空间化使空间与权力联姻,空间成为权力实现的场域和基础,空间的塑造遵循着权力的基本逻辑,具有政治性和意识形态性。同时,政治权力也对空间的形成和发展产生了巨大的影响,因此产生了空间权力非正义的问题。马克思认为:"平等的权利原则上仍然是资产阶级权利,劳动者的平等权利总被限制在一个资产阶级的框框里。"②换言之,资本主义的空间体系反映着权力关系的不平等,全球生产格局使空间进行着非对称交换和不

---

① 《马克思恩格斯文集》第3卷,人民出版社2009年版,第435—436页。
② 《马克思恩格斯文集》第3卷,人民出版社2009年版,第434页。

平等转移,中心地区支配着边缘地区,同时强化着空间中的等级与权力,空间已经被权力异化,资本主义生产方式阻碍了空间正义的实现。在此基础上,他认为观察空间权力应当将人类视为决定性的总体,同时考察人类的多元性和人性的自发性,设法将正义观念栖息于"过去与未来之间"的空间过程中,用自我意识培养一种既是历史性又聚焦于当下的思考方法。在《论犹太人问题》一文中,马克思深刻表述了如何实现个人权力的问题,"只有当现实的个人……认识到自身的力量并把这种力量组织为社会力量以致不再把社会力量当做政治力量跟自己分开的时候,人类的解放才会是彻底的";因此,只有当个人"同时也成为抽象的公民的时候",自由和平等才被表现"在自己的经验生活、自己的个体劳动和自己的个体关系之中"。① 马克思表明了一种现实的、日常的、物质生活的权力原则,权力在日常生活中被实践,也在微观的生活空间中被塑造。马克思指出,空间的聚集效应使得工人阶级有共同的利益和追求,反抗的意识逐渐觉醒。人类社会的历史从某种意义上来说就是社会冲突不断激化、被压迫群众不断反抗的历史。因此,马克思提出通过阶级斗争的方式实现空间权力的大众化。

马克思将自己关于平等正义的立场同拉萨尔派进行比较,并指出劳动者的纲领应当清楚地告诉劳动者,他们的劳动与斗争应当是为了摆脱阶级社会,"随着阶级差别的消失,一切由这些差别产生的社会和政治的不平等也自行消失"②。在马克思看来,权力空间非正义是由阶级差异导致的,资本家阶级在本质上是一种"人化的资本",虽然被赋予了意识和意志,但是其行为方式代表着占统治地位的阶级利益。阶级关系通过资本主义的财产关系界定,体现着一种"制度的逻辑",资本主义通过将空间征服合法化,支配和控制全球的空间,实现帝国主义的野心。在资本主义制度中,社会的生产关系及经济的独特结构为作为理性行动者的资本家提供了一个动机系统,在系统内部,资本家根据资本积累的法则分配着利润和权力。"资本主义的一个给定的特征出现了,因为资本家的理性,并且服从于一系列特殊的刺激、禁令和机会的最优个人策略,解释要素就作为随之而来的集体行为的表达或结果出现了。"③空间已经成为压迫人和统

---

① 《马克思恩格斯文集》第 4 卷,人民出版社 2009 年版,第 241 页。
② 《马克思恩格斯文集》第 3 卷,人民出版社 2009 年版,第 442 页。
③ Daniel Little, *The Scientific Marx*, Minnesota: University of Minnesota press, 1986, p.18.

治人的工具,资本积累也为工人阶级的选择确立了动机和外部条件,进而形成社会变革的一种网络、关系和社会进程的模式。空间更新的过程有着塑造空间形态和社会身份的二重效应,空间生产的过程也是社会地位和身份的形成过程。空间在不断消解原有身份的同时,形塑着新的身份等级和权力关系。马克思认为,权力的分配不是由个人意志决定的,而是表达了不同阶级相互关系的总和。个人权力的大小不能用孤立的方式理解,而是应当理解为嵌于资本主义生产关系内部的社会关系。空间已经从支配和压迫人的重要力量,变为政治统治工具,通过对空间的重塑实现对工人阶级和边缘地区的控制。为此,主张空间权力的正义要以批判资本主义空间为起点。随着工业化和城市化的大发展,工人阶级对空间正义的要求越来越高,于是他们通过组织工会来维护合法权益,通过谈判、罢工等形式争取自身的利益。这种斗争在城市中更加普遍而且多样化,而实现这种阶级斗争的重要目的就是实现空间权力正义,从根本上消灭阶级对立。

四、价值空间正义

空间正义蕴含着空间伦理关系,可以从价值哲学的视角给予解释,空间正义体现着空间的平等性、属人性和多样性等价值诉求。空间价值正义的核心内容就是通过理性生活,为人民争取空间的支配权和发展权,通过实现人的自由与平等权利,达到提高人的尊严和地位的价值。因此,构建空间正义要表征其价值属性。马克思基于历史唯物主义的正义观是生产方式批判与道德批判相统一的产物,正义观念源于实践,体现了符合占统治阶级利益的正义原则和应然状态的理想与现实逻辑统一。随着马克思实践观的成熟与完善,马克思意识到价值正义是一个关系利益调节的实践问题,从本质上看是现实、历史与理想问题的有机结合,价值既非实体范畴,也非属性范畴,而是关系范畴,价值存在于"关系质"与"关系态"中。正义的价值观念根源于社会物质的空间生产与主体的人的关系中,并从剥削的角度剖析了价值空间正义的理念。"资本由于无限度地盲目追逐剩余劳动,……突破了工作日的纯粹身体的极限。它掠夺工人呼吸新鲜空气和接触阳光所需要的时间……资本唯一关心的是在一个工作日内最大限度地使用劳动力。"①在此基础上,马克思想到通过实现空间正义的方式消除资本主义的非正义,即"在通过对土地及靠劳动本身生产的生产资料的共同占有的基础上,重新建立个人所有制"②来实现对空间非正义的校正。由此我们可以推断出,马克思的价值空间正义的核心内容就是通过改变对空间的占有和使用方式,为人民争取空间的支配权和发展权,通过实现人的自由与平等权利,达到提高人的尊严和地位的价值。马克思认为,随着资本主义的发展出现了工作的经济理性化,在工作中无产阶级被异化,对金钱的渴望与在社会秩序中促进需求的经济结构,建立了一种互动螺旋的辩证关系。稳定和简朴生活的观念,被不断增加的消费、永不满足地追求金钱权力的观念所取代,其结果是自由和自主的观念被彻底压倒,人们舍弃真正的自由,换取无止境参与和打败市场的有限自由。在空间生产领域,同样存在着异化和扭曲的问题,空间生产的过程并未产生一种超越它本身控制能力的独特文化,而是产生了否定人类感性的压迫。空间创造的过程不仅仅是经济财富产生的过程,它也是一种空间自我创造的过程,在资本主义空间扩张的过程中,产生了内部毁坏动力,通过"创造性破坏"的力量,人们的日常生活、交往方式不断遭到侵蚀和破坏。资本积累吞噬了一座座城市,吐出新的都市形态,这种发展不仅改变了人居环境,还重新定义了人的生存方式和价值观念。社会再生产的过程,被资本从外部重新设计塑造。日常生活被扭曲为资本流通,人性的温存消失殆尽。

在价值领域审视空间正义,马克思认为价值空间正义应当具备以下几个特征:第一,空间的建立是为了满足人的生存和发展需要。空间是财富和人口高度聚集的场所,空间的首要功能就是满足人们生存的需要。在此基础之上,空间还要满足人精神上的需要和追求,给人带来精神享受和愉悦的心情。马克思曾明确地提出,在物质需求得到极大满足后,精神追求的地位需要不断上升。第二,空间在满足人类发展需求的过程中,首先要处理好空间发展和人类需求之间的矛盾关系。人类在改造自然的同时,创造了全新的空间景观,人造空间作为一种建成环境,对人的发展起到了制约作用。空间与人的发展之间是一种相互制约、相互依赖、共同发展的统一体。随着经济社会的发展,人类改造空间的能力越来

---

① 《马克思恩格斯选集》第 2 卷,人民出版社 1995 年版,第 191—192 页。
② 《马克思恩格斯选集》第 2 卷,人民出版社 1995 年版,第 267 页。

越强,同时空间为人类提供的便利和享受也越来越多,但结果是空间危机一触即发,人地矛盾空前尖锐。因此,空间正义的终极价值应该体现人与空间的和谐发展,实现空间正义最终将重构一个消除城乡差异、消除空间占有和支配不平等,实现空间差异化和多样化,实现空间融合发展的社会。符合空间正义理念的社会是一个以人为本的社会,是实现人的自由而全面发展的社会。价值空间正义的本质,是构建以"人"的发展为根本发展动力的空间。

五、马克思空间正义思想的当代价值

随着全球化时代的到来,一些划时代的变化影响着世界政治、经济、文化和技术,正在挑战我们熟悉的理论框架和既定范式,给空间正义带来了新的课题。全球化的挑战可以从以下几个方面加以审视:一是作为领导社会运动的轴心阶级出现了去中心化的问题。由于非阶级划分、身份和冲突的异军突起,我们必须重新理解结构压迫和集体身份的概念,用一种全新的和后形而上学的思维分析非传统阶级斗争形式。二是作为衡量社会正义的经济和空间分配失衡问题凸显。由于非经济的不公平发展,分配主义范式的合理性受到挑战,我们需要关注身份不公正和政治不公正等问题。三是"威斯特伐利亚"体系瓦解导致正义观的根本改变。由于全球化的发展,跨国界的非正义无处不在,因此我们需要对非正义作出理论评判。

在这种错综复杂的时代背景下,构建具有普适性和全球意义的空间正义显得十分必要。中国在实现全面建成小康社会的过程中需要构建全新的空间意识,在空间实践中包容不同的意识形态和政治视野,形成具有全球意义的正义伦理,通过追求社会空间的公平和正义,通过相应的价值引导和制度安排来实现全民共享发展成果,人民的利益得到最大程度的保护。

第一,塑造空间发展的合作意识。马克思的本体论在本质上是"结构主义",他提出了整体性的发展观念。整体性是随不同社会条件进行建构和改变的,整体由部分构成,同时试图对部分进行控制,使各个部分的功能区维持整体的完整性和有效性。不同的部分都反映着整体的结构和特点,但是这些关系不可能都是和谐的,它们处于矛盾中,并从矛盾转向冲突。转变通过解决这些矛盾开始,整体被重新构建,这种重新构建反过来改变了部分的定义、含义和功能,以及它们在整体中的关系。全球化时代,我们审视马克思空间正义的整体性论述看到了清晰的全球化意识,在全球空间构建中不同主体间的合作治理是全新正义方案出现的前提。合作是全球共生共赢的法宝,合作的正义与均质性的过程正义和结果正义都不同,是一种附属于合作关系的存在,是一种异质性正义。在合作正义的前提下处理国际关系可以实现自我实现和有利他人的双赢格局,也决定了发展的"去中心"化和"无中心"化,在空间中将不会存在话语霸权,国家不论大小、强弱都会获得平等的空间发展机遇,任何人都不能单独控制空间的发展方向和贬低他人的价值,国家通过有利于彼此的行动来实现共同的价值,用平等互利的合作保障正义的实现。

第二,倡导空间发展的差异性与多样性。差异性是空间正义的基本价值取向,一个差异性得不到尊重的社会会出现社会发展规律和自然规律的背离,必将导致发展的混乱。任平教授在研究中认为,"差异是一个动态的过程,是一种空间和历史连续性的断裂,也是一种发展格式转换,即整个利益格局的重新布局。在差异中,不同利益群体间存在着连续与断裂的统一。"[①]差异性是推动社会发展的根本动力,它不但蕴含于物质空间的范畴中,而且深深地扎根于社会的尊重意识、生活传统、风俗习惯和包容能力之中,可以引申为多样性、丰富性、异质性和个性。民族是社会关系的重要载体,空间正义具有民族性,不同民族对正义观念有着不同的思想体系和情感表达方式,也必将产生多样化的认识。西方社会重视个人本位,正义观念围绕竞争和契约展开。而中国重视集体本位,正义观念围绕人伦与和谐展开。因此,构建空间正义要尊重民族特质,尊重差异性和多样性,不应将单一的价值观凌驾于其他民族与国家,从而构建多元化的空间正义。空间正义的差异性和多样性决定了空间多元主体在实现空间权益时要遵循共享性、包容性、开放性和自由性的原则,推动构建包容、和谐和可持续发展的空间,抵制空间的资本化、权力化和政治化。

第三,继承和发展马克思主义的开放性品格。马克思构建的共产主义社会是"共有、共享、共建"的社会,全球个人自由成为人类构建不同层次空间的终极目标,资本主义社会的断裂将被弥补。在马克思学说中开放性的品格随处可见,

---

① 任平:《论差异性社会的正义逻辑》,《江海学刊》2011 年第 2 期。

他通过不断参与工人阶级的解放运动,从社会实践中汲取理论营养,又广泛吸收前人的理论成果;他接受了莱布尼茨和斯宾罗莎的理论思考方式和总体性概念,批判地吸收黑格尔的辩证法。英国政治经济学家提供的调查社会中物质生产生活的实践方法也被马克思认可。这种开放性使人类创造了璀璨的历史,而不是被历史创造。因此,在空间构建中要始终保持开放性的品格,要在空间的使用和消费中尊重不同阶层人口的利益,使空间具有面向所有公民的开放潜质。这要求破除阻碍自由发展的体制和机制,消除地方保护主义和条块分割的管理体制,形成统一和开放的自由流动市场,使得人流、信息流、物流等可以无障碍地高速流动,促进经济社会的均衡发展。

第四,强调空间发展的人本理念。马克思推崇伦理情感,将地理学融入人类日常生活和俗世立意的思考,将人本理念与城乡二元化和地理不均衡发展紧密联系在了一起。在 20 世纪后期,从生活的角度讨论人的存在问题成为哲学热潮,生活的碎片化问题被极大关注。由于公共空间、私人空间和日常生活空间的分化和重叠,导致了人类身份和生活形态的断裂,也为重寻个人及其生活之总体性愿望提供了前提。在全球化时代,"以人为本"的理念被空前强调,空间的发展必须满足人民的需要,符合群众的期望,要反映人类的日常生活和基本需求,"具备群众基础,能够渗透到日常生活的纹理之中,并扎根在人民群众的意识泉源中"①。只有将空间正义渗透到人类"日常生活的纹理",才能让空间充满人情的温度。改革开放以来,中国的城市发展犹如一列高速列车不断前行,当前城市工作进入了历史的拐点,向更有质量的方向发展是城市发展的必经之路。"以人为本"的城市实际上就是全社会共同参与治理的城市。城市以满足人的全面发展为核心,以人民利益最大化为根本宗旨,以人民满意为衡量标准。2015年的中央城市工作会议提出空间建设四个"共",即建设共治共享和共治共管的城市,将人民利益摆在最为重要的位置。而在政策的制定和落实中,我们更应该将城市融入公民的日常生活之中,真正让人民成为城市的主人,让人民共享城市发展的一切成果。

（本文作者:赫曦滢）

---

① David Harvey, *Spaces of Capita*, New York: Routledge press, 2001, p.116.

论西方马克思主义现代性
理论研究的当代性范式

——从党的十九大说起

习近平总书记在党的十九大报告中应用的"马克思主义"一词经官方统计，出现了13次成为报告热词。报告从深化马克思主义理论研究和建设、推进马克思主义中国化时代化大众化，到弘扬马克思主义学风、建设马克思主义学习型政党，彰显了中国共产党作为马克思主义执政党始终高举马克思主义精神旗帜。确实，我国用几十年的时间走完了发达国家几百年走过的发展历程，我国现代化建设实践进程波澜壮阔、成就举世瞩目，深蕴着马克思主义理论创造的内驱力和价值创生力。作为对马克思主义现代性理论当代发展的西方马克思主义现代性理论，国内研究者对其的研究步调是与我国的现代性建设实践保持一致的。通览其国内理论界的研究，大体走了一条流派人物成果的翻译引介、思想观点的深度研究、内在逻辑的思想阐释、可借鉴性的集中开掘的历史逻辑研究路径，呈现出诸多分门别类的把握与研究方式。尽管西方马克思主义现代性理论有其无法逃匿的限度，但关于它的研究对中国特色社会主义现代化道路的开辟，对中国经验、中国模式的形成，以及对马克思主义现代性理论的当代发展意义上，都提供了不可或缺的理论支持，对我们今天现代性的建构这项"未完成的事业"提供了中国借鉴的重要启示。

同时，习近平总书记在党的十九大报告中把新时代中国特色社会主义思想确立为我们党必须长期坚持并不断发展的指导思想。毋庸置疑，习近平新时代中国特色社会主义思想是中国当代的马克思主义执政党前仆后继地自觉发展马克思主义理论的体现，是马克思主义中国化的最新成果，是实现了马克思主义中国化的又一次历史性飞跃，为我们走好新时代的长征路、建设社会主义现代化强国、实现中华民族伟大复兴的中国梦,提供了强大的思想武器和行动指南。习近平新时代中国特色社会主义思想的提出,无疑也赋予了西方马克思主义现代性理论研究新的历史使命,西方马克思主义现代性理论研究也从此走进了一个新时代。在这个新时代背景下,如何结合中国特色社会主义发展的实际内容,来提出西方马克思主义现代性理论研究发展的新思路、新方法、新态度,成为了我们理论研究者们今后致思努力的方向。

起初,西方马克思主义现代性理论研究只是我们瞭望西方的一个窗口,但随着我国现代化建设的深入,西方马克思主义现代性理论研究已经从引介、评析、系统的脉络梳理的一种主流的历史性范式研究,转换到了今天以现实社会中的实践问题为基础,以具体社会问题为切入点,对西方马克思主义现代性思想和潮流进行详细分析的一种新的研究范式,即当代性范式。在习近平新时代中国特色社会主义思想背景下,这种当代性范式要求我们从具体的中国特色社会主义建设的实践出发,在对西方马克思主义现代性理论研究中,不再将中国特色社会主义视为一种特殊的经验,而是看成史无前例的独特创造,是当代世界发展中不可或缺的一部分,"为解决人类问题贡献了中国智慧和中国方案"。习近平总书记在党的十九大报告中提出的"贡献中国智慧和中国方案",意味着西方马克思主义现代性理论研究的使命发生了根本性的变革,也意味着西方马克思主义现代性理论在新时代中国特色社会主义建设的一个重要转向,即面对全世界和全人类共同的问题从借镜参考到给出中国式的解答。在改革开放近四十年来的中国现代化建设的伟大实践进程中,中国特色社会主义"攻克了一个又一个看似不可攻克的难关,创造了一个又一个彪炳史册的人间奇迹",中国已然不再是那个三十多年前需要主动跟上世界发展步伐,追赶西方发达国家而处于改革开放初期的那个中国。从借镜参考到给出中国式的解答,这就是党的十九大报告中提出的新时代的概念带给我们西方马克思主义现代性理论研究的重要启示。

实际上,因为我们的思考无一不是面对时代问题作出的回应,所以,当代性(contemporary)从概念上理解,它不仅意味着我们的知识范式和思想体系会带着时代的印迹,而且也意味着一种对当下时代的创新超越,即怎样去改变这个满是各种矛盾和撕裂的悖谬性的社会,为未来开创崭新的科学的社会道路。以当代性范式为研究路径,将当代中国现实的特色社会主义建设实践作为主要理论参照系,西方马克思主义现代性理论研究再一次站在了历史的关口。张一兵教授指出国外马克思主义的研究必须转向,"要在回应中国现实问题的基础上,立足于马克思主义的基本方法,在同国外马克思主义的对话中实现理论创新。"①这个必须转向的指出中包含了两个标准:中国的现实问题和马克思主义的基本方法。但严格说来其实是一个标准,即马克思的历史唯物主义。习近平总书记指出:"历史和现实都表明,只有坚持历史唯物主义,我们才能不断把对中国特色社会主义规律的认识提高到新的水平,不断开辟当代中国马克思主义发展新境界"。② 历史唯物主义是马克思主义的精髓。在当代"语境"中的历史唯物主义体现为两个基本维度:一是在时间辩证法的思想史意义上解读历史唯物主义在当代的意涵;二是指在空间辩证法的"当代"语境中揭示历史唯物主义对当前世界特别是中国的现实意义和启示。事实上,西方马克思主义非常认同马克思主义的精髓就是历史唯物主义这一论断,自然,其现代性理论观点也致力于用历史唯物主义的方法来把握理论和现实中的困境和难题。所以,当西方马克思主义是这样承续"马克思主义"的方法时,我们从西方马克思主义那里获得的既是其学术思想,更是其分析问题和解决问题的视角与方法。因此,如何在西方马克思主义现代性理论的历史性与思想性研究中开掘出史与论的现实性的研究方式,真正运用西方马克思主义现代性理论有针对性地思考一些现实问题,除需要以西方马克思主义现代性理论的历史性研究范式为借鉴外,还需要以新时代中国特色社会主义现实实践为当代发展,需要以深入把握西方马克思主义现代性理论内在的逻辑与问题为思想性方法。无疑,"史与论"的研究方法正是最能体现当代性范式的一种创新性方法,是对西方马克思主义现代性理论研究从借镜参考到中国式解答有所作为的一种方法。正如韩秋红、史巍在《西方马克思主义研究的方法论价值与局限》中论述的那样:"西方马克思主义理论自身始终强调的'方法',始终坚持按'史与论'的方法对其进行研究,发掘其中的价值与问题,是一件有意义的事情。"③坚持"史与论"的研究方法,在习近平新时代中国特色社会主义思想下的西方马克思主义现代性理论研究,定能在"贡献出中国智慧

---

① 张一兵:《当代国外马克思主义哲学思潮》上卷,江苏人民出版社 2012 年版,第 3 页。

② 习近平:《在中共中央政治局第十一次集体学习时的讲话》,《人民日报》2013 年 12 月 5 日。

③ 韩秋红、史巍:《西方马克思主义研究的方法论价值与局限》,《马克思主义研究》2014 年第 8 期。

和中国方案"①中有所作为,使其成为马克思主义研究中不可或缺的一部分,让21世纪中国马克思主义、当代中国马克思主义放射出更加灿烂的真理光芒。具体说来,"史与论"的当代性范式除历史性研究外,还主要体现在以下三个方面。

一、时代性研究

首要的问题在于如何理解马克思主义发展史。我们比较认同的观点是,西方马克思主义现代性理论虽然在价值旨趣、研究视角、理论归属等诸多方面与经典马克思主义有着无法否认的重大差别,但仍可以在总体上视为马克思主义在当代发展演化的产物。因此,将西方马克思主义现代性理论纳入马克思主义发展史中进行研究,就理所应当成为西方马克思主义现代性理论研究的思想自觉和中国马克思主义研究的迫切理论任务。但长期以来,学界存在着一种刻板的教条主义和政治实用主义的观念,即把马克思主义发展史等同于马克思、恩格斯、列宁、斯大林、毛泽东"一线单传"的思想发展史,并赋予"绝对正确"的标签使得他们的思想理论获得了不可撼动的历史地位,凡与革命导师们思想不相符合的理论都统统被视为"异端",导致西方马克思主义现代性理论自诞生起就在马克思主义阵营中处于被批判的地位。殊不知,这种观点恰恰违背了马克思主义发展史的实际,将会从根本上堵塞马克思主义发展的道路。这是因为马克思主义发展史实际上不仅是马克思主义思想家极力维护正统马克思主义思想,并不断与非正统马克思主义思想顽强抗争的发展过程,而且同时始终伴随着马克思主义不断时代化、世界化、民族化的历史发展过程,这就意味着马克思主义理论多流派、多形态的发展必然是与不同国家的具体历史条件和文化传统相结合的时代化产物。因此,不能以"一线单传"的马克思主义发展观为标准去评判西方马克思主义现代性理论的思想得失,而应该立足马克思主义的基本精神,考察时代向西方马克思主义理论家提出了什么样的时代课题,理论家如何回应这些时代课题并提出了什么样的理论观点。只有正确处理西方马克思主义现代性理

---

① 习近平:《决胜全面建成小康社会 夺取新时代中国特色社会主义伟大胜利——在中国共产党第十九次全国代表大会上的报告》,《人民日报》2017 年 10 月 18 日。

论与马克思主义之间的关系,把西方马克思主义现代性理论置于马克思主义发展史的时代语境中加以具体历史的规定,才能真正使我国的西方马克思主义现代性理论研究走向深入。

步入新时代,我国西方马克思主义现代性理论研究更应该强调对当代性问题的创造性解读以及与中国马克思主义理论建设的互动对接。随着20世纪70年代以来新自由主义政策在国际经济舞台上扮演着越来越重要的角色,尤其是"9·11"事件以及由美国次贷危机所引发并最终导致全球性的金融危机的爆发,全球资本主义所发生的新变化和当代资本主义面临的困境与问题日益显现,重新点燃了马克思主义对现代资本主义的批判热情。西方马克思主义现代性思想家一方面持续对马克思主义理论及其当代社会主义实践的经验教训展开自觉的理论反思,另一方面,也愈加地把目光聚焦于当代资本主义所发生的新变化和出现的新问题,政治倒退、民主退化、金融危机、恐怖主义、民粹主义、宗教冲突、社会分化、消费异化、生态环境等系统性、严重性、顽固性的现代性问题成为西方马克思主义现代性理论关注的热点。在此情况下,我国的西方马克思主义现代性理论研究者需要在对西方马克思主义的经典现代性理论文本研究保持密切关注的同时,也应当对西方马克思主义现代性理论所关注的当代资本主义新问题、新现象加以紧密追踪。中国走现代化之路毋庸置疑已是不可更改的历史潮流,检视我国面对的现代性发展矛盾问题,西方马克思主义所论及的现代性"弊端"早已为我们提供了警示。习近平总书记在党的十九大报告中明确指出:中国特色社会主义进入新时代,我国社会主要矛盾已经转化为人民日益增长的美好生活需要和不平衡不充分的发展之间的矛盾。面向我国实际,习近平新时代中国特色社会主义思想的这个新定位,这就要求我们与时俱进地用时代性研究方法来对西方马克思主义现代性理论进行研究,不应该停滞在它的某种历史形式,而应该在回应新时代挑战中,以我们当下正在做的事情为中心,把西方马克思主义现代性理论置于现时的经验之上创造理论意义。因为,西方马克思主义现代性理论意义的创造不可能在某个人或某个时代成为完成时,对研究者来说,需要带着时代问题与西方马克思主义进行对话,在这一对话研究中逐渐提高自己的方法论水平,构建出富含时代特色的西方马克思现代性理论,以解决新的时代问题,从而建构与当今新时代特色相适应的西方马克思主义的新形态。事实上,中国近四十年来的解放思想、改革开放与中国特色社会主义伟大实践表明:马克思主义中国化的进程,本质上就是马克思主义在中国不同时代的不断重新出场并与时俱进的过程,随着实践主题的不断转换,马克思主义在当代中国化进程中的出场与时俱进地形成了中国特色社会主义理论体系,毋宁说马克思主义中国化的进程本身就是时代性研究的过程。显而易见,时代性研究在我国西方马克思主义现代性理论研究和现代化建设实践进程中举足轻重。

二、思想性研究

是"面向事情本身"的研究。现象学和分析哲学为现代西方哲学注入了重要的方法论原则,所以,被公认为在现代西方哲学史中对现代西方哲学影响最大的思想潮流。它们分别是"面向事情本身"的现象学还原方法和分析方法。故此,欲将一事物从繁杂中抽离出来,还原其思想的本真意涵,"面向事情本身"的现象学研究方式为之提供了行之有效的启示。对西方马克思主义现代性思想和问题本身的研究,也有两种方式:其一是基于西方马克思主义现代性思想的文本开展的分析和解读,于文本中挖掘出理论问题并对其进行思考;其二是于西方马克思主义现代性思想的整体理解中捕获出具体问题,并返回文本对其开展针对性研究。可以说,思想性研究方式离不开对文本的探究和对具体问题的分析。西方马克思主义现代性理论研究,不能脱离开对文本的研读,反之便丧失了其现代性观点的理论根基。当然,在不同时代主题下研读相同文本会有相异的关注焦点和研究旨趣,抑或说,相同文本研究往往都留存着不同时代的历史痕迹,没有固定的模式,这主要取决于当时的社会实践发展需要,因而其研究成果必然具有时代性特色。相反,如果研究的主题、内容不顺应时代的发展,必将导致严重的时代错位。同时,忽视时代问题的追问与探讨,文本研究也仅仅局限于文献学、考据学的意义,无法生发出更多的思想性价值。马克思主义从产生起,就不断捕获时代问题,也正是解决时代问题,马克思主义才得以产生和发展。离开问题意识,无从谈起发展马克思主义研究。西方马克思主义就是立足于西方资本主义所出现的新问题、新特征而发展和提升马克思主义的,中国的马克思主义也是立足于中国现代化实践来发展马克思主义的。固然,面向现实问题,并不意味着可以为主观需要马首是瞻任意对文本进行阐释;我们所要强调的是问题意识之于文本研究的重要性,而决非是要轻视文本研究的严肃性。

是要求把握理论问题和理论逻辑的研究。思想性研究可以追溯到"思想史的研究"("Intellectual History"),"Intellectual"更倾向于特指具有某种价值内核和精神追求的"思想"。在此意义上,思想性研究是西方马克思主义现代性理论在历史性研究过程中侧显出的另一种研究方式,是深化了的历史性研究。哲学研究除把握历史外,还必须深入历史背后揭示出潜藏的思想,才能"在思想中把握时代",使"问题成为时代的格言"。可以说,思想性研究是历史性研究的灵魂,历史是思想的呈现。文本客观评介式的历史性研究容易造成对"原理"的僵化理解,无法真正把握其内隐的理论问题和理论逻辑,具体呈现为随着新人物、新流派、新概念的登场亮相,更为深刻的理论研究却相对止步不前,导致西方马克思主义现代性理论研究止步于表面。而思想性研究却要求我们把握内在的理论问题和理论逻辑,其中包含了互为关联的两个方面:即时代给出了什么问题,理论家又是如何解答回应时代之问,并与之提出了何种新的理论命题。所以,理论问题式的思想性研究必须要获取文本作者的时代视野及其历史语境,虽然研究者无法跨越历史时代绝对地再现文本作者的原始意义,但却能在与文本作者的视域融合中,重新创造文本意义。这就意味着西方马克思主义现代性理论研究不能脱离对当代资本主义的研究,而要在当代资本主义生产方式、文化思潮变迁的研究基础上来开展。事实上,西方马克思主义现代性理论研究从本质上说是对当代西方社会发展的反思和回应,不清楚当代资本主义的发展状况,就无法真正掌握他们的理论建构、理论命题的意蕴。思想性研究还要求我们厘清理论逻辑脉络,明晰其理论思维方式,探究其理论运思轨迹,把握其理论问题、谱系以及效应,科学定位其理论地位,进而实现西方马克思主义现代性理论研究的目的。

三、实践性研究

科学性和实践性的统一是马克思主义发展的内在规律,20世纪马克思主义正是凭借世界化的运动过程,结合各国具体实践和文化传统开辟了一条新道路,形成了马克思主义多形态、多流派的格局。西方马克思主义的现代性理论正是在这一历史语境下生发出来,它们看到当代西方工业文明社会虽然达到了空前的富裕,但社会的病态不仅没有消除,反而变本加厉,导致人主体性的丧失,自主意识泯灭。这些反历史、反人性、反自由的现象是与真正的现代性精神相背离的,是现代性精神在当代西方工业文明社会的现实扭曲。那么,何以进一步推动社会发展?何以进一步促进社会变革?何以真正实现人的自由?西方马克思主义的理论家们继承马克思现代性批判的"现实性",通过解密"启蒙"的逻辑,深入现代资本主义社会中人生存的微观领域,针对"资本主义现代文明"出现的各种问题,将批判的矛头指向科学技术、现代心理、大众文化、日常生活等现实社会领域和核心问题,对现代性的全面批判开启了多元的现代性理论的线索。应该说,西方马克思主义思想家始终关注西方社会主义革命进程中的理论和实践问题,不仅形成了系统的现代性理论,而且对马克思的历史唯物主义、资本主义的历史命运、社会主义的未来、阶级和国家问题,以及生态问题等重大理论和现实问题进行了深入探讨,其理论探究的根本目的也是在于如何顺应时代要求来发展马克思主义。可以看出,将西方马克思主义现代性理论置于整个马克思主义发展史中予以研究不仅可以从本质上把握其思想特质,而且显而易见其自始至终承续了马克思主义实践性的品格。

所以,我国的西方马克思主义现代性理论研究该持何种姿态对待中国马克思主义建设和当代马克思主义建设,这是一个值得我国西方马克思主义现代性理论研究者们思考的问题。这个问题从实质上来理解,既是一个如何看待西方马克思主义现代性理论研究在当代中国的价值和意义的问题,也是一个如何考量我们自身研究的合法性问题。毋庸置疑,对西方马克思主义现代性理论文本的解读和阐释,是我们开展西方马克思主义现代性理论研究的基本前提,是不可或缺的、意义重大的,但最终这并不是我们起初要研究西方马克思主义现代性理论的目的,也实现不了西方马克思主义现代性理论研究在当代中国的价值与意义。因为,究其起初研究的最终目的,我们并非是要在当代中国来发展西方马克思主义的现代性理论。所以,我们不应当将研究简单地停留在对文本的解读和阐释上,而要塑造经世致用的实践品格,强化现实性和针对性,将研究定位在如何获取理论资源来解决中国当代理论和实践问题、如何服务于中国马克思主义和当代马克思主义建设上。塑造经世致用的实践品格,这是由马克思主义发展的内在规律和西方马克思主义现代性理论的思想特质所决定的,也是当前我们西方马克思主义现代性理论研究必须面对和亟待解决的重要问题。

马克思主义发展的内在规律和西方马克思主义现代性理论的思想特质,决定了西方马克思主义现代性理论的研究必须立足于中国现代化建设实践,来解决我国现代化建设实践中的理论和现实问题,发挥其在中国现代化建设实践中的价值潜能,最终最大化实现其理论研究中国借鉴的价值意义。首先,要实现研究的价值立场转换,即自觉以促进中国马克思主义哲学建设为目的来研究西方马克思主义现代性理论,使之成为中国马克思主义建设的内在组成部分,并服务于中国马克思主义哲学建设。其次,要实现研究方法的转换,即要强化"中国问题意识",要着重与中国马克思主义理论建设和中国现代化建设实践相关的理论研究,并瞄准它们所面临的理论和现实问题,有机结合历史性研究范式与思想性研究范式,通过史与论从根本上提升我国西方马克思主义现代性理论研究的水平,使其真正发挥服务于中国马克思主义理论建设、服务于中国现代化建设实践的价值意义。

坚持对西方马克思主义现代性理论"史与论"的当代性范式研究,在对马克思主义发展史和马克思主义中国化从时间到空间维度的转换中,在对新时代中国特色社会主义发展道路的现实考量和理性思考中,实现对西方马克思主义现代性理论更具价值立场、更具话语权、更具穿透力的研究,"为解决人类问题贡献了中国智慧和中国方案",是当代中国马克思主义者应有的新姿态。

（本文作者:王馨曼 韩秋红）

西方马克思主义现代性
理论研究的当代展望

国内理论界对西方马克思主义现代性理论的研究,大体走了一条流派人物成果的翻译引介、思想观点的深度研究、内在逻辑的思想阐释、可借鉴性的集中开掘的历史逻辑研究路径,呈现出诸多研究之全面、思想之深入的分门别类的把握。在这些研究的基础上,怎样进一步寻求其可能性发展空间,尚需思考一系列问题:如何深入探讨现代性理论全局,把握西方马克思主义现代性理论整体态势? 如何发掘西方马克思主义现代性理论的双重思想逻辑,明晰其内在关联? 如何立足中国现代化建设实践,实现西方马克思主义现代性理论研究中国借鉴的价值意义? 为此,可否在现代性理论总体进程中把握西方马克思主义现代性思想的运思过程和基本学术取向,在与马克思主义理论、西方哲学的相互缠绕下再诠释西方马克思主义现代性理论的思想嬗变与理论特征,在马克思主义发展史维度上辨明西方马克思主义理论主流与非主流,在对西方现代工业文明社会进行现代性批判中关注西方马克思主义批判的立场、观点与方法,寻找西方马克思主义现代性思想理论怎样"为我所用"、成为中国参照和问题导源的新生长点。

一、于现代性理论全局中把握西方马克思主义
现代性理论整体态势

西方马克思主义所面临的时代性特征,使其注定以现代性作为其理论主题,现代性因此可以看作贯穿西方哲学从传统到现代的逻辑主线,无疑成为西方马

克思主义一个重要的基本论域,为我们提供一条理解西方马克思主义发展及其性质的新路径。

西方马克思主义现代性理论具有批判的辩证立场与方法,是比较明确的。从西方马克思主义早期代表性人物卢卡奇到法兰克福学派早期"批判理论"奠基人霍克海默和阿多诺,以及法兰克福学派理论领袖级人物哈贝马斯以至当下,确实都在坚持现代性批判的辩证立场。卢卡奇之主客体统一的历史辩证法。卢卡奇在《历史与阶级意识》中从资本主义社会的物化现象和资产阶级形而上学两个维度展开了对资本主义的批判。其批判依循韦伯的合理化理论进一步揭示物化产生的内在机制,以资本主义的商品生产和交换过程中的合理化原则解读和领会马克思的商品拜物教思想。卢卡奇的这种解读是一种质的"误读",在这个关节点上离开了马克思的思想基地。才使之将物化意识归结为资产阶级思想的"二律背反"即现代形而上学及其内在矛盾;才使之努力通过恢复黑格尔的辩证法因素在具体的历史现实过程中实现主客体的统一,才能解除"庸俗马克思主义"实证科学方法的全部"形而上学武装";才使之坚定无产阶级只有作为历史过程中统一的主体—客体,才能达到阶级意识自觉,才能作为能动的历史的"总体"而担当历史重任。卢卡奇物化批判的理论局限显而易见,但其中体现的辩证方法亦显而易见。他没有像韦伯那样苦于理性"牢笼"的悲观与失望情绪,而是积极找寻打开理性"牢笼"的钥匙——主客体统一的历史辩证法,将主体从碎片化、机械化的压迫中拯救出来,"把马克思对于商品拜物教的批判转化为对理性化的批判",①体现卢卡奇对现代性批判的辩证立场。霍克海默和阿多诺之启蒙辩证法。霍克海默和阿多诺更是认为工具理性已全面浸透到了资本主义社会之中。在他们看来,启蒙理性之所以蜕变为工具理性及其统治,主要在于传统形而上学的抽象同一性原则以及人的自我持存的内在强制,而人的自我持存的内在强制也最终是由资产阶级理性主义的合理性原则所致。当然,霍克海默和阿多诺在《启蒙辩证法》中最终并未明确提出如何走出启蒙困境的现代性解决方案,但他们明确表示对启蒙的反思和批判并非要彻底地否定启蒙理性,坚信启蒙仍然担当着实现人类自由和进步理想的崇高使命,强调只有启蒙对它"倒退的环节"进行反思并且"只有在它摒弃了与敌人的最后一丝连带关系并敢于扬

---

① 王晓升:《哈贝马斯的现代性社会理论》,社会科学文献出版社 2006 年版,第 237 页。

弃错误的绝对者,即盲目统治原则的时候,启蒙才能名副其实。这样一种毫不妥协的理论精神,试图把认定目标不再放松的冷酷的进步精神翻转过来"①,其"目的是想准备好一种实证的启蒙概念,以便把它从与盲目统治的纠结之中解脱出来"②。无疑,他们的真实意图是想既要通过启蒙精神实现人类社会真正的自由、解放和进步的美好图景,又要坚决防止启蒙理性蜕变为工具理性统治所带来的一切灾难。阿多诺之否定辩证法。阿多诺的《否定辩证法》进一步追究形而上学的抽象同一性原则是如何形成其统治权力的,努力找寻一条从根本上瓦解形而上学统治权力的出路,使其诉诸非同一性逻辑的"否定的辩证法"。阿多诺想要寻求在主—客体之间保持一种既存在差异又不至于分裂的理想状态,即试图在主体与客体之间建构一种既非等级又非支配、既非统治又非压迫的一种新型的"和解"的、"星丛"式的理想图景。"星丛"既体现了"否定辩证法"以非同一性瓦解传统形而上学同一性原则的统治权力,也并非要彻底否定主体本身,它只是体现了作为一种非同一性的否定逻辑并通过这个否定的逻辑以彻底瓦解主体的统治权力,创造一种具有批判精神和自我反思精神的主体性是"否定辩证法"的重要内容。也许阿多诺本人的表白最能体现这种辩证立场:"理性是病态的,只有得到治愈后才是合理的。"③哈贝马斯之现代性仍是一项事业。哈贝马斯在辩证对待现代性问题上最为典型。他提出要像马克思对待黑格尔那样对待现代性,"务必小心翼翼,切莫将婴儿和洗澡水一起倒掉,然后再翱翔于非理性的天空"④;他认为现代性问题的出现,其根源不在现代性本身,而是由于系统世界中工具理性的"入侵"造成日常生活世界"殖民化";他坚信现代性是一项未完成的计划,只要对理性进行"治疗"就能够充分释放出理性自身的潜能;他揭示在主体间性基础上以交往理性重建现代性规范,就能够使人们在交往行为中通过平等对话,消除压迫,达成共识,实现和解;他需要"回过头来从工具理性批判

---

① [德]霍克海默、阿多诺:《启蒙辩证法》,渠敬东、曹卫东译,上海人民出版社 2006 年版,第33—34 页。

② [德]霍克海默、阿多诺:《启蒙辩证法》,渠敬东、曹卫东译,上海人民出版社 2006 年版,"前言"(1994 年),第 4 页。

③ [德]阿多诺:《否定辩证法》,张峰译,重庆出版社 1993 年版,第 170 页。

④ [德]哈贝马斯:《哈贝马斯访谈录》,李安东、段怀清译,上海人民出版社 1997 年版,第37 页。

终止的地方重新开始……把社会批判理论未能完成的使命重新承担起来"①;他宣布自己"不放弃现代性计划"、"不屈尊于后现代主义和反现代主义"②,坚持维护这一未竟的事业。

西方马克思主义坚持辩证的立场对现代性进行批判的同时又以不同的方式对其予以积极"治疗",还可以在本雅明"历史的废墟"上看到新的乐观态度、在马尔库塞"单向度的人"中惊异感性的解放、在弗洛姆的异化世界中窥见健全的社会,高兹也认为现代性的问题并不因为自身,只是在社会发展过程中越出了自己的范围,亟待去做的是着力找寻理性真正的应然状态,他们的目的都是要通过坚持现代性以实现人类的自由、民主和解放的理想图景。在现代性理论发展中,西方马克思主义正是以其更具社会责任感和更具现实意义的现代性批判理论而彰显出的辩证立场与方法,深蕴着丰富的价值关怀——拯救现代性精神。

二、于西方马克思主义现代性理论的双重逻辑
比较分析中明晰其内在关联

西方马克思主义现代性理论自诞生之始就将自身放置于马克思主义发展史与西方哲学的宏大理论视域下,在一定意义上完成对马克思主义的继承或背弃、对现代西方哲学的转轨或位移。因此,西方马克思主义现代性理论在与马克思主义现代性理论的演进发展中呈现出怎样的"真知灼见",在与现代西方哲学各流派思潮的对话中彰显着怎样的独自特色,深入比较分析这两个方面,是深入挖掘西方马克思主义现代性理论的重要维度。

(一)西方马克思主义现代性理论与马克思现代性理论

批判旨趣一脉相承。马克思的现代性理论具有鲜明而深刻的批判性和革命性,"辩证法不崇拜任何东西,按其本质来说,它是批判的和革命的"③。"要对

---

① [德]哈贝马斯:《交往行为理论》第1卷,曹卫东译,上海人民出版社2004年版,第369页。
② [德]哈贝马斯:《哈贝马斯访谈录》,李安东、段怀清译,上海人民出版社1997年版,第56页。
③ 《马克思恩格斯选集》第2卷,人民出版社1995年版,第112页。

现存的一切进行无情的批判"。① 随着政治经济学进入马克思的批判视域,马克思便在历史唯物主义思想基地上放弃现代性的理性主义架构,开始揭示"资本"作为现代社会历史发展的存在论根基,将现代性批判奠定在历史唯物主义的思想理论根基上。马克思通过对现代资本的扫描,批判了现代资本主义社会中的异化劳动、商品拜物教以及资本对劳动的剥削和统治,揭露了资产阶级的自由、民主和平等的现代意识形态之虚伪性与欺骗性,展示了由资本现代性内在无法克服的矛盾将导致资本主义制度灭亡,人类社会走向共产主义的美好前景,体现了马克思从人的存在和人的本质出发的哲学所具有的自觉的、历史的、实践的、革命的精神,成为马克思现代性批判理论最本质的特征。西方马克思主义的现代性理论与马克思的现代性理论有着共同的现实关切和批判旨趣,他们普遍从马克思的异化理论和实践哲学构想出发,对现存社会持彻底的批判态度。卢卡奇主客体统一的辩证法、葛兰西文化领导权理论、科尔施总体性理论、法兰克福学派的启蒙辩证法与否定辩证法、列斐伏尔的日常生活批判理论、布洛赫的希望哲学与乌托邦精神,雅索普和齐泽克的资本主义批判理论,都定位于现代性批判的实践性、现实性的理论建构,是马克思异化理论和实践哲学在 20 世纪的具体应用,抑或说,是 20 世纪时代条件下以批判现代性为本质的特殊的异化理论,其宗旨都是为促使现代人对资本主义制度下人性压抑和人的全面异化进行自觉反抗,积极寻求实现人的自由发展更健全的合理条件。

研究视角各有侧重。马克思更多地将人的异化同资本主义的经济、政治制度和阶级压迫相联系,研究视角更多聚焦于经济领域和政治领域,将批判矛头集中指向资本主义社会现实的经济剥削、抽象劳动以及政治压迫。而西方马克思主义的现代性理论的研究视角则更多关照到文化视角下现代社会的各种有影响的社会力量和文化力量,如现代国家、意识形态、官僚制度、技术理性、日常生活、大众文化、性格结构等,体现为对纯粹的人与物的世界的无限对立、消解人的主体性的异在力量的揭露与痛斥。应该说,西方马克思主义现代性理论的研究视角之转变呈现出的多元批判主题景观是与 20 世纪的社会历史条件的转变和人类文化精神的历史演进直接相关的。两者所面临的社会运行机制的不同是导致社会危机在不同层面体现出来的原因:马克思的现代性理论是自由资本主义的

---

① 《马克思恩格斯全集》第 47 卷,人民出版社 2004 年版,第 64 页。

产物,是阶级对立和阶级冲突非常激烈的时代,各种矛盾都集中于政治和经济层面,因此,其现代性理论的研究视角主要侧重于政治异化和经济异化;西方马克思主义的现代性批判理论是发达资本主义的产物,在发达资本主义社会,科学技术和商品的飞速发展使科学技术、大众文化、意识形态、人的性格结构出现了空前的异化,其研究视角转到文化和社会层面,是在 20 世纪历史条件下对马克思的现代性理论的一种拓展。

解决途径差别迥异。历史境遇的不同与研究视角的相异决定了两者在解决现代性问题的途径上有很大的差异。在马克思那里,无产阶级革命原则在其从事现代性之初就已经作为其中的一个重要组成部分,这一革命和解放的立场始终贯穿于马克思的现代性理论,因此,马克思始终坚持现代解放的主体是无产阶级,根本出路在于无产阶级革命。而西方马克思主义理论家则在资本主义新发展和社会主义运动低潮的社会条件下,把研究视角转向意识形态、理性文化、心理机制、交往理论等更为丰富和多元的领域,因而将革命的主体更多寄望于青年学生和知识分子,在资本主义社会的精神层面和文化层面寻求新时期无产阶级获得解放的突破口。

(二)西方马克思主义现代性理论与现代西方哲学批判理论

两者作为面对着共同的文化危机和文化困境的历史背景下反思西方现代性的理论,有着共同的研究视角和批判主题,均体现为反思理性、批判理性的哲学文化思潮。理论自身的发展逻辑:全面反思西方理性主义文化。从理论自身发展的逻辑来看,两者都是在对西方理性主义文化的全面反思中形成的现代哲学理论。现代人本主义对传统理性主义的"逻各斯"精神展开了猛烈抨击,质言传统的理性是"冷酷的理性",要求理性向现实人的生活的复归,高扬人的主体性、历史性、创造性,主张以丰富的人性将"冷酷的理性"取而代之。现代科学主义把批判的矛头指向传统理性的"努斯"精神,斥责传统的理性是"狂妄的理性",要求放弃自由解放的宏伟叙事,使理性回归经验世界,在逻辑分析和经验实证的基础上,为知识找寻可靠的标准、为命题找寻"可说"的可能性、为历史文化找寻无意识结构,以谦虚的理性将"狂妄的理性"取而代之。西方马克思主义在不同程度上受现代西方哲学批判理论的影响,呈现为对反理性因素的强化和扩大化的理论倾向。阿多诺、马尔库塞、弗洛姆、哈贝马斯从意识形态的异化入手,对意识形态的欺骗性和对文化的操纵进行了批判;卢卡奇、霍克海默、阿多诺、马尔库塞、哈贝马斯从技术理性的异化入手,对物化问题、启蒙问题以及技术理性的意识形态化问题进行了分析和批判;霍克海默、马尔库塞、阿多诺、列斐伏尔、本雅明则对平面化的大众文化对人的超越性的压抑进行批判;马尔库塞、弗洛姆将马克思的异化理论和弗洛伊德的精神分析学相结合,展开了对现代社会条件下性格结构和心理机制的批判;另外,霍克海默、布洛克、葛兰西和哈贝马斯还对“权威国家”、“国家资本主义”、“合法性”问题及“领导权”问题进行了深入分析,是对马克思的国家批判理论的进一步发展。西方马克思主义的现代性理论与现代西方哲学思潮相互渗透和影响,从而形成 20 世纪丰富的文化批判的“大家族”。

理性的现实性:深刻反思现代工业社会现代性危机。第二次世界大战打破了传统理性主义的迷梦,它以极其残酷的事实向世人宣告了传统理性主义文化的失败:一方面,科技理性并没有如人们所期待的那样,为人类带来真正的幸福和解放,反而使人们沉醉于“异化的”幸福观中;另一方面,自由的宏大叙事被打着理性幌子的法西斯暴行和集权统治彻底摧毁。奥斯维辛集中营惨绝人寰的杀戮和原子弹无人性可言的杀伤力,使得历史精神的内在冲突和人类现实生存困境统统暴露出来。在这种本质主义沉重、存在主义虚无的背景下,带着末世的情结的人们展开了对理性主义文化的深刻反思和批斗。现代科学主义思潮力图克服人的神话倾向,强调人的自在性,反对对人的主体性、超越性的过分张扬,在某种意义上,这是从人的自在性出发对人的确证;现代人本主义思潮试图超越人的物化倾向,强调人的自为性,反对对人的客体性、给定性的过分强调,这是从人的超越性出发对人的确证;西方马克思主义承续与发扬了马克思的实践哲学和异化思想,从人的自觉的实践活动出发,力图克服现代社会人的生存方式的全面异化,从现实的自我超越、自我创造的对象化活动中确证人的存在。西方人本主义马克思主义和现代人本主义思潮一样,二者都把对技术理性、大众文化、意识形态等异化的文化力量批判作为自己哲学的重要主题。

面对共同的文化困境,西方马克思主义与现代西方哲学同呼吸、共命运,以沉重的历史责任感展开许多关系到 20 世纪人类生存与人类命运的文化批判主题。但是,西方马克思主义并没有简单重复现代西方哲学中人本主义和科学主义已有的理论命题,而是在与这些流派对话中汲取 20 世纪人类精神的优秀特质,并试图超越这些流派的视界,在以人的存在为聚焦中心的现代性哲学的地平线上,开发出新的理论境界。其差别集中表现在:其一,在基本的哲学定位上,现代科学主义和人本主义思潮分别在实证科学和人本学的意义上来定位哲学,而西方马克思主义则在文化哲学的意义上来定位哲学;其二,理论定位上的差异也致使两者的批判根基的相异,西方马克思主义的现代性批判由于直接把马克思的异化理论作为根基,使得其对人的存在和人的现代性境遇的理解更为全面和集中,理论深度更为深刻;其三,两者在理论定位和理论深度上的差异又导致了理论前景的不同。具体来说,现代科学主义和人本主义发展中抽象化的思辨理性哲学范式始终占据主导地位,难以达到批判现实的目的。西方马克思主义的现代性批判通过将西方哲学理性和文化精神的形而上思考与现实的人的生存方式的建构结合起来,呈现为一种对生命的价值和意义投入极大关切的文化哲学和实践哲学范式,因而更具现实感和穿透力,前景更为广阔和光明。

三、于现代化实践中实现西方马克思主义现代性理论研究中国借鉴的价值意义

在新时代,如何实现西方马克思主义现代性理论研究中国借鉴的价值意义,与西方马克思主义进行解释学对话、强化中国问题导向、与时俱进应成为目前国内理论界更为重要的价值立场和致思方向。

解释学对话。如何从过去一味地框定文本原意的解经式研究方式,深入到文本与研究者之间的解释学对话,应成为一个需要我们重视的问题。如果缺失这种解释学视域,将封闭西方马克思体系,扼杀其革命性,其文本也将成为档案馆中一堆死的史料,从而丧失西方马克思主义的精髓。在我们看来,要实现这一解释学对话,实现对西方马克思主义文本新的解释的根本目的,我们不应该凝固于西方马克思主义的某种历史形式,也不应该消极地接受文本思想,而要发挥解释者的主动性进行期望和设想,敢于应对现实挑战将其经典文本置于当下中国现代化建设实践语境中进行对话,用经典的思想和方法去解决中国现代化建设实践中的现实问题,并在这一对话过程中不断提升自己的方法论水平,重新创造文本意义,同时根据历史文本与当代人的共同经验,提出符合时代要求的新的理论命题。

"中国问题意识"。应对现代性弊病的西方马克思主义对现代性的危机有着深切的体会。如何从这些体会中澄清现代性问题的根源,避免西方社会现代化进程中的各种风险和弊端。这就要求我们将西方马克思主义现代性理论与中国社会现实境遇中的具体状况联系起来考察,择其合理因素来关照和审思中国化马克思主义。所以,我们要敢于面对现实问题,强化"中国问题意识",因为理论只有面对现实才能提出并解决问题。如果缺乏明确的问题意识,不闻不问其理论研究在当代中国的目的和意义,拘泥于学院内的自说自话,带来的结果就是不仅逐渐脱离了中国现代化建设实践这个现实,而且其本应具有的批判性精神和实践品格也日趋消失。相反,只有在"中国问题意识"价值导向下将理论研究从形而上诉求转向现实优先的形而下关切,从思想游戏转向实践精神,从概念拼图转向问题意识,从理论世界转向生活世界,从学科建构走向问题意识重塑,才能更好地发挥马克思主义的实践批判精神,增强中国在实践政治中克服现代性的诸多弊病的能力,为矫正现代社会中出现的困境提供解决思路。比如,近年来我国现代化进程在经济领域、政治领域和思想领域就遇到了由于理性和主体性的恶性膨胀而导致的非理性行为,这种现象在西方马克思主义现代性理论那里早已证明:传统西方那种认为要取得现代化的成功就可以不加限制地发展主义的观点是错误的。这些在社会转型过程中不可避免的现实性问题已然在西方马克思主义的现代性批判理论那里得到了解决问题的理论支持。

"与时俱进"。"与时俱进"是马克思主义的一种理论品质。同样,面对西方社会的结构转型,西方马克思主义理论家并未死守传统马克思主义的成果,而是承续马克思主义的开放性,与时俱进,寻求创新,才产生了卢卡奇、葛兰西、科尔施、法兰克福学派、阿尔都塞等一系列强调马克思主义现代性质,发挥马克思主义现代性批判价值功能的理论。他们这种始终立足于当代资本主义社会的新发展关照当代社会主义的命运,以及深究马克思主义理论的真谛之"与时俱进"的精神和态度是当下我们推进马克思主义中国化、当代化所必需的。面对"如何推进现代化的同时克服现代性问题"这一全球理论难题如何作出中国式的回答,并在回答的过程中展示出中国对西方马克思主义的创新理解、评价定性和理论发挥。这就需要我们随着我国现代化建设实践"与时俱进",在已取得的探索成果基础上,借鉴和吸收西方马克思主义的理论成果和方法论,进行具有宏阔的历史眼光和深度学理性的历史反思和分析阐述,克服研究中的单向度割裂问题,多搞"集成"和"总装",多搞"自主创新"和"综合创新",将西方马克思主义现代性理论研究上升为系统化的学说,开辟马克思主义中国化时代化新境界,让 21 世纪的中国马克思主义放射出更加灿烂的真理光芒。

（本文作者:王馨曼 孙海涛 王文晶）

丛书后记

对现代西方哲学进行现代性转向的思考,是在西方哲学宏大历史叙事及内在逻辑把握的基础上逐渐将思考问题的兴奋点聚焦在西方马克思主义现代性问题上。不断形成西方马克思主义如作为现代西方哲学的主要思潮流派其传承了西方哲学的怎样传统,在现代西方哲学的诸多学派中何以独立桥头以现代性问题为主题而实现不同于后现代的现代转向,西方马克思主义用什么方式将现代性问题典型呈现出来,西方马克思主义的现代性问题呈现和现代性批判与现代西方哲学特别是与启蒙主义传统和后现代主义有哪些区别和联系;对西方马克思主义现代性问题研究如何在马克思现代性批判思想理论的视域中进行分析,西方马克思主义现代性问题研究在怎样的意义上成为马克思主义发展史中不可或缺的一支,其现代性问题研究所构成的思想理论在马克思主义理论维度上需要加以甄别与借鉴,以及西方马克思主义现代性理论对中国现代化发展有何种问题导源和理论借鉴等问题,似乎越来越构成研究西方马克思主义现代性理论问题域,更涉及理解西方马克思主义现代性理论思想实质等关键问题。

历史文化与现代社会在"现代性"自身的把握中更具有超越历史文化语境限制的可能,也具有对时代精神进行思想性精华跃迁的可能。以批判性和反思性的力量理解现代性、重估现代性已成为理论工作者命定之意和当下使命。故此,现代性的现实境遇与现代性问题的反思批判是理解西方马克思主义现代性问题的关键。西方马克思主义在黑格尔、马克思现代性思想理论基础上进一步实现现代西方哲学的现代性转向,使现代性问题的揭示、现代性问题的审视、现代性问题的批判不断发出不同声音的同时,承继西方哲学形而上的精神传统,秉持现代性批判的理论追求,使现代性问题的研究与批判在西方马克思主义思想理论的研究与发展中越走越远。

丛书是东北师范大学国外马克思主义研究学术团队不断坚持对现代性问题研究基础上逐渐形成的，是该团队对西方马克思主义现代性理论研究的集中呈现。丛书中既有团队成员及校内相关学者在该问题领域中的研究性论文，也有系统梳理和论证西方马克思主义现代性理论的专门性著作；既有对代表性的西方马克思主义现代性理论的深入开掘，也有对前沿性的西方马克思主义现代性理论的探索尝试。将西方马克思主义现代性理论作为研究主题，对其展开宏观而微观、抽象而具体、面面俱到又层层递进的分析和研究，以此求教和分享给学界同人，为推进西方马克思主义现代性理论研究进一步深入开展。

如丛书中的《论集》一部主要体现为东北师范大学国外马克思主义研究学术团队以及相关人员的研究性论文的合集。除我自己的研究成果之外，学者们在该问题上作出的贡献在此一并感谢。他们包括我的同事胡海波教授、庞立生教授、魏书胜教授、荆雨教授、王艳华教授、田冠浩副教授、杨淑静副教授、刘宇兰副教授、张岩磊副教授、刘静副教授、刘金山博士、刘伟斌博士、赵振宇博士及其学生；也包括我的学生上海理工大学胡绪明副教授、东北师大史巍副教授、大连大学步蓬勃博士、吉林省委党校于洁博士等，王吉宇、王临霞、孟丹丹、王宇飞、王馨曼、孙颖等为本论集及丛书的出版也做了大量整理和校对工作。

借助东北师范大学国外马克思主义研究中心更名为西方马克思主义现代性理论研究中心之际出版西方马克思主义现代性理论研究丛书。丛书付梓之时，欣喜、愉悦、兴奋、惶恐、紧张、压力等心绪之复杂，使我在复杂问题面前清楚地认识到：学界同人支持的重要性，朋友之间相互鼓励相互切磋的必要性，学术群体团结一致共同努力的基础性，四面八方给予的精神养分之影响性，是用感谢二字表达远不足矣。特别感谢东北师范大学社科处王占仁处长、王春雨副处长及社科处给予的支持。特别鸣谢人民出版社崔继新主任率队的编辑室对丛书的设计、选题、审核、编辑、校对等方面付出的努力，深表谢意并致敬！

韩秋红

2017 年初秋

责任编辑：崔继新
封面设计：林芝玉
版式设计：东昌文化
责任校对：余　佳

图书在版编目（CIP）数据

当代西方马克思主义现代性批判理论研究论集/韩秋红 主编. —北京：
　人民出版社,2024.3
（西方马克思主义现代性理论研究丛书）
ISBN 978－7－01－021458－0

Ⅰ.①当…　Ⅱ.①韩…　Ⅲ.①西方马克思主义-研究　Ⅳ.①B089.1

中国版本图书馆 CIP 数据核字（2019）第 234108 号

当代西方马克思主义现代性批判理论研究论集

DANGDAI XIFANG MAKESI ZHUYI XIANDAIXING PIPAN LILUN YANJIU LUNJI

韩秋红　主编

人民出版社 出版发行
（100706　北京市东城区隆福寺街 99 号）

北京汇林印务有限公司印刷　新华书店经销

2024 年 3 月第 1 版　2024 年 3 月北京第 1 次印刷
开本:710 毫米×1000 毫米 1/16　印张:26.25
字数:428 千字

ISBN 978－7－01－021458－0　定价:138.00 元

邮购地址 100706　北京市东城区隆福寺街 99 号
人民东方图书销售中心　电话（010)65250042　65289539